DER MUSIKALISCHE SATZ

EIN HANDBUCH ZUM LERNEN UND LEHREN

Herausgegeben von
Walter Salmen und Norbert J. Schneider

HELBLING · RUM/INNSBRUCK

INNSBRUCKER BEITRÄGE ZUR MUSIKLEHRE

Band I

Gedruckt mit finanzieller Unterstützung des
Bundesministeriums für Wissenschaft und Forschung, Wien,
Bayerischen Staatsministeriums für Kultus, München,
Departement des Innern des Kantons St. Gallen,
Amtes der Salzburger Landesregierung, Salzburg,
Amtes der Tiroler Landesregierung, Innsbruck,
Amtes der Vorarlberger Landesregierung, Bregenz

HI - W4140

ISBN 3-900590-03-6

Inhaltsverzeichnis

Vorwort der Herausgeber

Die gegenwärtige Musikpraxis ist bestimmt durch den Pluralismus des Verfügbaren aus mehreren Jahrhunderten der Musikgeschichte und aus allen Teilen der Welt. Alte Musik, praktizierter Historismus behauptet sich neben dem Neuen. Der Musikbegriff ist ein seit langem aufgespalten vielfältiger. Aleatorische, elektronische, tonale und andere Musiken sind nebeneinander präsent in den Medien, Aufführungsstätten und anderswo. Entsprechend dieser Vielfalt der ästhetischen Positionen, der Zwecke und Realisierungen ist auch das Setzen von Musik reich an Verfahren, Mustern und Ausdrucksformen. Historische Normen und Regeln behaupten sich als noch nicht museal abgestellte neben Trends und Mustern, die als modern gelten und somit nur zum Teil durch den Gebrauch bereits gefestigt sind. Die Lehre vom musikalischen Satz hat diesen Gegebenheiten zu genügen. Sie hat aus der Fülle des Vorhandenen das Dominante heraus zu finden, zu beschreiben und anhand lernbarer Normen zu vermitteln. Es kann somit nicht darum gehen, dogmatisch eingeengt *den* Tonsatz lehren zu wollen, es muß vielmehr regelgebundenes Komponieren in der historisch gewordenen Vielheit der Erscheinungen anhand von Exempeln zum Einüben angeboten werden. Dabei ist dem in der gegenwärtigen Klangwelt realisierten „Ältesten" ebenso Aufmerksamkeit zu schenken wie dem „freundlich-aufgefaßten Neuen" (Goethe) in etlichen seiner Ausprägungen und Formen. Dieses Materialien-Buch zeichnet daher in seiner Disposition den vom Geschichtlichen zum Gegenwärtigen hin führenden Weg vor.

Der realitätsbezogene Akzent des Buches liegt auf der Vermittlung der erlernbaren Fähigkeit, als aktive Weise der Wissensaneignung Musikalisches zu setzen. Das Setzen, Spielen oder Singen und Durchhören soll jene sinnlich-praktische Komponente geben, die in einer philologisch-wissenschaftlichen Darstellung von erheblich differenzierter sich erweisenden Satzprinzipien in der Geschichte fehlen wird. Es möchte den Benutzer dazu motivieren, Satz- und Klangmodelle selbst auszuprobieren, seine Kreativität und Hörfähigkeit anreizen und ihn so zu einem lebendig angeeigneten Umgang mit dem historisch Überkommenen bewegen. Gemeint ist somit die Anregung zu einer individuellen Aneignung von stilistisch verschiedenartigen Satzmustern, von Geschichtswissen sowie einer Aktualisierung syntaktischer Vorschriften, die in der Person des Tonsetzers auf ihm eigentümliche Weise zueinander in Beziehung gebracht werden können. Die Inhalte der diversen Kapitel mögen sich entsprechend dem Können und den Anwendungsmöglichkeiten des Einzelnen zu einem jeweils besonderen Interessenfeld vereinigen. Viele Notenbeispiele und präzise ausformulierte Aufgabenstellungen sind ihm dabei behilflich.

Dieses Buch ist keine Kompositionslehre, sondern bietet Texte und Beispiele zum spielerischen, also aktiven Einüben von musikalischen Regelsystemen mehrerer Jahrhunderte, die im Sinne eines allgemeinen Spracherwerbs zum Verstehen von musikalischen Werken dienen sollen. Mit dem Erlernen des Normativen erwirbt man die Fähigkeit, das Individuelle besser einschätzen zu können. Unberücksichtigt bleiben formale Analysen und das Betrachten werkimmanenter kompositorischer Zusammenhänge. Die Einbeziehung auch dieser Aspekte hätte den gesetzten Rahmen weit überzogen. Auch wurde darauf verzichtet, sämtliche derzeit angewendeten Verfahren wie z.B. die Montage- und Collagetechnik oder die Computermusik anzusprechen. Die pragmatische Berücksichtigung der praktischen Erfordernisse, einschließlich der Prüfungsinhalte, gebot eine Begrenzung des zur Lehre und zum Lernen angebotenen Stoffes aus dem Bereich der herkömmlich „tonal" geordneten Musik. Insofern präsentiert sich die hier gemeinte Satzlehre auch als konservativ, als sie von Musiken absieht, die Töne durch Geräusche oder das organisierte Schreiben durch das unmittelbare, improvisative Klangfinden ersetzen.

Dieses Materialien-Buch für den Unterricht im musikalischen Satz ist für Schüler und Studierende eingerichtet, die in Leistungszügen an Gymnasien, in Konservatorien, Musikhochschulen, Kirchenmusikschulen oder Universitäten aufgrund vorgegebener Curricula sich üben. Die Planung und Disposition wurde daher orientiert an den derzeit gegebenen realen Bedingnissen des Fachs „Tonsatzunterricht" in mehreren Instituten und Hochschulen. Wegen des erstrebten Realitätsbezugs bildeten die fixierten Studienpläne eine zu respektierende Vorgabe. Voraussetzung für die Benutzung ist die Kenntnis der allgemeinen Musiklehre. Diese blieb ebenso unberücksichtigt wie etwa die Akustik (Stimmungssysteme, Lehre von den Obertönen u.a.), die musikalische Rhetorik und anderes, da solche gewichtigen Teilmomente des Satzes in der gegenwärtigen Lehrpraxis zumeist verschiedenen Fachlehrern übertragen sind.

Veranlaßt wurde dieses Unternehmen von Autoren, die selbst den musikalischen Satz lehren, durch ein Gespräch, welches 1984 im Rahmen der Arbeitsgemeinschaft der Alpenländer (ARGE ALP) in Schloß Hofen bei Bregenz geführt wurde. Die Teilnehmer nahmen das Ergebnis einer Erkundung, daß nämlich ein für den Unterricht sachlich zureichend orientierendes Handbuch fehle, zur Aufgabe an, nach Kräften ein solches zu projektieren. Bei weiteren Klausurtagungen gehegte hoffnungsvolle Erwartungen wechselten ab mit der Skepsis des Gelingens eines solchen Vorhabens. Mit Eifer und gegenseitiger Toleranz wurde es manchen Schwierigkeiten zum Trotz gewagt, dieses Projekt gemeinsamen Bemühens vorzulegen.

Das Buch spiegelt den Pluralismus der Ansätze und didaktischen Konzepte der Autoren. Die Herausgeber haben nur behutsam versucht, vereinheitlichend in die Texte einzugreifen. So blieb das in der Lehrpraxis des jeweiligen Mitarbeiters erprobte Unterrichtskonzept weitgehend erhalten. Gelegentliche Widersprüche in den Formulierungen wie auch Brüche in der Darstellung sind zugunsten der Eigenständigkeit der Autoren und ihrer Texte in Kauf genommen worden.

Innsbruck und München im September 1986

Kapitel I

Rhythmus - Metrum - Takt

Norbert Jürgen Schneider

Musik ist eine Zeitkunst. Als Zeitgestalt tritt sie uns erfaßbar entgegen. Zeit ist objektiv meßbar. Vom Menschen wird sie subjektiv erlebt: Die Musik regelt Erlebnisformen der Zeit. Die vom Komponisten bestimmten (und vom Interpreten modifizierten) Zeitstrukturen eines Klangverlaufes werden vom Hörer als primäres Erlebnis wahrgenommen.

Zeiterleben, das Neben- und Nacheinander von Zeitdauern sowie ihre Verbindung untereinander werden vom ,,Rhythmus" - der übergeordneten Kategorie innerhalb einer Anschauung musikalischer Zeitlichkeit - geregelt. Während Rhythmik noch bis ins 19. Jahrhundert eine normative Disziplin war, ist sie heute eine beschreibende Disziplin geworden. Zu vielfältig und individualgeprägt hat sich das rhythmische Gestalten erwiesen; zu unterschiedlich sind die Versuche einer Definition von ,,Rhythmus" oder einer Systematisierung der Relationen von ,,Rhythmus - Metrum - Takt".

Rhythmisches Erleben ist ein menschliches Grunderleben, denn ab der 24. Woche (nachdem der Hörnerv in die Markscheidenreife getreten ist) kann bereits der menschliche Embryo über den mütterlichen Puls seine Umwelt rhythmisch erfahren. Rhythmen durchdringen auch die prä- und außermusikalischen Wahrnehmungsbereiche des Menschen: vom Kreislauf der Sterne bis zu Zyklen der Natur und des Körpers (Atem, Herzschlag) existieren vielfach sich überlagernde periodische Vorgänge.

§ 1 Rhythmus

Im Gegensatz zum mehr normativen und numeralen ,,Metrum" ist ,,Rhythmus" eher fließend und frei. Die ursprüngliche Bedeutung des griechischen Wortes ,,rhythmos" ist nicht gesichert. Es bezeichnet ebenso das gleichmäßige oder freie Fließen wie das, was dem Fluß die Richtung und Bahn auferlegt. Rhythmus ist daher gleichermaßen die aus Bewegung entstandene Gestalt wie die gestaltete Bewegung.

Die griechische Rhythmik basiert auf der Folge von Längen und Kürzen (Thesis = Senkung / Arsis = Hebung als Bezeichnung der ,,Füße" beim Tanzen), die in der Regel im Verhältnis 1 : 2 zueinander stehen: 𝅗𝅥 = ♩ ♩ (/ = ◡◡). Im Gegensatz zu solch *quantitativer, silbenmessender Rhythmik* der Antike nennt man die temporale Gestaltung der abendländischen Musik *qualitative Rhythmik.* Diese beruht nicht auf Länge und Kürze, sondern auf schwerem und leichtem Akzent und ist daher eng mit Metrum und Takt verbunden.

Im Unterschied zur Metrik ist die Rhythmik subjektiv, bewußt gemacht, intentional. Sie gliedert musikalische Elemente, gruppiert sie, ordnet sie Proportionsmodellen und Akzentmodellen zu. Um als Ordnung erkennbar zu sein, benötigt Rhythmik wiederkehrende Einheiten. Daher besteht Rhythmus immer aus der Folge von Modellen oder Mustern (= Patterns), die allerdings bis zur Grenze der Wahrnehmbarkeit variierbar sind. Musik, deren temporale Gestaltung auf die Wiederholung von Modellen verzichtet, wird als ,,musikalische Prosa" bezeichnet. Sie stellt einen Grenzfall von Rhythmik dar. Die Musik kann hier in ihrer zeitlichen Dimensionierung nur noch auf die Bewegung des Sprachflußes oder von körperlicher Gestik zurückgeführt werden.

(A1) Nachstehende Tonfolgen sind mit den griechischen Versfüßen (je einzelnen oder im Wechsel der Rhythmusmodelle) zu gliedern:

(A2) Nachstehende Tonfolgen sind mit freien Rhythmusmodellen zu gliedern (mit nur einem ständig wiederholten Rhythmusmodell oder mit mehreren Modellen, die sich frei ablösen oder wiederkehren können).

(A3) Versuche die nachstehenden Tonfolgen im Sinne musikalischer Prosa zu rhythmisieren (z.B. mittels eines fingierten oder unterlegten Prosatextes).

Die Tonfolgen:

(ad libitum können auch Töne/Tongruppen wiederholt werden; Notation in Halben, Vierteln und Achteln als Zähleinheiten ohne Taktgliederung).

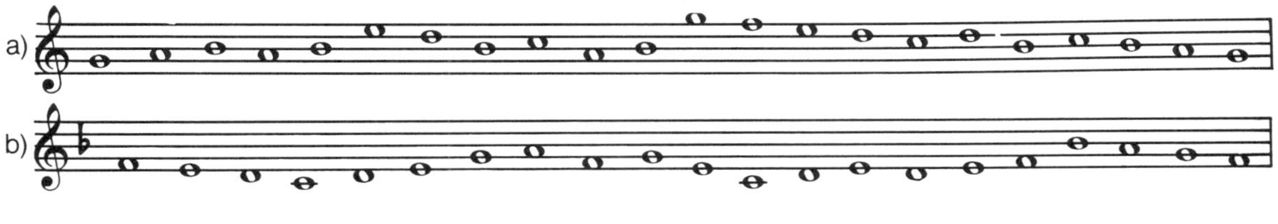

c) 

d) 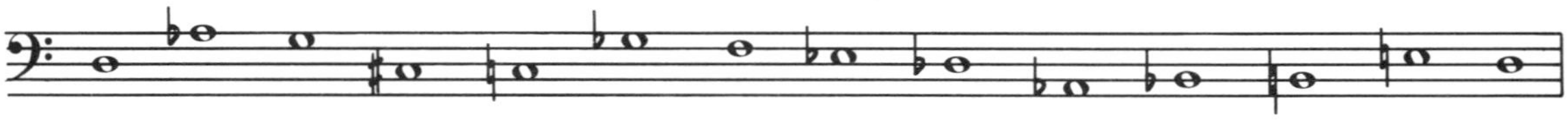

§ 2 Metrum

Das Metrum (von „métrón“ = das Maß, die Maßeinheit) bezeichnet in der zeitlichen Dimensionierung der Musik ein normatives und numerales Element, das messend der Rhythmik über- bzw. untergeordnet ist.

In der griechischen Verslehre (vgl. A1) regelte das Metrum als Ordnung der Längen und Kürzen die quantitätsrhythmische Gestalt von Versen. In der abendländischen Musiktheorie seit etwa 1500 (in der auf Taktgliederung und harmonischer Tonalität beruhenden Musik) wird das Metrum als qualitativ abgestufte Folge gleicher Zeiteinheiten (Zählzeiten) definiert, im Gegensatz zur Rhythmik als Lehre von den Dauerverhältnissen wurde hier die Metrik als Lehre von den Schwereverhältnissen verstanden. Daher ist die Metrik sehr eng mit der Taktgliederung (der Takt ist der ständig wiederkehrende Prototyp eines metrischen Gefüges) verbunden. Das Metrum ist in der abendländischen Musik als abstrakte Größe dem Rhythmus vorgegeben. Das Metrum stellt das messende, objektive, abstrakte Zeitelement dar (man kann es z.B. auch in den Pausen einer rhythmisierten Tonfolge wahrnehmen). Der Rhythmus stellt demgegenüber ein subjektives, beseeltes, eine geschlossene Gestalt bildendes Element dar.

Rhythmus und Metrum bilden in der harmonisch-tonalen Musik eine Einheit in gegenseitiger Bedingtheit. Dennoch gibt es Grade ihrer Beziehung, die vom kohärenten Zusammenwirken bis zum Konflikt zwischen Metrik und Rhythmik reichen können.

(A4) Erfinde zu folgendem metrischen Modell eine Melodie (bestehend aus den Noten e^1 - g^1 - a^1 c^2), deren Rhythmus mit dem Metrum harmoniert:

(Modell der Begleitung bzw. der linken Hand)

(A5) Erfinde zu den folgenden metrischen Modellen Melodien (bestehend aus den jeweils in Baß und Begleitung verwendeten Noten sowie deren unterer Nebennote), die in unterschiedlichen Graden in ihrer Rhythmik sich vom Metrum entfernen.

a) 

b) 

c) 

(Die Melodien können von einem zweiten Spieler am Klavier oder von einem Instrument gespielt werden.)

§ 3 Takt

In der älteren Musik war der Takt (von lat. „tactus“ = Berührung, Schlag) als Taktschlag beim Musizieren das Maß für die Zeitrelationen und daher eng mit dem Metrum verwandt. Der Takt war ein der Musik vorgegebenes leeres Maß. Erst mit der Ausbildung der harmonischen Tonalität seit etwa 1600 wurde der Takt zur Gruppierung einzelner verschiedener akzentuierter Schläge: der Akzentstufentakt stellte nun ein je nach Taktart unterschiedliches Akzentgitter dar.

Der Takt ist ein ständig wiederholter Prototyp eines metrischen Ordnungsgefüges. Der Rhythmus kann sich diesem Ordnungsgefüge anpassen (taktierende Rhythmik) oder in diversen Selbständigkeitsgraden mit dem Takt in Konflikt bzw. Spannung treten. Die Wirksamkeit eines Taktes (seine Anordnung von Schwerpunkten) kann durch eine verselbständigte Rhythmik aufgehoben werden.

Die Taktarten gliedern sich in einfache (einfach binär = zweiteilig; einfach ternär = dreiteilig) und in zusammengesetzte (zusammengesetzt binär; zusammengesetzt ternär). Unterschiedliche Klassifizierungen sind jedoch geschichtlich geläufig. Johann Philipp Kirnberger (1721—1783) verzeichnet z.B. folgende Taktarten:

Einfache gerade Taktarten von zwei Zeiten:

Den 2/1-Takt oder Φ	tripliert den 6/2-Takt
Den 2/2-Takt oder ¢	tripliert den 6/4-Takt
Den 2/4-Takt	tripliert den 6/8-Takt
Den 2/8-Takt	tripliert den 6/16-Takt

Einfache gerade Taktarten von vier Zeiten:

Den 4/2-Takt oder O	tripliert den 12/4-Takt
Den 4/4-Takt oder C	tripliert den 12/8-Takt
Den 4/8-Takt	tripliert den 12/16-Takt

Einfache ungerade Taktarten von drei Zeiten:

Den 3/1-Takt oder 3	tripliert den 9/2-Takt
Den 3/2-Takt	tripliert den 9/4-Takt
Den 3/4-Takt	tripliert den 9/8-Takt
Den 3/8-Takt	tripliert den 9/16-Takt
Den 3/16-Takt	tripliert den 9/32-Takt

Ferner führt Kirnberger brauchbare zusammengesetzte Taktarten an:

Der 4/4-Takt als Kompositum zweier 2/4-Takte
Der 12/8-Takt als Kompositum zweier 6/8-Takte
Der 12/16-Takt als Kompositum zweier 6/16-Takte
Der 6/4-Takt als Kompositum zweier 3/4-Takte
Der 6/8-Takt als Kompositum zweier 3/8-Takte
Der 6/16-Takt als Kompositum zweier 3/16-Takte

Bei Kirnberger fehlen noch die unregelmäßig zusammengesetzten Taktarten (aus binären und ternären Teilen zusammengesetzt) wie der 5/4-Takt, 5/8-Takt, 7/4-Takt, 7/8-Takt usw. Diese werden auch als *„irrationale"* oder *„asymmetrische"* Rhythmen bezeichnet.

(A6) Schreibe auf der Basis der nachstehenden Klangmaterialsammlungen musikalische Phrasen (Achttakter aus 4 + 4 oder aus 3 + 3 + 2 Takten; Zehntakter aus 5 + 5 oder 3 + 3 + 4 oder 2 + 2 + 2 + 2 + 2 Takten; Siebentakter aus 3 + 4 Takten) in möglichst vielen Taktarten. Die Taktarten sollen dabei durch die rhythmischen Erfindungen verdeutlicht werden.

(A7) Schreibe auf der Basis der nachstehenden Klangmaterialien musikalische Phrasen (vgl. A6), deren rhythmische Gestalt in verschiedenen Graden mit der Akzentik der verschiedenen Taktarten in Konflikt tritt (bis hin zur Aufhebung der Taktakzentik).

(A8) Schreibe auf der Basis der nachstehenden Taktarten Phrasen, deren Rhythmik auf vielfachen Taktwechseln basiert (z.B. Folge von 3/4-Takt, 2/4-Takt, 6/4-Takt, 4/4-Takt; auch komplexere Folgen wie z.B. 4/4-Takt, 3/8-Takt, 2/4-Takt, 5/8-Takt, 3/4-Takt mit beibehaltenem Grundwert der Achtelnote).

(A9) Die nachstehenden Liedmelodien sind in verschiedenen Taktarten zu schreiben und dabei rhythmisch zu variieren (Tonwiederholungen oder Tonumspielungen können ad libitum hinzugefügt werden).

Das Klangmaterial:

a) Melodie aus:

Baß aus:

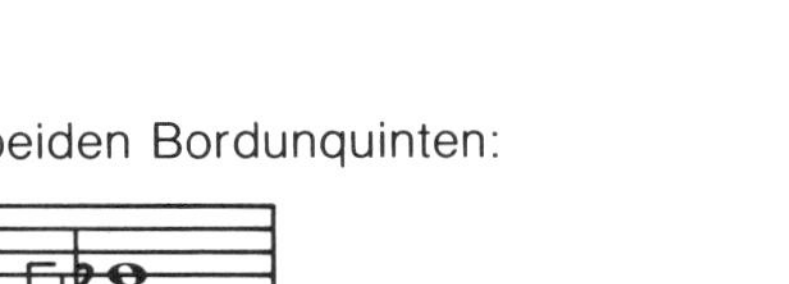

b) Melodie aus:

Baß aus den beiden Bordunquinten:

c) Melodie aus:

Baß und Begleitakkordschläge in drei Tonfeldern aus:

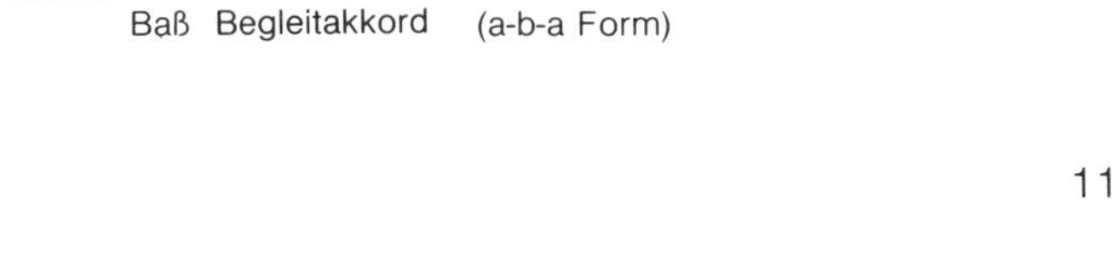

d) Melodie aus den drei Tonfeldern (in a-b-a-Form alternierend):

Baß aus den Tönen:

Liedmelodien:

Tannhäusers Leich (13. Jahrhundert)

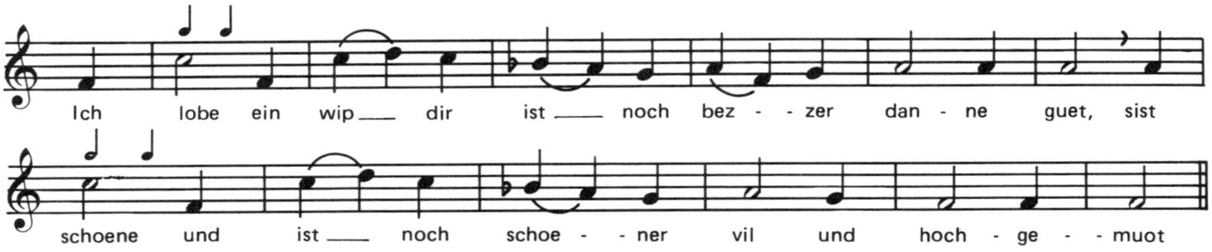

Ich will zu Land ausreiten (Erstdruck 1545)

Virgo felix (Böhmen 1505)

Neben den grundlegenden Parametern „Rhythmus - Metrum - Takt" sind folgende Aspekte der temporalen Verfassung in der abendländischen Musik bemerkenswert (deshalb zu zeigen und in Übungen zu vertiefen): Der Akzent - Auftakt und Volltakt - Die Hemiole - Die Isorhythmie - Motiv und Thema - Pause und Fermate - Die Periode - Polyrhythmik - Die Synkope - Das Tempo.

§ 4 Der Akzent

Akzente (Betonungen eines rhythmischen Wertes) können musikalisch durch Dehnung (Tonlänge), Anhebung der Lautstärke (Zeichen > Λ oder *sf*), durch Spitzentonstellung (Tonhöhe), durch Klangspannung (Dissonanz) oder instrumentatorische Hervorhebung realisiert werden. Unterstützen die rhythmischen Akzente das Akzentgefüge der Taktvorgabe, so wirkt der musikalische Satz kohärent und fest gefügt. Sind die Akzente gegen den Takt gesetzt, so kann dessen Akzentgefüge erweitert bzw. komplex gemacht oder sogar überdeckt werden:

(A10) Wiederhole die Fünftonfigur d^1 - as^1 - ges^1 - a^1 - e^1 als Achtelfigur in einem 3/4-Takt (ad libitum Walzerbegleitung mit den Tönen B und F) und verändere den Tonsatz durch neu hinzugefügte Akzentmuster.

(A11) Erfinde im 2/4-Takt einen Marsch (Baß und Begleitung aus den Tönen F-G-B-C; Melodie aus den Tönen c^2 - d^2 - f^2 - g^2), der nach und nach seinen Marschcharakter infolge Akzentüberlagerung verliert, dann aber wiedergewinnt.

§ 5 Auftakt und Volltakt

Motive, Melodien, Phrasen können auf unbetonter Zeit als Auftakt beginnen, der aus einer oder mehreren Noten bestehen kann. Der Auftakt entspricht physiologisch dem Einatmen oder dem „Ausholen" (als körperlicher Vorbereitung) vor einer Aktion. Obwohl Auftakt und Volltakt zwei unterschiedliche musikalische Prinzipien sind, können sie in Melodien eng beieinander stehen:

L.v.Beethoven, Septett op. 20

Eine Überbewertung erfuhr das Auftakt-Prinzip in der Metrik Hugo Riemanns (1849—1919), der viele volltaktige Anfänge auftaktisch interpretierte. So wurde bei ihm aus W.A. Mozarts Melodie

die Fassung

Vom echten Auftakt zu unterscheiden ist der prokatalektische Auftakt (vgl. die nachstehenden Fugenthemen von J.S. Bach). Hier bleibt zwar die erste Zählzeit ausgespart, jedoch ist sie - als ideal gedachter bzw. oft auch konkretisierter Generalbaßakkord - metrisch präsent:

J.S. Bach, Fuge c-moll aus WK I

J.S. Bach, Fuge B-Dur aus WK I

(A12) Erfinde auf der Basis der Auftaktmodelle () Melodien, die a) dem Modell streng verpflichtet bleiben, b) die allmählich zur volltaktigen Anlage übergehen.

(A13) Notiere volltaktige rhythmische Muster (für zwei Ausführende, die klopfen, klatschen oder spielen), die von Dritten möglichst sofort in ihrer Taktart erkennbar sind.

§ 6 Die Hemiole

Als Hemiole (von griech. hemiólios = anderthalb, 3 : 2) wird eine besondere Betonungsverlagerung infolge synkopischer Überbindung bezeichnet: aus zwei ternären Takten entsteht das Akzentgefüge von drei binären Takten bzw. eines Großtaktes. Die Hemiole kommt entsprechend ihrer aufstauenden Wirkung häufig in Schlußkadenzen vor.

G.F. Händel, Oboenkonzert g-moll

W.A. Mozart, Menuett aus der Sinfonie g-moll

§ 7 Isorhythmie

Isorhythmische Strukturen sind vor allem in der Kunstmusik der „Ars nova" des 14. und 15. Jahrhunderts und in der Musik des 20. Jahrhunderts (z.B. bei Olivier Messiaen) ein wichtiges Gestaltungsmittel geworden. Sie sind aber auch im volksmusikalischen Musizieren nachweisbar.

Prinzip: Ein rhythmischer Abschnitt („talea") wird unabhängig von melodischer Eigenbewegung auf Tonfolgen übertragen. Es entsteht somit ein rhythmisches, aber kein melodisches Ostinato.

In einem allgemeineren Sinn wird als „isorhythmisch" auch ein Satz bezeichnet, in dem alle Stimmen denselben Rhythmus ausführen („rhythmische Homophonie", „Homorhythmie").

(A14) Entwickle aus nachstehenden Skalen jeweils eine längere Melodie (Tonfolge ohne rhythmische Gliederung) und rhythmisiere diese mit Rhythmusmodellen wie z.B. … oder … (Ad libitum kann dazu eine Bordunbegleitung oder ein taktierendes Baßostinato gesetzt werden.)

Die Skalen:

§ 8 Motiv und Thema

Der Terminus *Motiv* (von lat. motivus = beweglich) bezeichnet seit der zweiten Hälfte des 18. Jahrhunderts die kleinste musikalische Sinneinheit. Es ist vor allem durch seinen Rhythmus (weit weniger als angenommen durch seine melodische Gestalt) definiert.

Das *Thema* ist im Unterschied zum keimzellenhaften Motiv geschlossener und komplex angelegt. Es besteht aus der Wiederholung, Variation bzw. Fortspinnung eines Motivs oder aus mehreren Motiven. Da innerhalb eines Themas fast immer Motive verknüpft werden (z.B. als korrespondierende Formteile), weist das Thema in seiner Gestalt rhythmische Korrespondenzen auf.

(A15) Erfinde mehrere rhythmische Motive (z.B. … | …). Erprobe diese an verschiedenen Intervallfigurationen.

(A16) Baue aus den rhythmischen Motiven Themen: a) durch Fortspinnung, b) unter Verwendung von zwei Motivgruppen (z.B. in der Taktanordnung 2 + 3 + 2 + 3), c) mit vielen rhythmischen Motiven (Beobachte, wenn mit rhythmischer Vielfalt der Themencharakter verloren geht.).

(A17) Untersuche die rhythmische Anlage folgender Themen:

J. Haydn, Klaviersonate Hob. XVI, 30-III

L.v. Beethoven, Klaviersonate op. 2,1

B. Bartók, „Variationen“ aus „Mikrokosmos III“
© by Boosey & Hawkes Music Publishers Ltd., London

P. Hindemith, aus „Ludus Tonalis“
© by Schott & Co. Ltd., London, 1943, © renewed 1971

§ 9 Pause und Fermate

Pausen in der Musik sind kein trennendes oder totes „Nichts“, sondern verbindend und spannungserfüllt. Die Metrik eines Tonsatzes wird in den Pausen besonders spürbar. Die Zeit bleibt in der Pause nicht stehen, sondern vergeht überdeutlich. Der Spannungswert einer Pause hängt zum einen von der metrischen Stellung ab (Pausen auf schwerer Zeit sind sehr aktiv), zum anderen von der rhythmisch-metrischen Umgebung (War die Metrik sehr gut zu fühlen und die Rhythmik kohärent, so wird die Pause intensiv erlebt.)

Kurze Pausen dienen meistens zur Verdeutlichung von Phrasierung und Artikulation.

Pausieren (vor allem bei Ensemble-Besetzungen) alle Stimmen einer Komposition, so spricht man von einer „Generalpause“.

Die Fermate wird durch das Zeichen 𝄐 über einem Klang oder einem Pausenwert angezeigt. Dadurch wird der Klang bzw. die Pause mit unbestimmter Dauer gedehnt. Trotz solcher Dehnung eines rhythmisch-metrischen Zeitpunktes bleibt das metrische Gefüge erhalten (es werden keine „zusätzlichen Zähleinheiten“ fühlbar); innerhalb der Logik der musikalischen Materialanordnung tritt lediglich eine Art „Zeitstillstand“ ein.

(A18) Erfinde in verschiedenen Taktarten charakteristische Taktmodelle, die jeweils acht Takte wiederholt werden (für zwei Ausführende: klopfend, klatschend oder spielend). Erprobe die Wirkungen, wenn an verschiedenen metrischen Stellen Pausen (unterschiedlicher Länge) und Fermaten eingeführt werden.

(A19) Rhythmisiere in verschiedenen Taktarten die in A3 gegebenen vier Tonfolgen unter Verwendung von Pausen und Fermaten. Erprobe durch Reduktion der Töne auf kurze Notenwerte die verbindende Kraft von Pausen (bis hin zur Zerreißprobe).

§ 10 Die Periode

Die Periode (griech. periodós = Kreislauf, Umhergehen) bezeichnete in der antiken Rhetorik einen selbständigen und geschlossenen, aus mehreren Gliedern bestehenden Satz (mit Anfang, Ende sowie Unterteilungen). In der Musiktheorie des 18. Jahrhunderts bezeichnete der Begriff eine durch Zäsur in der Mitte gegliederte Melodie. Mit beginnendem 19. Jahrhundert wurde damit zunehmend die „symmetrische" Anlage eines achttaktigen Satzes (aus zwei Halbsätzen von je 2 + 2 Takten) in Verbindung gebracht.

Der Bedeutung der achttaktigen Periode in der klassisch-romantischen Musik entspricht die Bedeutung von 4/4-Takt und Durmolltonalität in dieser Zeit: die Periode (mit ihren gewichtsabgestuften Bausteinen 2 + 2 + 2 + 2) stellt eine Vergrößerung des 4/4-Taktes mit seiner Akzentik dar. Die gegenseitige Bedingtheit von Harmonik und Metrik ist in diesem Phänomen besonders faßbar.

Perioden können offen (Schluß auf der Dominante) oder geschlossen sein (Schluß auf der Tonika). Schlüsse auf Nebenstufen bzw. modulierende Anlage stellen bereits Weitungen des Periodenbegriffs dar.

Asymmetrische Satzbildungen (z.B. 3 + 3 + 4 oder 4 + 6 oder 2 + 2 + 3) können durchaus originär gefunden sein. Sie entstanden oft auch durch die Prinzipien der „Taktverschränkung" (Schlußtakt und Anfangstakt zweier Perioden sind identisch),

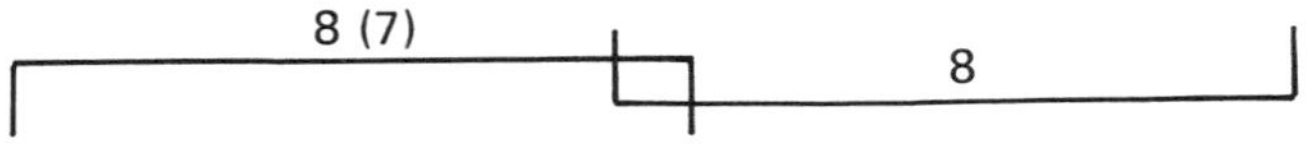

oder der „Takterstickung" (der Schlußtakt wird durch den drängenden Neueinsatz einer Periode unterschlagen):

(A20) Erfinde aus den in A14 gegebenen Skalen Melodien auf der Basis von Perioden (dabei sind auch asymmetrische Bildungen zu erproben). Ad libitum können dazu Bordunbässe oder ein Baßostinato gesetzt werden, die nach Gehörseindruck selbst zu suchen sind.

(A21) Improvisiere und notiere über folgende harmonische Modelle klassischer Perioden Melodien (im 4/4- und 3/4-Takt):

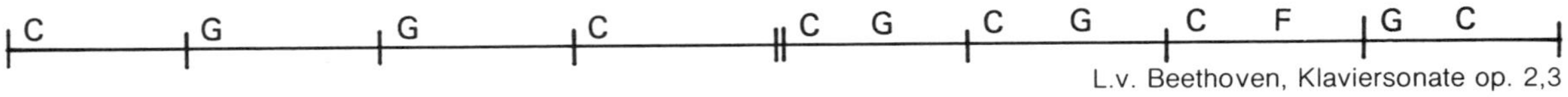

L.v. Beethoven, Klaviersonate op. 2,3

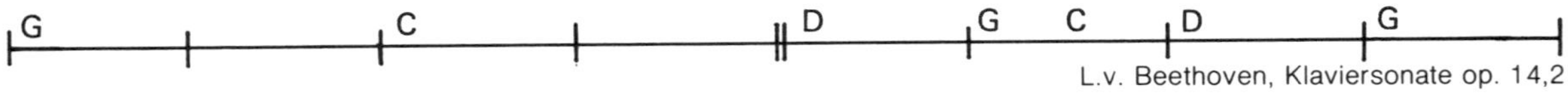

L.v. Beethoven, Klaviersonate op. 14,2

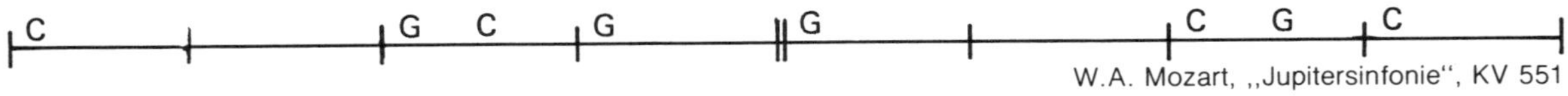

W.A. Mozart, „Jupitersinfonie", KV 551

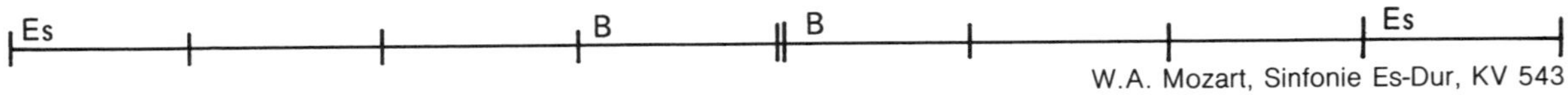

W.A. Mozart, Sinfonie Es-Dur, KV 543

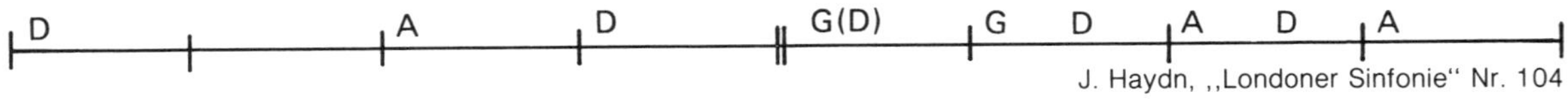

J. Haydn, „Londoner Sinfonie" Nr. 104

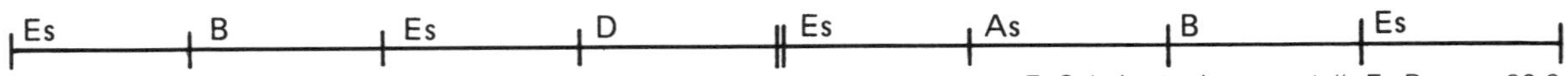

F. Schubert, „Impromptu", Es-Dur op. 90,2

§ 11 Polyrhythmik - Polymetrik

Polyrhythmisch ist im allgemeinen Sinne jede nicht-homophone, mehrstimmige Musik. Im besonderen Sinne wird mit „Polyrhythmik" die Gleichzeitigkeit rhythmischer Verläufe ohne gemeinsame bzw. mit teils divergierender Akzentik bezeichnet. Die Bezeichnung „Polymetrik" ist für diesen Sachverhalt deshalb treffender.

Polymetrische Rhythmuszuordnungen:

Eine häufig vorzufindende Form einfacher Polyrhythmik ist die Komplementärrhythmik (rhythmische Figuren ergänzen sich), die keine metrischen Probleme beinhaltet, da beiden Stimmen ein gemeinsames Akzentgefüge zugrunde liegt:

oder

(A22) Erfinde auf pentatonischer Basis (schwarze Tasten des Klaviers) eine für den 4/4-Takt typische Achtelfigur (z.B 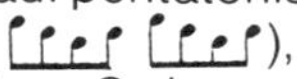), wiederhole diese ständig, und stelle ihr nach und nach Achtelfiguren mit anderem metrischen Ordnungsgefüge (z.B. mehrere Figuren im 3/8-Takt, im 3/4-Takt, im nachhinkenden 4/4- oder 2/4-Takt) entgegen. Achte beim Spielen auf die Konfliktverhältnisse.

(A23) Erfinde eine rhythmische Invention für zwei Spieler (Klopfen, Klatschen, Schlagwerk ad libitum), deren Stimmen jeweils aus markant rhythmisierten 2/4-, 3/4- und 4/4-Takten bestehen, die aber zueinander in polymetrischem Konflikt stehen.

(A24) Erfinde auf pentatonischer Basis bei Tempo MM = 60 ein Bewegungsmuster in Sechzehnteln (z.B. 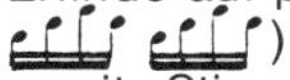) für den ersten Spieler. Setze diesem eine gleichfalls aus Bewegungsmustern bestehende zweite Stimme (zweiter Spieler) entgegen, in dem Konfliktrhythmen (3 : 4, 5 : 4) erprobt werden können.

§ 12 Die Synkope

Die Synkope (von griech. synkopé = Verkürzung, Zusammenziehung) bezeichnet die Akzentuierung einer unbetonten Taktzeit entweder durch Überbindung an die folgende betonte Taktzeit oder durch Pausensetzung auf der folgenden betonten Taktzeit:

Die Synkope läßt die zugrundeliegende Metrik des musikalischen Satzes verstärkt fühlbar werden. Fortgesetzte Synkopierung in allen Stimmen des Satzes kann allerdings das metrische Ordnungsgefüge eines Taktes auflösen.

(A25) Schreibe über nachstehende Begleitfloskeln einen Walzer im 3/4-Takt, dessen aus den Tönen e-fis-gis-b-c gebildete Melodie in zunehmende synkopierte Rhythmik übergeht (Beim rhythmischen Höhepunkt kann die Walzerbegleitung aussetzen und damit einen rhythmischen Schwebezustand eintreten lassen.).

§ 13 Das Tempo

Die absolute Dauer der notierten Notenwerte wird durch das *Tempo* (ital. = Zeit) als Festlegung der Schnelligkeit der Abfolge von Zählzeit bzw. Grundschlag bestimmt. Die Qualität der notierten Rhythmik (die Gewichtigkeit der Akzente) wird entscheidend von der Temponahme bestimmt. Von ihr gehen wichtige affektive Wirkungen aus (in diesem Sinne bedeutet „tempo" im Italienischen auch: Stimmung, Wetter).

Die Wahl des Tempos bildet in der Musik seit etwa 1650 eine wichtige kompositorische Entscheidung. In der älteren Musik war das Tempo als psychophysische Größe (Pulsschlag mit etwa 60 Schlägen pro Minute) ziemlich konstant (integer valor).

Das für eine Satzstrecke gewählte musikalische Tempo ist in der Regel konstant. Leichte Temponuancierungen, als ,,Agogik" bezeichnet, werden jedoch gerne verwendet, um Taktart, Metrik und melodisch-rhythmische Figuren zu verdeutlichen. Überdeutliche Temposchwankungen bezeichnet man auch als ,,tempo rubato" (,,gestohlener Zeitwert", Tonverziehung), das als Ausdruck affektiver Erregtheit gewertet wird.

Literatur:

Benary, Peter: ,,Rhythmik und Metrik". Eine praktische Anleitung, Köln 1967 (= Hans Gerig Taschenbuch TB 254)

Bresgen, Cesar: ,,Im Anfang war der Rhythmus . . .", Wilhelmshaven, Locarno, Amsterdam: Heinrichshofen, 1977 (= Musikpädagogische Bibliothek. Bd. 14)

Konrad, Rudolf: ,,Rhythmus - Metrum - Form", Frankfurt am Main, Berlin, München: Diesterweg, 1979 (= Schriftenreihe zur Musikpädagogik)

Neumann, Friedrich: ,,Die Zeitgestalt". Eine Lehre vom musikalischen Rhythmus, 2 Bde., P. Kaltschmid Wien 1959

Seidel, Wilhelm: ,,Rhythmus". Eine Begriffsbestimmung, Darmstadt: Wissenschaftliche Buchgesellschaft, 1976 (= Erträge der Forschung, Bd. 46)

Kapitel II

Einführung in die durmolltonale Harmonik

Reinhard Kretschmer

Diese Einführung gibt einen Überblick über die durmolltonale Harmonik. Alle wesentlichen Akkordzusammenhänge, soweit sie nicht über den Einführungscharakter des Kapitels hinausgehen, werden mit ihrer Bezeichnung, funktionalen Bedeutung, Setzweise, Verbindung, Anwendung usw. dargestellt. Die stilistische Grundlage ist entsprechend der Epoche durmolltonaler Musik auf die Zeit von etwa 1700—1850 eingeschränkt.

Es wird nichts gesagt, was nicht durch Beispiele aus der Literatur vielfach belegt werden könnte. Literaturbeispiele werden aber trotzdem nicht zitiert, da sie für jedermann leicht zugänglich sind.

Jeweils zu Beginn der einzelnen Abschnitte findet der Leser die Akkorde schematisch dargestellt und mit Stufen- und Funktionsbezeichnungen versehen. Im weiteren folgen Beispiele und Übungen zur Anwendung in der Praxis.

Die Beispiele und Übungen wurden ausschließlich im vierstimmigen Klaviersatz (Generalbaß, ,,Griffsatz") dargestellt. Das bringt den Vorteil, sich praktisch auf die klangliche Erscheinung und die Darstellung am Klavier konzentrieren zu können. Der traurigen Erfahrung vieler Tonsatzlehrer, daß der Student zwar manches nach ,,Regeln" schreiben kann, die viel wichtigere harmonische Klangvorstellung dagegen meist zurückgeblieben ist, soll so begegnet werden.

Mit allen Darstellungs- und Anwendungsbeispielen ist daher übend umzugehen. Sie sind stets in verschiedenen Tonarten und Lagen am Klavier zu spielen, zu schreiben und auf ihre klangliche Wirkung und funktionale Bedeutung hin zu untersuchen. Darüber hinaus mögen sie als Anregung dienen für die Erfindung eigener harmonischer Abläufe, die schriftlich und praktisch jede einzelne Darstellung begleiten sollte.

§ 1 Durmolltonalität

Unter Tonalität versteht man allgemein ein System von Beziehungen verschiedener Töne auf ein tonales Zentrum. Solche Beziehungen bestehen auch in den Modi (Kirchentönen) des Mittelalters. Hier erscheinen die Tonverhältnisse in erster Linie als melodische Tonalität. Die Durmolltonalität dagegen ist eine besondere Ausprägung harmonischer Tonalität. Sie wird erst unter bestimmten Voraussetzungen wirksam, nämlich wenn ein eindeutiges Gefühl für die Bedeutung des Dur- und Molldreiklanges besteht, wenn die Dur- und Molltonarten die einzig herrschenden sind und wenn die kadenzierende Harmonik der bestimmende Faktor des formalen Aufbaus ist. Das war im wesentlichen in der Musik des 18. und 19. Jahrhunderts der Fall, wobei die Auflösungstendenzen der Durmolltonalität bereits um die Mitte des 19. Jahrhunderts begannen.

Bis zur Zeit J.S. Bachs läßt sich der weit über hundert Jahre währende Prozeß des allmählichen Überganges von der früheren Kirchentonalität zur Durmolltonalität verfolgen. Die Vielheit der alten Modi nimmt nach und nach immer mehr durmolltonale Elemente in sich auf und reduziert sich so zugleich auf die spannungsreiche Polarität, die in dem Gegensatzpaar von Dur und Moll zum Ausdruck kommt.

Der polare Gegensatz von Dur und Moll ist vorrangig ein stimmungsmäßiger, weniger ein technischer, systematisch zu begründender. Der Wechsel von Dur ins gleichnamige Moll oder umgekehrt ist stets ein gewaltiger Stimmungsumschwung; dieser wird von den Komponisten aufgrund seiner besonderen Wirkung auch häufig in diesem Sinne genutzt. Man denke z.B. an die vielen Molleinschläge in Dursätzen Mozarts, von Schuberts ,,Eintrübung" ganz zu schweigen, oder an die ,,Aufhellung" von Mollsätzen im Sinne eines ,,Durchbruchs zum Licht" bei Beethoven.

Weil die variative Durchdringung von Dur und Moll eine kompositorische Tatsache ist, die sich jederzeit leicht nachweisen läßt, wird hier eine Zusammenschau der Durmolltonalität versucht. Dur und Moll werden nicht mehr getrennt behandelt, sondern als variative Abweichungen voneinander begriffen.

Damit wird die bislang übliche Trennung von Dur und Moll, und selbstverständlich auch die völlig überflüssige, weil keiner Kompositionspraxis entsprechende Aufspaltung des Moll in reines, harmonisches und melodisches Moll, aufgegeben, zugunsten einer Gesamtdarstellung der variativen Durmolltonalität.

§ 2 Aufstellung des Tonmaterials

Das gesamte Tonmaterial eines Tonalitätsbereiches (bezogen auf das tonale Zentrum C) sieht folgendermaßen aus:

Die Töne in runden Klammern sind sozusagen mollare Varianten, die in eckigen gehören als periphere Erscheinungen dazu. Der Ton Des, als phrygische Sekunde, neapolitanische Sexte oder Grundton des verselbständigten Neapolitaners (sN), sowie der Ton Fis, als Terz der Doppeldominante (Đ) bzw. doppeldominantischer Leitton, haben sich im durmolltonalen Beziehungssystem von Anfang an etabliert.

Der wichtigste Ton neben dem Zentrum C, der Tonika, ist der Ton G, die Dominante. Sie bilden das wesentliche Gerüst der Tonalität. Auf beide Töne richtet sich ein oberer und unterer Leitton (Pfeile!).

Es sei noch bemerkt, daß der Tonvorrat alle chromatischen Töne enthält und daß sich aus ihm alle Tonleitern, einschließlich sämtlicher Kirchentöne, bezogen auf den Ton C bilden lassen.

Das aufgestellte Tonmaterial läßt im weiteren folgende reinen Dreiklänge entstehen:

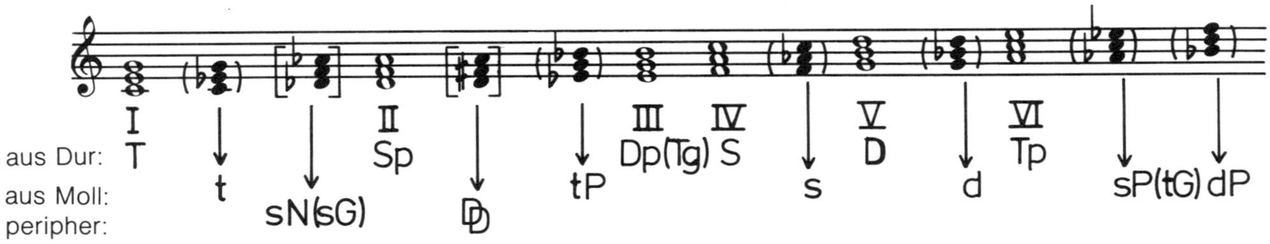

In der oberen Reihe stehen die Stufenbezeichnungen mittels römischer Ziffern, darunter die Funktionsbezeichnungen. Hier bedeuten große Buchstaben Dur-, kleine Buchstaben Molldreiklänge:

T = Durtonika	t = Molltonika
S = Dursubdominante	s = Mollsubdominante
D = Durdominante	d = Molldominante
P = Durparallele	p = Mollparallele
G = Durgegenklang	g = Mollgegenklang
sN = verselbständigter Neapolitaner	
Đ = Doppeldominante (Dominante der Dominante)	

Verminderte Dreiklänge bilden keine eigene Funktion aus, deshalb fehlen sie in der Aufstellung. Sie erscheinen in der Praxis fast ausnahmslos als Sextakkorde. Je nach musikalischem Zusammenhang nehmen sie dominantische oder subdominantische Funktion an:

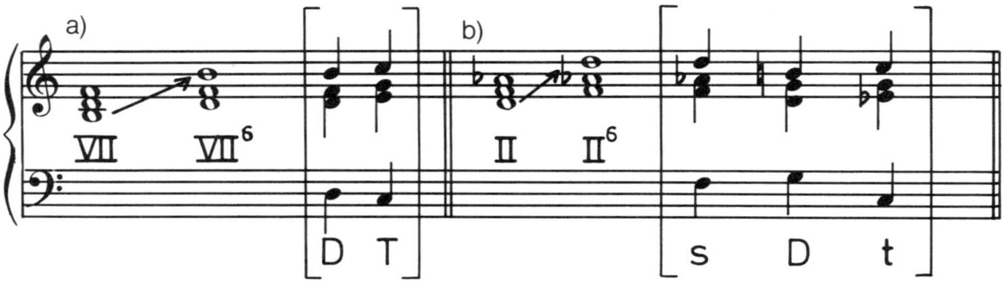

a) Die Beziehung des Leittones zum tonalen Zentrum C wirkt sich hier dominantisch aus.
b) Der kadenzierende Baßverlauf macht den ersten Akkord eindeutig zur Subdominante.

Übermäßige Dreiklänge entstehen entweder als Ergebnis einer Vorhaltbildung oder durch chromatische Veränderung akkordeigener Töne (Alteration). Sie lassen sich stets mühelos auf einen der oben aufgestellten Dreiklänge zurückführen:

a) Dominante mit Vorhalt 6 — 5
b) Molltonikaparallele mit chromatischer Erhöhung der Quinte 5 — 5<
c) Molltonika mit Vorhalt 7< — 8

§ 3 Verwandtschaftsbeziehungen

1. Quintverwandtschaft:

Die Dreiklänge stehen nicht beziehungslos nebeneinander, sie treten vielmehr in intervallische Beziehungsverhältnisse. Die engste Verwandtschaftsbeziehung wird durch das Intervall der reinen Quinte begründet. Quintverwandt sind Klänge, deren Grundtöne im Verhältnis einer reinen Quinte stehen.

Sie haben einen gemeinsamen Ton.

Das elementarste Quintverwandtschaftsgefüge besteht zwischen den drei sogenannten Hauptfunktionen. Es ist das harmonische Grundgerüst der durmolltonalen Musik:

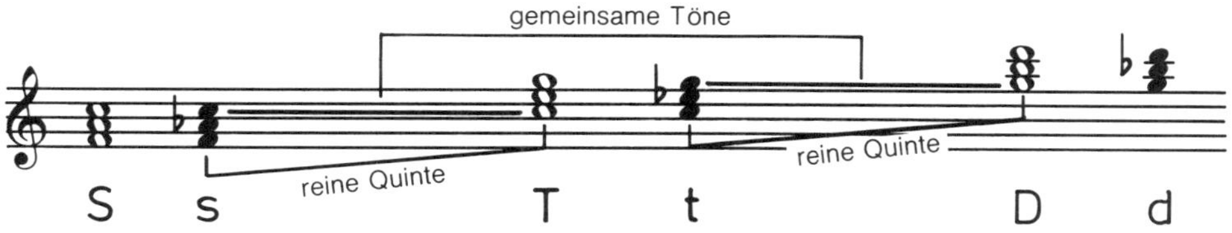

Das harmonische Zentrum der Tonalität ist die Tonika (T, t) in ihrer Ausprägung als Dur- oder Molldreiklang. Mit ihr im unteren Quintverhältnis verwandt ist die Subdominante (S,s). Sie erscheint ebenfalls als Dur- oder Molldreiklang. Die Dominante (D,d) steht im oberen Quintverhältnis zur Tonika. Dominantisch wirksam wird sie nur in ihrer Form als Durdreiklang. Die Strebewirkung zur Tonika gründet sich in erster Linie auf den ihr innewohnenden Leitton zum tonalen Zentrum. Als Molldreiklang verliert die Dominante ihre strebende und leitende Tendenz. Die Molldominante, eigentlich ein Paradoxon, kommt daher nur außerhalb kadenzierender Vorgänge zur Anwendung (z.B. in Sequenzen!).

2. Terzverwandtschaft:

Terzverwandt sind Klänge, deren Grundtöne im Verhältnis einer kleinen oder großen Terz stehen. Sie haben zwei gemeinsame Töne. (Terzverwandtschaften mit weniger als zwei gemeinsamen Tönen werden hier nicht weiter verfolgt.)

Zu jeder Hauptfunktion gehören zwei terzverwandte Nebenfunktionen von gegensätzlichem Tongeschlecht. Es wird dabei unterschieden zwischen Parallelklang (p,P) und Gegenklang (g,G). Parallelklänge, kurz Parallelen genannt, stehen im Kleinterzverhältnis, Gegenklänge im Großterzverhältnis. Von echter Nebenfunktion, auch im Sinne einer Klangvertretung, kann aber nur bei den kleinterzverwandten Parallelen gesprochen werden. Die Gegenklänge spielen für die Analyse harmonischer Vorgänge eine untergeordnete Rolle.

2. 1. Terzverwandtschaften der Tonika:

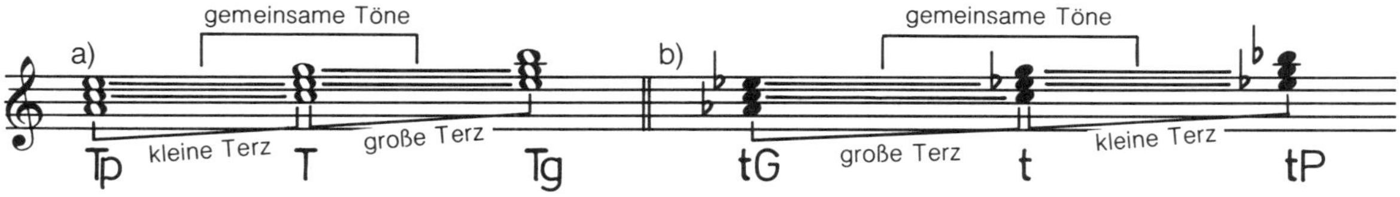

a) Tp = Durtonikaparallele
Tg = Durtonikagegenklang
b) tG = Molltonikagegenklang
tP = Molltonikaparallele

2. 2. Terzverwandtschaften der Subdominante:

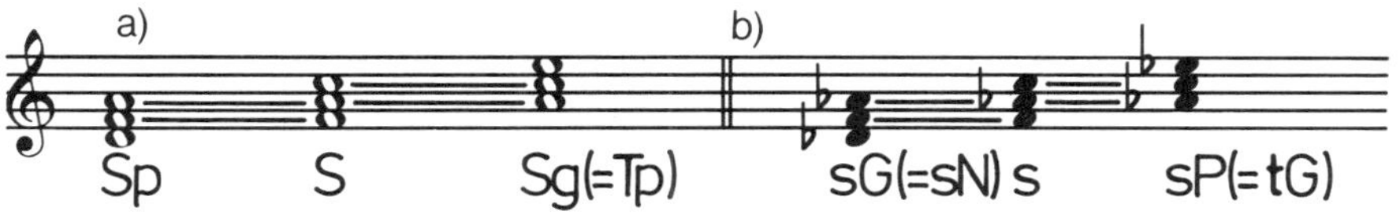

a) Sp = Dursubdominantparallele
Sg = Dursubdominantgegenklang (dieser Klang wird stets als Tp aufgefaßt)
b) sG = Mollsubdominantgegenklang (wird auch als sN bezeichnet)
sP = Mollsubdominantparallele (der gleiche Klang wie tG. Welche analytische Auffassung die richtige ist, entscheidet der musikalische Zusammenhang.)

2. 3. Terzverwandtschaften der Dominante:

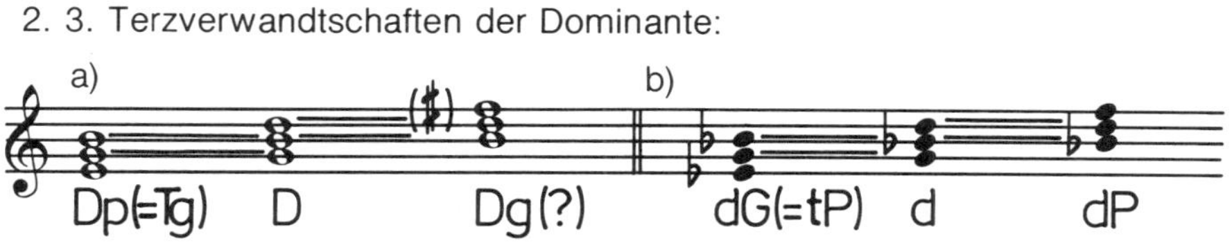

a) Dp = Durdominantparallele (der gleiche Klang wie Tg. Auch hier muß der musikalische Zusammenhang über die richtige Ableitung entscheiden.)
Dg = Durdominantgegenklang? (ist entweder kein reiner Dreiklang und damit nicht in der Lage eine eigene Funktion auszubilden, oder führt als h-Moll-Dreiklang aus dem Tonalitätsbereich um das Zentrum C heraus.)
b) dG = Molldominantgegenklang (dieser Klang wird stets als tP aufgefaßt.)
dP = Molldominantparallele

Zusammengefaßt ergibt sich folgende Übersichtstafel für die Funktionsbeziehungen innerhalb eines Tonalitätsbereiches:

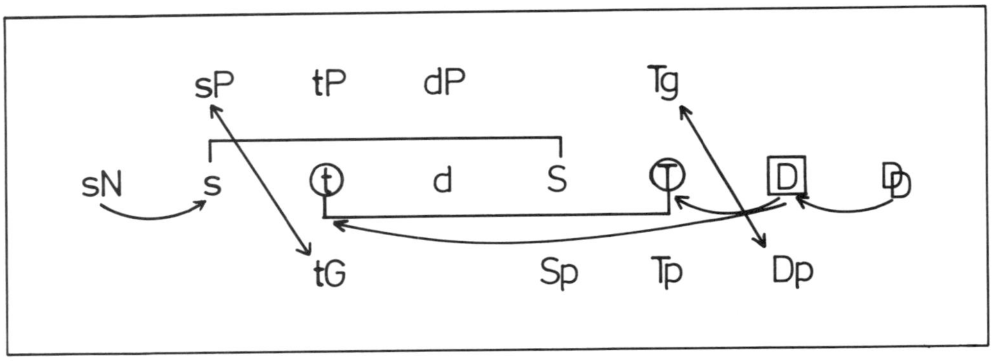

Die Übersicht ist reduziert auf die in der harmonischen Analyse tatsächlich notwendigen Bezeichnungen.

Es sei bemerkt, daß sich von links nach rechts gehend eine zunehmende Aufhellung im Sinne einer aufsteigenden Quintenfolge ergibt.

§ 4 Darstellung von Grundakkorden

Es werden nun die Möglichkeiten gezeigt, Grundakkorde, also Dreiklänge mit Grundton im Baß, vierstimmig im Klaviersatz darzustellen. Dabei kommt der Baß allein ins untere Notensystem, die drei Oberstimmen zusammen ins obere. Setzt man Dreiklänge vierstimmig, so muß zumindest ein Ton verdoppelt werden. Das sollte vornehmlich der Grundton sein, aber auch Terz und Quinte des Dreiklangs kommen in Betracht.

1. Enge Lage:

Bei der engen Lage stehen die drei Oberstimmen so eng wie möglich zusammen. Ihr Abstand zum Baß spielt dabei keine Rolle. Der Grundton erscheint stets verdoppelt:

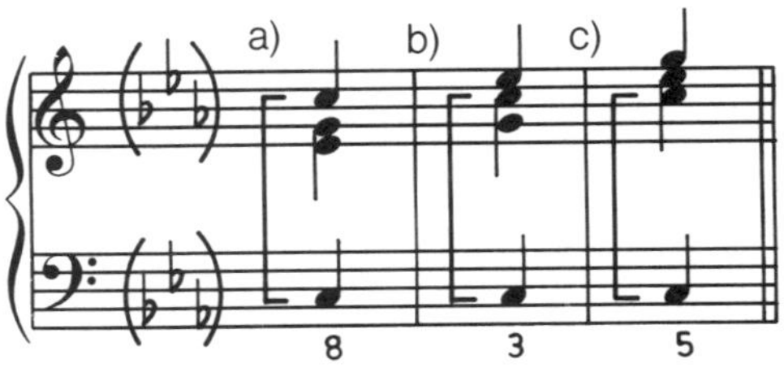

a) Oktavlage (Grundton in der obersten Stimme, im Sopran)
b) Terzlage (Terz im Sopran)
c) Quintlage (Quinte im Sopran)

Durch die Verdopplung des Grundtones wird das Fundament des Akkordes verstärkt. Der Dreiklang wird dadurch im besonderen Maße „bodenständig“. Diese Setzweise von Grundakkorden ist in der Literatur eindeutig bevorzugt anzutreffen.

2. Gemischte Lage, Grenzlage:

Bei der gemischten Lage ist der Abstand zwischen den drei Oberstimmen teils eng, teils weit. Weit wird der Abstand zwischen zwei benachbarten Stimmen, wenn akkordeigene Töne dazwischen gesetzt werden können: (Die eigentliche weite Lage wird im Einführungskapitel nicht behandelt, weil sie den hier gemeinten Klaviersatz sprengt, d.h. die drei Oberstimmen in Abstände bringt, die mit einer Hand nicht mehr zu greifen sind.):

a) Grundton verdreifacht, Quinte fehlt (ein Akkord, dem die Quinte fehlt, wird als unvollständig bezeichnet)
b) Quinte verdoppelt
c) Terz verdoppelt
d) Grundton und Terz verdoppelt, Quinte fehlt

Klänge wie diese entstehen entweder aus einer stimmführungsmäßigen Notwendigkeit oder aus Gründen einer beabsichtigten, außergewöhnlichen Klangwirkung. Man bedenke, daß verdoppelte Töne lauter werden und sich dadurch hervorheben. Bei allen vier Klängen bilden die Oberstimmen den Abstand einer Oktave. Wegen der grifftechnischen Grenze, die durch die Oktave erreicht wird, nennt man solche Abstandsverhältnisse auch *Grenzlage*.

3. Sonderformen der Lage:

Sonderformen der Lage sind weder eng, noch gemischt oder weit. Sie zeichnen sich dadurch aus, daß jeweils ein Ton in gleicher Tonhöhe verdoppelt wird:

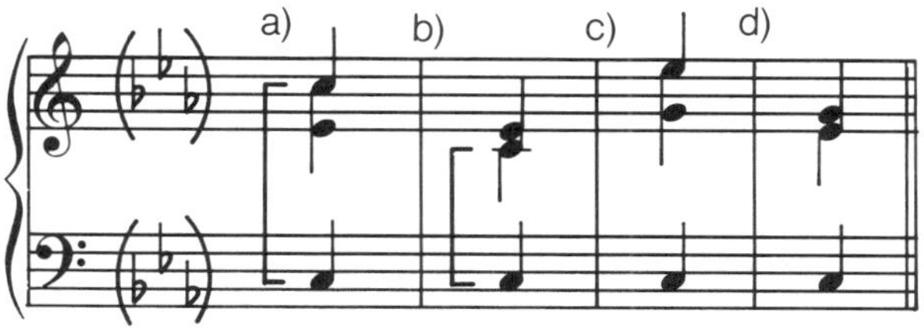

a) und b) Grundton verdreifacht, Quinte fehlt
c) und d) Terz verdoppelt

Solche und ähnliche Zusammenklänge sollten als Sonderformen nur „in der Not" gesetzt werden, also wenn die Stimmführung dazu zwingt. Es sei darauf hingewiesen, daß diese Klänge in der Literatur seltener anzutreffen sind und, wo es eben geht, durch die klangvolleren Akkorde der engen oder gemischten Lage ersetzt werden. Das sind die Stellen, an denen es zu den verschiedensten Stimmführungsfreiheiten kommt, wie es im Laufe dieses Kapitels mehrfach zu zeigen sein wird.

§ 5 Verbindung von Grundakkorden

Zur Stimmführung:

Bei der Verbindung von Akkorden tritt die Notwendigkeit von Stimmführung auf. Nach der hier angenommenen Stilgrundlage ist dabei eine relative Selbständigkeit der einzelnen Stimmen als wesentliches Merkmal anzusehen. Parallelführung von Intervallen mit sehr hohem Verschmelzungsgrad, also Prime, Oktave und im weiteren auch die Quinte, heben die Stimmführung im hier gemeinten Sinne auf.

Fälle wie die folgenden bleiben daher ausgeschlossen:

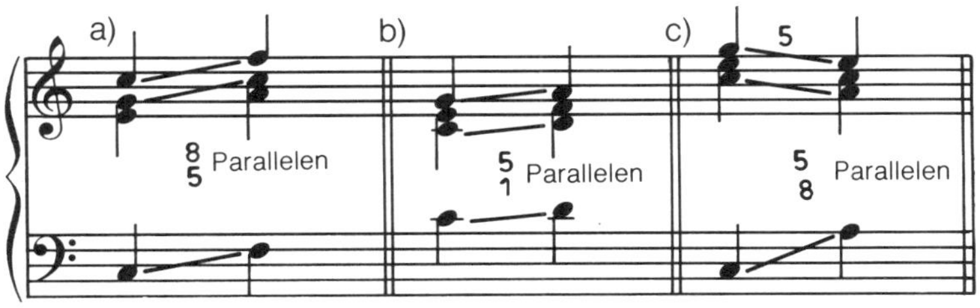

a) offene Oktavparallelen und „Gerüstquinten" (Grundton bleibt Grundton, Quinte bleibt Quinte)
b) offene Primparallelen und Gerüstquinten
c) „Anti"-Parallelen (offene Parallelen in Gegenbewegung, in Außenstimmen bedenklich, sonst durchaus möglich) und Gerüstquinten

Das schon im 14. Jahrhundert formulierte Parallelenverbot gilt als uneingeschränkt für Primen und Oktaven. Bei der Quinte gilt es nur für sog. *Gerüstquinten*. Sobald eine verminderte Quinte mit im Spiele ist, oder melodisch selbständig geführte Stimmen Quintparallelen als Nebenprodukt entstehen lassen, sind sie möglich:

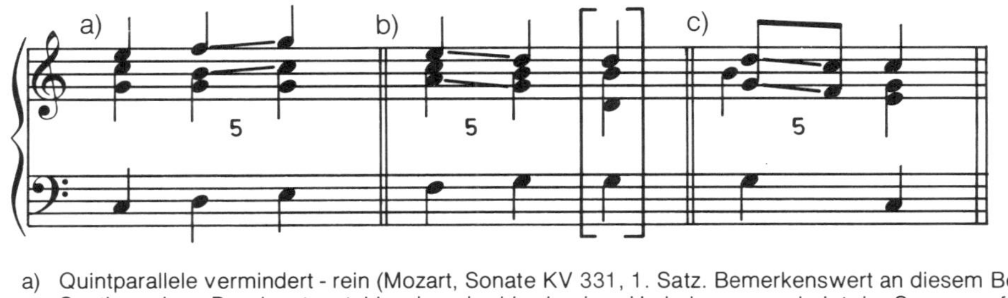

a) Quintparallele vermindert - rein (Mozart, Sonate KV 331, 1. Satz. Bemerkenswert an diesem Beispiel ist außerdem, daß die Septime eines Dominantseptakkordes, der hier in einer Umkehrung erscheint, im Sopran aufwärts geführt wird.)
b) Terz wird Grundton, Septime wird Quinte (keine Gerüstquinten! Möglichkeit zur Vermeidung in eckiger Klammer)
c) Kombination der melodischen Elemente Vorausnahme und Durchgang

Auffallend, aber im Grunde selbstverständlich ist, daß solche ,,Quinten" in den sensiblen und exponierten Außenstimmen, die doch das klangtragende und wichtigste Moment des ganzen Satzes sind, von den Komponisten weitgehend vermieden werden.

Die sogenannten *verdeckten Parallelen* (zwei Stimmen gehen in verschiedenen Intervallen aber in gleicher Richtung in eine Prime, Oktave oder Quinte) erfuhren stets die unterschiedlichste Beurteilung hinsichtlich ihrer Verwendung. Es läßt sich feststellen, daß sie in der Literatur zwischen allen Stimmen und in jeder Zusammensetzung häufig und daher ohne Einschränkung möglich sind. Das gilt auch für die extremen Fälle mit springender Oberstimme:

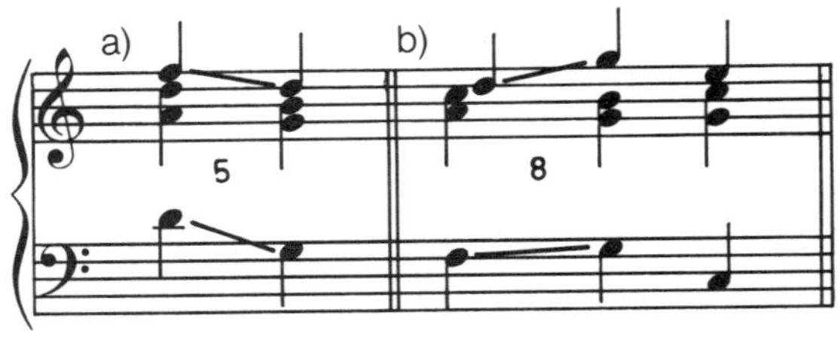

a) verdeckte Quintparallele
b) verdeckte Oktavparallele (Mozart, KV 311, 3. Satz)

Im weiteren werden die Quint-, Terz- und Sekundverbindung von Grundakkorden und die Verknüpfung zur Kadenz und Sequenz dargestellt.

1. Quintverbindung:

Bei der Verbindung quintverwandter Dreiklänge besteht zunächst die Möglichkeit, den gemeinsamen Ton liegen zu lassen:

a) authentische Verbindung T (t) - D - T (t) in verschiedenen Lagen mit klangverbindendem Ton (Klangband). Der Verlauf des Basses ist frei.
b) plagale Verbindung T (t) - S (s) - T (t) mit Klangband

Durch die liegenden Töne entstehen zwar sehr gute Klangverbindungen, nicht selten aber auch eine starre und eintönige Stimmführung. Um die Führung der Stimmen etwas zu beleben und um ,,melodischen Willen" durchzusetzen, können die gemeinsamen Töne von einer zur anderen Stimme wandern, ausgelassen oder verdoppelt werden:

a) der gemeinsame Ton wandert, bleibt aber in der gleichen Tonhöhe (daß dabei auch der Leitton in einer Mittelstimme abspringt, um einen vollständigen Akkord zu erzielen, ist ein ganz gewöhnlicher, fast regelmäßiger Vorgang!)
b) die gleichen Außenstimmen ohne gemeinsamen Ton (den Baß nicht berücksichtigt!)
c) der gemeinsame Ton wandert und ändert dabei seine Tonhöhe um eine Oktave
d) die gleichen Außenstimmen und ein zusätzlicher gemeinsamer Ton

Die vier Beispiele zeigen die fundamentale harmonische Wendung D - T (t), weichen in ihrer Setzweise jedoch ab von den oben angeführten authentischen Verbindungen. Die Beispiele b) und d) verwenden die gemischte Lage (Grenzlage).

2. Terzverbindung:

Bei der Verbindung terzverwandter Dreiklänge lassen sich die gemeinsamen Töne stimmführungsmäßig ebenfalls unterschiedlich behandeln:

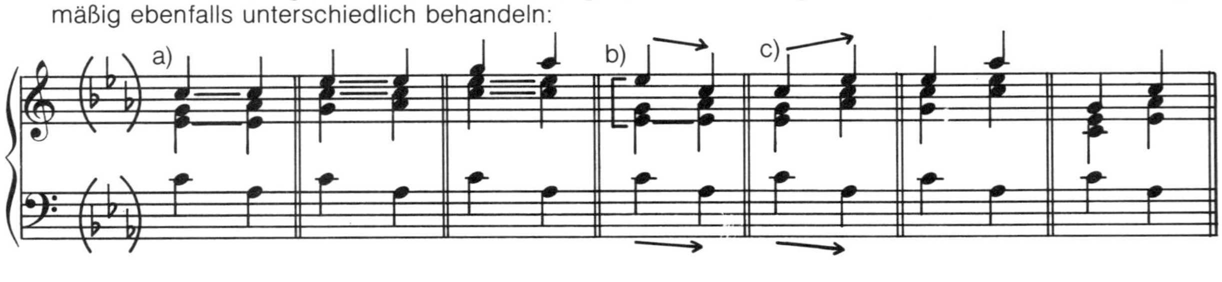

a) Terzfallverbindung T (t) - Tp (tG) in verschiedenen Lagen. Beide gemeinsamen Töne bleiben liegen.
b) einer der beiden Töne bleibt liegen, die Außenstimmen gehen in Dezimen parallel (die Anwendung der gemischten Lage macht hier möglich, daß überhaupt eine Terzverbindung mit parallel geführten Außenstimmen gesetzt werden kann!)
c) beide gemeinsamen Töne wandern (die drei Oberstimmen werden ,,blockhaft" in Gegenbewegung zum Baß geführt)

Es soll nicht unerwähnt bleiben, daß Terzfallverbindungen harmonisch wesentlich wirkungsvoller sind, als Terzanstiegsverbindungen. Das hat seinen Grund darin, daß bei Verbindungen im Terzfall als Grundton stets ein neuer, unverbrauchter Ton erscheint, was klangsteigernd und aufbauend wirkt, während der umgekehrte Vorgang als Grundton keinen neuen Ton zu Tage fördert und daher eher als Abschwächung empfunden wird. Man spiele die obigen Terzverbindungen auch in rückläufiger Form, um sich von dieser Tatsache zu überzeugen.

3. Sekundverbindung:

Dreiklänge, deren Grundtöne im Verhältnis einer Sekunde stehen, haben keinen gemeinsamen Ton. Die Möglichkeiten der Verbindung sind daher reduziert:

a) Sekundverbindung S (s) - D in verschiedenen Lagen (die drei Oberstimmen gehen in Gegenbewegung zum Baß)
b) Sekundverbindung D - Tp (tG) mit in Dezimen parallel geführten Außenstimmen (hier müssen wenigstens die Mittelstimmen in Gegenbewegung gehen!)

Die beiden Beispiele zeigen die wichtigsten Sekundverbindungen, nämlich die Verbindung der beiden Hauptfunktionen Subdominante und Dominante und die Verbindung der Dominante mit einem terzverwandten *Tonikavertreter*. Die erste ist für die Kadenz, die zweite für die sogenannte *Trugschlußbewegung* von besonderer Bedeutung.

4. Kadenz:

Der Begriff Kadenz hat in der durmolltonalen Harmonik mehrere Bedeutungen. Zum einen werden damit die verschiedenen Formen möglicher Schlußbildungen bezeichnet:

authentischer Schluß	D - T (t)
plagaler Schluß	S (s) - T (t)
Halbschluß	T (t) - D oder S (s) - D, eventuell auch DD - D
Trugschluß	D - Tp (tG)

Indem sie Gliederungspunkte setzen, prägen diese Kadenzen entscheidend den formalen Aufbau der Kompositionen.

Zum anderen meint der Begriff Kadenz jedes Darstellen von Tonarten durch Akkorde, also die Gestaltung musikalischer Abläufe durch harmonische Mittel überhaupt. In dieser Bedeutung erhebt sich der Begriff über die enge Definition des Schließens oder Fallens (lat. cadere = fallen), was sich vor allem auf den abschließenden Quintfall der authentischen Kadenz bezieht, und wird zum umfassenden Terminus der durmolltonalen Harmonik.

Das harmonische Grundgerüst der drei Hauptfunktionen, von dem schon die Rede war (vgl. ,,Quintverwandtschaft"), bildet, in einen sinnvollen Ablauf gebracht, die einfachste Kadenz:

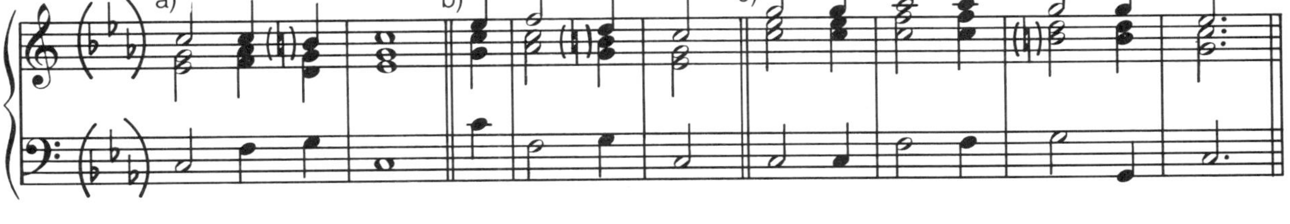

a)—c) einfache Kadenz T (t) - S (s) - D - T (t) in verschiedenen Lagen und metrischen Ausprägungen

Durch dieses Aneinanderfügen der drei Hauptfunktionen wird eine Tonart unmißverständlich ausgesprochen. Die Kadenz ist daher die harmonische und formale Grundlage durmolltonaler Musik.

5. Sequenz:

Der Begriff Sequenz wird hier nur in seiner Bedeutung für die tonale harmonische Satztechnik umrissen. In diesem Sinne bilden sich Sequenzen, wenn ein aufgestelltes harmonisches Modell auf verschiedenen Tonstufen zur Wiederholung kommt, wenn also eine Folge (lat. sequi = folgen) weitgehend gleicher harmonischer Wendungen entsteht. Durch die Sequenzierung mechanisiert sich der musikalische Fluß mit der Gefahr nicht enden wollender Automation. So gesehen erscheint die Sequenz als Gegensatz zur Kadenz.

In der folgenden tonalen harmonischen Sequenz läßt sich dieser Vorgang genau beobachten. Das aufgestellte Modell gerät in schematische Bewegung, der Boden unter den Füßen schwankt und der Bezug zum tonalen Zentrum geht verloren. Erst die dazwischentretende Kadenz ist in der Lage, diesem Prozeß ein Ende zu setzen:

Dur: T S VII Dp Tp Sp D T S VII Dp Tp S D T
Moll: t s dP tP sP II d t s dP tP sP s D t
I IV VII III VI II V I IV VII III VI IV V I

Durch die Gleichschaltung von Modell und Sequenzgliedern stehen hier alle Dreiklänge gleichrangig nebeneinander. Selbst die verminderten Dreiklänge werden als *Grundakkorde mit verdoppeltem Grundton* behandelt. Die im besonderen auf kadenzierende Vorgänge abgestimmte funktionale Analyse steht bei Sequenzen auf verlorenem Posten, was verständlich ist, da ja die Akkorde innerhalb der Sequenz ihre eigentliche Funktion aufgeben. Die verminderten Dreiklänge müssen in Ermangelung eines eigenen Funktionssymbols sogar mit Stufen bezeichnet werden. Aber auch die reine Stufenbezeichnung gibt nur ein indifferentes Bild, das freilich dem Wesen der Sequenz entspricht.

§ 6 Kadenzierender Quartvorhalt

Ein wichtiges Mittel zur Verdeutlichung der Schlußbildung ist der kadenzierende Quartvorhalt. Die Terz der Dominante (Leitton!) wird dem Hörer durch die Quarte zunächst vorenthalten und nach einer Verzögerung nachgeliefert. In diesem Spannungsverhältnis liegt die reizvolle und als dissonant empfundene Wirkung aller Vorhalte:

V 4 3
D 4—3

Der kadenzierende Quartvorhalt ist fast ausnahmslos vorbereitet, d.h. er entwickelt sich in gleicher Stimme aus dem vorhergehenden Klang heraus. Seine metrische Stellung im Takt ist wie bei allen Vorhalten stets betonter als die stufenweise abwärts führende Auflösung:

T D 4—3 T T Tp(tG) D 4—3 T T S D 4—3 T

a)—c) kadenzierender Quartvorhalt in unterschiedlichen Lagen und Vorbereitungen. Typisch ist der Oktavsprung im Baß.

Der Quartvorhalt hat sich, - ebenso wie die Klangzusammenstellung *„sixte ajoutée“* -, aus den Klauseln (lat. claudere = beschließen) des 15./16. Jahrhunderts entwickelt:

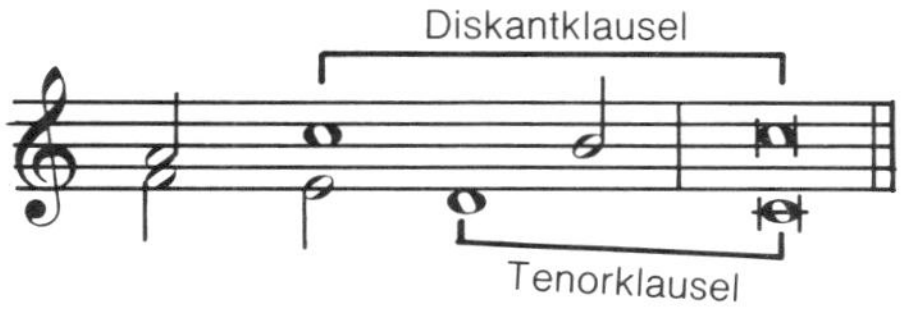

Die wichtigsten melodischen Schlußbildungen dieser Zeit sind die Diskantklausel (auch Sopran- oder Leittonklausel), der im häufigsten Fall eine Synkope voraus geht und die Tenorklausel. Es sind die einzigen Möglichkeiten melodisch stufenweise in den Schlußton (Finalis) zu gelangen. Wird die Klauselbildung mit einer Baßstimme versehen, so können zwei Wendungen entstehen:

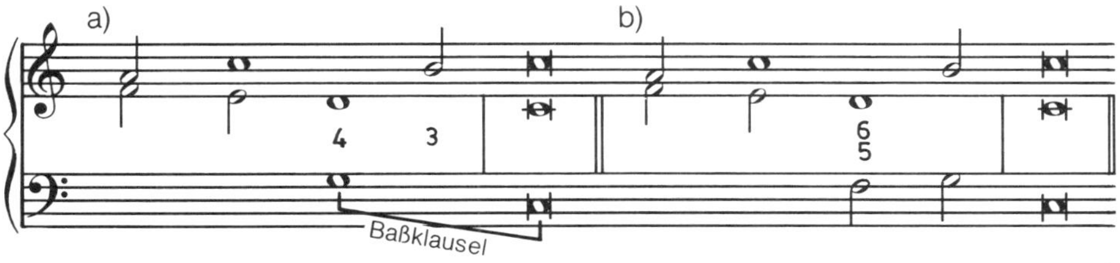

a) Vorhaltbildung 4 — 3 (Quartvorhalt) und
b) Klangzusammenstellung 5 — 6 *(„sixte ajoutée“)*, beide entstanden aus der Kombination verschiedener Schlußklauseln.

Aus dem Begriff der Klausel, der melodische Schlußbildungen meint, hat sich in einem jahrhundertelangen Prozeß der auf die harmonischen Schlußbildungen bezogene Begriff der Kadenz entwickelt. Die Entstehung der Durmolltonalität hängt eng mit dieser Begriffsumbildung zusammen.

§ 7 Sextakkorde

Ein Sextakkord ist ein Klang, der über dem Baßton die Intervalle Terz und Sexte aufweist. Nach der Entstehung und funktionalen Bedeutung lassen sich drei verschiedene Arten des Sextakkordes unterscheiden:

1. Umkehrung von Grundakkorden:

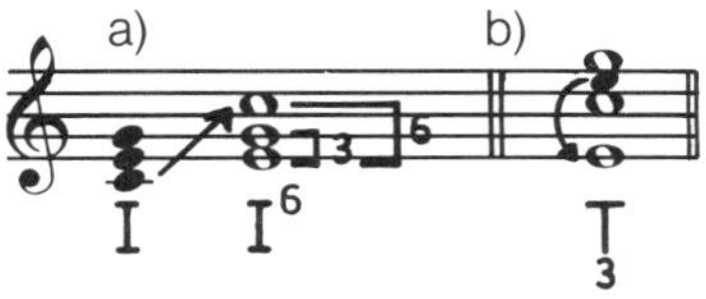

a) Dreiklang der I. Stufe als Sextakkord (erste Umkehrung)
b) Tonika mit Terz im Baß

Die Umkehrung von Akkorden bringt einen anderen Ton als den Grundton in den Baß. Solche Akkorde verlieren zwar an Stabilität gegenüber den Grundakkorden, schaffen aber dafür großen Zugewinn an Klangfülle und Möglichkeiten melodischer Baßgestaltung. Von Wichtigkeit ist bei allen Umkehrungen die Vorstellung, daß der Grundton immer Grundton bleibt, auch wenn er nicht mehr Baßton ist. Grundton und Baßton sind bei Umkehrungen stets verschiedene Töne.

Darstellungsmöglichkeiten des Sextakkordes am Beispiel der Tonika mit Terz im Baß:

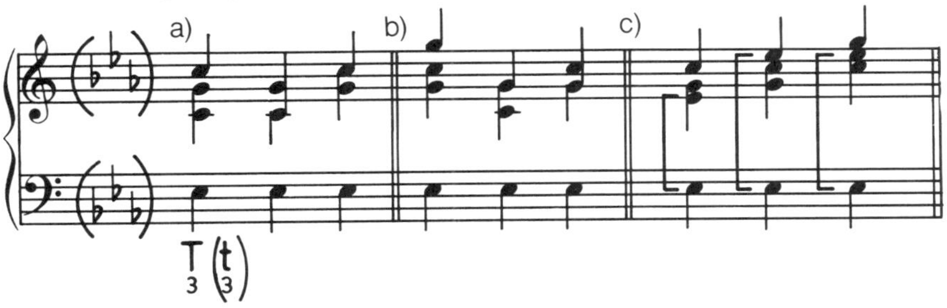

a) Grundton verdoppelt
b) Quinte verdoppelt
(bei a) + b) ist die jeweils erste Form die klangvollste, aber auch die anderen sind gut und möglich!)
c) Terz (= Baßton!) verdoppelt.
Die Terz des Umkehrungssextakkordes kann durchaus, ja muß bisweilen sogar aus Stimmführungsgründen verdoppelt werden. Handelt es sich um die Dominante, scheiden diese Möglichkeiten wegen der Leittonverdopplung jedoch aus. Der letzte Fall bei c) ist mit Vorsicht anzuwenden. Durch die eingekeilte Lage des verdoppelten Tones in den oberen drei Stimmen entsteht eine schlechte klangliche Wirkung.

2. Grundakkord mit Sexte statt Quinte:

a) Dreiklang der II. Stufe als Sextakkord
b) Subdominante mit Sexte statt Quinte, auch in Moll (s^6) und mit sogenannter neapolitanischer Sexte (s^n), der kleinen Sexte über dem Subdominantgrundton, die nur in Verbindung mit kleiner Terz auftritt.

Das Ersetzen der Quinte durch die klangvollere Sexte darf als charakteristisches Merkmal der Subdominante gelten. Es ist besonders typisch für die Kadenzbildung Mozarts. Die Subdominante erfährt dadurch eine deutliche Klangsteigerung:

a) der charakteristische Ton liegt als Melodieträger im Sopran (Man spiele hier einmal C im Sopran, um die klangvolle Wirkung der Sexte zu ermessen.)
b) vorhaltartige Wirkung der Sexte vor der Quinte und melodische Überbrückung des Terzsprunges D - H
c) der entscheidende Ton, die Sexte, ist „überterzt" (Die dritte mögliche Lage des Akkordes mit A im Sopran ist klanglich und satztechnisch ungünstig.)

Zum *Neapolitaner*:

a) neapolitanische Wendung (melodisch), mit oberem und unterem Halbton zum tonalen Zentrum C, dazwischen das expressive Intervall der verminderten Terz. Mit einiger Berechtigung kann der obere Halbton auch als *phrygische* Sekunde bezeichnet werden. Er wird stets seiner abwärts strebenden Tendenz gemäß weitergeführt.
b) das Urbild der Mollkadenz mit *Neapolitaner*. Verdoppelt wird, wie bei allen S^6-Formen der Grundton der Subdominante. Typisch ist der Querstand zwischen neapolitanischer Sexte und Quinte der Dominante.

Der Klang wurde zunächst in der neapolitanischen Oper als das stärkste harmonische Ausdrucksmittel viel gebraucht, daher die Bezeichnung *neapolitanischer Sextakkord* oder auch einfach *Neapolitaner.* Bisweilen liegt der charakteristische Ton im Baß, wodurch ein Durdreiklang in Grundstellung entsteht, der sogenannte *verselbständigte Neapolitaner* (sN oder N).

3. Verminderter Dreiklang als Sextakkord mit dominantischer Funktion:

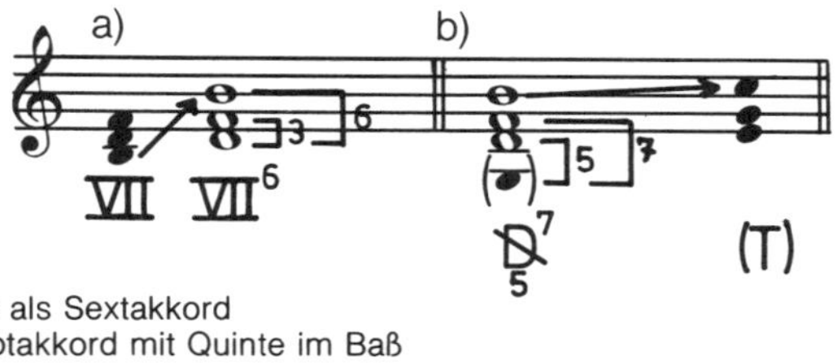

a) Dreiklang der VII. Stufe als Sextakkord
b) verkürzter Dominantseptakkord mit Quinte im Baß

Durch die Leittonwirkung wird der Akkord eindeutig dominantisch aufgefaßt. Daher müssen seine einzelnen Töne auf den Funktionsgrundton der Dominante bezogen werden. Der Dominantgrundton ist jedoch nur der ideelle Bezugston, real klingend tritt er nicht in Erscheinung. Dieser Vorgang, der auch noch beim Dominantseptnonenakkord möglich ist, wird als *Verkürzung* bezeichnet. Es fällt auf, daß die Tatsache des fehlenden Grundtones nur bei dominantischen Akkorden zu beobachten ist, die allein durch ihre Leittonspannung als solche wahrgenommen werden:

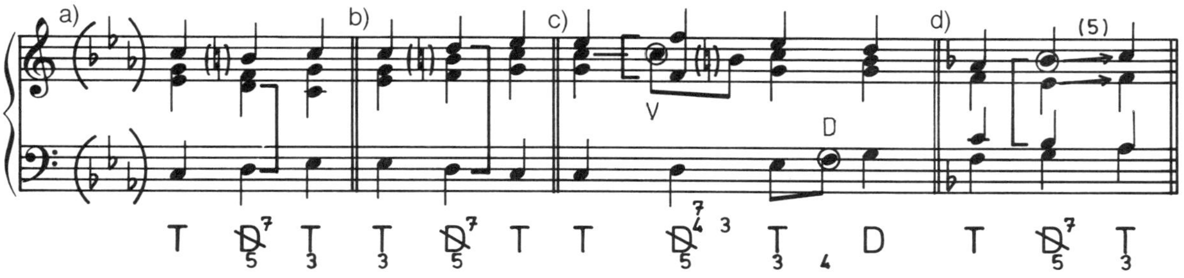

a) und b) verkürzter Dominantseptakkord mit verdoppeltem Baßton (Quinte)
c) verdoppelte „Septime", die wegen des fehlenden Grundtones nicht als Septdissonanz erklingt und eingelagerter Vorhalt (V). Im Baß ein Durchgang (D).
d) die scheinbare Septime kann nicht nur verdoppelt, sondern auch aufwärts weitergeführt werden, selbst im Sopran, einschließlich „Quintparallele" (vermindert - rein), wie dieses Beispiel beweist, das einem Choral von J.S. Bach entnommen ist.

Der Klang gehört zu den ältesten und konsonanten Akkordbildungen. Er ist um Jahrhunderte vor dem eigentlichen Dominantseptakkord entstanden und kommt zum Beispiel in Fauxbourdon-Schlußbildungen des 15. Jahrhunderts vor:

Hier erklingt der Akkord in Verbindung mit der synkopierten Diskantklausel. Die Vorhaltsituation (7—6) zeigt neben der Intervallkombination Terz - Sexte, daß der Zusammenklang als konsonant zu gelten hat.

„Einige höchst nöthige Regeln vom General Basso . . ." schreibt J.S. Bach seiner Frau Anna Magdalena ins „Clavierbüchlein" von 1725. Darin heißt es u.a.: „ . . . NB! wo 6 maj: und 3. minor zugleich über der Note vorkommen darff man ja nicht die 6. wegen übellautes, dupliren; sondern muß an statt deren die 8. und 3 darzugegriffen werden."

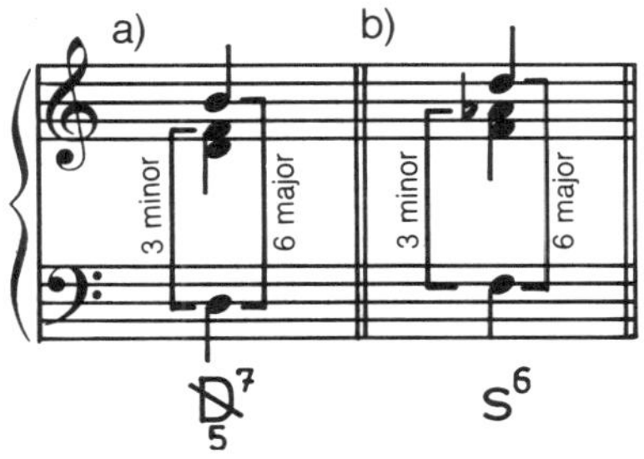

a) hier verdopple man also „ja nicht" den Leitton in der Dominante,
b) hier „darff" die Sexte, die als besonderes Charakteristikum der Subdominante die Quinte vertritt, nicht verdoppelt werden.

Es handelt sich also um einen Hinweis darauf, daß Töne, die in der Musik eine außergewöhnliche Rolle spielen, - zu solchen Tönen gehören neben Leittönen und Subdominantsexte auch noch alle Dissonanzen und Vorhalte -, nicht verdoppelt werden, freilich ausgedrückt in der auf den Generalbaß bezogenen Sprache J.S. Bachs.

Die Begründung für diese Regel ist die eines großen Meisters, aber sie sollte letztlich das einzige Kriterium für jeden Musiker sein, warum stimmführungsmäßig und klanglich etwas zu tun oder zu lassen ist: Damit es nicht übel lautet!

§ 8 Quartsextakkorde

Beim Quartsextakkord liegen über dem Baßton die Intervalle Quarte und Sexte. Dieser strukturelle Aufbau gibt jedoch keine Auskunft über die funktionale Bedeutung des Klanges:

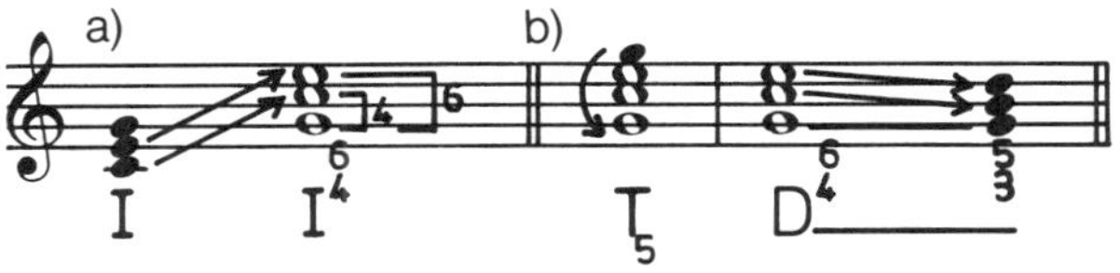

a) Dreiklang der I. Stufe als Quartsextakkord (zweite Umkehrung)
b) Tonika mit Quinte im Baß, oder Dominante mit Quarte und Sexte statt Terz und Quinte

Die tatsächliche Funktion des Klanges wird erst im musikalischen Zusammenhang deutlich. Es lassen sich also, wie schon beim Sextakkord, verschiedene Arten des Quartsextakkordes unterscheiden.

1. Vorhaltsquartsextakkord:

Seine häufigste Ausprägung erfährt der Klang als kadenzierender Vorhaltsquartsextakkord. In dieser Form wird er, ähnlich wie der einfache Quartvorhalt, zu einem besonders deutlichen Mittel der Schlußkadenz. Der Akkord erscheint als doppelter Vorhalt innerhalb der Dominante (4 - 3, 6 - 5) und wirkt durch die Vorhaltbildung als dissonanter Klang:

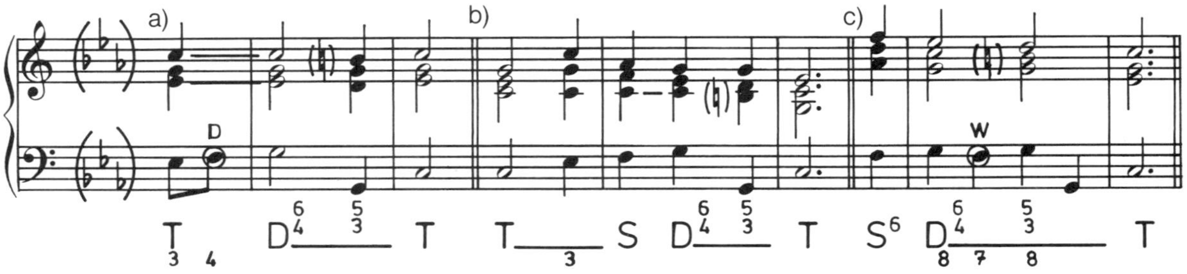

a) Quart- und Sextvorhalt vorbereitet, Auflösung stufenweise abwärts
b) Quartvorhalt vorbereitet, Sexte tritt frei ein
c) Quarte und Sexte treten frei ein; im Baß eine Wechselnote (W)

2. Durchgangsquartsextakkord:

Im Gegensatz zum Vorhaltsquartsextakkord steht der Durchgangsquartsextakkord auf leichtem Taktteil. Deneben ist sein Hauptmerkmal eine schrittweise durchgehende Baßführung:

a) dominantischer Durchgangsquartsextakkord zwischen Grundakkord und Sextakkord der Tonika. Bei J.S. Bach findet sich diese harmonische Wendung verhältnismäßig selten. An ihre Stelle tritt bei ihm meist die Form mit konsonantem Sextakkord, die das nächste Beispiel zeigt.
b) verkürzter Dominantseptakkord als Durchgangssextakkord
c) Tonika als Durchgangsquartsextakkord und sukzessive Auflösung des Vorhaltquartsextakkordes

3. Wechselquartsextakkord:

Durch das melodische Element der doppelten Wechselnote entsteht der Wechselquartsextakkord:

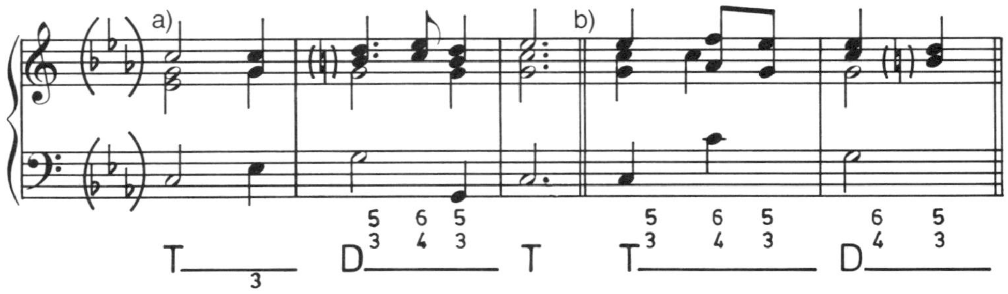

a) Wechselquartsextakkord auf sehr leichter Zeit
b) relativ betonter Wechselquartsextakkord

4. Umkehrungsquartsextakkord:

Bei liegender Harmonie wandert die Quinte des Klanges in den Baß und bildet einen Umkehrungsquartsextakkord:

a) der Baß springt durch die akkordeigenen Töne
b) der Baß wechselt zwischen Grundton und Quinte, wie es häufig bei Begleitformen der Fall ist (Dominante mit Septime vgl. ,,Dominantseptakkord")

§ 9 Subdominantquintsextakkord (,,sixte ajoutée")

Jeder Quintsextakkord hat den Intervallaufbau Terz, Quinte und Sexte über dem Baßton. Der Subdominantquintsextakkord, eine besondere und typische Klangform dieser Art, entsteht durch Hinzufügen einer großen Sexte zum einfachen Subdominantdreiklang. Diesen Vorgang bezeichnete J.Ph. Rameau (1683—1764) als *sixte ajoutée,* ein Terminus, der heutzutage auf den gesamten Subdominantquintsextakkord angewendet wird:

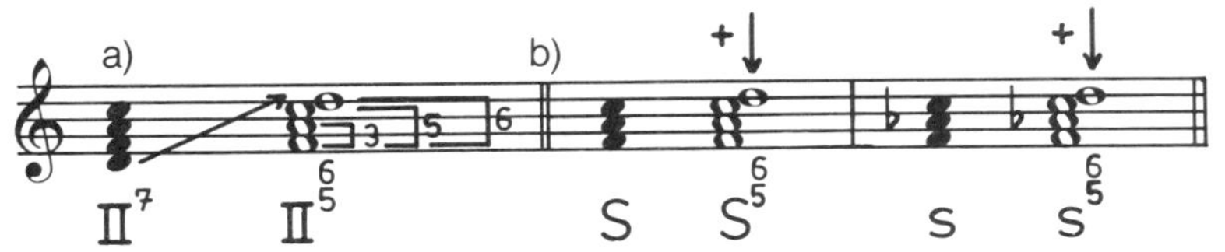

a) Septakkord der II. Stufe als Quintsextakkord (erste Umkehrung)
b) Subdominante mit hinzugefügter Sexte (,,sixte ajoutée")

In diesem Akkord findet die Subdominante den ihrem klangvollen Wesen adäquaten Ausdruck, durch die einmalige Kombination der konsonanten Intervalle Terz (groß oder klein), reine Quinte und große Sexte. Die Charakterisierung der Subdominante durch diesen Klang ist dergestalt, daß jeder Dur- oder Molldreiklang mit hinzugefügter großer Sexte funktional subdominantisch aufgefaßt wird. Das macht den Akkord als Modulationsmittel besonders geeignet. Er hat Ähnlichkeit mit dem S^6, ist aber im Gegensatz zu diesem ein Vierklang, so daß keine Verdoppelungsfragen auftreten:

a)—c) *sixte ajoutée* in verschiedenen Lagen. Die kadenzierende Kraft des Akkordes, ebenso wie die satztechnisch bedingte Vorbereitung ergibt sich aus der geschichtlichen Entwicklung (vgl. ,,kadenzierender Quartvorhalt").
d) die Vorbereitung ist im wesentlichen auf den in dieser Hinsicht ,,strengen" Chorsatz bezogen. Im Klaviersatz ist auch eine freiere Behandlung möglich.

Umkehrungen des ,,sixte ajoutée" sind in der Literatur weit weniger häufig anzutreffen als die Grundform und von der funktionalen Auffassung her gesehen auch nicht so eindeutig wie diese. Der Akkord verliert durch die Umkehrung teilweise sein Gepräge und kann zumindest zweideutig werden.

Erste Umkehrung:

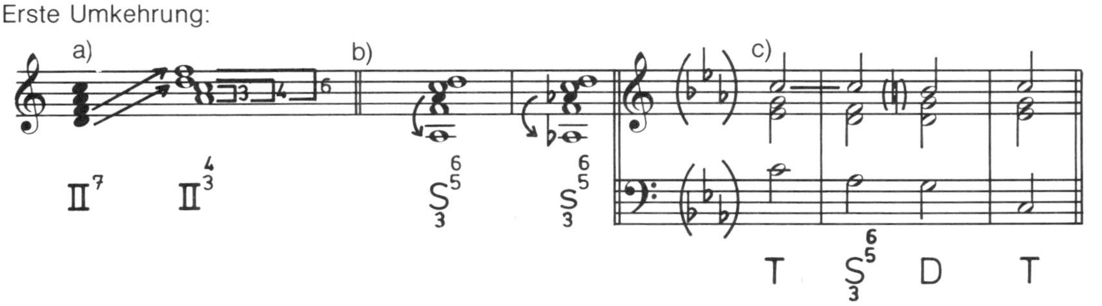

a) Septakkord der II. Stufe als Terzquartakkord (zweite Umkehrung)
b) *sixte ajoutée* mit Terz im Baß
c) Anwendung in der Kadenz

Zweite Umkehrung:

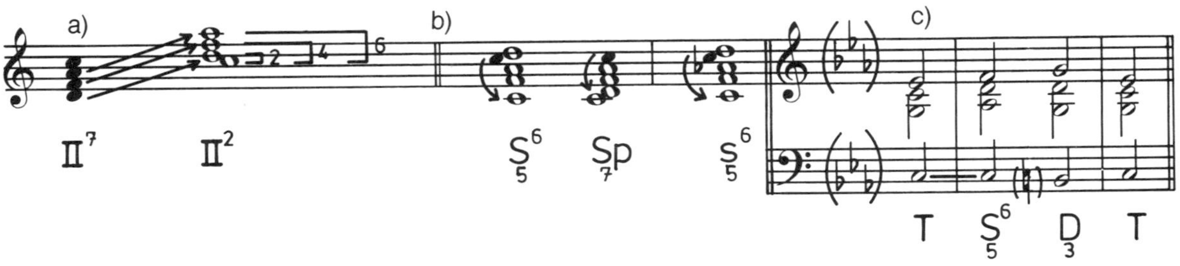

a) Septakkord der II. Stufe als Sekundakkord (dritte Umkehrung)
b) *sixte ajoutée* mit Quinte im Baß. In Dur auch deutbar als Subdominantparallele mit hinzugefügter Septime im Baß.
c) vgl. J.S. Bach, WK I, Präludium C-Dur

Dritte Umkehrung:

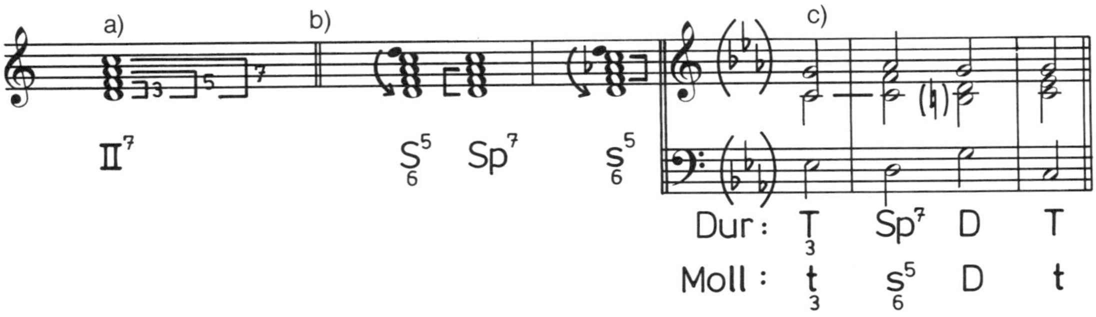

a) Septakkord der II. Stufe in Grundstellung (vgl. ,,Nebenseptakkorde")
b) *sixte ajoutée* mit Sexte im Baß. In Dur ist diese funktionale Deutung unhaltbar. Durch den zugrunde liegenden Molldreiklang stabilisiert sich der Akkord und wird sozusagen ,,grundtönig". Wir hören die Subdominantparallele mit hinzugefügter Septime. Anders in Moll: Der verminderte Dreiklang stabilisiert den Akkord nicht. Wir hören nach wie vor die Mollsubdominante, deren Grundton als tiefer Ton einer reinen Quinte weiterhin funktionsbestimmend bleibt, und die hinzugefügte Sexte im Baß.
c) Kadenz mit doppeltem Quintfall

§ 10 Dominantseptakkord

Ein Septakkord ist ein Klang mit den Intervallen Terz, Quinte und Septime über dem Baßton. Beim Dominantseptakkord tritt zu dem an sich leittönig gespannten Dominantdreiklang noch die klangverschärfende kleine Septime hinzu. Ursprünglich erschien die Septime als Ergebnis melodischer, meist durchgängiger oder vorhaltartiger Stimmbewegungen. In selbständiger Form wird der Dominantseptakkord erst etwa seit der Zeit J.S. Bachs verwendet. Er ist der deutlichste Ausdruck der Dominante und die wichtigste Klangausprägung aller Septakkorde:

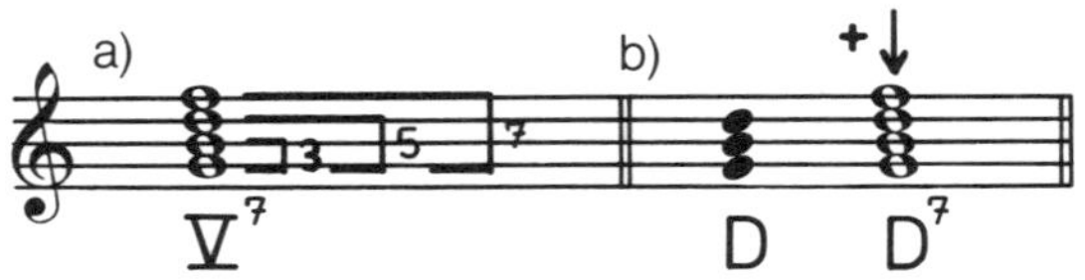

a) Septakkord der V. Stufe in Grundstellung
b) Dominante mit kleiner Septime

Die Septime bildet mit dem Grundton der Dominante eine dissonante Intervallspannung und hat, - fast möchte man sagen: in alter Tradition - abwärts gerichtete melodische Neigung. Die durch den strukturellen Aufbau begründete Strebetendenz des Dominantseptakkordes in die Tonika wird nachgebildet in den sogenannten Zwischendominanten, zu denen auch die Doppeldominante gehört. Sie ist so typisch, daß jeder Durdreiklang mit kleiner Septime dominantische Funktion erhält. Wie der *sixte ajoutée* ist daher auch der Dominantseptakkord als Modulationsmittel besonders geeignet.

Der Dominantseptakkord wird entweder vollständig (als Vierklang) oder unvollständig (ohne Quint und mit verdoppeltem Grundton) gesetzt. Terz und Septime des Akkordes haben einen bestimmten Richtungswillen, dem aus melodischen Gründen stets nachgegeben werden müßte. Die Klangvorstellung, die vollständige Klänge liebt, setzt sich indessen oft über diesen Richtungswillen hinweg und führt die beiden Töne entgegen ihrer melodischen Tendenz. Diese Freiheiten der Stimmführung bleiben jedoch im allgemeinen in den Mittelstimmen verborgen.

Im folgenden wird der Dominantseptakkord in seinen verschiedenen Lagen und Möglichkeiten der Weiterführung in die Tonika dargestellt. Dabei fällt auf, daß ein vollständiger Dominantseptakkord bei „strenger" melodischer Fortschreitung von Terz (Leitton!) und Septime eine unvollständige Tonika ergibt und umgekehrt. Beide Klänge in vollständiger Form lassen sich nur durch Stimmführungsfreiheiten (abspringender Leitton, steigende Septime) erzielen:

a) Dominantseptakkord mit Septime im Sopran: D^7 vollständig - mit abspringendem Leitton - unvollständig
b) Dominantseptakkord mit Terz (Leitton!) im Sopran: D^7 vollständig - mit steigender Septime - unvollständig
c) Domaniantseptakkord mit Quinte im Sopran: D^7 vollständig - mit abspringendem Leitton - mit steigender Quint (Terzverdopplung in der Tonika) - mit steigender Septime
d) Dominantseptakkord mit Grundton im Sopran: D^7 unvollständig
e) Dominantseptakkord mit melodischer Einführung der Septime: Durchgang 8 - 7 (D^7 wird vollständig) - Sprung 5 - 7 (D^7 wird unvollständig)

Zum Trugschluß:

Durch den Dominantseptakkord wird die Erwartung der Tonika in besonderem Maße genährt. Jede andere Weiterführung als dorthin „betrügt" daher den Hörer und er empfindet einen Trugschluß. Allerdings muß betont werden, daß die volle Wirkung eines Trugschlusses auch von formalen Gegebenheiten im Sinne einer Zäsur abhängig ist. Durch den Trugschluß entsteht die Notwendigkeit der Fortsetzung, die zum endgültigen Abschluß führt. So ist er neben einer überraschenden harmonischen Wendung auch ein wichtiges Mittel zur Verlängerung formaler Abschnitte.

Die häufigsten Trugschlüsse führen in die terzverwandten Tonikavertreterklänge, die den Grundton der Tonika enthalten (Tp und tG). Dadurch wird zwar melodisch das Ziel erreicht, harmonisch aber trugschlüssig abgefärbt:

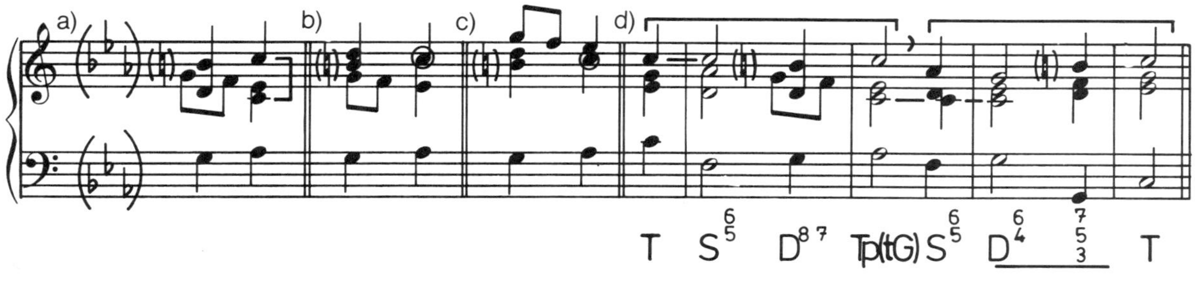

a)—c) Trugschlußverbindung D - Tp (tG) in verschiedenen Lagen. Aus Stimmführungsgründen wird der Trugschlußakkord stets mit verdoppelter Terz gestetzt. Der verdoppelte Ton ist der Tonikagrundton.
d) Kadenz mit Trugschluß. Die vier Takte werden durch den Trugschluß in zwei sich entsprechende Hälften unterteilt. Es entsteht die sogenannte *Doppelkadenz*. Man beachte daneben auch die freie Weiterführung des Vorhaltquartsextakkordes.

§ 11 Umkehrungen des Dominantseptakkordes

Durch die möglichen Umkehrungen verliert der Dominantseptakkord nichts von seiner zielgerichteten Prägnanz und funktionalen Eindeutigkeit. Es läßt sich sogar beobachten, wie die dominantische Wirkung und Klangfülle des Akkordes zunehmen. Besonders auffallend ist dieser Vorgang bei den Umkehrungen, die einen der beiden Strebetöne (Terz und Septime) in den Baß bringen.

Die Klänge, die durch Umkehrungen des Dominantseptakkordes entstehen, sind alle vollständig.

Bei der Weiterführung in die ebenfalls vollständige Tonika ergeben sich keinerlei Stimmführungsprobleme. Der gemeinsame Ton kann stets in einer der drei Oberstimmen als Klangband liegenbleiben.

1. Dominantquintsextakkord:

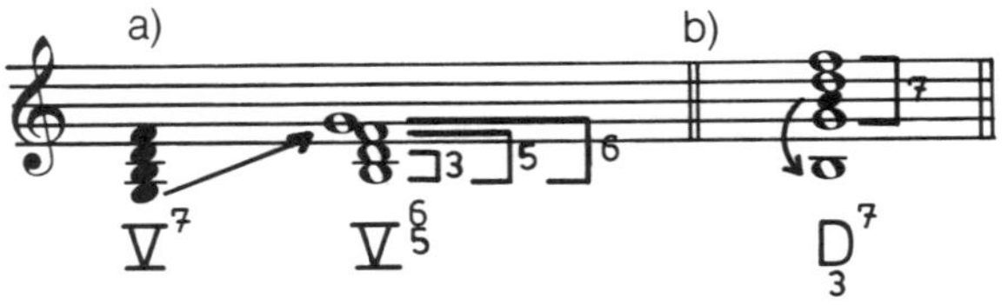

a) Septakkord der V. Stufe als Quintsextakkord (erste Umkehrung). Vollständige Intervallbezeichnung: *Terzquintsextakkord!*
b) Dominantseptakkord mit Terz im Baß

a)—c) Dominantseptakkord in verschiedenen Lagen. Die aufwärtsstrebende Terz im Baß ergibt nach der Weiterführung stets eine Tonika in Grundstellung.
a) von besonders guter klanglicher Wirkung, da die beiden Strebetöne des Dominantseptakkordes in den Außenstimmen liegen und die Tonika in der klangvollen Terzlage erscheint
b) Weiterführung auch in die Tonika mit verdoppelter Terz
c) Klangband im Sopran
d) durch Chromatisierung des Subdominantgrundtones im *sixte ajoutée* wird der doppeldominantische Quintsextakkord erreicht, eine der häufigsten Anwendungsformen der Doppeldominante
e) Kadenz mit doppeldominantischem Quintsextakkord anstelle der Subdominante

2. Dominantterzquartakkord:

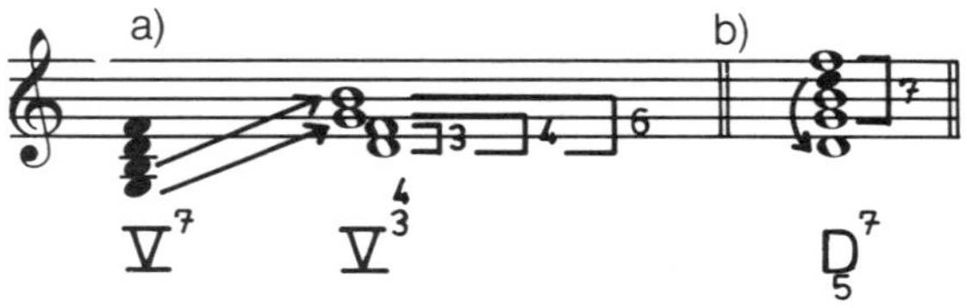

a) Septakkord der V. Stufe als Terzquartakkord (zweite Umkehrung), vollständige Intervallbezeichnung: *Terzquartsextakkord!*
b) Dominantseptakkord mit Quinte im Baß

a)—c) Dominantterzquartakkord in verschiedenen Lagen. Da die Quinte im Baß kein Strebeton ist, kann die Tonika nach der Weiterführung in Grundstellung oder als Sextakkord erscheinen.
a) Weiterführung auch in die Tonika als Sextakkord mit verdoppelter Terz. Bisweilen wird die Septime im Sopran aufwärts weitergeführt (vgl. „Zur Stimmführung")
b) Leitton im Sopran
c) Klangband im Sopran
d) „Entwicklungsgeschichte" eines Akkordes.
Ursprünglich nur die konsonante Form des verkürzten Dominantseptakkordes (Sextakkord, ein Strebeton!).
Später, durch Hinzusetzen des Grundtones, wird der Akkord zum vollständigen Dominantseptakkord mit Quinte im Baß (Terzquartakkord, zwei Strebetöne!).
Zuletzt wird die Quinte im Baß chromatisch abwärts verändert (Alteration!), wodurch ein dritter, künstlich erzeugter zielgerichteter Ton und die Intervallspannung der übermäßigen Sexte entsteht (übermäßiger Terzquartakkord, drei Strebetöne!).
Es spiegelt sich darin der musikgeschichtliche Prozeß zunehmender Chromatisierung und leittöniger Stimmführung, wie er bei den meisten zunächst nur „einfach" verwendeten Klänge nachzuweisen wäre.

3. Dominantsekundakkord:

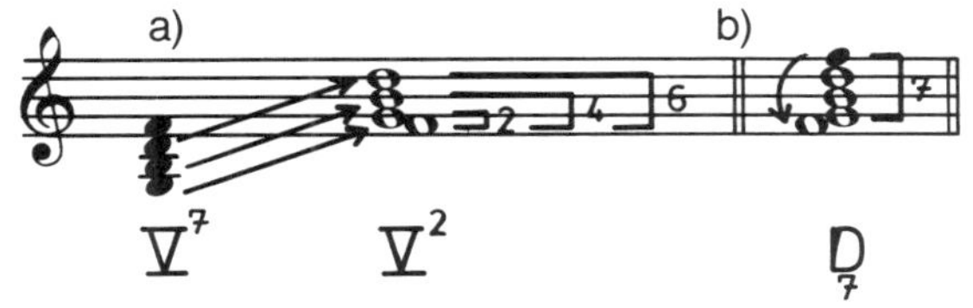

a) Septakkord der V. Stufe als Sekundakkord (dritte Umkehrung). Vollständige Intervallbezeichnung: *Sekundquartsextakkord.*
b) Dominantseptakkord mit Septime im Baß

a)—c) Dominantsekundakkord in verschiedenen Lagen. Die abwärts strebende Septime im Baß ergibt nach der Weiterführung stets eine Tonika als Sextakkord.
a) die melodische Tendenz des Basses findet ein wirksames Gegengewicht durch den aufwärts gerichteten Sprung im Sopran
b) von besonders guter klanglicher Wirkung, da die beiden Strebetöne des Dominantseptakkordes in den Außenstimmen liegen und die Tonika als klangvoller Sextakkord erscheint (vgl. *Dominantquintsextakkord*)
c) Klangband im Sopran oder gegen den Baß gesetzter Sprung
d) Anwendung verschiedener Formen des Dominantseptakkordes in einer *Doppelkadenz*

§ 12 Nebenseptakkorde

Unter dem Terminus *Nebenseptakkorde* lassen sich alle Septakkorde zusammenfassen, die nicht spezifisch dominantisch sind. Von unverkennbar dominantischer Funktion sind außer dem Dominantseptakkord auch der sogenannte *verminderte Septakkord* (D^V) und der *verkürzte Dominantseptnonenakkord* ($\not{D}^9_7$). In der folgenden auf das tonale Zentrum C bezogenen Zusammenstellung sind die Nebenseptakkorde, wie sie sich aus Dur und Moll bilden lassen, und die drei dominantischen Septakkorde aufgeführt. Dabei soll nicht übersehen werden, daß die Molldominantparallele mit Septime zugleich der auf die Molltonikaparallele gerichtete zwischendominantische Septakkord ist. Auch der *sixte ajoutée* in Moll mit Sexte im Baß, wegen seines typischen Gepräges eigentlich kein „echter" Nebenseptakkord, scheint hier nochmals auf:

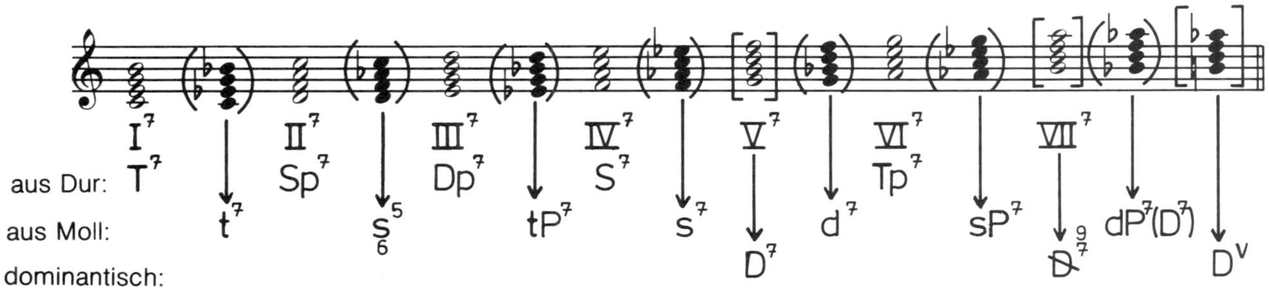

Darüber hinaus gibt es noch zwei weitere Septakkorde, bei denen ein übermäßiger Dreiklang mit im Spiele ist. Sie lassen sich in der Praxis meist auf Vorhaltbildungen zurückführen:

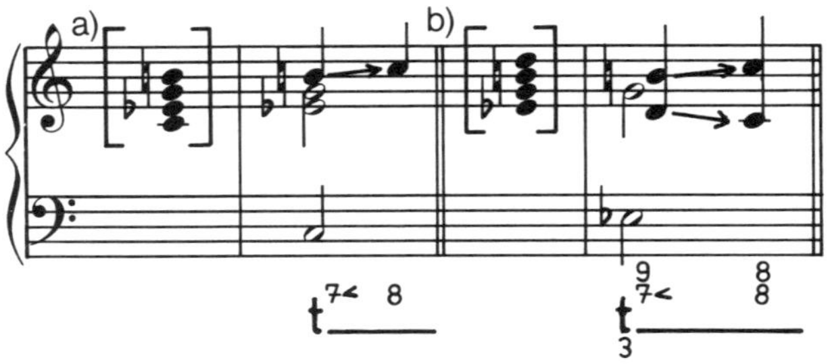

a) Molltonika mit Vorhalt 7 - 8
b) Molltonika als Sextakkord mit doppeltem Vorhalt 7 - 8, 9 - 8

Die Nebenseptakkorde finden eine besondere Anwendung in der Septakkordsequenz. Wie bei der einfachen Sequenz die Dreiklänge, so stehen hier Septakkorde gleichberechtigt nebeneinander (vgl. *Sequenz*). Durch das Stimmführungsgefüge sind sie eng miteinander verknüpft. Jede Septime ist vorbereitet und wird abwärts weitergeführt. Die Septakkorde erscheinen dadurch im Wechsel unvollständig und vollständig:

(nach J.S. Bach:)

In Analogie zur einfachen Sequenz müssen auch hier Stufensymbole die funktionale Analyse unterstützen. Es wäre widersinnig, den Septakkord auf H im Sequenzzusammenhang als „verkürzten Dominantseptnonenakkord" zu bezeichnen. Innerhalb der Sequenz wird er nämlich anders gehört: Als *bodenständiger* Septakkord auf der VII. Stufe. Entsprechendes gilt für den *sixte ajoutée* in Moll mit Sexte im Baß. Beide Klänge, die - nebenbei bemerkt - einen völlig identischen Intervallaufbau haben, verlieren außerhalb kadenzierender harmonischer Vorgänge unweigerlich ihre funktional prägenden Merkmale und fallen in eins zusammen.

Die Nebenseptakkorde lassen sich auch in allen Umkehrungen verwenden. Da die Prozedur der Umkehrung von Septakkorden jedoch bereits am Dominantseptakkord ausführlich gezeigt wurde und sie bei den vergleichsweise seltenen Nebenseptakkorden diesselbe ist, kann hier auf eine weitere Darstellung verzichtet werden.

§ 13 Verkürzter Dominantseptnonenakkord

Der verkürzte Dominantseptnonenakkord ist wie der einfache verkürzte Dominantseptakkord ein Klang, der allein durch seine dominantische Leittonstrebung auch ohne Grundton funktional verständlich wird. Er ist im Grunde ein Dominantseptakkord mit quasi *eingefrorenem* Nonenvorhalt, der an die Stelle des fehlenden Grundtones tritt. Das vom Funktionsfundament der Dominante aus als None zu bezeichnende Intervall im Akkord ist entweder groß oder klein. Der verkürzte Dominantseptnonenakkord mit kleiner None ist der *verminderte Septakkord.*

Im Gegensatz zum vollständigen und daher fünfstimmigen Dominantseptnonenakkord mit Grundton, der eine typische Klangausprägung des 19. Jahrhunderts ist, findet sich die verkürzte Form als selbständiger Klang bereits gelegentlich zur Bachzeit. Ein ähnlicher geschichtlicher Vorgang wie er beim verkürzten Dominantseptakkord zu beobachten ist, zeigt sich auch hier: die vollständige Klangform entwickelt sich gewissermaßen aus der verkürzten heraus und wird erst um einige Zeit später als besonders reizvoll für die harmonische Sprache geschätzt und angewendet.

1. Verkürzter Dominantseptnonenakkord mit großer None:

a) Septakkord der VII. Stufe in Dur
b) verkürzter Dominantseptakkord mit zusätzlicher großer None, vom Funktionsgrundton G aus gesehen, in klanglich selbständiger Form
c) Dominantseptakkord mit Terz im Baß und großem Nonenvorhalt vor dem Dominantgrundton. Die Vorhaltwirkung der None innerhalb des Akkordes wird hier offenbar.

Durch die große None erhält der Akkord durhaften Charakter. Die folgende Tonika wird daher mit Notwendigkeit ein Durdreiklang sein. Die spezifische Klangwirkung des verkürzten Dominantseptnonenakkordes entsteht, wenn die None im Sopran liegt. Gibt es auch andere Möglichkeiten, so kann die folgende Darstellung doch auf diese überzeugendste und häufigste Lage beschränkt bleiben:

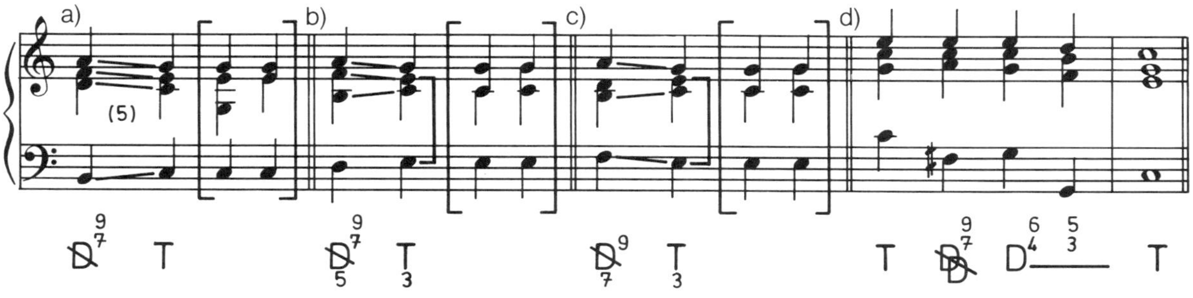

a) verkürzter Dominantseptnonenakkord in „Grundstellung" mit verschiedenen Weiterführungen: Mögliche Quintparallele, Absprung der Quint, Terzverdopplung in der Tonika (daß bei der Grundform dieses Klanges die Terz der Dominante im Baß liegt, ist funktionsanalytisch klar und braucht nicht eigens angegeben zu werden!)
b) verkürzter Dominantseptnonenakkord mit Quinte im Baß. Weiterführung nur in die Tonika als Sextakkord, zur Vermeidung der Quintparallele in den Außenstimmen.
c) verkürzter Dominantseptnonenakkord mit Septime im Baß. Wie beim Dominantsekundakkord wird auch hier die Tonika stets als Sextakkord erreicht.
d) besonders häufig erscheint der Akkord in doppeldominantischer Funktion und schreitet über den Vorhaltsquartsextakkord in die Dominante weiter!

2. Verminderter Septakkord:

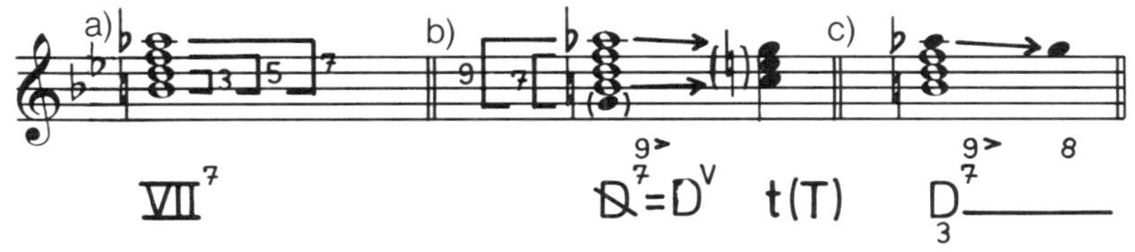

a) Septakkord auf der VII. Stufe in Moll
b) verkürzter Dominantseptakkord mit zusätzlicher kleiner None, vom Funktionsgrundton G aus gesehen, in klanglich selbständiger Form. Das Intervall zwischen Terz und None, eine verminderte Septime, gibt dem Klang den Namen *verminderter Septakkord!*
c) Dominantseptakkord mit Terz im Baß und kleinen Nonenvorhalt vor dem Dominantgrundton

Das Intervall der verminderten Septime, das unzweifelhaft von besonders expressiver Kraft ist, verleiht dem verminderten Septakkord eine einmalige, man möchte sagen erschütternde Klangwirkung. Er darf wohl, vielleicht zusammen mit dem *Neapolitaner,* als das stärkste harmonische Ausdrucksmittel der durmolltonalen Musik gelten.

Der innere Aufbau des Akkordes aus identischen Intervallen (kleinen Terzen!) läßt alle Umkehrungen als die gleichen Klänge erscheinen. Darauf beruht die Möglichkeit der Modulation durch enharmonische Umdeutung, auf die hier nicht näher eingegangen werden soll.

Zum tonalen Verständnis des verminderten Septakkordes:

Das Quintgerüst der Tonika wird umfaßt vom oberen und unteren Halbton, die beide durchaus leittönig wirken. Sie bilden zusammen die verminderte Septime. Dazwischen manifestiert sich der verminderte Septakkord.

In Moll ist die verminderte Septime und der durch sie hintergründete Vierklang von nicht zu überschätzender Bedeutung:

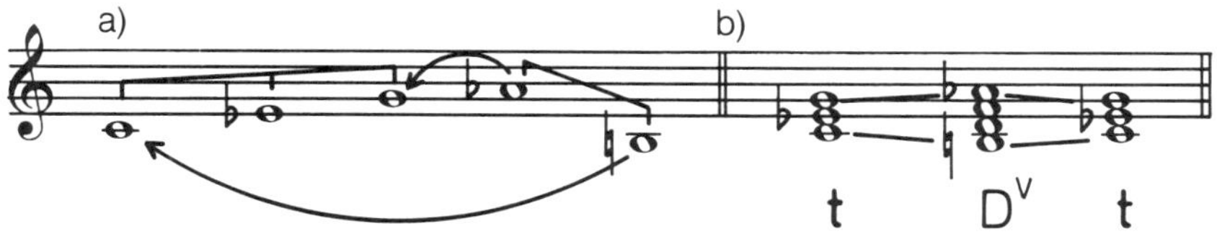

a) melodische Darstellung: Diese motivische Figur erscheint wie eine „Urlinie" in Moll. Ungezählten Mollthemen dient sie, auch in abgewandelter Form, als melodische Grundlage.
b) harmonische Darstellung: Die einfachste vollständige Kadenz in Moll. Der verminderte Septakkord enthält genau die vier Töne, die im Tonikadreiklang nicht enthalten sind.

Diese vollkommene Ergänzung hat noch einen anderen Hintergrund. Es ist ersichtlich, daß der verminderte Septakkord ein Mischklang ist, in dem sich subdominantische und dominantische Bestandteile zu gleichen Teilen vereinen:

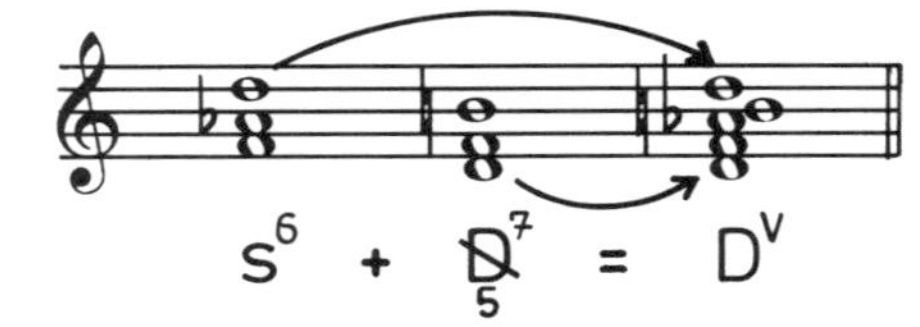

Die klangliche Synthese veranschaulicht, warum eine Tonart allein durch den verminderten Septakkord und die dazugehörige Tonika fest umrissen werden kann. Für die harmonische Analyse ist die Tatsache einer Mischfunktion des verminderten Septakkordes nicht wesentlich. In der musikalischen Praxis überwiegt jedenfalls die dominantische Wirkung des Klanges.

Nach der hier zugrunde liegenden Anschauung einer variativen Durchdringung von Dur und Moll ist es nicht verwunderlich, daß der verminderte Septakkord, obwohl eindeutig in Moll beheimatet, auch in Dur Verwendung findet. Er steht als ausdrucksstärkster Klang der Dominante sozusagen über dem Unterschied der Tongeschlechter.

Im folgenden wird der verminderte Septakkord in verschiedenen Lagen, Umkehrungen und Weiterführungen in die Moll- bzw. Durtonika dargestellt. Der Akkord hat drei Strebetöne. Die Töne der verminderten Septime, Terz und None müssen ihrer Leittontendenz folgen. Die Septime wird gelegentlich gegen ihren Richtungswillen geführt. Die Quinte ist melodisch frei:

a) verminderter Septakkord in „Grundstellung" (Terz der Dominante im Baß!)
b) verminderter Septakkord mit Quinte im Baß (erste Umkehrung). Dieser Klang ist ein Quintsextakkord!
c) verminderter Septakkord mit Septime im Baß (zweite Umkehrung). Dieser Klang ist ein Terzquartakkord!
d) verminderter Septakkord mit None im Baß (dritte Umkehrung). Dieser Klang ist ein Sekundakkord! Die None im Baß wird meist als Vorhalt behandelt.

Wie der verkürzte Dominantseptakkord, erscheint auch der verminderte Septakkord häufig in doppeldominantischer Funktion:

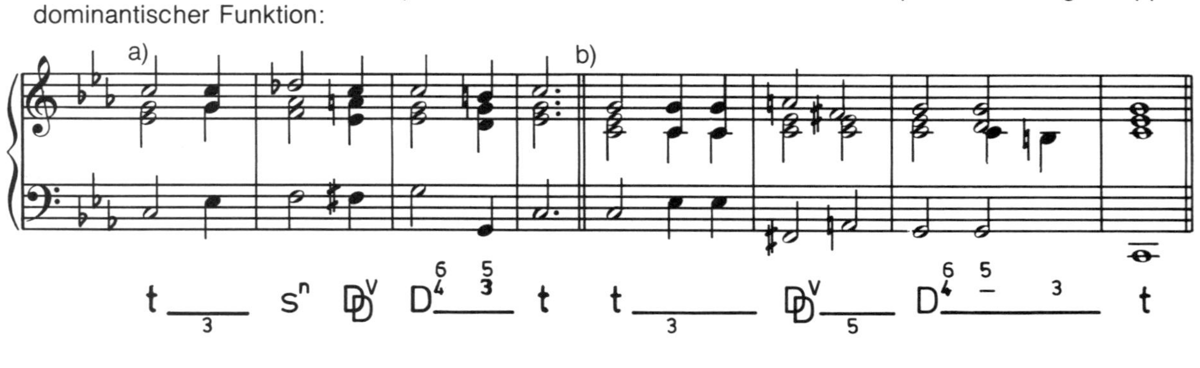

a) doppeldominantischer verminderter Septakkord, chromatisch aus der Subdominante *(Neapolitaner)* entwickelt
b) doppeldominantischer verminderter Septakkord anstelle der Subdominante

Zum Abschluß noch eine „variable" Kadenz mit austauschbaren Klängen:

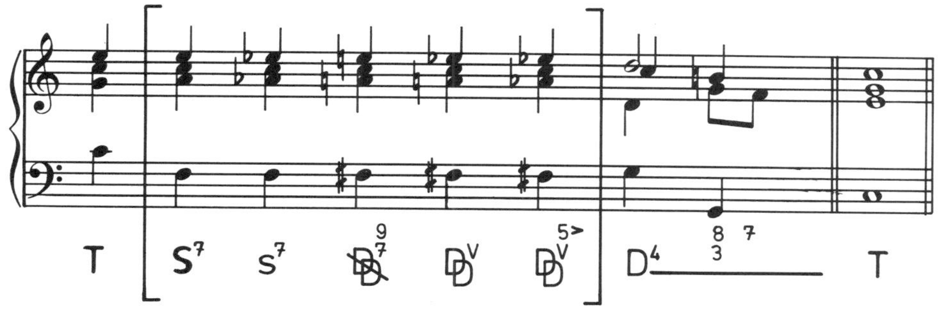

Zwischen Tonika und Dominante kann jeder der fünf Septakkorde in eckiger Klammer gesetzt werden. Der letzte ist ein doppeldominantischer verminderter Septakkord mit tiefalterierter Quinte.

Literatur:

Riemann, Hugo: „Skizze einer neuen Methode der Harmonielehre (Handbuch der Harmonielehre)", Leipzig 1880

Schenker, Heinrich: „Neue musikalische Theorien und Phantasien", Bd. 1, Harmonielehre, Stuttgart und Berlin 1906

Louis, Rudolf und Thuile, Ludwig: „Harmonielehre", Stuttgart 1907

Schönberg, Arnold: „Harmonielehre", Wien 1911

Schönberg, Arnold: „Structural Functions of Harmony", New York 1945
deutsch als: „Die formbildenden Tendenzen der Harmonie", Mainz 1957

Erpf, Hermann: „Studien zur Harmonie- und Klangtechnik der neueren Musik", Leipzig 1927

Maler, Wilhelm: „Beitrag zur durmolltonalen Harmonielehre", Bd. I Lehrbuch, München - Leipzig 1931. Bd. II Notenbeispiele aus der Musikliteratur mit Kommentar, München - Leipzig 1975

Grabner, Hermann: „Die wichtigsten Regeln des funktionellen Tonsatzes", Leipzig 1935

Grabner, Hermann: „Handbuch der funktionellen Harmonielehre",
Teil I (Lehrbuch) und Teil II (Aufgabenbuch) in einem Band, Regensburg 1974

Tittel, Ernst: „Harmonielehre", Textteil und Notenteil in zwei Bänden, Wien - München 1965

Güldenstein, Gustav und Kelterborn, Rudolf: „Etüden zur Harmonielehre", Kassel 1967

Gümbel, Martin: „Harmonielehre in Stichworten",
Heft 2 der Arbeitsblätter zur Tonsatzlehre, Stuttgart 1968

Rummenhöller, Peter: „Beispielsammlung für die harmonische Analyse tonaler Musik", Heft 3 der Arbeitsblätter zur Tonsatzlehre, Stuttgart 1972

Wolf, Erich: „Die Musikausbildung", Bd. II Harmonielehre, Wiesbaden 1972

de la Motte, Diether: „Harmonielehre", Kassel 1976

Kapitel III

Kontrapunkt vom 14. Jahrhundert bis zum Schaffen des Josquin des Pres

Peter Revers

Die folgende Darstellung umfaßt den Zeitraum von der Einführung des Begriffs ,,contrapunctus" in Lehrtexten über den mehrstimmigen Satz (um 1330) bis zur hochentwickelten Kontrapunktik zur Zeit Josquin des Pres. Da die Auseinandersetzung mit dem zweistimmigen Kontrapunkt Josquins in de la Mottes Monographie ,,Kontrapunkt" eingehend Berücksichtigung findet, sollen an dieser Stelle vor allem jene Voraussetzungen zur Sprache kommen, die zur Ausbildung und sukzessiven Differenzierung kontrapunktischen Denkens geführt haben. Insoferne versteht sich dieses Kapitel als Vorbereitung auf die Darlegung der Kontrapunktik des 16. Jahrhunderts. Die meisten der hier angeführten Demonstrations- und Übungsbeispiele beschränken sich auf die Zweistimmigkeit. Dies geschieht aus folgenden Gründen:

1. Die Contrapunctuslehren bis ins 15. Jahrhundert handeln ausschließlich vom zweistimmigen Satz. Dieser galt als unbestrittene Grundlage aller Satztechnik und bildete die Kernlehre des Kontrapunktes.
2. Die Regeln der Kernlehre konnten bei Erweiterung der Stimmenzahl meist unmittelbar übertragen werden.

§ 1 Voraussetzungen:

Von wesentlicher Bedeutung für die Entwicklung der Kontrapunktlehre ist die Aufstellung einer Rangordnung der Konsonanzen. Erst dadurch wird es möglich, Regeln für den satztechnischen Gebrauch der Zusammenklänge zu formulieren. Die Contrapunctus-Lehre bildete sich - gleichzeitig mit dem Erscheinen des Wortes ,,Contrapunctus" - in der 1. Hälfte des 14. Jahrhunderts aus. Die Wandlungen der Konsonanzordnung sind von großer Tragweite für die Entwicklung des Regelsystems. Um 1300 etwa galt folgende Konsonanzordnung:

Perfekte Konsonanzen: Einklang und Oktave

Mittlere Konsonanzen: Quint, Quart

Imperfekte Konsonanzen: Große und kleine Terz, große Sext.

Noch in der 1. Hälfte des 14. Jahrhunderts wurde die Quart als Konsonanz ausgeschlossen und die Quint den perfekten Konsonanzen zugeordnet. Dieser Wandel in der Bewertung der Quart hängt damit zusammen, daß etwa seit dem 12. Jahrhundert der musikalische Satz sich an der tiefsten Stimme zu orientieren begann und infolge dessen nur mehr die Quint und die Oktave als perfekte Konsonanzen galten. Die Quart wurde als dissonantes Intervall zwischen der untersten Stimme und der Oberstimme aufgefaßt, konnte jedoch im mehr als zweistimmigen Satz (z.B. im Terz-Sext- oder Quint-Oktav-Klang) zwischen den 2 Oberstimmen als konsonantes Intervall verwendet werden. Unmittelbare Konsequenz der Ausschaltung der Quart als Konsonanz war somit die Reduzierung auf 2 Gruppen von Konsonanzen, nämlich die perfekten und die imperfekten.

Als perfekte Konsonanzen galten nun: Einklang, Oktave, Quint;

als imperfekte Konsonanzen galten: große und kleine Terz, große Sext.

Da die Kernlehre des Kontrapunktes im 14. und 15. Jahrhundert sich auf den Satz Note gegen Note beschränkt, können die Dissonanzen einstweilen unberücksichtigt bleiben, da sie bei dieser Gattung des Kontrapunktes nicht zugelassen sind.

Im Frühstadium des Kontrapunktes (etwa nach 1330) bildete sich - ausgehend von den beiden obenerwähnten Konsonanzklassen - folgendes Regelsystem aus:

a) Anfang und Ende des zweistimmigen Tonsatzes mußten stets perfekte Konsonanzen sein,
b) die Penultima (= der Ton vor dem letzten Ton) war in der Regel eine imperfekte Konsonanz (Sext),
c) Parallelen perfekter Konsonanzen waren verboten, Parallelen imperfekter Konsonanzen hingegen nachdrücklich erlaubt,
d) die Parallelbewegung in eine perfekte Konsonanz wurde auf diejenigen Fälle beschränkt, bei denen sich der Contrapunctus in Sekunden bewegt. Dies gilt besonders dann, wenn der cantus firmus (c.f.) um eine Quart nach unten fällt, während die kontrapunktische Stimme sich einen Halbtonschritt nach unten bewegt (3., 4.):

Die Beispiele lassen folgendes erkennen:

— die kleine Terz löst sich (außer beim Quartfall des c.f.) grundsätzlich in den Einklang auf;

— auch wenn der Kontrapunkt die Oktave überschreitet gelten die erwähnten Regeln analog (allerdings wird auch das Auflösungsintervall, also die perfekte Konsonanz, um eine Oktave erweitert);

— in den Fällen 3.) und 4.) sind somit verdeckte Parallelen erlaubt;
— verboten wäre allerdings die Fortschreitung,

da sich der Kontrapunkt - parallel zum c.f.-Sprung - um eine Terz nach unten bewegt;

e) besonders bevorzugt wurden jene Konsonanzfolgen, bei denen ein gleichzeitiger Ganzton- bzw. Halbtonanschluß an eine perfekte Konsonanz erfolgt:

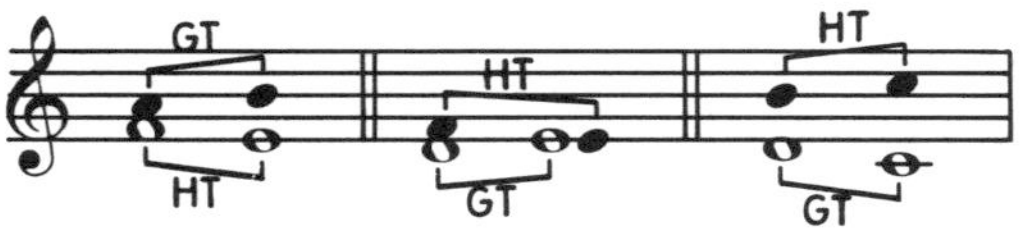

f) die Gegenbewegung der beiden Stimmen wurde ausdrücklich empfohlen;

g) als weitere Vorteile galten:
— die enge melodische Verbindung beider Stimmen durch gleichmäßige (stufenweise) Intervallbewegung;
— der Wechsel imperfekter und perfekter Konsonanzen und der damit verbundene Wandel des Klangcharakters.

Man kann bereits aus den wenigen, bisher angeführten Regeln erkennen, von welch zentraler Bedeutung der Unterschied zwischen den beiden Konsonanzgruppen für das Klangerleben der damaligen Zeit gewesen ist. Die Entstehung einer Rangordnung der Klänge ist es, die im Vor- und Frühstadium der ausgebildeten Kontrapunktlehre generelle satztechnische Aussagen möglich macht.

Von dieser Entwicklungsstufe war es nur noch ein Schritt zur vollausgebildeten Kontrapunktlehre, die durch die *Aufnahme der kleinen Sext unter die Konsonanzen* gekennzeichnet ist. Damit wurde ein Stadium erreicht, das auch in der Folgezeit beibehalten wurde. Allerdings hatte die Aufnahme der kleinen Sext unter die Konsonanzen weitreichende Folgen. Die imperfekten Konsonanzen strebten bereits im 14. und 15. Jahrhundert einer Verselbständigung zu und wurden immer weniger unter dem Gesichtspunkt ihrer Verbindung mit einer perfekten Konsonanz bewertet. Die reiche Verwendung von Sexten zeigt sich deutlich im folgenden, zweistimmigen Ausschnitt aus der Marienantiphon „Alma redemptoris mater" von John Dunstable (ca. 1390—1453):

Aus diesem Beispiel können wir folgendes erfahren:

1. Der Tonsatz beginnt und endet in Oktaven, also in einer perfekten Konsonanz (vgl. Regel a).
2. Unmittelbar nach der Anfangsoktave finden wir eine Sextenparallele mit der Aufeinanderfolge große - kleine Sext (T. 58 59). Die Weiterführung erfolgt in parallelen Terzen.

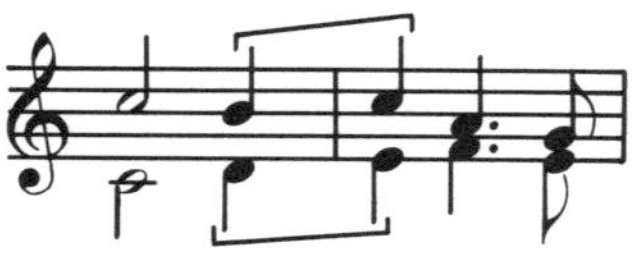

Die Folge große - kleine Sext ergibt sich bei Sextenparallelen oft zwangsläufig. Dies war zweifellos ein Grund, die kleine Sext unter die Konsonanzen aufzunehmen.

Exkurs I: Im Zusammenhang mit Sextenparallelen muß auch auf die *Fauxbourdontechnik* hingewiesen werden. Im strengen Sinne kann von *Fauxbourdon* nur dann gesprochen werden, wenn folgende Voraussetzungen vorliegen:

1. Das Stück muß zweistimmig, für Diskant und Tenor, notiert sein, während der Kontratenor zu ergänzen ist.
2. Als einzige Konsonanzen durften Sextakkorde und Quint-Oktavklänge auftreten.

Dieses in Anlehnung an englische Musikpraktiken entstandene Prinzip wurde erstmals von Guillaume Dufay († 1474) in seiner „Missa Sancti Jacobi" (wahrscheinlich vor 1428) angewandt.

Kyrie im Fauxbourdon-Satz (Missa „In festis . . .“) Guillaume Dufay

3. Wenn kleine Sexten in eine perfekte Konsonanz weitergeführt werden, so handelt es sich um die Quinte (wegen des möglichen Halbtonanschlusses):

z.B. 

Im Beispiel von Dunstable finden wir folgende Fälle:

T. 61/62: 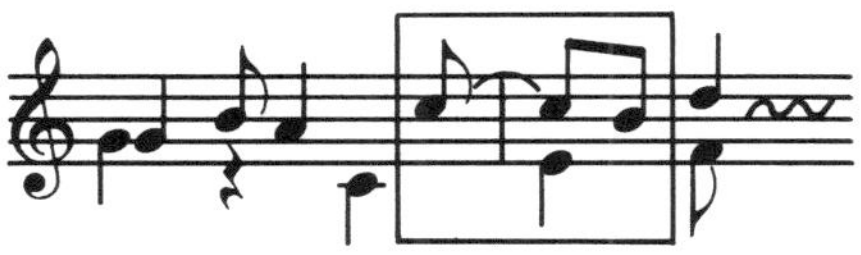 T. 64: 

4. In T. 65 bewegen sich beide Stimmen parallel in eine perfekte Konsonanz (die Oberstimme in einer fallenden Sekund, die Unterstimme in einer fallenden Quart). Der anschließende Septvorhalt, der sich häufig als kadenzierendes Element vor dem Abschluß eines Abschnittes findet, wird stets in die große Sext aufgelöst, die ihrerseits in die Oktav weitergeführt wird (die große Sext wird deshalb bevorzugt, weil sie einen Halbtonanschluß an die Oktave (perfekte Konsonanz) ermöglicht):

T. 65: 

Die Meisterschaft Dunstables möge an einem kurzen Beispiel verdeutlicht werden. In den T. 61—63 herrschen in der Oberstimme Terzintervalle vor, wobei wir in T. 61f. eine sequenzartige Kette von aufsteigenden Terzen vorfinden:

Durch die Dehnung des c^2 (T. 61/62) ändert sich sowohl die rhythmische Struktur als auch die metrische Position der folgenden Terz:

aus  wird 

Diese Veränderung des Rhythmus ist einerseits eine unmittelbare Folge der kleinen Sext, die in die Quint weitergeführt wird. Sie markiert andererseits den Umschlagpunkt der melodischen Bewegungsrichtung. Diese ist zum d^2 in T. 62 aufsteigend, danach absteigend. Wir können aus diesem Beispiel erkennen, daß melodische, rhythmische und harmonische Spannungssetzung häufig miteinander verbunden sind. Wenn wir nun die kontrapunktische Struktur dieser Takte untersuchen, so sehen wir, daß auch zwischen der 1. und 2. Terzgruppe bemerkenswerte Unterschiede liegen. Während T. 61 in der Unterstimme deutlich dreigeteilt ist, besteht die Oberstimme aus zwei Gruppen:

Auf eine moderne Terminologie übertragen liegt hier also eine Schichtung zweier Metren vor (Oberstimme: 6/8-Metrum; Unterstimme: 3/4-Metrum). Dieses kompositorische Mittel trägt wesentlich dazu bei, die Terzsequenz abwechslungsreich zu gestalten. Würde man die Metren einander angleichen und z.B. diese Stelle

gestalten, wäre sie wesentlich flacher und uninteressanter. Dunstable legt somit darauf Wert, nichts in ein- und derselben Weise zu wiederholen. Damit aber deutet sich bereits hier ein Kompositionsprinzip an, das in der 2. Hälfte des 15. Jahrhunderts zur Norm wurde: ,,varietas" hat der Theoretiker und Komponist Johannes Tinctoris dieses Formgesetz genannt.

(A1) Analysiere in ebendieser Weise den Anfang von Guillaume Dufays Festmotette zur Einweihung des Florentiner Domes (1436) ,,Nuper rosarum flores".

Achte besonders auf die kontrapunktische Struktur des Abschnittes *Ex dono pontificis.* Worin liegt das Besondere dieser Stelle?

Nuper rosarum flores
Florentiner Domweihmotette (1436)
Guillaume Dufay

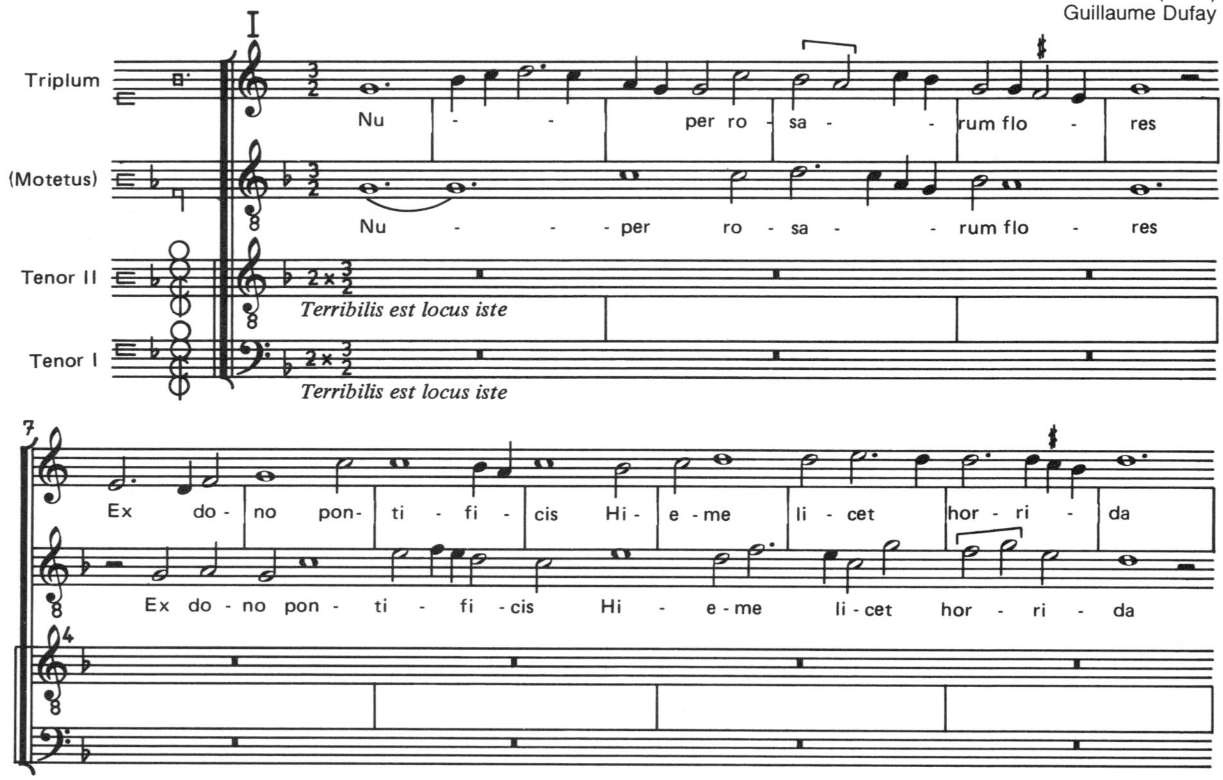

§ 2 Der ,,Contrapunctus diminutus"

Um die Mitte des 15. Jahrhunderts unterschied man zwei Arten von Kontrapunkt, nämlich

a) den Satz *Note gegen Note*

b) den *diminuierten Kontrapunkt:* das Einfügen von Zwischennoten in die Gegenstimme eines Note-gegen-Note-Satzes.

Im Satz *Note gegen Note* durften nur (perfekte und imperfekte) Konsonanzen verwendet werden. Mit dem ,,contrapunctus diminutus" kommt ein völlig neues Problem ins Spiel: die Verwendung und Behandlung von Dissonanzen. Ein durchgebildetes System der Dissonanzbehandlung wurde erst 1477 von Johannes Tinctoris aufgestellt. Allerdings gab es schon im 14. Jahrhundert diesbezügliche Überlegungen, und zwar:

1. **Petrus frater,** 1336
Dissonanzen dürfen nur verwendet werden, sofern sie von kurzer Dauer sind und zu Konsonanzen führen (,,Durchgangsdissonanz")

 oder:  oder: 

2. **Antonius de Leno,** (1. Hälfte des 15. Jahrhunderts)
Dissonanzen müssen sekundgebunden zur Konsonanz fortschreiten. Prinzipiell gilt die Regel ,,des stufenweisen Ein- und Weiterführens der Dissonanz". In sehr wenigen Fällen ist es möglich, die Dissonanz durch einen Terzsprung zu erreichen. Ein Sprung aus einer Dissonanz wird gänzlich vermieden:

Die Verwendung der Dissonanz in diesen Beispielen bezieht sich also auf den ,,Modellfall eines dreigeteilten Notenwertes, dessen mittlerer Teil eine Dissonanz enthalten kann.“ Im Kontrapunkt 2 Noten (der Oberstimme) gegen 1 Note (der Unterstimme) werden nur Konsonanzen verwendet.

Von wesentlicher Bedeutung ist die Technik des Diminuierens, d.h. des fortschreitenden Verkleinerns (lat.: diminuere) der Notenwerte eines Gerüstsatzes. Im folgenden Beispiel wird der Grad der Verkleinerung (Diminution) von Beispiel zu Beispiel gesteigert. Den Ausgangspunkt bildet der Gerüstsatz (die eingeklammerten Klänge bezeichnen solche, die innerhalb enger Grenzen wechseln, nicht aber dreistimmige Akkorde).

Die Tenorstimme des Gerüstsatzes liegt im untersten System. In den Zeilen 1—8 können wir den allmählich steigenden Grad der Verkleinerung beobachten:

Auffällig ist, daß bereits eingeführte Töne bei fortschreitender Verkleinerung (Diminuierung) möglichst beibehalten werden.

Exkurs II: Mensurenlehre

Bei der bisherigen Beschäftigung mit der Kontrapunktik im 14. und 15. Jahrhundert wurde der Bereich der rhythmischen Gestaltung weitgehend ausgeklammert. Der Grund dafür liegt im diffizilen Rhythmussystem der Musik dieser Zeit begründet, das im Rahmen dieses Buches nicht behandelt werden kann. Ich beschränke mich daher auf einige wenige, grundlegende Aspekte der Mensurenlehre:

Unter *Mensur* versteht man die metrische Beziehung zwischen einer Note und der nächst kleineren Stufe. In der Musik des 14. und 15. Jahrhunderts regelt die Mensur hauptsächlich die Länge zweier Notenwerte:

1. der Brevis: diese kann aus 2 oder 3 Semibreven bestehen
2. der Semibrevis: diese kann aus 2 oder 3 Minimen bestehen

Eine dreiteilige Note wird als *perfekt* bezeichnet, eine zweiteilige als *imperfekt*. Ob eine Brevis oder Semibrevis 2- oder 3-teilig ist, wird durch Mensurzeichen festgelegt. Wir können 4 solcher Zeichen unterscheiden:

⊙ Die Brevis besteht aus 3 Semibreven, die Semibrevis aus 3 Minimen.

○ Die Brevis besteht aus 3 Semibreven, die Semibrevis aus 2 Minimen.

C· Die Brevis besteht aus 2 Semibreven, die Semibrevis aus 3 Minimen.

C Die Brevis besteht aus 2 Semibreven, die Semibrevis aus 2 Minimen.

Im vorangegangenen Notenbeispiel finden wir links von der ersten Notenzeile das Mensurzeichen: ⊙

Demnach besteht die Brevis (hier übertragen als 𝅗𝅥.) aus 3 Semibreven (♩♩♩), die Semibrevis (♩) aus 3 Minimen (³♪♪♪).

Für die Diminuierung bestehen folgende Regeln:

1. Das Parallelenverbot gleicher perfekter Konsonanzen.
2. Das Verbot von „Akzentparallelen" gleicher perfekter Konsonanzen. D.h.: Der „Gerüstsatz" darf keine Parallelen gleicher perfekter Konsonanzen aufweisen, obwohl bei der Diminuierung ein oder mehrere Töne dazwischentreten.
3. Dissonanzen werden stufenweise ein- und weitergeführt.

(A2) Erstelle einen Gerüstsatz und versuche, diesen in verschiedener Weise (möglichst mit unterschiedlicher Bewegungsintensität) zu diminuieren.

Literatur:

Apfel, Ernst:	„Diskant und Kontrapunkt in der Musiktheorie des 12. bis 15. Jahrhunderts", Wilhelmshaven 1982 (Taschenbücher zur Musikwissenschaft 82).
Apfel, Ernst:	„Geschichte der Kompositionslehre", Bd. 1: Von den Anfängen bis gegen 1700, Wilhelmshaven 1981 (Taschenbücher zur Musikwissenschaft 75)
Besseler, Heinrich:	„Bourdon und Fauxbourdon", Repr. Leipzig 1974
de la Motte, Diether:	„Kontrapunkt", Kassel 1981
Jeppesen, Knud:	„Kontrapunkt", Leipzig 1971
Sachs, Klaus-Jürgen:	„Der Contrapunktus im 14. und 15. Jahrhundert", Wiesbaden, 1974

Kapitel IV

Vokaler Kontrapunkt im 16. Jahrhundert

Günther Andergassen

Giovanni Pierluigi da Palestrina (1525—1594) führte die Vokalpolyphonie, die sich von der niederländischen Satztechnik der Komponisten um Josquin herleitete, im Rahmen der Römischen Schule in der zweiten Hälfte des 16. Jahrhunderts auf ihren Höhepunkt zu. Der Vorfahr ihrer Melodik lag im gregorianischen Choral. Die Beherrschung der Kirchentonarten ist dazu Voraussetzung.

Die kontrapunktische Kunst der Meister dieser Zeit führte zu kompositorischen Höhepunkten in der durchimitierten a-cappella-Motette, die wiederum die Grundlage bildete für die Ordinariums- und Propriumsvertonungen, deren kürzere Teile (etwa Kyrie, Agnus Dei oder Introitus, Offertorium) fast immer polyphon gehalten sind; polyphon aber auch größere Strecken der längeren Teile (wie Gloria und Credo), in deren textlich wichtigen Passagen sich allmählich Homophonie durchzusetzen begann, so häufig im ,,Incarnatus" des Credo. Die Messe bildete eine Grundlage der geistlichen Komposition im 16. Jahrhundert, sodaß die Großform ,,Messe" zur bedeutenden musikalischen Aussage dieser Epoche wurde.

Mehrere Theoretiker haben sich mit der Kontrapunkttechnik des 16. Jahrhunderts auseinandergesetzt. Keiner war von so nachhaltiger Wirkung wie Johann Joseph Fux mit seinem Lehrwerk ,,Gradus ad Parnassum" (1725). Er glaubte, mit dem Prinzip der ,,Gattungen" (Note gegen Note, 2 : 1, 4 : 1 usw.) im Rahmen einer Cantus-firmus-Technik dem Geheimnis des Palestrinastils auf die Spur und auf diese Weise am ehesten zur Komposition einer 4- bis 5-stimmigen Motette zu kommen. Andere Theoretiker folgten dieser Spur. Der bislang letzte in der Reihe ist Knud Jeppesen (,,Kontrapunkt", Lehrbuch der klassischen Vokalpolyphonie, deutsch Leipzig 1935). Auch er baut auf dieser Cantus-firmus-Technik auf, die immer von einer vorgegebenen Stimme ausgeht, um eine zweite dazuzuerfinden in der mühsamen Vorgangsweise der ,,Gattungslehre".

Am Prinzip der Gattungslehre wurde zu Recht Kritik geübt, nicht zuletzt durch Diether de la Motte (,,Kontrapunkt", 1981). In unserem Übungskapitel wurde nur das Erhaltenswerte der Gattungslehre aufgenommen.

Jeppesens Verdienst sei aber in Bezug auf die Untersuchungen der Melodik des Palestrinastils nicht in Frage gestellt. Seine Erkenntnisse werden in diesem Übungskapitel - wenn auch nicht unbesehen - übernommen.

Wenn neben der Hochentwicklung melodischer Führung in der polyphonen Kunst noch das zweite Charakteristikum der Musik der zweiten Hälfte des 16. Jahrhunderts, der reichere Wohlklang, einleitend besprochen sein soll, so ist festzustellen, daß sie den vollen Dreiklang bevorzugt, am Ende einer Komposition vorwiegend die Lösung in die große Terz aufsucht, sodaß dort kaum die leere Quint oder gar die leere Oktav zu stehen kommt. Eher fällt die Quint als die Terz aus. Die Vorliebe für die satter klingenden Terzen oder Sexten gegenüber den leeren Quinten oder Oktaven ist zweifellos ein Kennzeichen Palestrinas und der Römischen Schule. Auch in unserer Beispielmotette, im ,,Dies" (vgl. § 7), bestätigt sich das. Wie gerade der zweistimmige Beginn sehr wohl die Wichtigkeit der Quint hervorhebt, erkennt man an den akzentuierten Quinten der Taktbeginne, bzw. betonten Taktteile, (vgl. NB 1) (hier wie in allen weiteren Beispielen dieses Abschnittes werden die originalen Notenwerte verwendet, also Brevis = 𝅝𝅝, Semibrevis = 𝅝, Minima = 𝅗𝅥, Semiminima = 𝅘𝅥, die verzierenden Fusae = ♫, die immer paarweise, ausschließlich anstelle des unbetonten Viertels und in Stufenbewegung vorkommen).

NB 1: ,,Dies sanctificatus est" (Palestrina)

§ 1 Melodische Vorübungen

In den ersten Übungen konzentrieren wir uns auf den ,,Bau" von Melodien und stellen fest, daß es innerhalb der Werte eine bestimmte Bauweise zu befolgen gilt. Die ,,Bogenform" bestimmte die Melodien des Palestrinastils, also aufwärts zuerst die großen Intervalle, dann die kleinen; abwärts zuerst die kleinen, dann die großen (kein Unterschied bei Dreiklangszerlegungen zwischen Dur und Moll freilich, ebensowenig bei Stufenbewegung). Diese Bauweise bestimmte wohl auch die Semibreves, war aber sehr streng bei den Minimae und erst recht bei den kleineren Werten.

Beachte ferner:

1. Schreibe für die Singstimme. Ihr Charakter und Umfang (Sopran c^1—a^2, Alt f—d^2, Tenor c—a^1, Baß E—e^1) muß bestimmend sein. Das gilt auch für die Mehrstimmigkeit. Wo Einklänge stehen, darf die Mehrstimmigkeit nicht verlorengehen, was besonders für die betonten Taktteile gilt. Z.B.:

NB 2

(Beachte bei Stimmkreuzung immer den Stimmcharakter. Im Palestrinastil ist die Stimmkreuzung ein probates Mittel, siehe ,,Dies" T. 20 Tenor über dem Alt und dieser mit einer Minima sogar unter dem Baß; T. 40 auf ,,descendit" Tenor über dem Alt; T. 49/50 Tenor bei ,,magna" über dem Sopran in wortdeutendem Sinn.)

2. Die Bewegung erfolgt hauptsächlich in Stufen, auch in breiteren Werten. Sprünge dürfen nicht fehlen, ohne sie hat keine Melodie Charakter.
3. Schreibe (kirchen-)tonal, die direkte Chromatik (NB 3a) bleibt verboten. Sie kommt nur indirekt in Kadenzen auf Haupt- oder Nebenstufen vor, NB 3b):

NB 3a) b)

Verboten ist auch der Querstand (Chromatik auf verschiedene Stimmen verteilt). NB 3c) und 3d):

NB 3c) schlecht d) nicht besser e) annehmbar

Bei Akzentverschiebung und größerem Abstand verbessert sich die Situation, NB 3e).

4. Bewegung grundsätzlich nur in kleinen, großen und reinen Intervallen (nicht in verminderten oder übermäßigen, es sei denn nach Zäsuren, die textlich oder phrasenmäßig bedingt sind).
5. Die Sprünge sind eingeschränkt: aufwärts bis zur kleinen Sext, abwärts bis zur reinen Quint, die Oktav ist in beiden Richtungen brauchbar. Große Intervallsprünge ausgleichen durch Sprung oder Stufenbewegung in Gegenrichtung, NB 4a) und 4b):

NB 4a) b)

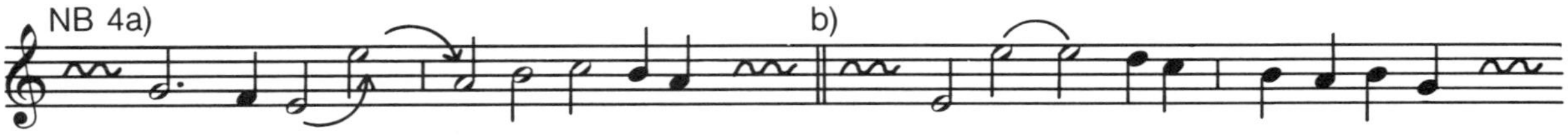

Nach Oktavsprung nicht in gleicher Richtung fortsetzen, NB 4c). Umgekehrt nach Stufen abwärts, nicht Oktavsprung in gleicher Richtung anschließen, NB 4d):

NB 4c) schlecht d) nicht vokal

Zwei Quartsprünge hintereinander in gleicher Richtung sind unüblich, außer sie sind - siehe oben - durch Zäsuren getrennt oder phrasenmäßig bedingt. Beispiel für diese Ausnahme „Dies" T. 17/18, Baß.

6. Vermeide Dreiklangszerlegungen. Die Harmonik des 16. Jahrhunderts ist auf den Dreiklang eingeschränkt.
7. Die Melodik Palestrinas vermeidet Sequenzen, NB 5. In der Imitation würden Motive durch Sequenzierung übers Maß hervorgehoben und zu einer Periodisierung führen, die das 16. Jahrhundert im Sinne regelmäßiger Viertakter der Klassik noch nicht kennt.

NB 5 nicht gut

8. Der Anfänger halte sich in den melodischen Übungen an einen Höhepunkt und möglichst auch an einen Tiefpunkt. Besonders Höhepunkte in Melodien nicht „verbrauchen" durch Wiederholung desselben Tones (siehe Beispielmotette). Höhepunkte werden durch breitere Notenwerte besser hervorgehoben. Das gilt in der Mehrstimmigkeit für jede einzelne Stimme. Im Zueinander der Melodien stützt nicht eine Stimme den Höhepunkt der anderen, sondern hält sich kontrapunktisch an den eigenen, sodaß diesselben Höhepunkte derselben Inhalte fast immer verschieden gelagert sind. Sehr treffend dazu im „Dies" um T. 40 und 45 die Descendit-Stellen. Auch deshalb keine „regelmäßige" Periodik.
9. Vermeide lange „einseitige" Bewegung vor allem in breiteren Werten, in kürzeren ist das Füllen von Oktavräumen möglich, siehe „Dies" T. 11/12.
   Wellenbewegung bestimmt die Melodik Palestrinas, sie ist anzustreben.

(A1) Erfinde Melodien in Ganzen unter Beachtung obiger Regeln und folgender Hinweise:

a) Der tonartbestimmende Ton steht am Anfang und am Ende.
b) Der abschließende Grundton muß stufenweise erreicht werden.
c) In der Schlußkadenz kann der Leitton eingeführt werden in Tonarten, die keinen natürlichen Leitton haben, also im Dorischen auf d cis, im Mixolydischen auf g fis. Lydisch auf f hat den natürlichen Leitton e, Phrygisch auf e den auf f, der von oben nach unten führt.

d) Für die Mehrstimmigkeit sei vorweggenommen, daß ein Ton in Leittonfunktion - auch zu Nebenstufen - in einer anderen Stimme nicht verdoppelt werden darf.

e) Das b rotundum kann im Dorischen wie im Lydischen gut verwendet werden, um so dem Tritonus (drei Ganztonschritte) auszuweichen, der sich - NB 6a) - auch indirekt auswirken kann. Die Beispiele NB 6b) weichen dem aus:

NB 6a)

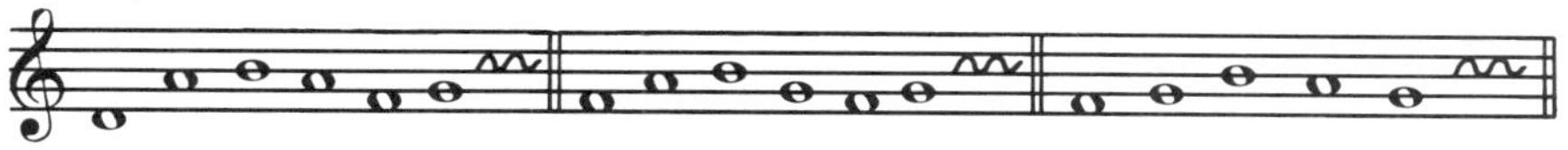

NB 6b)

f) Die melodischen Linien müssen ,,ersungen" werden. Nur so ergibt sich ein natürlicher Fluß der Melodik. Beachte: der Wert der Semibrevis ist viel kürzer als er ,,ausschaut". Die Ganze des 16. Jahrhunderts entspricht etwa dem Viertelwert von heute, sodaß die vorbildlichen Beispiele NB 7a), NB 7b) und NB 7c) auf einem Atem gesungen werden können:

NB 7a): Dorisch

Tenor 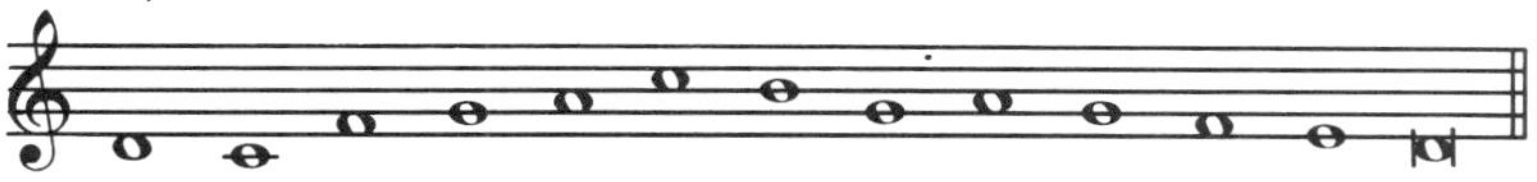

NB 7b): Phrygisch

Alt 

NB 7c): Mixolydisch

Sopran 

§ 2 Der Satz »Note gegen Note«

Die folgende Übung führt in die Zweistimmigkeit Note gegen Note ein und ist insofern von Wichtigkeit, als im Palestrinastil - von kleineren Ausnahmen abgesehen - gilt, daß in Note gegen Note nur Konsonanzen zu stehen kommen. Ob nun Ganze gegeneinandergestellt sind, wie im NB 8a), oder Halbe, NB 8b), oder Viertel, NB 8c): Es bleibt bei diesem Prinzip.

NB 8d) bringt Ausnahmesituationen bei den Vierteln. Falls es zu längeren Strecken von Note-gegen-Note-Vierteln kommt - viel häufiger ist bei Palestrina das Parallelführen in Terzen und Sexten zu finden und dies kaum über acht Viertel hinaus - so gilt es, die Unterscheidung zwischen den ungeraden betonten (1., 3., 5., 7. usw.) und den geraden unbetonten (2., 4., 6., 8. usw.) zu treffen. Für diese aber kann es zu Dissonanzbildungen kommen, vorausgesetzt, eine der beiden (oder beide) Stimmen löst die Dissonanz korrekt: Die Quart auf dem 2. Viertel ist dadurch berechtigt, daß sich die Unterstimme durch die Dissonanz stufenweise bewegt; im Falle der Tritonusumkehrung auf dem 6. Viertel, behandelt die Oberstimme den Tritonus als Durchgangsdissonanz, die Unterstimme hingegen als Cambiata, über die noch weiter unten zu sprechen sein wird.

(A2) Erfinde zu gegebenen Cantus firmi - etwa wie NB 7 - Kontrapunkte in Ganzen. Dabei sind folgende Gesetzmäßigkeiten zu beachten:

1. Anfang und Ende vollkommene Konsonanzen. Keine Unterquinten an dieser Stelle, da sich ansonsten die Tonaliät verschieben würde (bei der Quint ist der Grundton unten).
2. ,,Unterwegs" sind vollkommene und unvollkommene Konsonanzen zu setzen - siehe die Lösungsvorschläge zu den Cantus firmi von oben in den Beispielen NB 9a), NB 9b) und NB 9c).

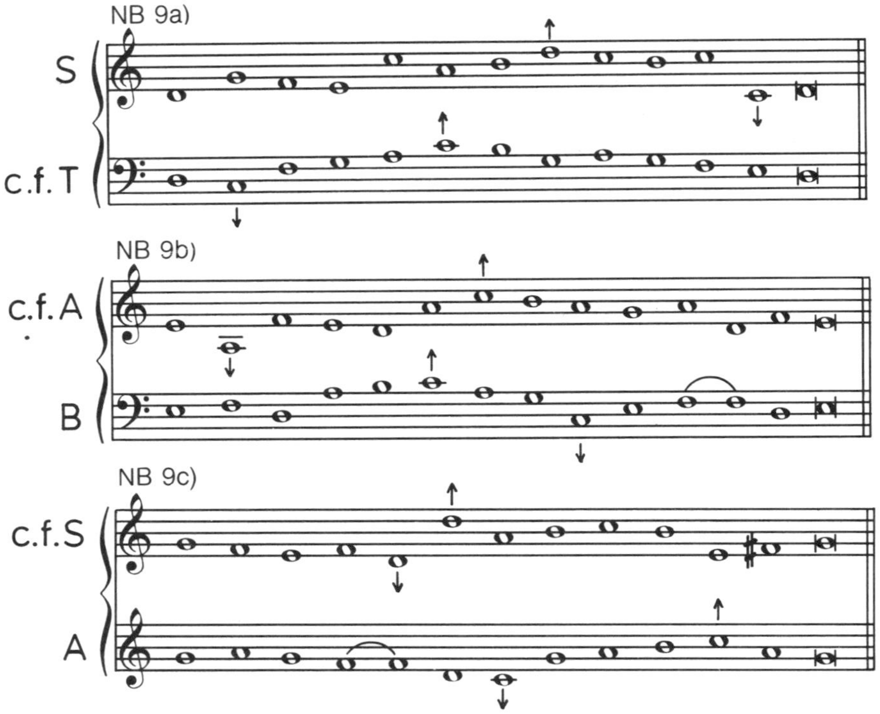

3. Das Parallelführen gleichgearteter vollkommener Konsonanzen (Einklänge, Quinten, Oktaven) findet sich in den Kompositionen Palestrinas und seiner Zeitgenossen nicht, bleibt also auch in diesen Übungen untersagt. (Dieses Verbot der Parallelführung geht durch die Jahrhunderte in Praxis und Theorie: Noch J.S. Bach führt in der Matthäuspassion Quinten parallel, wenn er das „Verbotene", das Böse schildert; Hindemith verbietet Quintenparallelen den Schülern in seiner „Unterweisung".)
4. Das gleichgerichtete Führen von zwei Stimmen in vollkommene Konsonanzen („verdeckte" Oktaven, Quinten oder Einklänge) muß eingeschränkt bleiben. Sie ergeben sich manchmal aus Gründen der Imitation. In solchem Falle bevorzugt man die Stufenbewegung in der Oberstimme (vgl. dazu NB 10a), b), c) und d), die unbrauchbar sind. Eine oder mehrere „ausgleichende" Stimmen, wie NB 10e), f) und g), in Stufen- oder Gegenbewegung heben das Verbot von der verdeckten Fortschreitung auf (also in der Mehr-als-Zweistimmigkeit).

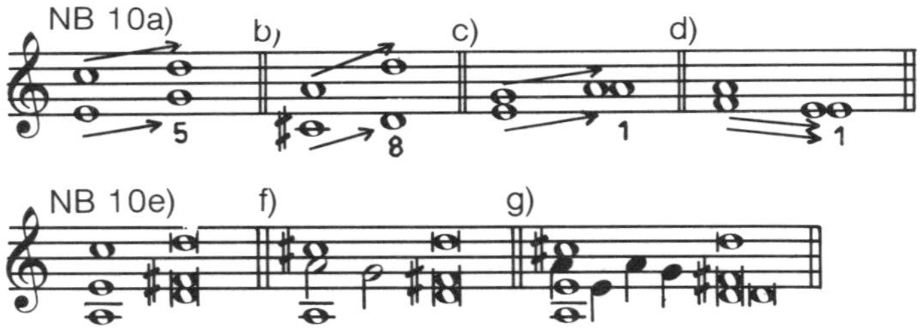

5. Das gleichgerichtete Springen beider (oder gar aller) Stimmen muß eine Ausnahme bleiben, NB 11a) und NB 11b).
6. Wenn ein Ton Leittonfunktion hat, darf er nicht verdoppelt werden, NB 12a)—c) sind also falsch:

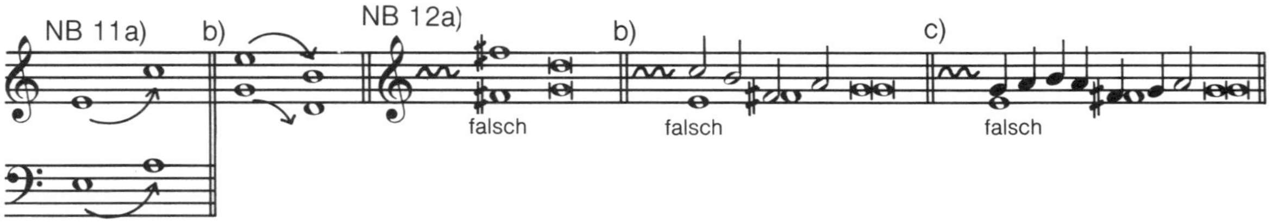

7. Außer in der Mehrchörigkeit gibt es auch niemals die Verdopplung der großen Schlußterz (Vorschau auf die Mehr-als-Zweistimmigkeit).
8. Der Stimmenabstand soll in der Zweistimmigkeit nur selten und das allenfalls bei guter melodischer Führung über die Dezime hinausgehen.
9. Die „Selbständigkeit" der Kontrapunktstimme ist anzustreben. Was für die Erfindung von Cantus-firmus-Melodien wichtig war, gilt weiter für den Kontrapunkt. Die Lösungsvorschläge NB 9 zeigen

etwa, daß Höhe- und Tiefpunkte der Kontrapunkte nicht mit denen der Cantus firmi zusammenfallen sollen, daß das Prinzip echt kontrapunktischer Gegenbewegung beobachtet wurde.

10. Neu ist gegenüber den Regeln für die Cantus-firmus-Melodie höchstens die Möglichkeit unmittelbar aufeinanderfolgender Tonwiederholung, siehe NB 9b) und NB 9c), und des Sprunges in den abschließenden Kontrapunktton.

§ 3 Der Satz »Zwei Halbe gegen eine ganze Note«

(A3) Erfinde Melodien in Halben (Minimae). Wie schon erwähnt, konnte Jeppesen den Nachweis erbringen, daß die Bauweise im Zusammenhang mit den Werten in der Komposition der Römischen Schule und besonders Palestrinas nach der Bogenform ausgerichtet war. Dieses Prinzip wird bei den Halben deutlich. Beachte daher folgende Hinweise:

a) Aufsteigend zuerst die großen Intervalle dann die kleinen, abwärts umgekehrt (kein Unterschied in der Dreiklangszerlegung zwischen Dur und Moll und in der Stufenbewegung zwischen großer und kleiner Sekund). Demnach sind die Beispiele unter 13 alle ,,richtig" gebaut.

NB 13a) b)

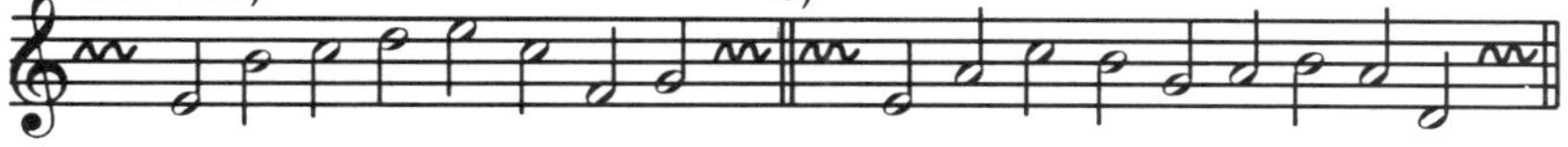

c) d)

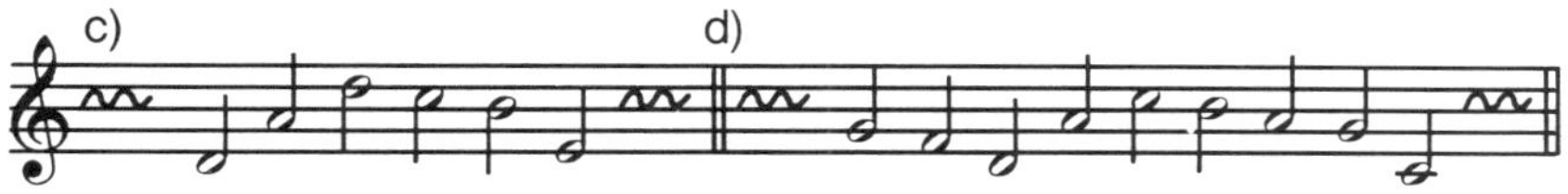

b) Einzige aber häufige Ausnahme von dieser strengen Regel ist NB 14 (die Begrenzung liegt bei der Terz mit nachfolgender ,,Umkehr"):

NB 14

Demnach sind die melodischen Wendungen NB 15 stilwidrig:

NB 15a): falsche Bauweise b): falsche Bauweise c): falsche Bauweise

c) Große Sprünge (besonders die Oktav) sollen durch Richtungsänderung ausgeglichen werden, NB 16 ist in Halben stilwidrig:

NB 16: ,,richtig gebaut" aber zu ,,einseitig" gerichtet

Selbst kleine Sexten verlangen nach Umkehr. Richtig sind die Melodien NB 17:

NB 17a) b) c)

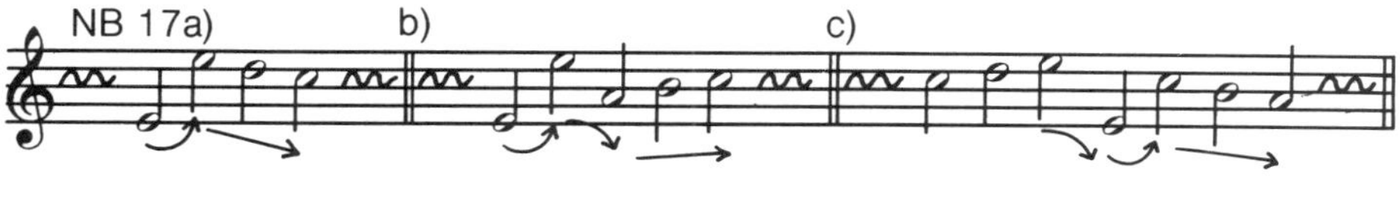

d) Vorschau auf das Mischen der Werte: Die ,,strenge" Bauweise gilt nur innerhalb der gleichen Werte. NB 18a) gilt als sehr ungewöhnlich. Die Verbesserung bietet 18b):

NB 18a) b)

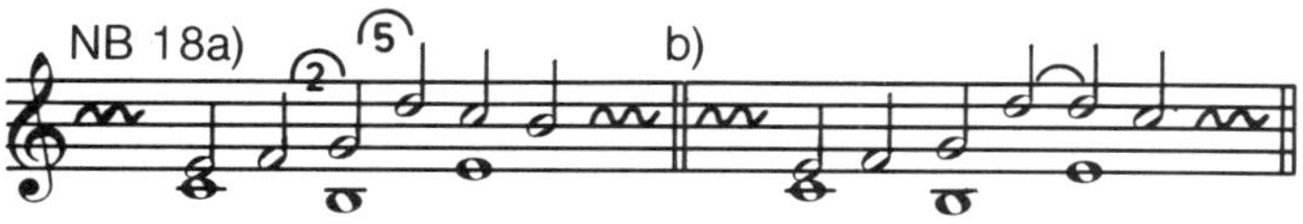

Im Rahmen von A3 soll der Studierende Melodien in Halben üben, die tonal geschlossen bleiben. Selbstredend gibt es keine Palestrinamelodie, die aus lauter Halben besteht. Insofern ist diese Vorgangsweise ,,akademisch", weshalb auch bei den folgenden Kontrapunktübungen (2 : 1) nur kurze Ausschnitte gewählt werden sollten.

(A4) Erfinde zu gegebenen Cantus-firmus-Ausschnitten (etwa NB 19) Kontrapunktmelodien in Halben. Dabei unterscheiden wir zum ersten Mal nach ihrem Gewicht zwischen der betonten (Arsis) und der unbetonten (Thesis) Halben. Beachte die folgenden Gesetzmäßigkeiten:

1. Auf Arsis dürfen nur Konsonanzen stehen. Anfang und Ende wie in Ganze gegen Ganze (wenn ein vollständiger Cantus firmus gewählt wird).
2. Auf Thesis können auch Dissonanzen stehen, sie müssen aber stufenweise in diesselbe Richtung weitergeführt werden. Richtig sind also die NB 19a) und NB 19b):

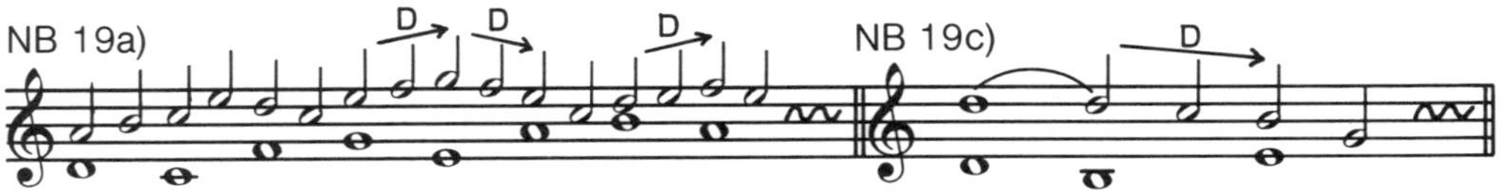

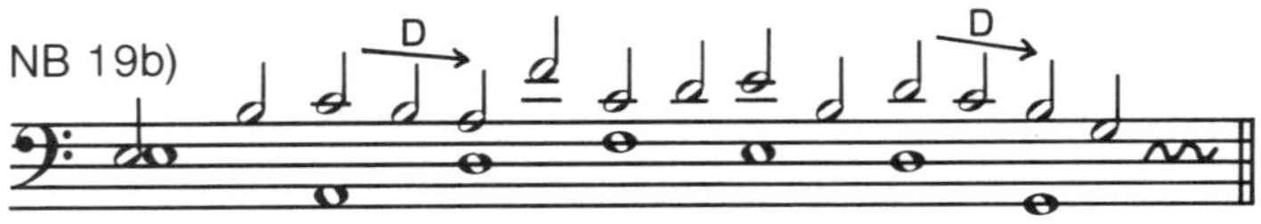

Sehr häufig folgen die dissonanten unbetonten Halben auf eine um den halben Wert verlängerte (also „punktierte") Ganze, NB 19c).

3. Die Verbote der parallelen Führung von vollkommenen Konsonanzen und der „verdeckten" Führung in vollkommmene Konsonanzen bleiben aufrecht. Falsch sind daher NB 20a)—f):

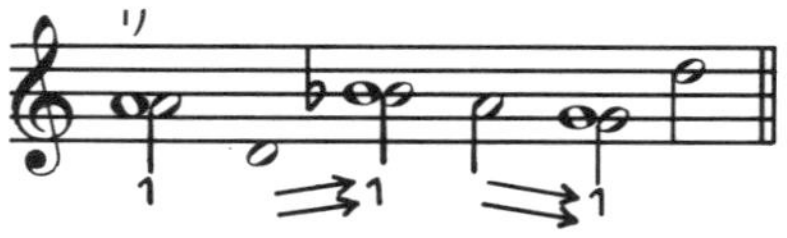

4. Betonungsoktaven (NB 20a), -quinten (NB. 20b) und -einklänge (NB 20f) sind nur dann brauchbar, wenn das Zielintervall jeweils in Gegenrichtung erreicht wird wie NB 21a)—c):

5. In einer Vorschau auf die Mehr-als-Zweistimmigkeit: Die Quart, in der Zweistimmigkeit noch Dissonanz (NB 22a) und als solche zu behandeln, wird dort, wenn sie nicht im Verhältnis zum tiefsten Ton Quart ist, wie eine Konsonanz behandelt und zwingt nicht mehr zum Durchgang (NB 22b). Ähnlich verhält es sich mit dem Tritonus, sodaß die Vorgangsweise NB 22c) legal ist:

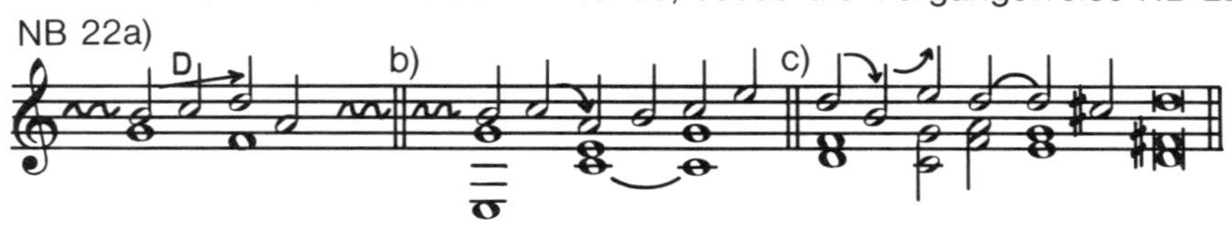

Dem beispielhaften „Dies" kann man stellenweise entnehmen, wie Palestrina die Minima in der Drei- und Vierstimmigkeit behandelt. Es ist auch hier gut ablesbar, daß in Note gegen Note (Halbe gegen Halbe) keine Dissonanzen stehen dürfen.

§ 4 Die Viertelbewegung

Der Viertelmelodie gilt das nächste Kapitel. Ein kurzer Blick auf das „Dies" zeigt, wie sparsam Palestrina diesen kleinen Wert einsetzt. Freilich gibt es „bewegtere" Partituren als diese. Jedoch finden sich selten mehr als neun Viertel hintereinander in einer Stimme.

Wiederum ist die Unterscheidung zwischen den betonten (ungeraden) und den unbetonten (geraden) Vierteln zu treffen, dies auch aus melodischen - nicht nur kontrapunktischen - Gründen.

(A5) Erfinde kürzere oder auch längere Melodien in Vierteln. Beachte dazu folgende Regeln:

a) Aus dem betonten Viertel darf niemals nach oben gesprungen werden, NB 23a)—c) sind falsch:

NB 23a) b) c)

b) Falsch - weil im Palestrinastil nicht vorkommend - sind in Vierteln zwei Sprünge hintereinander in gleiche Richtung, siehe NB 24a)—c):

NB 24a) b) c)

c) Das Prinzip des Bogenbaus gilt wie für die Halben auch für die Viertelbewegung. Wenn möglich, wird es noch strenger gehandhabt. NB 25a)—c) sind also richtig:

NB 25a) b) c): Cambiata

NB 25a) bringt auch die Grenze der Kombination von Sprung und Stufe aufwärts (Quart plus Sekunden); die Cambiata (Sekund plus Terz) abwärts (NB 25c) ist die zur Formel gewordene Begrenzung der Abwärtsbewegung. Gemessen am Palestrinastil sind also NB 26a) und b) falsch, obwohl „richtig" gebaut.

NB 26a) b)

d) Das stufenweise von unten eingeführte unbetonte Viertel wird am besten stufenweise nach oben weitergeführt, siehe NB 27:

NB 27

Die Ausnahme bildet der Terzsprung abwärts, der freilich die Wiederholung der Situation zur Folge hat; ein weiterer Terzsprung brächte ein deutliches Sequenzieren, NB 28a) und b):

NB 28a) b): stilwidrig

Aus dieser Regel läßt sich ableiten, daß die „Drehnote" aufwärts (immer aus dem betonten Viertel aufwärts und zurück) nicht üblich ist, es sei denn - und damit wird vorausgeschaut auf das Mischen von Werten - vor Synkopierungen, so daß Wendungen wie NB 29 recht häufig vorkommen:

NB 29

Als Anregung zu den Melodieübungen in Vierteln ist NB 39a) und b) gedacht.

(A6) Erprobe die kontrapunktischen Möglichkeiten der Viertel über kleinere oder größere Abschnitte. Dazu NB 40a) und b).

Kontrapunktisch und auf die Dissonanz bezogen, die nur auf dem unbetonten Viertel stehen darf, ergeben sich mit der Viertelmelodie, zusätzlich zur Durchgangsdissonanz - NB 30 - neue Möglichkeiten der Dissonanzbehandlung:

1. Die Drehdissonanz wie in NB 31a), und das in den kontrapunktischen Zusammenhang gebrachte NB 29 ergibt sogar die Drehdissonanz aufwärts als gut anwendbar, NB 31b):

NB 30

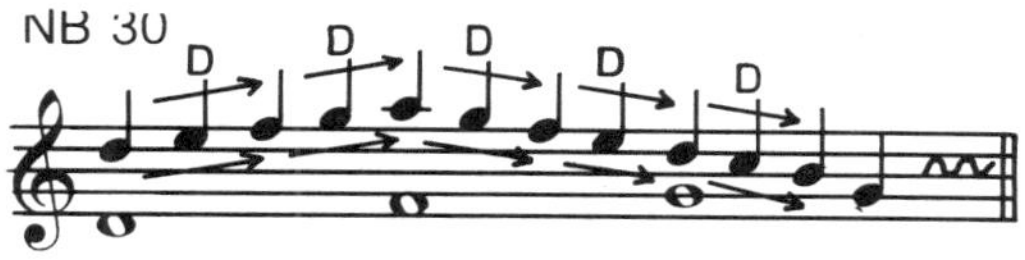

NB 31a)

2. Die Cambiata: ein Sprung aus der Dissonanz in die (konsonierende) Unterterz mit nachfolgender obligater Aufwärtsbewegung (in Vierteln zwei Stufen), NB 32a) und - im Zusammenhang - NB 32b):

NB 32a)

Der dissonierende Cambiataton, aus dem gesprungen wird, darf nie länger als ein Viertel sein. Die Übertragung dieser Figur auf Halbe ist daher in NB 33a) falsch und wird in NB 33b) korrigiert: Im übrigen sieht man in den Takten 29 und 33/34 von Palestrinas „Dies", daß der fünfte Cambiataton dann nicht stufenweise nach oben geführt werden muß, wenn der dritte Cambiataton länger als ein Viertel ist.

NB 33a)

3. Bei absteigender Stufenbewegung kann das dritte Viertel eine Dissonanz sein, wie in NB 34a)—c) aufgezeigt, wobei die Fortsetzung der Abwärtsbewegung von 34c) zum fünften Viertel eine Seltenheit ist, da normalerweise die Stufenbewegung, wie in 34a) und b), nach oben (also zurück-) gerichtet ist.

NB 34a)

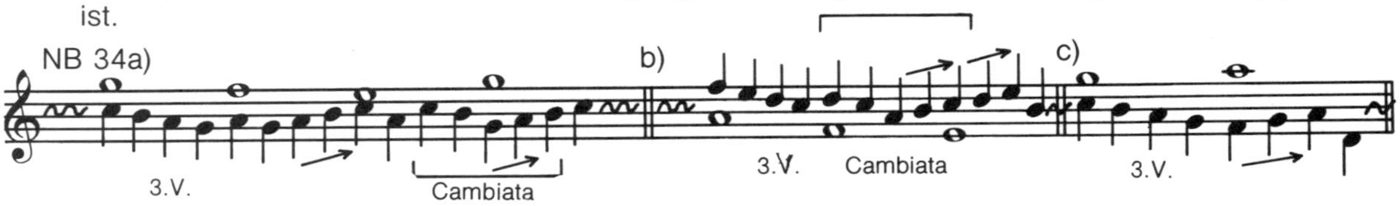

Häufiger kommt diese dritte Möglichkeit in der Mischung mit Halben vor, oder sie entwickelt sich aus der Synkopen- (Vorhalts-) Situation heraus. Dazu im „Dies" T 11, während T. 16 die bekannte Viertelbewegung bringt.

4. Bei Betonungsoktaven, -quinten und -einklängen ist auch in Vierteln darauf zu achten, daß sich keine „verdeckten" Zielintervalle ergeben. Falsch sind daher die NB 35a)—c):

NB 35a)

Betonungsoktaven sind mit der Cambiata möglich - NB 32a) -, wenn sie auch in der Zweistimmigkeit auffallend leer klingen. Abzulehnen ist NB 36, weil hier die Oktaven zu nahe und nur durch ein Viertel getrennt sind. Ähnliches gilt es auch bei Betonungsquinten zu vermeiden, siehe NB 37:

NB 36

NB 37

5. Es bleiben die Verbote der verdeckten - NB 38a) - und offenen (parallelen) Fortschreitungen - NB 38b):

NB 38a)

NB 39a)

NB 39b)

NB 40a)

NB 40b)

§ 5 Die Synkopation (Synkopendissonanz)

Im folgenden Kapitel werden die Synkopen behandelt. Melodisch gibt es dazu keine Übenotwendigkeit, denn hierbei kommt es letztlich zur Bildung von Melodien in Ganzen, die im Verhältnis zum Cantus firmus um eine Halbe verschoben sind:

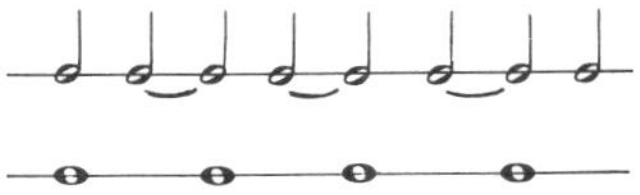

c.f.

Kontrapunktisch gilt es vier Punkte zu beachten:

1. Die Vorbereitung muß immer konsonant sein, auch dann, wenn der folgende betonte Taktteil konsonant ist.
2. Auf dem betonten Taktteil können Konsonanzen, sollten aber besser Dissonanzen stehen und in diesem Falle nur solche, die sich stufenweise abwärts in unvollkommene Konsonanzen auflösen. Der Tritonus ist hierbei in der Zweistimmigkeit als Dissonanz auszuschließen, in der Mehr-als-Zweistimmigkeit findet er gute Verwendung, siehe ,,Dies" T. 61.

   Es ergeben sich für die synkopierende Oberstimme zweierlei Dissonanzen: die Septime (klein oder groß), die sich in die Sext, und die reine Quart, die sich in die Terz auflöst.

   Für die synkopierende Unterstimme gibt es nur die Sekund (klein oder groß), die sich - immer stufenweise abwärts - in die Terz auflöst.
3. Der dritte Punkt ist die schon erwähnte stufenweise Auflösung der Dissonanz nach unten.

   Die Lösung der Dissonanz kann oft auch als Vorbereitung weiterverwendet werden. Wenn dies aber nicht möglich ist, geht man - um eine Übung fortsetzen zu können - in 2 : 1 über (unter Beachtung der entsprechenden Regeln).
4. Konsonanzsynkopen können frei weitergeführt werden. Folgt aber einer Konsonanzsynkope auf Thesis eine Dissonanz, muß sie stufenweise in die gleiche Richtung weitergeführt werden.

Die verschiedenen Möglichkeiten sind in die NB 41a) und b) eingebaut:

NB 41a)

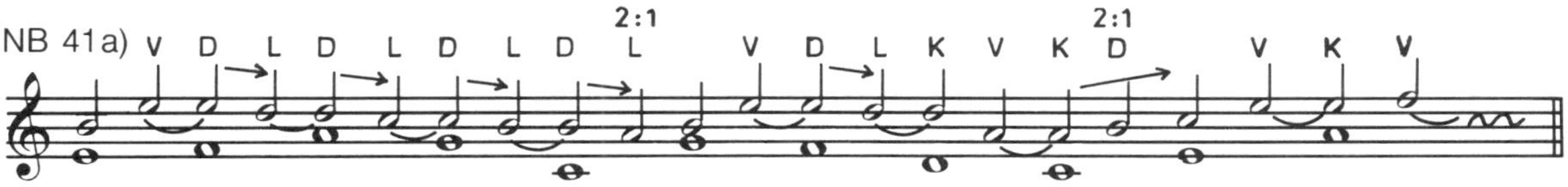

NB 41b)

Kann es bei Synkopierungen zu fehlerhaften Fortschreitungen kommen? Die gleichzeitige gleichgerichtete Fortschreitung in die vollkommene Konsonanz gibt es nicht, daher ist die Gefahr der verdeckten Weiterführung nicht vorhanden. Wohl aber klingt noch die Parallelführung an, wie NB 42a) und b) zeigen. Es ergibt sich also als weitere Kontrapunktregel:

5. Parallele Oktaven, Quinten und Einklänge sind verboten. Um diesen Fehler augenscheinlich zu machen, verbindet man Arsis mit der folgenden Thesis und wiederum Arsis mit der folgenden Thesis: Will man jedoch möglichst viele Dissonanzsynkopen unterzubringen, wird man bei diesen Cantus firmi ohnehin auf andere Kontrapunkte kommen, wie NB 43a) und b) zeigen:

NB 42a)

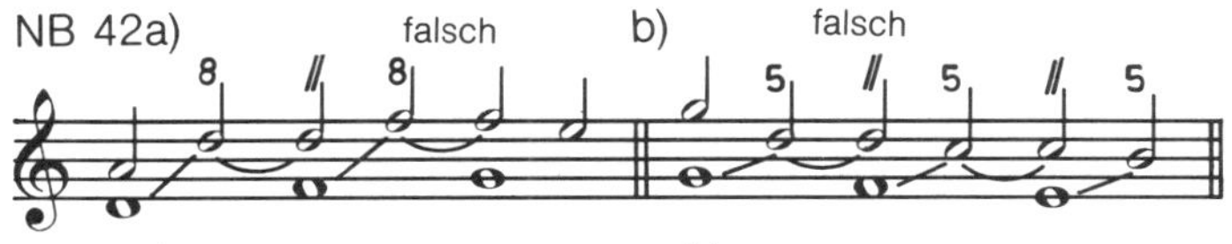

NB 43a)

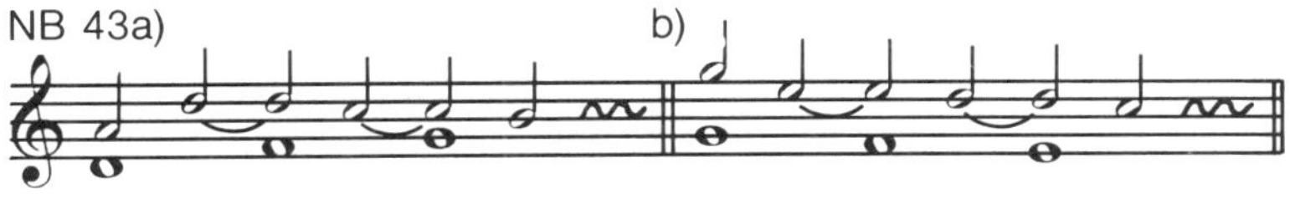

(A7) Übe an beliebigen Cantus firmi Synkopenmelodien in Ober- und Unterstimme. Wichtig ist die Beachtung der Senkrechten.

Interessant wird die Synkope erst, sobald sie in eine Melodie in gemischten Werten eingebaut wird, etwa in der verzierten Form, von der es im Palestrinastil dreierlei Arten gibt, wie NB 44a), b) und c) zeigen. Allen drei Verzierungsformen ist die Verkürzung des dissonierenden Tones um ein Viertel gemeinsam. Der Sprung aus der Dissonanz in NB 44c) in die notwendigerweise konsonierende Unterterz ist üblich. Im NB 44d) wird der Lösungston antizipiert, was flüchtig auch bei 44a) geschieht.

NB 44a)

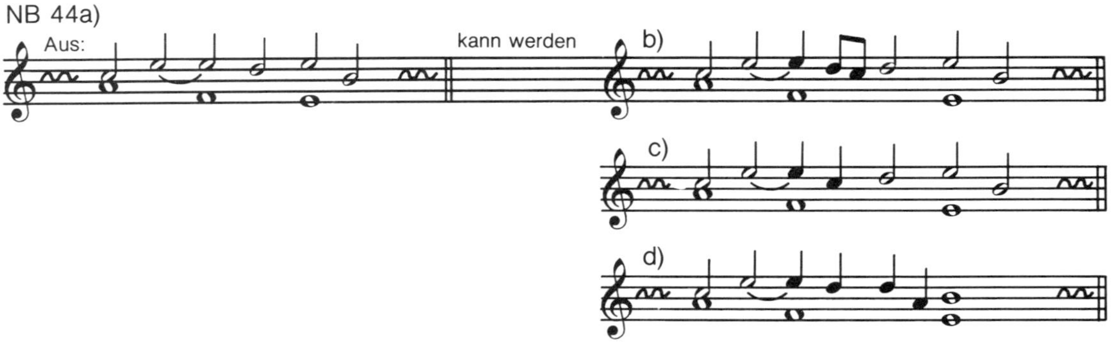

Diese Viertelantizipation des folgenden Tones stufenweise abwärts (und nur so) emanzipiert sich aus obiger Situation und findet sich melodisch vollkommen verselbständigt, ja oft sogar dissonant wieder, NB 45:

NB 45

Dieses Beispiel zeigt noch ein weiteres: Die vorverlängerte Synkope. Dazu die NB 46a) und b):

NB 46a) b)

Dabei ist der Sprung in die Dissonanz - wenn auch bei Palestrina maßvoll angewendet - eine Möglichkeit, siehe NB 47:

NB 47

NB 44a)—d) kann auch entnommen werden, daß der Auflösungston immer die unbetonte Halbe ist, die aber ihrerseits wieder verkürzt werden kann, wie NB 44d) zeigt oder Palestrinas „Dies" T. 8 (fis), T. 35 (d), T. 52 (c) usw.

Anzuführen ist noch das Weitergehen der Hauptstimme, ehe der Lösungston eintritt wie im „Dies" T. 58, wo der Alt nicht die Lösung g im Sopran abwartet, sondern gleichzeitig in das e springt.

Auch die verzierenden Achtel von NB 44b) lösen sich gern aus der reinen Synkopenverzierung. Sie stehen - wie dort - immer anstelle des unbetonten Viertels, kommen bei Palestrina immer nur paarweise und ausschließlich in Stufenbewegung vor, dienen nicht selten dem Ausfüllen des Intervalls der Quart von oben nach unten, nicht umgekehrt, siehe „Dies" T. 38/39.

Eine häufig verwendete Ausnahme von der sonst notwendig konsonanten Vorbereitung der Synkope geht aus der Abhandlung über das dissonante dritte Viertel hervor (Regel 3 unter A6). Demnach sind 48a) und b) vollkommen korrekt:

NB 48a)

Aus der „dürren" Urform von NB 44 könnte also NB 49 geworden sein:

NB 49

Wie meisterhaft dies Palestrina macht, ist seinem „Dies“ T. 16 (im Tenor a) zu entnehmen.

Gelegentlich ist der Tritonus in der Mehr-als-Zweistimmigkeit als Auflösungsintervall geeignet (wenn er nicht im Verhältnis zum tiefsten Ton ein solcher ist), so im „Dies“ T. 20 und T. 23; in beiden Fällen ist er sozusagen „gebändigt“ in der Sextakkordform, ein Begriff, der allerdings auf Palestrina angewendet anachronistisch wirkt.

In Schlußwendungen - wenn die synkopierende Stimme in der Tiefe liegt - gilt sogar die Auflösung des verminderten Dreiklangs (in der engen Lage) als korrekt, so NB 50:

NB 50

(Zu dieser Stelle ist anzumerken, daß sowohl das erste wie das zweite, bzw. das eine und/oder das andere Achtel dissonieren dürfen.)

Manchmal verwendet Palestrina auch die „Quartsextakkord“-Situation (über liegendem Baß) als korrekte Vorbereitung zu einer Synkope. Somit wird hier die dissonante Quart freigelegt, der allerdings auf Arsis eine „schärfere“ Dissonanz folgt, NB 51:

NB 51

Mit diesen Situationsschilderungen sind keineswegs alle Synkopenvarianten erwähnt. Im in diesem Kapitel nicht behandelten Dreiertakt z.B. sind Synkopen auch auf dem zweiten und dritten Taktteil gut möglich, so im „Dies“ T. 71 und T 72, wie auch auf dem ersten Taktteil, sodaß innerhalb T. 82 und 83 hemiolischer Charakter entsteht. Für die Halben im Dreier gibt es ansonsten die Verpflichtung zur Konsonanz auf jedem Taktteil, woraus für größere Abschnitte sogar bei Palestrina eine homophone Setzweise zustandekommt: T. 68 bis 70, 74 bis 75, 78 bis 81 und besonders in den letzten fünf Takten des „Dies“ unter dem Orgelpunkt „g“ des Soprans.

Noch ein weiteres ist der Synkopenverzierung zu entnehmen: die Punktierung, also die Verlängerung der Note um ihren halben Wert. Losgelöst aus diesem Zusammenhang gibt es sie für die Minima sowohl auf Arsis wie auf Thesis beginnend, siehe in „Dies“ T. 5, 6, 7, 10, 13, 14, 15, usw. Jede Palestrinamelodie lebt von dieser Art der Energieballung.

Die Punktierung bringt oft den Aufschwung oder verlängert entscheidend Höhepunkte. Gelegentlich tritt sie in allen Stimmen auf und verleiht so dem Ganzen belebende Kraft, etwa im T. 19 des „Dies“; manchmal wird sie parallelgeführt - T. 41 und T. 65 - manchmal in Gegenwegung, so T. 38/39.

§ 6 Kontrapunkt in gemischten Werten

(A8) Mit ihr erarbeitet man einstimmige Melodien, die alle behandelten Werte beinhalten. Da es sich in Palestrinas Melodik um Vokalmusik handelt, können liturgische Texte gleich in die Erfindung hineingenommen werden. Kürzere und längere Melismen sind wesentlicher Teil dieser Melodik. Dabei ist zu bemerken, daß das Viertel normalerweise als Silbenträger ungeeignet ist, außer nach einer punktierten Halben, NB 52.

Diese Textvertonung ist allerdings im Sinne der Musik des 16. Jahrhunderts fast stilwidrig kurz ausgefallen. Man stelle sich nur etwa die Übertragung in heutige Werte vor - NB 53 - wenn nicht gar, dem heutigen Tempo angemessen, die Version von NB 54 zeitgemäßer ist:

NB 52

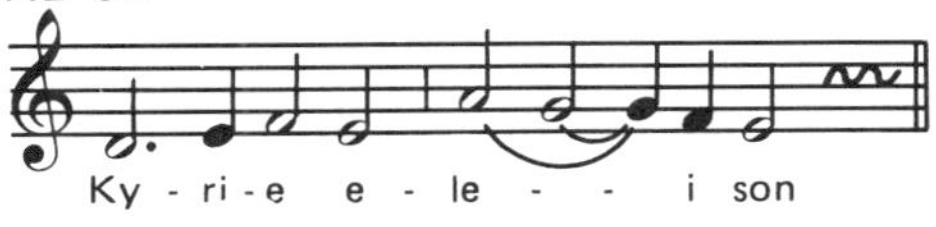

NB 53

NB 54

So kann man die Hektik dieser Vertonung erkennen. Zu Palestrinas Zeiten war eine solche Art hastiger Textgestaltung völlig unangebracht.

NB 55

NB 55 bringt eine Anregung zu A8, der insgesamt sehr viel Zeit gewidmet werden muß. Palestrina selbst sollte zum Vorbild genommen werden mit seinen zahllosen Melodien auf liturgische Texte und Psalmenvertonungen. Dabei ist zu bemerken, daß in einer vierstimmigen polyphon angelegten Motette dieses Meisters jede Stimme, ob Tenor, Alt, Baß oder Sopran, ihre Gleichberechtigung und Eigenständigkeit zur anderen bewahrt und als Muster gelten kann.

Auch in dieser Beziehung ist das Lehrzielbeispiel ,,Dies sanctificatus" vorbildlich: Jede Textstelle ergibt musikalisch eine kleine Form, aus der sich meist die nächste, wieder neugestaltete Textstelle herauslöst. Die paarweise Einführung - manchmal ein zweistimmiger kleiner Kanon - in imitatorischer Setzweise ist ein Erbe der großen niederländischen Epoche. Wenn das zweite Einsatzpaar folgt, wie hier im ,,Dies", wird das erste Einsatzpaar zumeist in freier Kontrapunktik fortgesetzt, also ohne engere Bindung an die Thematik des Vorher. Unter diesem Aspekt sollten T. 1 bis 13 und 52 bis 61 betrachtet werden. Abschnittweise ergibt sich eine freie Polyphonie, wie hier auf die Worte ,,et adorate Dominum" und ,,lux magna in Terris", homophon hingegen ist das Wort ,,quia" behandelt und der letzte Teil auf ,,exsultemus . . ."

(A9) Sobald die Melodie in gemischten Werten erarbeitet ist, übt der Studierende eine freie Kontrapunktik, indem von einem Cantus firmus in gemischten Werten ausgegangen wird, zu dem ein Kontrapunkt in gemischten Werten dazu erfunden wird. NB 56 und 57 sind als Vorbilder gedacht. Sie weisen beide die verschiedensten kontrapunktischen Situationen auf, wie sie im Verlaufe dieses Kapitels geschildert wurden. NB 56 wurde der komplementäre Rhythmus ab dem T. 2 (2. Halbe) bis zum T. 6 (2. Halbe) durchgehalten, was aber nicht grundsätzlich geschehen muß, wie es NB 57 beweist. Immerhin gibt der komplementäre Rhythmus jeder Kontrapunktübung ein durchgehendes Fließen, wie es der Musik des 16. Jahrhunderts eigen ist.

NB 56

c.f.

NB 57

c.f.

c.f.

NB 58 bringt zum Abschluß ein Fugato.

(A10) Der Studierende soll sich mit der Einführung in die Technik der Imitation befassen. Das beste Vorbild bietet Palestrina selbst. Voraussetzung dazu ist die Beherrschung der Kontrapunktregeln, wie sie in diesem Übungskapitel zusammengefaßt wurden. Wenn der entsprechende Einfall kommt, wird eine kleine Schulmotette entstehen, erfunden im Stil der Musik Palestrinas und der Römischen Schule. Der tiefere Sinn aber dieser Übungen war es, die kontrapunktische Technik des 16. Jahrhunderts von innen heraus praktisch zu erfahren.

NB 58

§ 7 „Dies sanctificatus" von G.P. Palestrina

25
ve-ni - te, gen - tes et ad - o ra - te
tes, gen - tes, ve - ni - te gen - tes, et ad - o-
8 te, gen - tes, ve - ni - te, gen - tes, et ad - o-
ni - te, ve - ni - te, gen - tes
30
35
Do - mi - num, et ad o - ra - te Do - mi-
ra - te Do - mi num, et ad - o - ra - te Do - mi-
8 ra - te Do - mi - num, et ad - o - ra - te Do-mi - num Do - mi-
et ad - o - ra - te, et ad - o - ra - te Do - mi-
40
num: Qui - a ho - di - e de - scen - dit lux
num: Qui - a ho - di - e de-scen - dit lux mag-na in
8 num: Qui - a ho - di - e de - scen - dit lux mag-
num: Qui - a ho - di - e
45
mag - na in ter - ris, de - scen - dit, de -scen-
ter - ris, de - scen - dit lux mag - na in ter - ris.
8 na in ter - ris, de - scen - dit lux mag-na in ter - ris, lux mag-
de - scen - dit, de - scen - dit lux mag - na

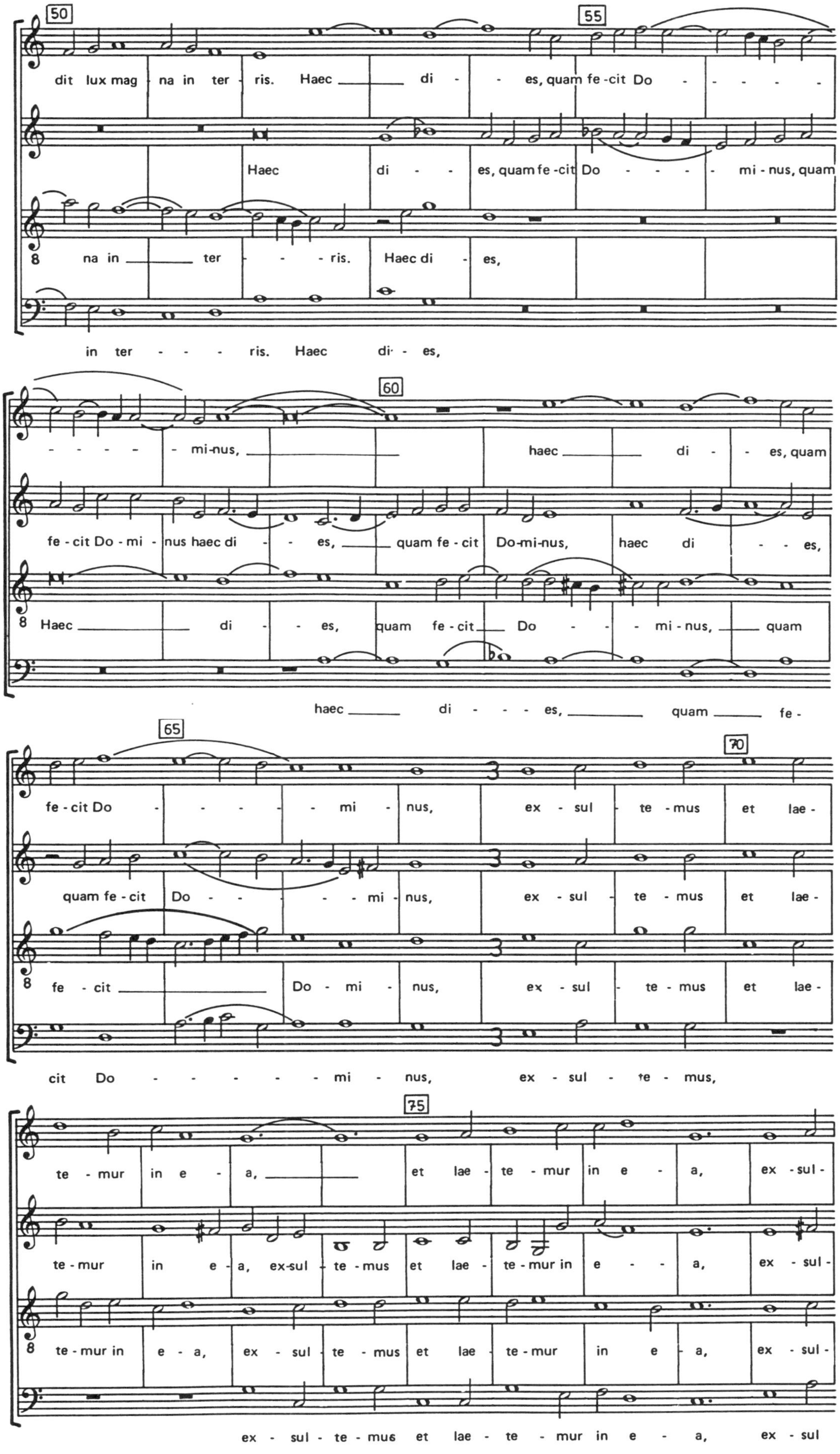
50
55
dit lux mag - na in ter - ris. Haec di - - es, quam fe - cit Do - - - - -
Haec di - - es, quam fe - cit Do - - - - mi - nus, quam
8 na in ter - - ris. Haec di - es,
in ter - - - - ris. Haec di - - es,
60
- - - - - mi-nus, haec di - - es, quam
fe - cit Do - mi - nus haec di - - es, quam fe - cit Do-mi-nus, haec di - - es,
8 Haec di - - es, quam fe - cit Do - - - mi - nus, quam
haec di - - - es, quam fe -
65
70
fe - cit Do - - - - - mi - nus, ex - sul - te - mus et lae -
quam fe - cit Do - - - - mi - nus, ex - sul - te - mus et lae -
8 fe - cit Do - mi - nus, ex - sul - te - mus et lae -
cit Do - - - - - - mi - nus, ex - sul - te - mus,
75
te - mur in e - a, et lae - te - mur in e - a, ex - sul -
te - mur in e - a, ex-sul - te - mus et lae - te - mur in e - - a, ex - sul -
8 te - mur in e - a, ex - sul - te - mus et lae - te - mur in e - a, ex - sul -
ex - sul - te - mus et lae - te - mur in e - - a, ex - sul

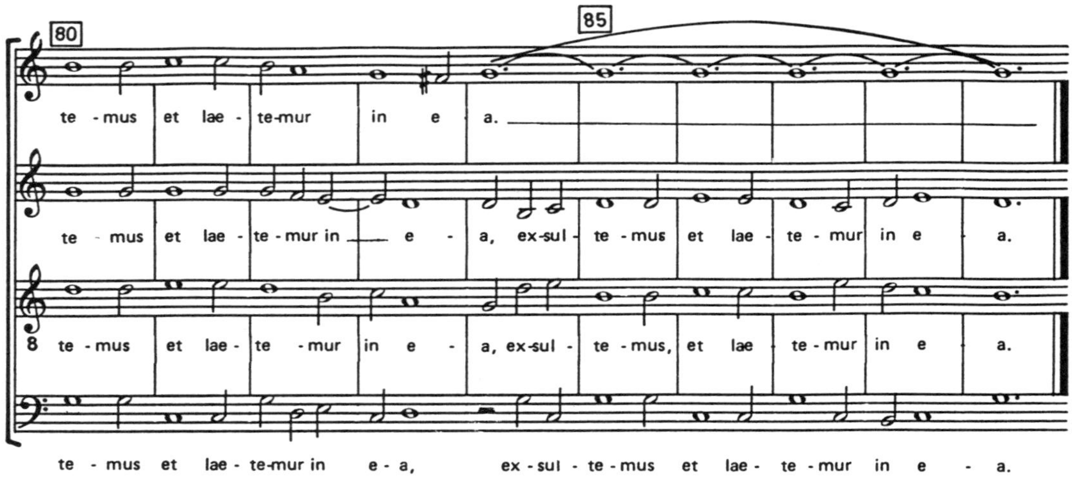

Literatur:

Fux, Johann Joseph: „Gradus ad Parnassum", Wien 1725, (R. 1974)

Grabner, Hermann: „Der lineare Satz". Ein Lehrbuch des Kontrapunktes, Köln ⁵1972

Jeppesen, Knud: „Kontrapunkt". Lehrbuch der klassischen Vokalpolyphonie, Leipzig 1935, ⁵1970

Manicke, Dietrich: „Der polyphone Satz", Teil I, Köln 1965

Kapitel V

Aufgabensammlung zum vokalen Kontrapunkt (15./16. Jh.)

Norbert Jürgen Schneider

§ 1 Einstimmige Übungen

Hinweis: Die Beispiele und Aufgaben setzen als Zählzeit die Halbe Note voraus (4/2-Takt). Zur Übung kann jedoch auch die Viertelnote als Zählzeit (4/4-Takt) verwendet werden: Dann sind die Aufgaben dementsprechend umzuschreiben.

(A1) Folgende Kerntöne (Melodiegerüste) sind anhand des gegebenen Textes auszuzieren bzw. zu rhythmisieren und zu stiltypisch, in sich geschlossenen Melodien zu entwickeln (beachte Ambitus, Hoch- und Tieftöne, Textverteilung, Beschleunigung und Verlangsamung).

(Et in terra pax hominibus)

a) 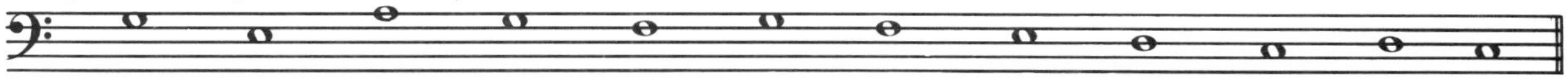

(Kyrie eleison)

b) 

(Et ascendit in coelum)

c) 

(Hodie beata virgo Maria)

d) 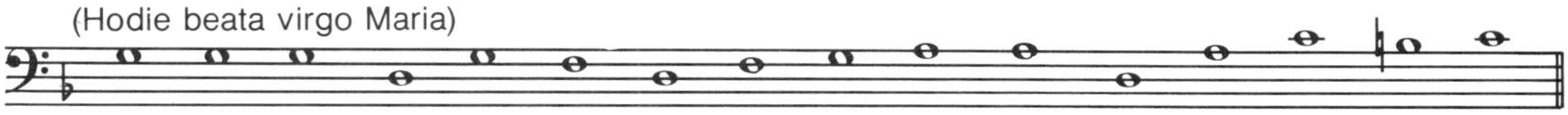

(Doctor bonus et amicus Dei Andreas)

e) 

(A2) Folgende originale Soggetti sind anhand des jeweils gegebenen Textes zu vervollständigen und zu einem melodischen Abschluß zu führen. Bestimme anschließend die Tonart (Modus).

a) 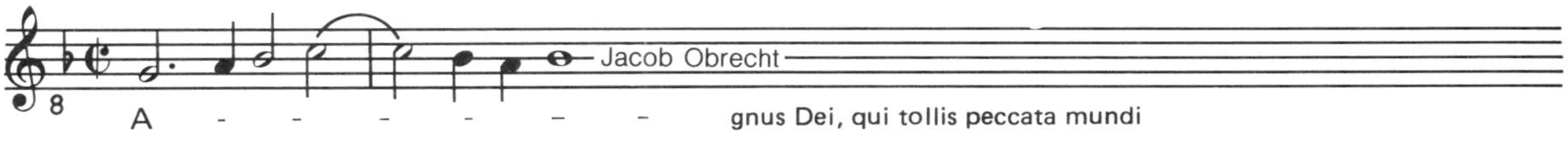

b) 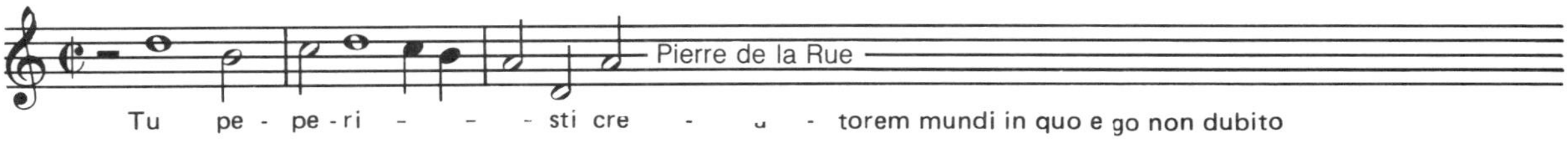

c) 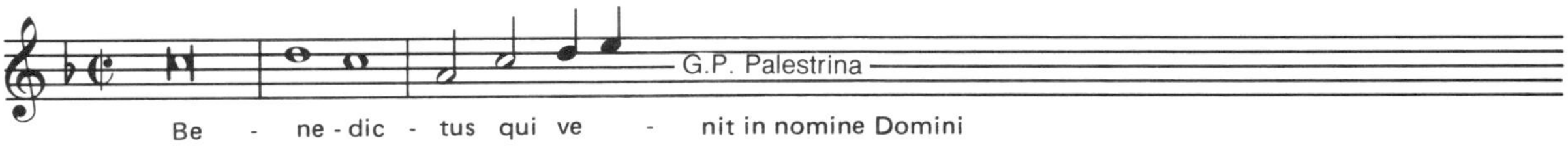

d) 

e) 

A3 Aus folgenden Texten sind stiltypische Melodien zu entwickeln (beachte Ambitus, Hoch- und Tieftöne, melodische Darstellung der plagalen bzw. authentischen Kirchentonarten). Bei längeren Textpassagen können Tonartenwechsel (Hexachordmutation) vollzogen werden, wie z.B.:

a) Pleni sunt coeli et terra gloria tua.
(Himmel und Erde sind deines Ruhmes voll.)

b) Benedictus qui venit in nomine Domini.
(Gesegnet sei, wer da kommt im Namen des Herrn.)

c) Agnus Dei, qui tollis peccata mundi, miserere nobis.
(Lamm Gottes, das du trägst die Sünd der Welt, erbarm dich unser.)

d) Miserere fili David!
(Erbarme dich, Sohn Davids!)

e) Confide filia.
(Sei getrost, meine Tochter).

f) Non nobis Domine, sed nomini tuo da gloriam.
(Nicht uns, Herr, sondern deinem Namen gib Ehre.)

A4 Folgende Melodien sollen entweder vom Dreier- in den Vierertakt oder vom Vierer- in den Dreiertakt umgeschrieben werden. Die Kerntöne sind beizubehalten; ansonsten können Erweiterungen oder Kürzungen unternommen werden.

§ 2 Zweistimmige Übungen

A5 Zu jedem cantus firmus ist eine motettische Phrase anhand des gegebenen Textes zu erfinden. Der cantus firmus kann dabei in der Ober- oder Unterstimme liegen. Vorrangig soll hierbei auch das Klauselpaar „Diskantklausel - Tenorklausel" geübt werden; vgl. hierzu das Beispiel:

(Text: Sanctus, sanctus)

b)

(Text: Benedicimus te)

c)

(Text: Ave Maria, gratia plena)

d)

(Text: Pleni sunt coeli et terra)

e)

(Text: Miserere, miserere)

f)

(Text: Rex coelestis omnipotentem)

(A6) Folgende Choralmelodien sollen mit einer Unter- oder Oberstimme versehen werden. Jede Choralzeile ist dabei als in sich geschlossener cantus firmus zu behandeln (siehe A5) und möglichst mit dem Klauselpaar „Diskantklausel - Tenorklausel" zu schließen.

Caspar Othmayr

Beispiel:

a)

b)

c)

d) 

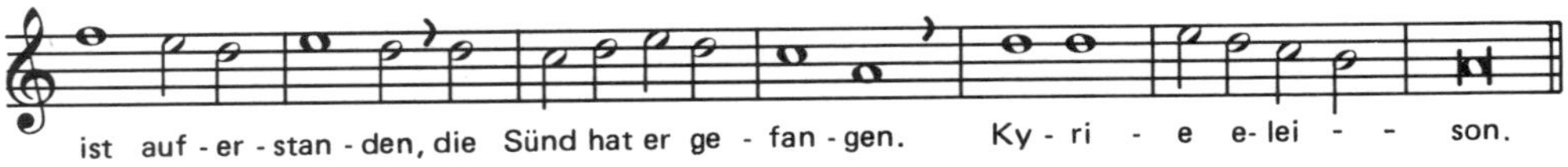

(A7) Suche zu jedem Soggetto möglichst viele Imitationen (in der Oktave, im Einklang, in der Unter- und Oberquinte, in der Unter- und Oberterz, nach einem halben, ganzen, anderthalb oder zwei Takten).

(↱ bedeutet: Ab hier kann das Soggetto geändert werden.)

a)  Marbriano de Orto

b)  William Byrd

c)  Heinrich Faber

d)  G.P. Palestrina

e)  G.P. Palestrina

f)  Nicolas Liégois

g)  Clemens non Papa

h)  Nicolas Gombert

i)  Adrian Willaert

(A8) Nachstehende Imitationsmodelle sind anhand des gegebenen Textes zu vervollständigen und zu einem tonal sinnvollen Schluß zu führen.

a) 

Pierre de la Rue
(Text: Ave Regina caelorum, Ave Domina angelorum.)

b) 

Giovanni Gabrieli
(Text: Domine exaudi orationem meam.)

c) 

Adrian Willaert

d) 

G.P. Palestrina
(Text: Kyrie eleison.)

e) 

G.P. Palestrina
(Text: Rex pacificus magnificatus est.)

f) 

G.P. Palestrina
(Text: Et incarnatus est de spiritu sancto ex Maria Virgine.)

g) 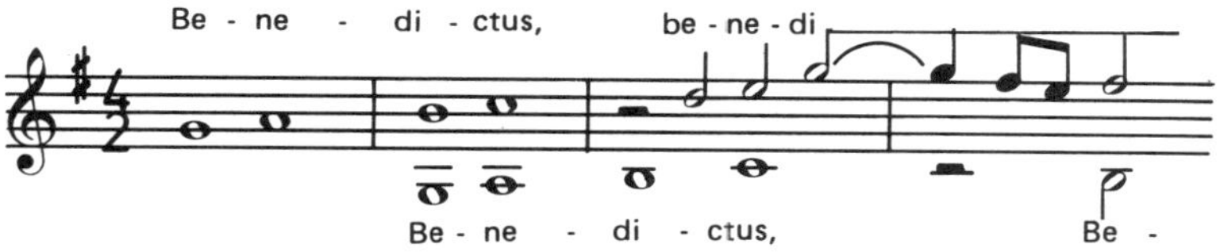

Adam Gumpelzhaimer
(Text: Benedictus, qui venit, in nomine Domine.)

A9 Beantworte folgende Soggetti mit ihrer Umkehrung (Inversion) - intervallisch streng oder frei - und führe den Satz anhand des Textes zu einem Beschluß:

Beispiel: 

Hans Leo Haßler

G.P. Palestrina
Text: (mehrfach wiederholen)

Marcantonio Tornioli
Text: (mehrfach wiederholen)

Cypriano de Rore

Noel Bauldewijn

A10 Nachstehende Soggetti sind anhand des gegebenen Textes als strenge Imitation, d.h. als Kanon weiterzuführen.

Zur Erinnerung die Kanontechnik: In der 2. Stimme die Imitation festlegen und notieren / diese Beantwortung nun in der 1. Stimme kontrapunktieren / den neugewonnenen Kontrapunkt wieder in die 2. Stimme übertragen / diesen Übertrag erneut kontrapunktieren etc. (Achtung: Je enger die Stimmabstände, desto unmittelbarer muß alles Neu-Erfundene in die 2. Stimme übertragen werden! Pausen und singbare Einzelphrasen belassen! Auf Schlußformeln nach jeder Texteinheit achten!)

(A11) Folgende Einsatzabstände sind originalen Werken entnommen. Finde dazu andere Möglichkeiten der Imitation (siehe Beispiel) und führe alle Imitationsmodelle anhand des gegebenen Textes zu einem Kanon aus. Jedes Modell könnte somit einen Kanon in der Oktave, in der Unter- und Oberquinte, Unter- und Oberterz, in enger Führung oder weiter Führung, ergeben.

Text: Kyrie eleison

Text: Patrem omnipotentem, factorem coeli et terrae.

Text: Pleni sunt coeli et terra gloria tua.

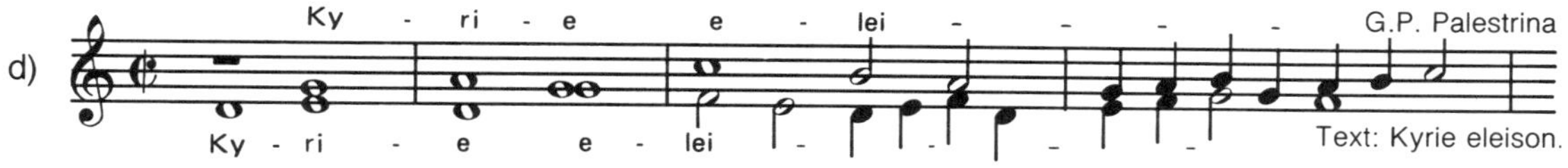

Text: Kyrie eleison.

Text: Gressus meos dirige secundum eloquium tuum: ut non dominetur mei omnis in justitia Domine.

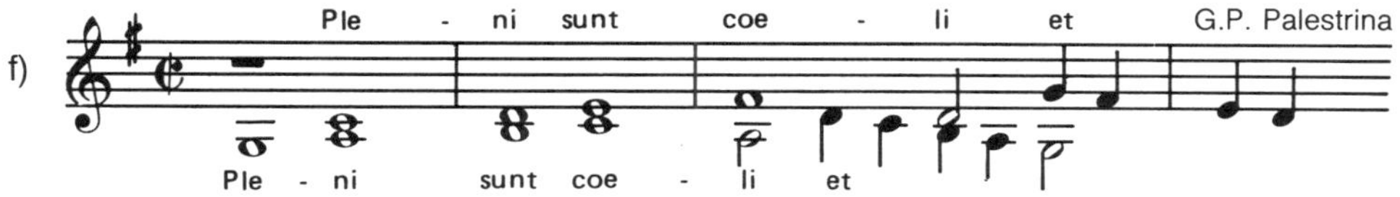

Text: Pleni sunt coeli et terra Gloria tua.

(A12) Erfinde zu den nachstehenden Melodien eine Gegenstimme im doppelten Kontrapunkt der Oktave (Zur Erinnerung: Quinten müssen vermieden bzw. als Dissonanzen behandelt werden, da sie beim Stimmentausch zu Quarten werden). Führe anschließend die Möglichkeiten des Stimmentauschs aus (siehe Beispiel).

Beispiel:

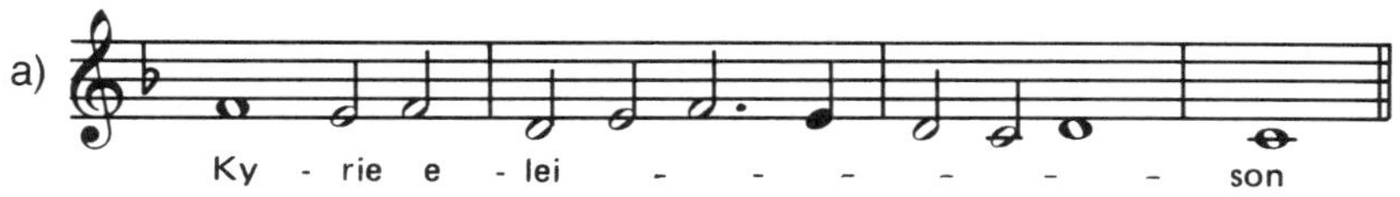

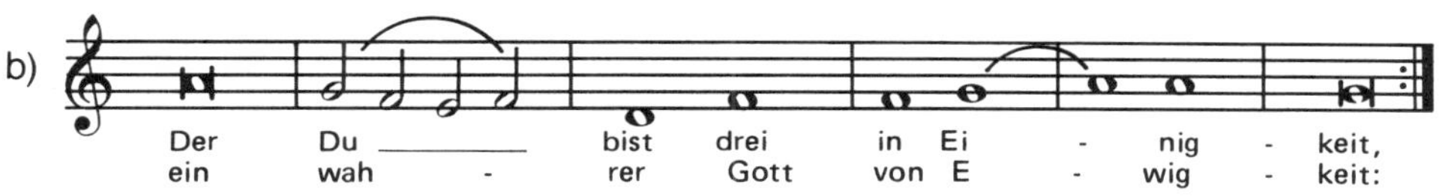

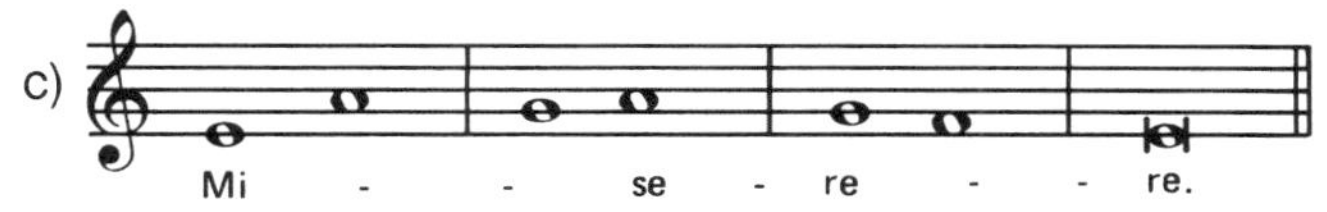

(A13) Erfinde eine Gegenstimme im doppelten Kontrapunkt der Duodezime (Zur Erinnerung: Sexten müssen vermieden bzw. wie Dissonanzen behandelt werden, da sie beim Stimmentausch zu Septimen werden). Führe - wie im Beispiel angegeben - die verschiedenen Möglichkeiten des Stimmentausches aus (Oberstimme um eine Duodezime nach unten bzw. Unterstimme um eine Duodezime nach oben). Achtung: mittels Vorzeichensetzung entscheiden, welche Tonalität der beiden quintverwandten Stimmen sich durchsetzen soll!

Beispiel:

a) 

b) 

c) 

d) 

A14 Erfinde eine Gegenstimme im doppelten Kontrapunkt der Dezime (Zur Erinnerung: Keine Sext- und Terzparallelen, da aus Sexte und Terz, Quinte bzw. Oktave werden). Führe - wie im Beispiel angegeben - die verschiedenen Möglichkeiten des Stimmentausches aus (Oberstimme um eine Dezime nach unten, Unterstimme um eine Dezime nach oben). Mit der Vorzeichensetzung tonale Eindeutigkeit schaffen.

Beispiel:

a) 

b)

c)

(A15) Analysiere die folgenden zweistimmigen Sätze. Untersuche die Melodik (Ambitus, Reperkussionstöne, Hoch- und Tieftöne) und die Tonalität jeder Zeile bzw. jedes Abschnitts. Untersuche die Art der Dissonanzen (Vorhalte, Wechselnoten, Durchgänge), die Imitationsansätze. Suche regelwidrige Stellen (Quintparallelen, verdeckte Quinten, abspringende Dissonanzen etc.).

a) Johann Walter: „Eine feste Burg"

b) Orlandus Lassus: ,,Pleni sunt coeli"

c) Orlandus Lassus: ,,Benedictus" (aus ,,Missa Jager")

d) Lupus Hellinck: ,,Et resurrexit" (aus Missa ,,Ego sum qui sum")

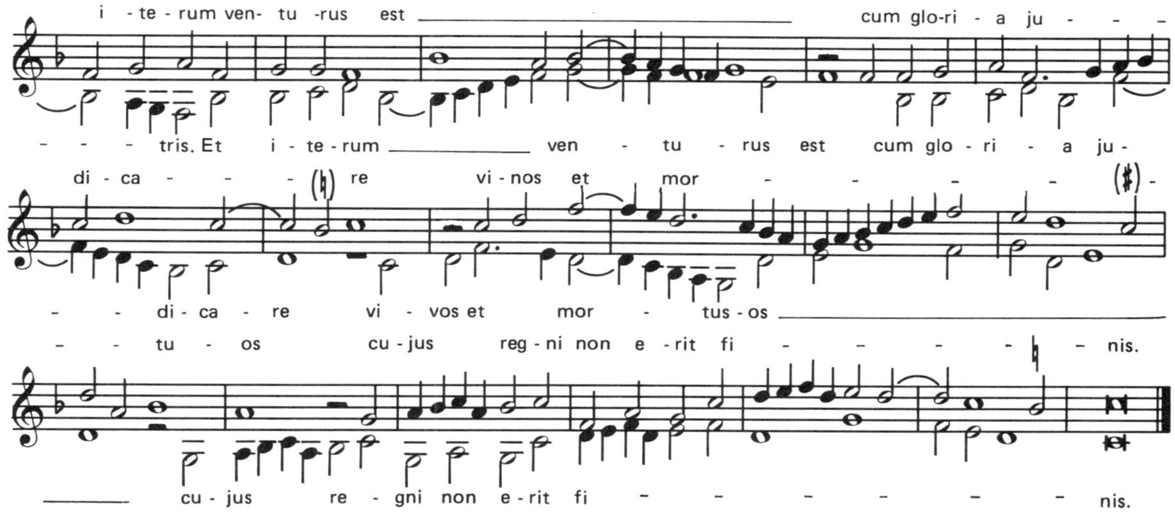

§ 3 Dreistimmige Übungen

(A16) Folgende cantus-firmus-Modelle sind ohne Imitation mit zwei Gegenstimmen zu versehen (c.f. im Diskant, Tenor oder Baß). Beachte: Quarten zwischen den beiden oberen Stimmen sind jetzt erlaubt, wenn sie durch den Baßton als Teil eines Grundstellungs- bzw. Sektakkord eingebunden werden (siehe im Satzbeispiel Takt 1, zweite Hälfte):

Beispiel: 

a) 

b) 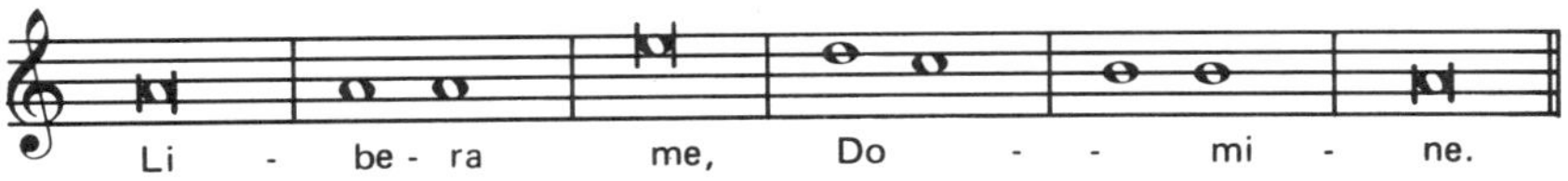

c) 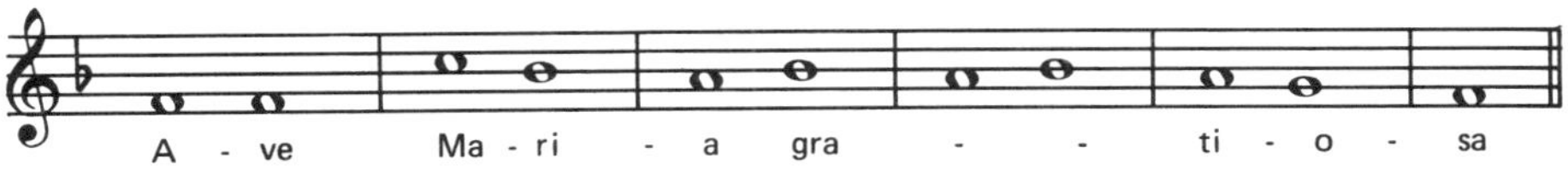

d) 

(A17) Die Choralmelodien von A6 sind nun mit zwei Stimmen zu kontrapunktieren (c.f. im Sopran, Tenor oder Baß). Die Zeilenanfänge können jeweils imitiert oder vorimitiert werden (vgl. dazu folgendes Beispiel):

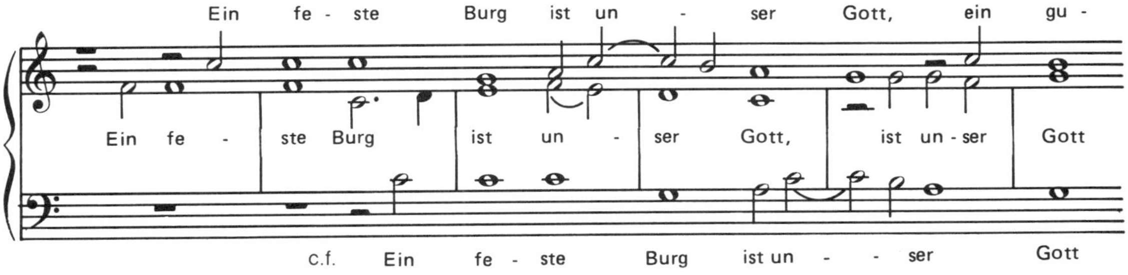

A18 Analysiere den folgenden dreistimmigen Satz hinsichtlich Aufbau, Stimmführung (melodische Tonalität, Ambitus, Hoch- und Tiefton), Imitationsgerüste, Schlußbildungen:

G.P. Palestrina: „Benedictus“ (aus der Missa „Brevis“)

A19 Unter Verwendung nachstehender Soggetti bzw. Textteile sind dreistimmige Kompositionen zu entwerfen.

a)

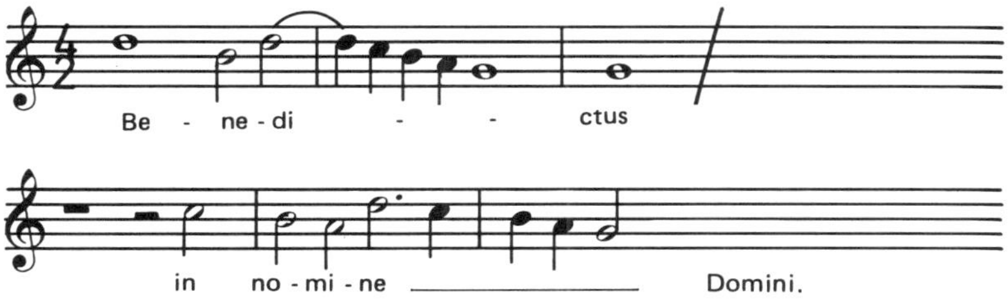

b)

c)

A20 Anhand der nachstehenden lateinischen Texte sind freie dreistimmige Motetten zu entwerfen:

a) In Domino laetabitur anima mea, audiant mansueti et leatantur. (Im Herrn wird sich freuen meine Seele, es mögen hören die Friedfertigen und sich freuen.)
b) Benedicamus Domini. (Lasset uns den Herrn loben.)
c) Tibi laudes decantabo in perpetua saecula. (Dein Lob singe ich in Ewigkeit.)
d) Ave Maria gratiosa. (Gegrüßet seist du, Maria voller Gnaden.)
e) Qui nos creavit, redemit et parit, illi gratias agimus sempiternas, Amen! (Der uns erschuf, erlöste und behütete, ihm sagen wir Dank; Amen!)
f) Domine, refugium factus es nobis a generatione in generationem. (Herr, du bist unsere Zuflucht für und für.)
g) Et in terra pax hominibus bonae voluntatis. Laudamus te. Benedicamus te. Adoramus te. Glorificamus te. Gratias agimus tibi propter magnam gloriam tuam. (... und auf Erde Friede den Menschen, welche guten Willens sind. Wir loben dich, wir preisen dich, wir beten dich an, wir verherrlichen dich. Dank sei dir für deine große Herrlichkeit.)

h) Benedice Domine nos, et haec dona tua, quae de tua largitate sumpturi per Christum Dominum nostrum Amen. (Segne uns, Herr, und diese deine Gaben, die wir aus deiner Fülle nehmen durch Christum, unseren Herrn. Amen.)

i) Hodie Christus natus est, hodie salvator apparuit, hodie in terra canent angeli. Laetantur archangeli, exultant justi, dicentes: gloria in excelsis deo. Alleluja. (Heute ist Christus geboren, heute ist der Heiland erschienen, heute singen die Engel auf Erden. Es freuen sich die Erzengel, es jauchzen die Gerechten, und sagen: Ehre sei Gott in der Höhe. Halleluja!)

k) Cantate Domino canticum novum. (Singet dem Herrn ein neues Lied.)

l) Verbum Domini manet in aeternum. (Das Wort des Herrn wird bleiben in Ewigkeit.)

m) Et incarnatus est de spiritu sancto ex Maria virgine; et homo factus est. Crucifixus etiam pro nobis sub Pontio Pilato, passus et sepultus est. (Empfangen vom Heiligen Geist, geboren aus der Jungfrau Maria und Mensch geworden, der für uns gekreuzigt wurde unter Pontius Pilatus, litt und begraben ward.)

Kapitel VI

Choralsatz und Liedsatz

Norbert Jürgen Schneider

Die Entwicklung des deutschen (protestantischen) Kirchenliedes (beginnend mit Erscheinen des „Wittembergisch deutsch Geistlich Gesangbüchlein" von Johann Walter 1524) ist eng mit der Ausbildung der harmonischen Tonalität und des modernen harmonischen Denkens verbunden. Aus diesem Grund stellt der Choralsatz noch heute ein Satzmodell dar, das hervorragend geeignet ist, Wesen und Entwicklungszüge der harmonisch-tonalen Musik in Analyse und Übung einsichtig zu machen.

Die Einfachheit des akkordischen Satzes erlaubt außerdem einen brauchbaren Zugang zu einem harmonischen Hören.

Die Ausführungen beschränken sich auf jene Satzmodelle, die für die Entwicklung abendländischer Harmonik konstitutiv waren: Choral- und Liedsatz im 16./17. Jahrhundert („Bach-Choral").

§ 1 Choral- und Liedsatz im 16. / 17. Jahrhundert (Der Kantionalsatz)

Der Liedgesang in der protestantischen Kirche war zunächst einstimmig (mit oder ohne Instrumentalbegleitung) oder - in der Tradition des Tenorliedes - in einen artifiziellen kontrapunktischen Stimmenverband einbezogen. 1586 veröffentlichte der Theologe Lucas Osiander in Nürnberg seine „Fünfzig geistliche Lieder und Psalmen" als Kantional mit Oberstimmenmelodik und 4-stimmigem homorhythmischem Satz. Dieser Druck gilt als das erste evangelische Choralbuch.

Die Harmonik der einfachen Choralsätze des 16. und 17. Jahrhunderts war - deutlich die Phase des Suchens nach neuen Ordnungsprinzipien im nicht-kontrapunktischen Satz anzeigend - von den Kirchentonarten geprägt, vielfältig, frei, und bisweilen fast zufällig. Die folgende Gegenüberstellung des Satzes Hans Leo Haßlers und Johann Sebastian Bachs zu „Erhalt uns Herr bei deinem Wort" zeigt, wie kohärent und tonikal die Satzstrukturen nach 1700 geworden sind:

Melodie bei Joseph Klug, 1543

H.L. Haßler (1608)

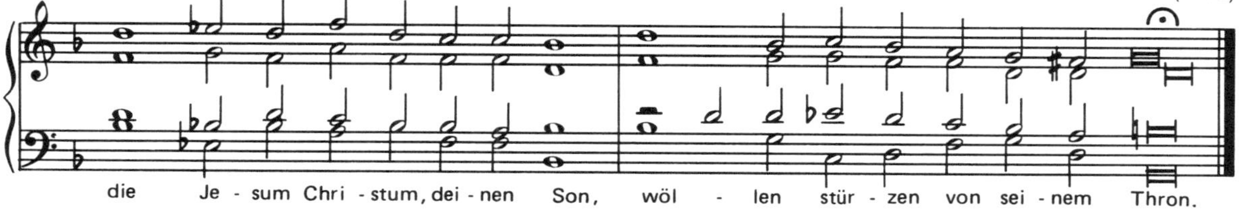

J.S. Bach (Kantate BWV 6)

Stichworte zum Kantionalsatz:

Melodik:

Wie im kontrapunktischen Satz bleibt der Melodieverlauf jeder Stimme idealtypisch auf das Hexachord (Umspielung des Raumes zwischen Grundton und Quinte) beschränkt. Dadurch wird ein Tonalitätseindruck vor allem melodisch vermittelt (= melodische Tonalität).

Durch Hexachordmutation (Übergang in einen neuen Quintraum) kann in einer Stimme der Tonumfang jedoch erweitert werden.

Tonumfänge (ungefähr):

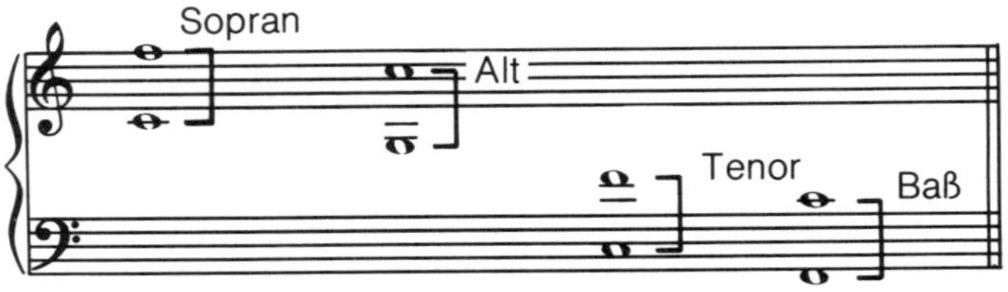

Rhythmik / Metrik:

Der Choral des 16. und 17. Jahrhunderts wurde zunächst nicht in Taktgliederung notiert. Zähleinheiten waren die Halben (deren Folge von Orientierungsstrichen, meist am Ende jeder Choralzeile, gegliedert wurde), später auch die Viertel.

Wesentlich ist die metrische Gliederung der Schlagzeiten in schwere und leichte Zeiten als Senkung und Hebung (/ ◡), da hierdurch die Einführung von Dissonanzen (Vorhalte) und die Harmoniewechsel geregelt wurden.

Textbehandlung:

Den betonten Silben des Textes entspricht nach mehrheitlicher Auffassung die Senkung (der Akzent), den unbetonten die Hebung. Gelegentliche Verstöße dagegen resultieren meist aus der Verdeutschung der ursprünglichen lateinischen Texte.

Alle vier Stimmen im Kantionalsatz müssen so angelegt sein, daß der Text jeweils singbar bleibt.

Tonvorrat:

Die Singpraxis erfolgte in reiner Stimmung (bzw. in mitteltöniger Stimmung bei Orgelbegleitung). Die gleichschwebende Temperatur wurde erst im 18. Jahrhundert üblich.

Der Tonvorrat beschränkte sich deshalb auf:

Die Töne des, dis, ges, as, ais blieben ausgeschlossen.

Akkordvorrat:

Über den modalen (d.h. durch die Kirchentonarten gegebenen) Bässen stehen Dur- oder Mollklänge in freier Reihenfolge. Kadenzlogik ist allenfalls bei den Zeilenschlüssen greifbar. Oft stehen Dur- und Mollharmonisierung eines Baßtones gleichberechtigt zur Auswahl. Bei Schlüssen wird meistens die in ihrem Obertonaufbau reinere Durversion (Verdurung; picardische Terz) gewählt.

Akkordstrukturen:

Vorherrschend sind Grundstellungsakkorde. Neben diesen „Terz-Quint-Akkorden" konnten über einem Baßton auch „Terz-Sext-Akkorde" (Sextakkorde) gesetzt werden. Da diese Sextakkorde eine eigenständige Alternative zum Terz-Quint-Aufbau darstellten, findet man hier den Baßton (modern gesehen: der Terzton der Akkordumkehrung) oft verdoppelt.

Quartsextakkorde kommen selten, nur im Durchgang auf leichten Zählzeiten vor. Keine Vorhaltsquartsextakkorde.

Der verminderte Dreiklang der VII. Stufe wird in seiner Sextakkordform verwendet. Meistens auf metrisch leichter Zeit.

Zu vermeiden sind alle Septakkorde (Dominantseptakkorde und Nebenseptakkorde) sowie Nonenakkorde. Septimen können nur im Durchgang auf unbetonter Zeit eingeführt werden.

Akkordfortschreitung:

Die modale Harmonik kennt kaum (wie die durmolltonale bzw. funktionale Harmonik) Reglementierungen der Akkordfolgen. Akkordfortschreitungen quintaufwärts oder quintabwärts (= schwache Schritte), sekundaufwärts oder sekundabwärts (= starke Schritte) stehen nahezu gleichberechtigt zur Auswahl. Vgl. hierzu den Beginn von G.P. Palestrinas „Stabat Mater":

Mit zunehmender Tendenz (vor allem in Durchorälen) beginnen zum 18. Jahrhundert hin jedoch die Quintbeziehungen zu dominieren, die Terzbeziehungen zurückzutreten und kadenzierende Passagen zuzunehmen.

Stimmführung:

Wie in der kontrapunktischen Melodik herrscht die sekundweise Fortschreitung vor. Sprünge (nur im Bereich von Quart, Quinte und kleiner Sexte) sind selten. Terzgänge treten öfters auf, werden jedoch mittels Durchgangs- und Sekundschritten umgebildet.

Oktav-, Quint- und Einklangsparallelen sind verboten.

Verdeckte Quint- und Oktavparallelen sind in den Mittelstimmen bedenkenlos, in den Außenstimmen nur gelegentlich zu verwenden.

Wie in kontrapunktischer Musik ist Gegenbewegung zwischen den einzelnen Stimmen sinnvoll. Parallelbewegung aller vier Stimmen tritt nur in seltenen Fällen auf.

Gleiche Töne einer Akkordverbindung möglichst in derselben Stimme belassen.

Unter allen Stimmen hat der Baß die größte Freiheit: er besitzt einen großen Ambitus und verläuft oft sprunghaft („Paukenbässe"). Mit zunehmender tonaler Glättung wird die Baßführung gegen 1700 jedoch linearer.

Der Tonschritt:

Bewegt sich die Choralmelodie in Sekunden, so ergibt sich notwendig ein Harmoniewechsel. Da Sekundschritte für Choräle typisch sind, stellt der Harmoniewechsel pro Silbe des Textes die Norm dar.

Der Tonsprung:

Tonsprünge werden vor allem dann mit derselben Harmonie unterlegt, wenn sie von schwerer auf leichte Zeit erfolgen.

Springt die Melodie von leichter zu schwerer Zeit, so bedingt dies einen Harmoniewechsel.

Tonrepetition:

Bei Choraltönen, die sich wiederholen, kann eine gemeinsame Harmonie zugrundegelegt werden, wenn die Töne ein Senkungs-/Hebungs-Paar bilden. Ist der zweite Ton aber ein akzentuierter Ton (Senkung) so erfolgt mit diesem meist ein Harmoniewechsel.

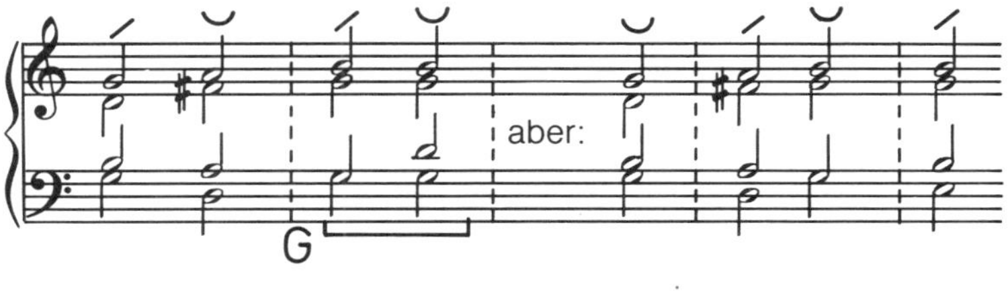

Der Auftakt:

Auftakte werden meist mit einer Quintfortschreitung der Harmonie (V—I bzw. D—T) oder mit Wiederholung der Grundharmonie (I—I bzw. T—T) harmonisiert. Der Gebrauch von Nebenstufen und der Subdominante ist sehr selten.

Kadenzen:

An den Zeilenenden (vor allem am Ende des Chorals, wenn die Finalis erreicht wird) entwickelt sich aus den Klauseln des kontrapunktischen Satzes die Kadenz des durmolltonalen Satzes:

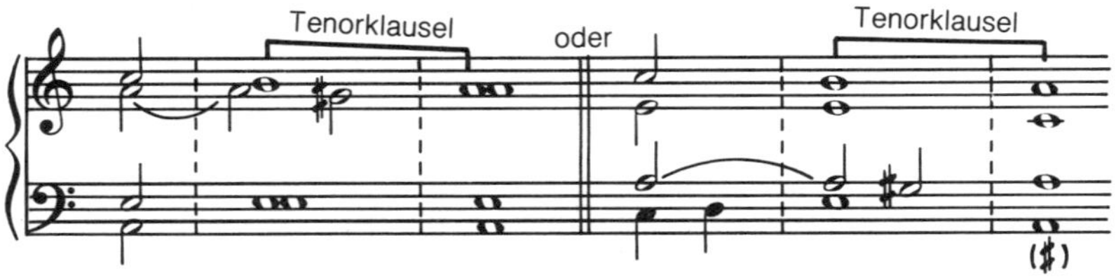

Bei der Tenorklausel folgen sich die II. und I. Melodiestufe. Die II. Stufe (die vorletzte Stufe = Penultima) kann nicht nur mit der V. Stufe (= Dominante) harmonisiert werden, sondern zusätzlich noch mit der II. Stufe als Quintsextakkord (Subdominante mit sixte ajoutée).

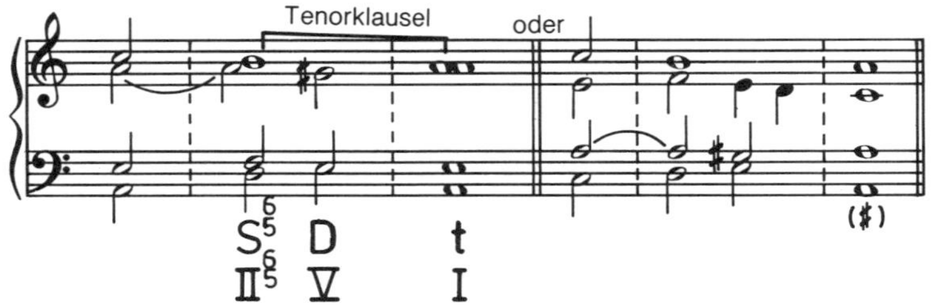

Dissonanzen:

Harmoniefremde Noten sind im Kantionalsatz selten. Anzutreffen ist vor allem der Dominantvorhalt in der Kadenz (Klausel der Penultima).

Sonstige Vorhalte (Präparation auf unbetonter Zeit, Klangspannung auf betonter Zeit, Resolution wieder auf unbetonter Zeit) treten nur gelegentlich auf.

Bisweilen wird der Durchgang (Transitus) auf unbetonte Zeit als harmoniefremde Note verwendet.

§ 2 Aufgaben zum Kantionalsatz

(A1) **Untersuche in beiden nachstehenden Choralsätzen**

- Ambitus/Tonalität/Stimmführung jeder Stimme
- Den Vorrat der verwendeten Akkorde und Töne
- Die verwendeten Akkordstrukturen
- Die Akkordfortschreitungen
- Die Schlußwendungen.

a) „Vater unser im Himmelreich“

Satz: Gotthard Erythräus (1560—1617)
Weise: Leipzig 1539

b) „Gen Himmel aufgefahren ist“

Satz und Weise: Melchior Franck (1580—1639)

A2 Nachstehende Generalbaß-Reduktionen originaler Lied- und Kantionalsätze sind am Klavier zu spielen, vierstimmig auszusetzen und hinsichtlich ihres Akkordvorrats/ihrer Tonalität je Choralzeile zu überprüfen (Hörübungen nicht vergessen):

a) „Jesus Christus unser Heiland“

Satz: Seth Calvisius (1556—1615)
Weise: Wittenberg, 1529

b) „Feinslieb, du hast mich gfangen“

Satz und Weise: Hans Leo Haßler, 1596

c) „Nun, laube, Lindlein laube“

Satz: Michael Praetorius (1571—1621)
Weise: 15. Jahrhundert

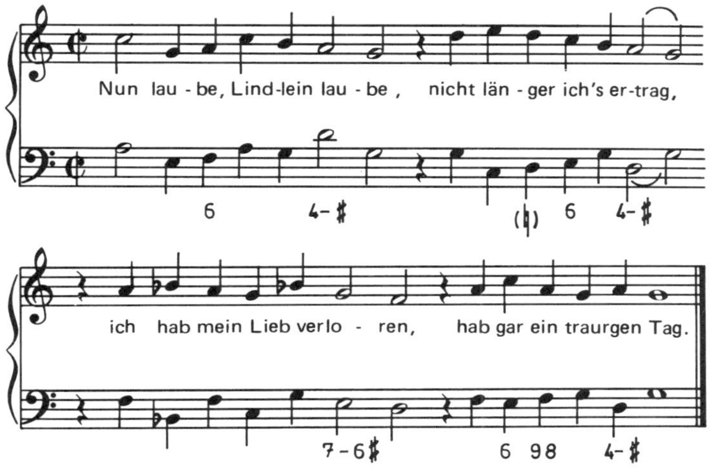

d) „Warum betrübst du dich, mein Herz“

Satz: Hans Leo Haßler, 1608
Weise: Barth. Monoetius, 1565

e) „Der Tag bricht an“

Satz und Weise: Melchior Vulpius, 1609

f) „Erschienen ist der herrliche Tag“

Satz: Gotthard Erythräus (1560—1617)
Weise: Nicolaus Herman, 1608

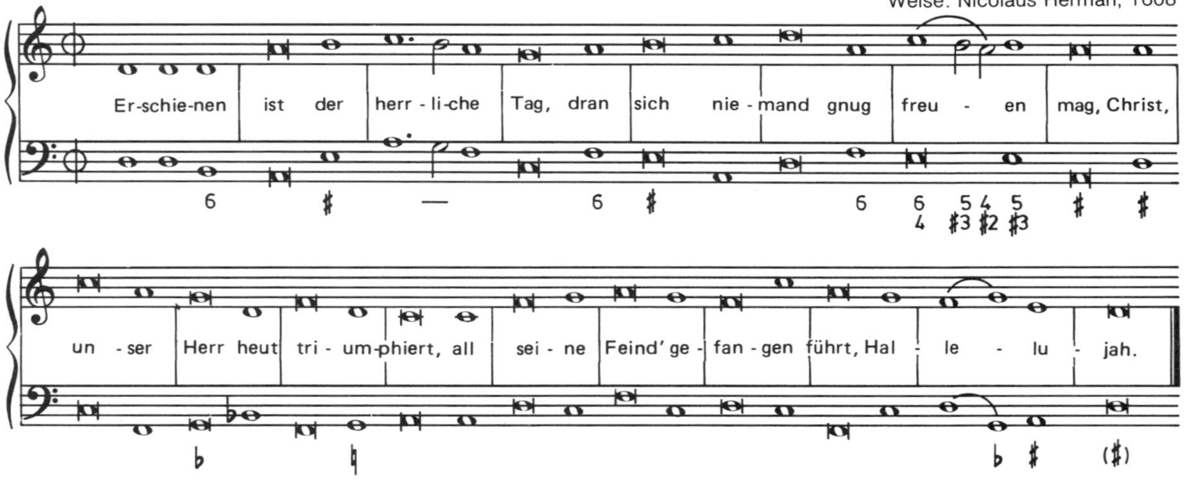

§ 3 Choralsatz im 18. Jahrhundert (Der „Bach-Choral“)

Die eigentliche Schönheit der uns frei erscheinenden und fast suchenden Harmonik im älteren Choralsatz ging gegen 1700 verloren: tonikale Kraft und Kadenzlogik durchdringen den musikalischen Satz. Johann Pachelbels Interpretation des kirchentonalen „Herzlich tut mich verlangen“ (in der Sammlung „Musicalische Sterbensgedancken“ für Tasteninstrument von 1683) reduziert die Modi sehr bewußt auf deutlich ausgeprägte Dur- und Molltonarten; C-Dur / a-Moll / C-Dur / d-Moll / G-Dur / C-Dur wird in den sechs Choralzeilen aufgesucht:

Sowohl der Unterschied zum alten Kantionalsatz wie zur Satztechnik Johann Sebastian Bachs wird deutlich, wenn man sich die Choralmelodie in der Vertonung Haßlers oder Bachs vergegenwärtigt. Instruktiv ist eine Synopse einiger Anfangszeilen dieses Chorals, den Johann Sebastian Bach insgesamt zehn Mal vertont hat:

a)

b)

c)

d)

e)

Beeindruckend ist nicht nur die Vielfalt der harmonischen Interpretationsmöglichkeiten (zweimal beginnt der Satz in a-moll und endet halbschlüssig mit dem E-Dur-Akkord; einmal steht der Satz wie bei Pachelbel in C-Dur; einmal beginnt er in a-moll und schließt mit dem Halbschluß von d-moll; einmal beginnt er in a-moll und endet in C-Dur), sondern die Dialektik, mit der sich Harmonik und Stimmführung gegenseitig zu bedingen scheinen. Letzteres macht den Choralsatz zum Kernstück einer Betrachtung der Bachschen Satztechnik: Die aus der Harmonik resultierende Kontrapunktik oder (umgekehrt formuliert) die aus Linienbildung resultierende Harmonik wird hier im Keim vorgeführt.

Stichworte zum Bach'schen Choralsatz:

Durmolltonalität:

Sowohl die weltliche Musik (z.B. die Tänze mit ihrer geordneten Metrik und den symmetrischen Schrittmustern) wie die Instrumentalmusik nach 1600 (mit ihrer Ausbildung binnenmusikalischer Gesetzmäßigkeiten) haben im Laufe des 17. Jahrhunderts zu Symmetriebildung, tonaler Organisation und rhythmisch-metrischer Festigung des Tonsatzes geführt.

Den klaren Akzentverhältnissen des Taktes begannen die klaren, auf der Kadenz I-IV-V-I bzw. I-II-V-I beruhenden tonalen Verhältnisse zu entsprechen.

Die Polarität von Dur und Moll löste die Vielfalt und Variabilität der modalen Klänge ab: Dursätze bildeten eine hierarchische Folge von Hauptstufen untermischt mit den auf die Hauptstufen folgenden Nebenstufen; Mollsätze beschränkten sich auf die Verwendung ihrer Hauptstufen, und konnten jederzeit von Kadenzen (Ausweichungen) ihrer klangstärkeren Nebenstufen in Dur durchsetzt werden.

Charakteristische Dissonanzen (die Sexte für die Subdominante; die Septime für die Dominante) und zielgerichtete Zwischendominanten verstärkten die Ausrichtung des Tonsatzes zur Tonika hin.

Akkordvorrat:

Neben einfachen Dur- und Molldreiklängen kennt der Choralsatz im 18. Jahrhundert mehrere Formen der Subdominante (Subdominante mit Quinte und Sexte = Subdominante mit sixte ajoutée / Subdominante mit Sexte statt Quinte = Substitutsubdominante / Dursubdominante mit großer Septime / Mollsubdominante mit kleiner Septime / Mollsubdominante mit phrygischer, d.h. tiefalterierter Sexte = neapolitanischer Sextakkord), den Dominantseptakkord, die Nebenseptakkorde, Zwischendominanten zu allen Nebenstufen, den Septakkord auf der VII. Stufe = verminderter Septakkord.

Akkordstrukturen:

Neben der älteren Auffassung des Sextakkordes (der Terz-Quint-Akkord und der Terz-Sext-Akkord stellen hier gleichberechtigte Griffe über einem Baßton dar, der auch beim Terz-Sext-Akkord seine Grundfunktion behält und verdoppelt werden darf) gibt es - vor allem bei den Zwischendominanten mit ihren künstlich erhöhten Terzen - den Sextakord im modernen Sinne, bei dem in Dur nur selten die Terz verdoppelt wird.

Quartsextakkorde treten als Wechsel- und Durchgangsquartsextakkorde auf, ferner auch als Vorhaltsquartsextakkorde, wobei die Auflösungen 6—5 sowie 4—3 zeitlich unterschiedlich verzögert sein können.

Der Dominantseptakkord tritt in allen Umkehrungen auf, die jedoch meistens auf metrisch leichter Zeit im Durchgang auftreten.

Akkordfortschreitungen:

Infolge der charakteristischen Dissonanzen lösen sich die Akkorde vielfach zielgerichtet auf. Nach den Subdominantakkorden folgt die Dominante. Der Dominante hat in der Regel die Tonika oder deren Vertreter (die VI. Stufe) zu folgen. Zielgerichtete Auflösung ist auch für die Zwischendominanten (vor allem durch den künstlich geschaffenen Leitton und die charakteristische Dissonanz der Septime) erforderlich.

Als Faustregel gilt für Akkordfortschreitungen im durmolltonalen Satz:

Quint ↕	Terz (↕)	Sekunde ↕ (( ))

Das heißt: Akkordfortschreitungen in Quinten klingen in Auf- und Abwärtsrichtungen gut. Fortschreitungen in Terzen klingen abwärts gut, sind aufwärts weniger brauchbar. Sekundfortschreitungen klingen aufwärts immer gut, sind jedoch in Abwärtsrichtung völlig unbrauchbar (Ausnahme: Fortschreitung in einen dominantischen Akkord mit Septime).

Kontrapunktik:

Der Bach'sche Choralsatz wird von linearen Verläufen geprägt, deren Herkunft mit dem Terminus „harmoniefremde Noten" nur noch unzureichend erklärt werden kann: Durchgang (auf unbetonter, aber auch auf betonter Zeit), Dreh- oder Wechselnote, Vorhalt (vor allen Tönen des Dreiklangs) und Vorausnahmen sind die Grundlage für die Ausbildung einer reichen Innenmelodik des Satzes.

Typisch ist für den Satz nach 1700, daß im Vorgang der „elaboratio" (der Ausarbeitung des homophonen Satzes mittels der genannten kontrapunktischen Mittel) die melodische Anreicherung in mehreren Stimmen gleichzeitig geschehen kann, was eine Verdichtung und Anhebung des Dissonanzgrades bewirkt.

Stimmführung:

Das Verbot offener Oktav-, Quint- und Einklangsparallelen bleibt bestehen. Jedoch findet man „Ornamentparallelen“ (Parallelen, die beim Vorgang der „elaboratio“, der sekundären melodischen Verzierung, auftreten).

Durch die kontrapunktischen Möglichkeiten innerhalb des Satzes sowie durch die reicheren harmonischen Fortschreitungsarten (z.B mittels künstlicher Leittöne bei den Zwischendominanten) ist die sekundweise Fortschreitung der Stimmen die Norm. Von dieser heben sich lediglich die bewußt gesetzten Expressiv- oder Affektintervalle ab, sowie die Fundamentschritte der Baßlinie bei den Zeilenenden.

Vgl. die geschmeidige Linienführung in dem Choral „Vater unser im Himmelreich“, obwohl hier nur die beiden Akkorde I und V angewendet werden:

Textausdeutung:

Musik der ersten Hälfte des 18. Jahrhunderts wurde insbesondere in Deutschland häufig nach Prinzipien der musikalischen Rhetorik komponiert: Sie ist „Klang-Rede“, Ausdruck von Affekten (in der Affektenlehre sind diese standardisiert), sie will mittels „rhetorischer Figuren“ den Hörer mit Nachdruck überzeugen.

Freudige Affekte entsprechen in J.S. Bachs Chorälen einer klaren Satzanlage. Traurige bzw. bedrohliche Affekte drücken sich in der Verwendung von Dissonanzen, Chromatik und auskomponierten Regelwidrigkeiten aus.

Modulation:

Jede Choralzeile eines Bach'schen Chorals ist deutlich auf eine Tonart bezogen. Ausgehend von der Tonika können dabei alle anderen Hauptstufen sowie die Nebenstufen in einer Modulation aufgesucht werden. Die Modulationen erfolgen zielstrebig (deutliche Ausgangs- und Zielkadenz) durch Verwendung der für die jeweilige Tonart charakteristischen Dissonanzen.

Modulation in die Dominante:

(„Ach Gott, wie manches Herzeleid")

Modulation in die Subdominante:

(„Ach bleib bei uns Herr Jesu Christ")

Schlüsse:

Neben mehreren Ausprägungen des Ganzschlusses gibt es den Plagalschluß (Folge IV - I bzw. Subdominante - Tonika) und den Halbschluß (Folge I - V bzw. Tonika - Dominante; Folge IV - V bzw. Subdominante). Folgt auf den Sextakkord der Mollsubdominante die Dominante, so handelt es sich um den „phrygischen Halbschluß" (kleine Sekunde im Baß).

Typische Ganzschlüsse mit S_5^6 - D - T:

Ganzschluß mit Dominant-Quintsextakkord - Tonika:

Ganzschluß mit Dominant-Terzquartakkord - Tonika:

Ganzschluß mit dem Sextakkord der VII. Stufe
(mit dem verkürzten Dominantseptakkord / Quinte im Baß:

Halbschluß Tonika - Dominante:

Halbschluß Subdominante - Dominante (phrygischer Halbschluß):

.§ 4 Aufgaben zum „Bach-Choral"

Zur Methodik der Choralharmonisierung:

- Betrachte Ambitus sowie Schlußformel jeder einzelnen Zeile.
- Lege Anfangs- und Schlußtonart (Anfangs- und Schlußkadenz) jeder Zeile fest und notiere hierzu den Baß.
- Erfinde davon ausgehend die gesamte Baßlinie, wobei eine sinnvolle Harmonisierung (eventuell angedeutet durch Generalbaßziffern) mitzudenken ist.
- Setze den Choral vierstimmig aus. Dabei sind möglichst sogleich auch melodische Entwicklungen (Durchgang, Wechselnote, Vorhalt) in den einzelnen Stimmen zu berücksichtigen.

(A3) Untersuche den folgenden Choralsatz von Georg Philipp Telemann (aus der ,,Lukaspassion" von 1744) hinsichtlich seiner Modulationen und tonalen Zielstrebigkeit:

(A4) Folgender Choralsatz von Johann Sebastian Bach ist hinsichtlich seiner kontrapunktischen Ausgestaltung zu untersuchen (bezeichne die Durchgänge, Vorhalte, Wechselnoten):

A5 Von folgendem Choralsatz Johann Sebastian Bachs ist ein Generalbaß-Auszug herzustellen:

A6 Nachstehende Choralmelodien sind vierstimmig auszusetzen, - im Stil des Kantionalsatzes und im Stil des Bachschen Choralsatzes (je nach Stilistik müssen die Melodien neu rhythmisiert werden):

a)

Weise: mittelalterlich/Martin Luther (1524)

b)

Weise: 11. Jh./Martin Luther (1524)

c)

Weise: Melchior Vulpius (1609)

d) 

Weise: Franken (1628)

e) 

Weise: Nikolaus Hermann (1554)

f) 

Weise: Paderborn (1628)

g) 

Weise: J.S. Bach (1736)

h) 

Weise: Martin Luther (1539)

i) 

Weise: Philipp Nicolai (1599)

Kapitel VII

Generalbaß heute

Friedrich Neumann

Im folgenden soll versucht werden, eine Generalbaßlehre für den Musikunterricht zu skizzieren, die auf die Tasten des Klavieres zugeschnitten ist. In dieser buchstäblichen Konkretion dürfte auch heute noch ihr Wert liegen.

§ 1 Dreiklänge

Eines der Ziele des Generalbaßunterrichtes, die Fähigkeit, den gebotenen Stoff in jede gewünschte Tonart zu transponieren, soll an den ersten Aufgaben erläutert werden.
Anschlagen des Dreiklanges in allen Lagen und Tonarten:

NB 1

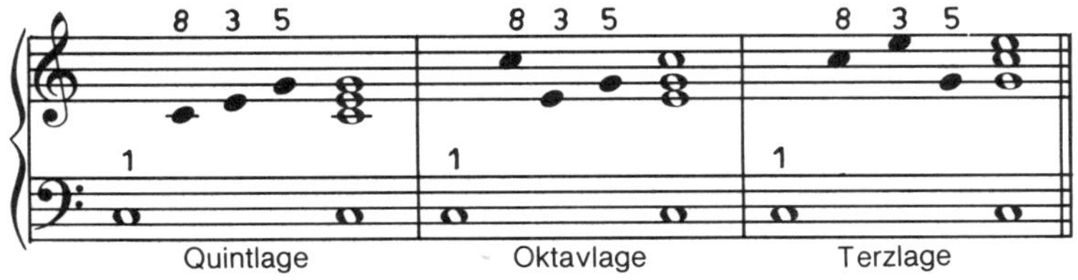

Quintlage Oktavlage Terzlage

Obenstehendes Schema soll dazu anleiten, alle Töne der rechten Hand auf den Baß zu beziehen. Es soll mit allen Dur- und Molldreiklängen, später auch mit dem verminderten und übermäßigen Dreiklang ausgeführt werden, ebenso die unten angeschlossenen Kadenzen.

Verbinden von Dreiklängen, Kadenzen:

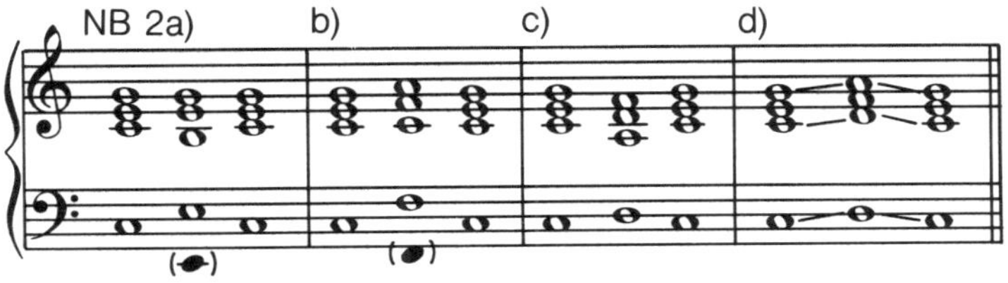

* Ein Vorzeichen über der Baßnote wirkt auf die Terz über dem Baß.

Durchdringe den gebotenen Stoff sowohl melodisch-horizontal wie auch vertikal. Erklärung zu NB 2a): Macht der Baß einen Terzschritt aufwärts, so bleiben in der rechten Hand zwei Stimmen liegen, eine fällt stufenweise in die Quinte des nächsten Dreiklanges, beim Terzschritt abwärts steigt eine der Oberstimmen in die Oktave des nächsten Dreiklanges, die beiden anderen bleiben liegen. NB 2b): Beim Quart- oder Quintschritt des Basses bleibt eine Oberstimme liegen, die beiden anderen gehen stufenweise; NB 2c): Beim Sekundschritt des Basses macht die rechte Hand Gegenbewegung; NB 2d): Wenn beide Hände zugleich steigen oder fallen, entstehen fehlerhafte Quinten- und Oktavenparallelen.

Zum Spiel der Dreiklangsverbindungen NB 2a)—c) und Kadenzen NB 3a)—j): Schlage den C-Dur- und e-Moll-Dreiklang nach NB 1 in allen Lagen an, dann spiele NB 2a) in allen Lagen; F-Dur-Dreiklang in allen Lagen, dann NB 2b) in allen Lagen; d-Moll-Dreiklang nach NB 1 in allen Lagen, dann NB 2c) in allen Lagen; G-Dur-Dreiklang nach NB 1 in allen Lagen, dann NB 3a) in allen Lagen, usw. Jeder neue Dreiklang ist zuerst nach NB 1 in allen Lagen anzuschlagen, dann im Rahmen der Kadenz zu gebrauchen. Wende dieses Verfahren bei der Transposition von NB 3a)—j) in alle Tonarten und Lagen an.

Es folgen zwei leichte Sätze:

*) Lagenwechsel

NB 5

§ 2 Der Quartvorhalt

Anschlagen über der V. Stufe in allen Lagen:

NB 6

NB 7a) b)

c)

Bereite NB 7b) vor durch Anschlagen des Quartvorhaltes über der V. Stufe von a-Moll. Transponiere NB 7c) nach a-Moll. Bereite jede weitere Transposition durch Anschlagen von NB 6 vor.
Zwei Sätze:

NB 8

NB 9

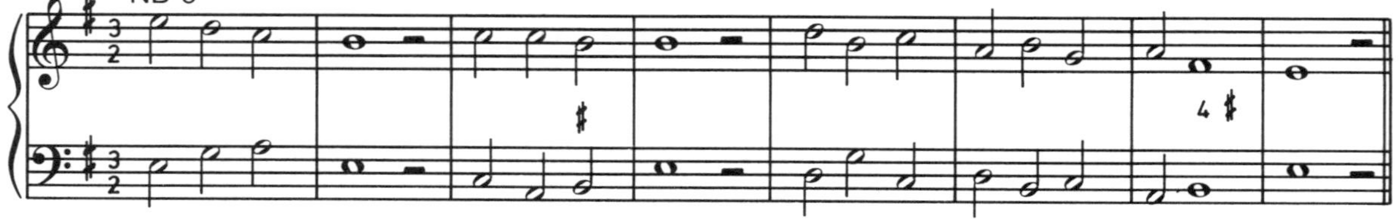

§ 3 Durchgangsnoten im Baß, Anschlagen des Dreiklanges mit verdoppelter Terz, Trugschluß

NB 10

NB 11a)

Setze bei „!“ jedesmal den passenden Terzverdoppelungsgriff ein. Strich über der Baßnote -: die rechte Hand hält aus.

NB 10 kann beliebig nach Dur und Moll transponiert werden. Zu NB 11: Man schlage mit NB 11a) die VI. Stufe der gewünschten Tonart mit Terzverdoppelung an, spiele dann mit NB 11b) die Verbindung V—VI, bei NB 11c) deutet „!“ auf den Terzverdoppelungsgriff. Mutatis mutandis gilt derselbe Aufbau für Dur. Halte dich von hier an bei jeder neuen Aufgabe nach Tunlichkeit an die Folge: Generalbaßgriff - Einbettung des neuen Griffes in ein Sätzchen - Transposition beider - Verbindung mit dem vorangehenden Stoff. Dabei soll der Kreis der Tonarten Schritt für Schritt erweitert werden.
Drei Schritte folgen:

NB 12

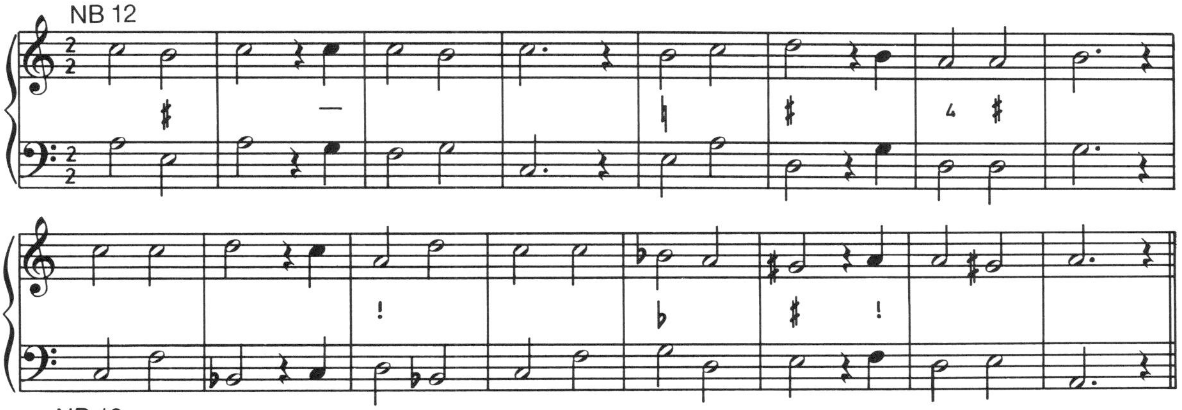

NB 13

NB 14

Der verminderte Dreiklang auf der II. Stufe in Moll, die verminderte Quinte desselben muß stufenweise fallend aufgelöst werden, beim Schritt von II von V ♯ rechte Hand abwärts, NB 15a)—b); der **übermäßige Dreiklang auf der III. Stufe in Moll,** die steigende Auflösung der übermäßigen Quinte beim Schritt III 5—VI ergibt sich bei Anwendung der Regel NB 2b) von selbst, NB 15c). Spiele in allen Lagen und transponiere NB 15a)—c).

*) 5 = Quinte erhöht

§ 4 Sextakkorde

Die beiden Auffassungen des Sextakkordes, die auf den Baß bezogene als Terz-Sextakkord und die auf den Dreiklang bezogene als erste Umkehrung desselben, bei der die Terz im Baß liegt, sollten für den Generalbaßspieler soweit tunlich identisch werden, doch geht er beim Buchstabieren und Beziffern auch hier zunächst vom Baß aufwärts. Es folgt eine Tabelle von Möglichkeiten, den Sextakkord klaviermäßig in enger Lage anzuschlagen:

Auch die Lagen des Sextakkordes können vom Baß aus gerechnet werden; es gibt also Sextlage, Oktavlage und Terzlage.

Der Sextakkord der V. und I. Stufe

Beim Sextakkord der V. Stufe liegt die 7. Tonleiterstufe, also der Leitton der Tonleiter, im Baß; er wird nicht verdoppelt, Griffe daher nur wie NB 16b) und c), nicht wie a). Auch der Sextakkord der I. Stufe wird zunächst am besten so gegriffen. Die unter NB 17 gezeigten Griffübungen beginnen mit den drei Anfangslagen, achte auf gute Führung der Oberstimme, transponiere. Bei NB 18 und NB 19 ist nur der Baß gegeben, erfinde die Oberstimme selbst.

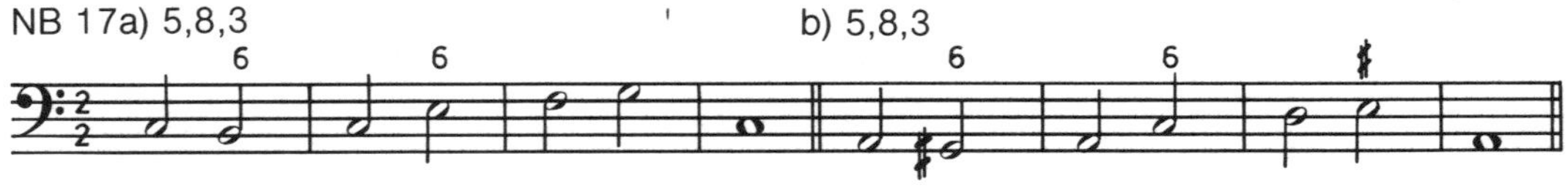

Sextakkord der IV. Stufe, Verbindung mit V in Dur und Moll

NB 20

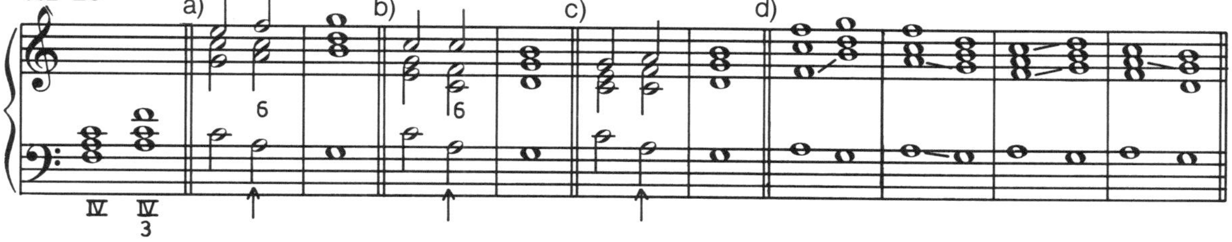

NB 21

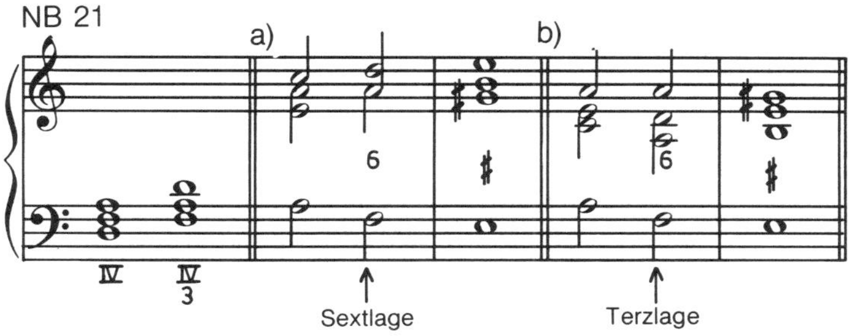

NB 22a) 3,5,8

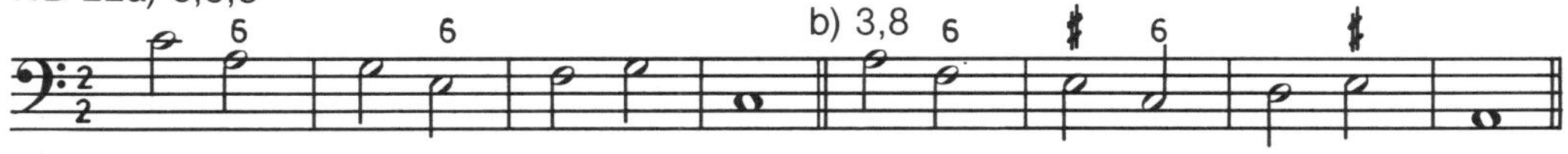

Bei der Verbindung IV. Stufe Sextakkord V. Stufe in Dur: IV. Stufe Sextakkord in Sextlage Baß verdoppeln, NB 20a), in Terzlage Oktave Sopran - Tenor, NB 20b), in Oktavlage ist der Baß schon verdoppelt, NB 20c); fehlerhafte Ausführungen zeigt NB 20d).

In Moll gibt es nur zwei brauchbare Griffe: IV. Stufe Sextakkord in Sextlage dreistimmig, Einklang Alt-Tenor, NB 21a), in Terzlage Oktave Sopran-Tenor, NB 21b). Wende dieses Repertoire beim Spiel und bei der Transposition von 22a)—b) an.

Die durchgehende Septime 8 7 in der rechten Hand tritt stufenweise fallend ein und wird fallend fortgesetzt, NB 23a) im Sopran, Alt und Tenor. Spiele in allen Lagen und transponiere NB 23a)—b).

NB 23a)

NB 23b) 3,5,8

Es folgen zwei Sätze:

NB 24

NB 25

Aufsteigende Durchgangsnoten im Baß, Sextakkorde der VII. und II. Stufe, Quartsextakkord

NB 26a)

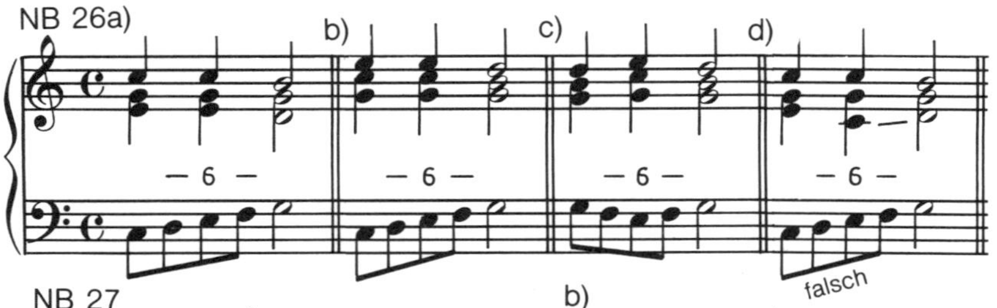

NB 27

NB 28

NB 29

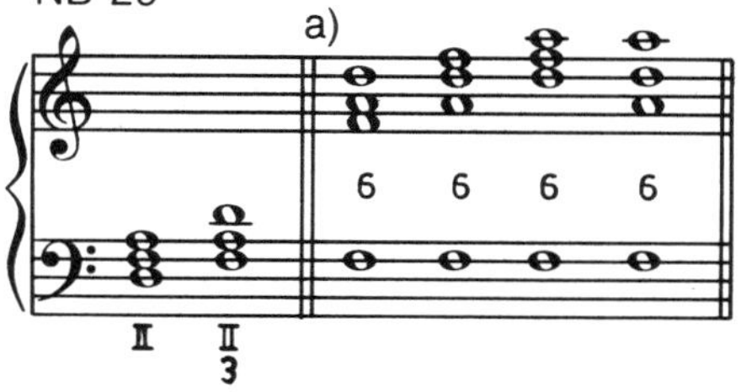

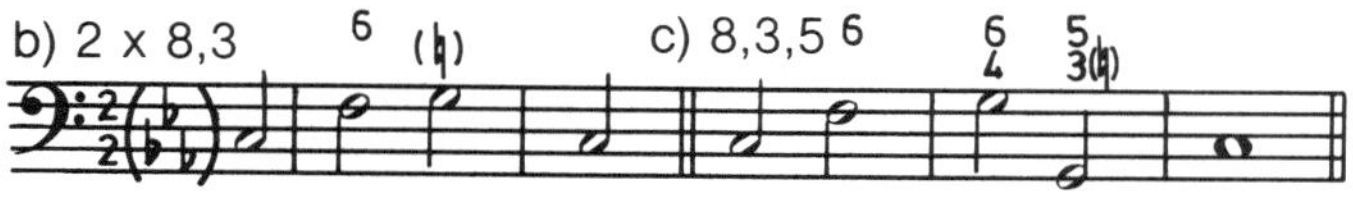

Zu NB 26: Bei der Folge Sextakkord - aufsteigende Durchgangsnote - Dreiklang wird beim Sextakkord gewöhnlich der Baß verdoppelt, NB 26a), b), c), andernfalls ergeben sich leicht Quintenparallelen, NB 26d), zwischen Tenor und Baß. Zu NB 27: Sextakkord der VII. Stufe, die Sext ist Leitton und wird nicht verdoppelt, die Griffe gleichen denen von IV. Stufe Sextakkord bei NB 20a)—c) und zwar in Dur und Moll, also in Terzlage Oktave Sopran—Tenor. NB 28a), Dreiklang der I. Stufe mit Quinte im Baß = Quartsextakkord, in allen Lagen Baß verdoppeln; NB 28b)—d) Griffübungen, transponieren. Der Sextakkord der II. Stufe, NB 29a), kann bei NB 29b) in allen Lagen mit verdoppeltem Baß gegriffen werden, bei NB 29c) verdopple in Sext- und Oktavlage den Baß, in Terzlage den Sopran, analog NB 27a); die Ziffern über der ersten Noten geben die besten Lagen zum Einstieg an. NB 29 läßt sich ohne Schwierigkeiten nach Moll übertragen, obwohl dort auf der zweiten Stufe ein verminderter Dreiklang steht. Transponiere NB 29, dann spiele:

NB 30

NB 31

bei *) Terzverdopplungsgriffe

§ 5 Generalbaßaufgaben in progressiver Ordnung

Quintsextakkord der V. und II. Stufe

Der Quintsextakkord ist die erste Umkehrung des Septakkordes, bei der die Terz im Baß steht; dieser ist leichter zu gebrauchen als der Grundakkord. NB 32a) und b) zeigen die Griffe des Quintsextakkordes der V. und II. Stufe. Beim Schritt vom Sextakkord der I. Stufe zum Quintsextakkord der II. Stufe verdopple beim Sextakkord am besten den Baß, da sich sonst Quintparallelen ergeben können, NB 32c); NB 32d) bringt den Quintsextakkord der V. Stufe im Durchgang 6 5 oder $\frac{6}{6}\frac{-}{5}$. NB 33a)—e) bringt Griffübungen, anschließend Sätze:

NB 32

NB 33a) 5,8,3 b) 5,8,3 c) 5,8,3

NB 34

NB 35

V⁷ (Dominantseptakkord), II⁷

Den Griff des vollständigen Septakkordes der V. und II. Stufe zeigt NB 36a)—b). Im Durchgang V^{8-7} wird V^7 vollständig, NB 36c); Weiterführung nach I, V^8 in 8- oder 5-Lage ohne Probleme, V^8 in 3-Lage, NB 36d); der Leitton liegt im Sopran, er soll nicht abspringen, die durchgehende Septime kommt in den Alt, sie muß fallen, bei richtiger Ausführung ergibt sich I ohne Quinte, Baß verdreifacht. Liegt der Leitton im Alt oder Tenor, so darf er abspringen. Spiele NB 37a) und b), Beginn mit 5-, 3-, 8-Lage.

Folgt auf IV direkt V^7, so ergeben sich leicht Quintenparallelen. Vermeidung: Greife V^7 unvollständig, Quinte auslassen, Baß verdoppeln NB 36e), f); spiele NB 37c) und d), I-Sextakkord in 8-Lage, 3-Lage Oktave Sopran-Tenor, 6-Lage, NB 37e) und f).

NB 38a): Umkehrungen von V^7 und II^7, Sekundakkord, die Septime liegt im Baß, Bezifferung $\begin{smallmatrix}6\\4\\2\end{smallmatrix}$ oder $\begin{smallmatrix}4\\2\end{smallmatrix}$, die Griffbilder der rechten Hand gleichen denen des Dreiklanges. Schlage NB 38c) in allen Lagen an, dann spiele NB 39a)—b), schlage NB 38b) in allen Lagen an, dann NB 39c)—d). Transponiere NB 37—39, dann spiele NB 40, 41, 42.

NB 36a)

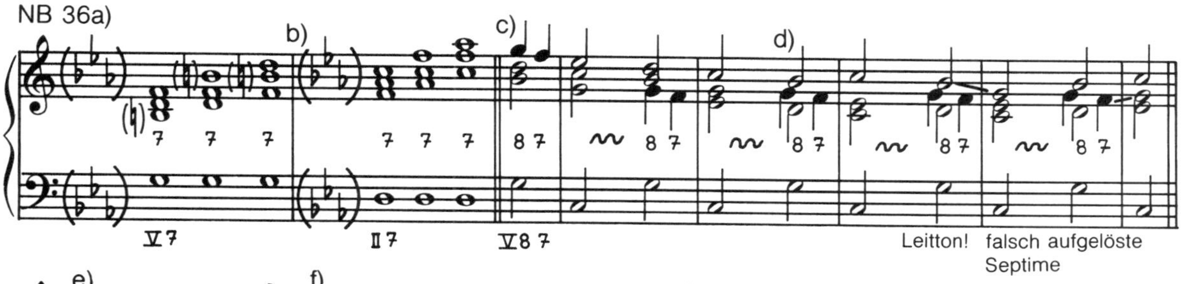

NB 37a) 5,3,8

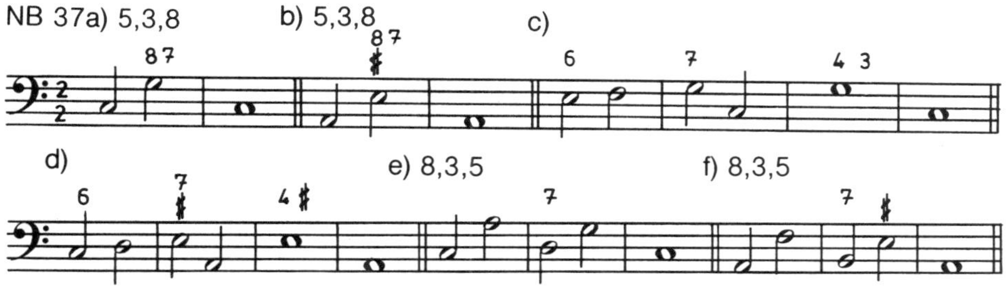

NB 38a)

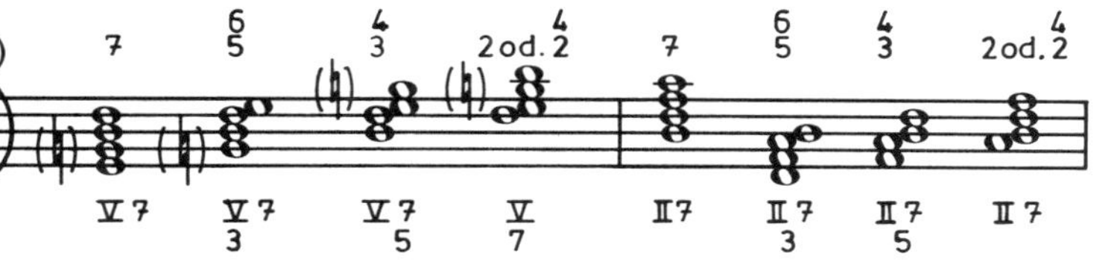

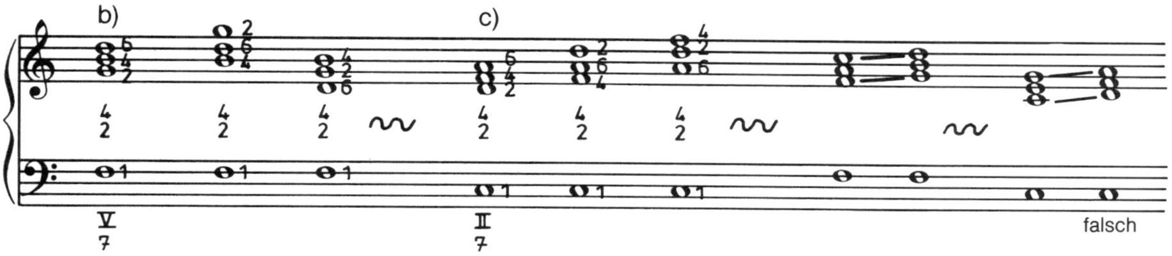

NB 39a)

NB 40

NB 41

NB 42

Bei NB 42 Takt 6—8 in fis-Moll denken, Takt 9—11 in e-Moll u.s.w.

Vorbereitung auf NB 43, **durchgehende Quartsextakkorde:** Übertrage Schema und Griffe von NB 28a) auf G = V. Stufe von C-Dur, E ♯ = V♯. Stufe von a-Moll, A♯ = V ♯. Stufe von d-Moll u.s.w., dann spiele und transponiere NB 43a)—b).

NB 43a) b)

NB 44

Bei NB 45 rechte Hand, wo NB 45 nichts anderes anzeigt (Takt 13!) Halbe anschlagen!

NB 45

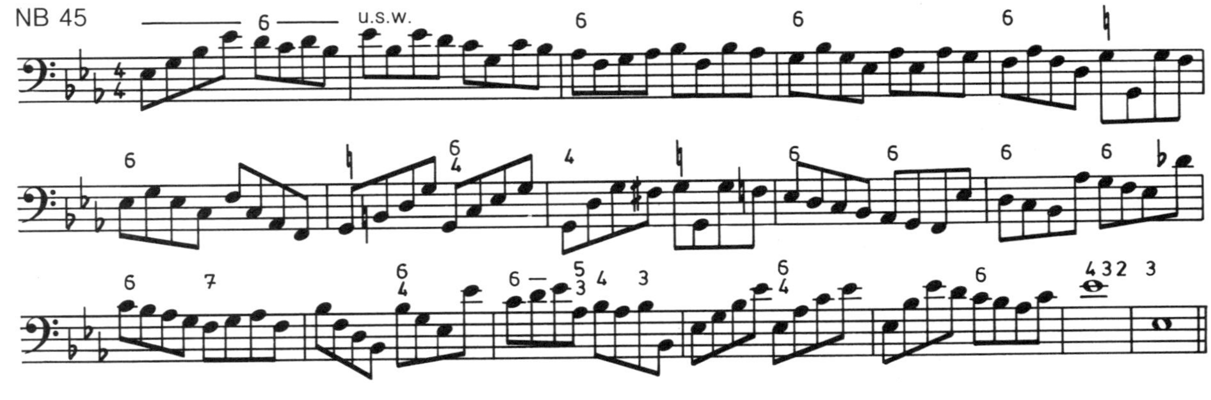

II⁷—V⁷. Schlage bei NB 46a) und b) den ersten Septakkord unvollständig an wie NB 36e), den zweiten vollständig (Gefahr von Quintenparallelen), bei NB 46c)—d) umgekehrt den ersten Septakkord vollständig, den zweiten unvollständig wie NB 36e). Transponiere:

NB 46a) b) c) d)

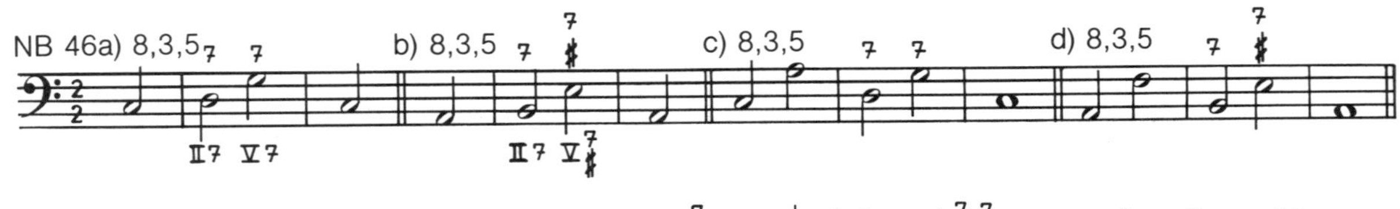

NB 47

NB 48

NB 49

NB 50

Ziffer 7 6, Vorhalt, greife 7 womöglich als unvollständigen Septakkord wie NB 36e) oder NB 46a), vgl. NB 51a)—d) . Läßt sich die Quinte nicht vermeiden, so führe sie zur Ziffer 6 terzabwärts, so daß sich zuletzt ein Sextakkord mit oktavierter Terz ergibt, NB 51e).

NB 51a)

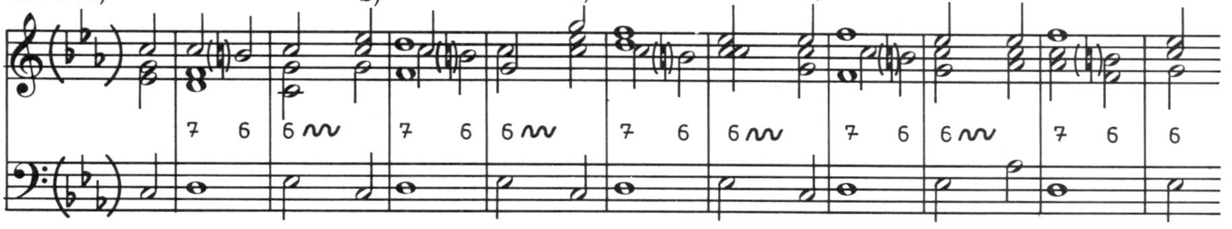

NB 52

NB 53

Der Septakkord der IV. Stufe, IV^7

NB 54a) Grundakkord und Umkehrungen. Die Griffe des Sekundakkords $\begin{smallmatrix}\mathrm{IV}\\7\end{smallmatrix}$ entsprechen denen von NB 38b)—c), NB 54b)—c). Beachte bei der Verbindung zweier benachbarter Quintsextakkorde: die Quint des ersten derselben dissoniert zur Sexte und muß stufenweise fallen, die Terz darf nicht stufenweise abwärts in die Baßverdopplung gehen, sie muß abwärts springen, NB 54d), Anwendung NB 54e). Der Grundakkord bietet bei der Verbindung mit V in Terz- oder Quintlage kein Problem; in Septlage Gefahr von Quintenparallelen, führe die Terz von IV^7 mit einem Quintsprung abwärts, bei V ist zunächst die Quinte verdoppelt, nachschlagend wird gewöhnlich die Baßverdopplung wieder hergestellt, NB 54f)—h). Spiele und transponiere NB 54a)—h).

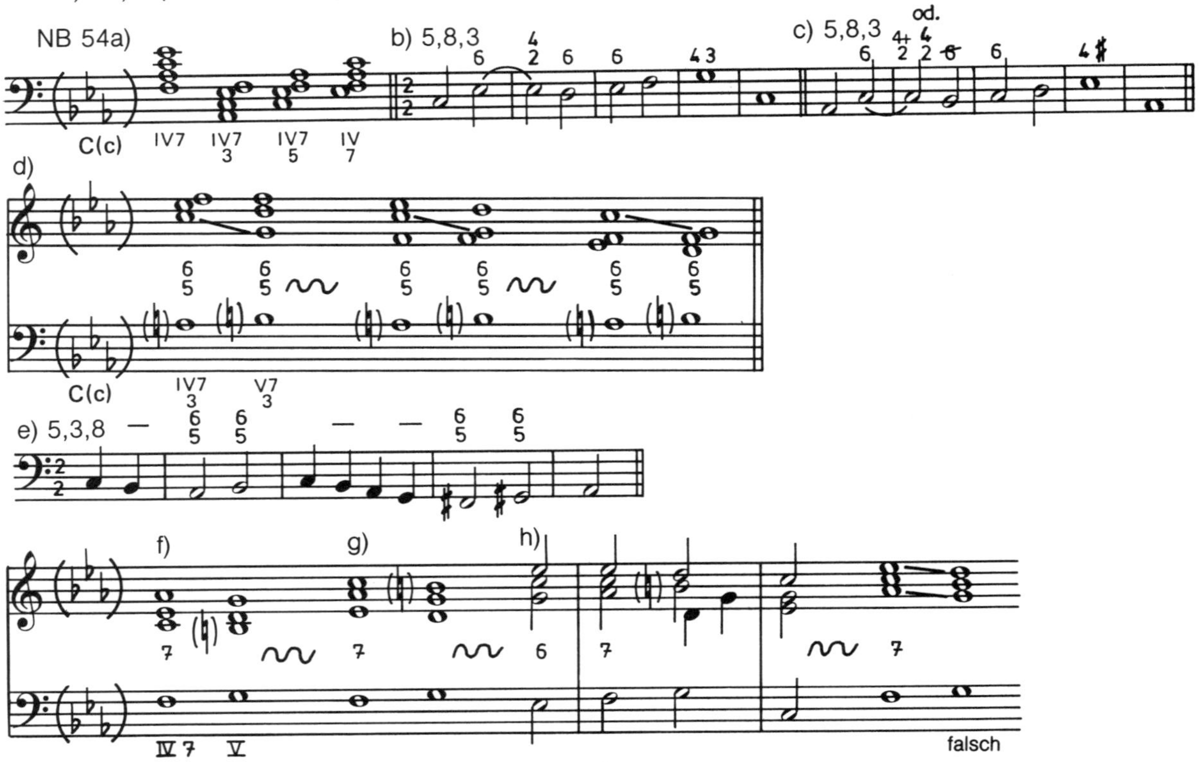

*) g - h - es, anschließend Trugschluß

Terzquartakkord der V. Stufe, vgl. NB 38a)

Die Quinte liegt im Baß Bezifferung $\begin{smallmatrix}4\\3\end{smallmatrix}$ oder $\begin{smallmatrix}6\\4\\3\end{smallmatrix}$, NB 56a) zeigt Griffe und Lagen. Spiele und transponiere NB 56b).

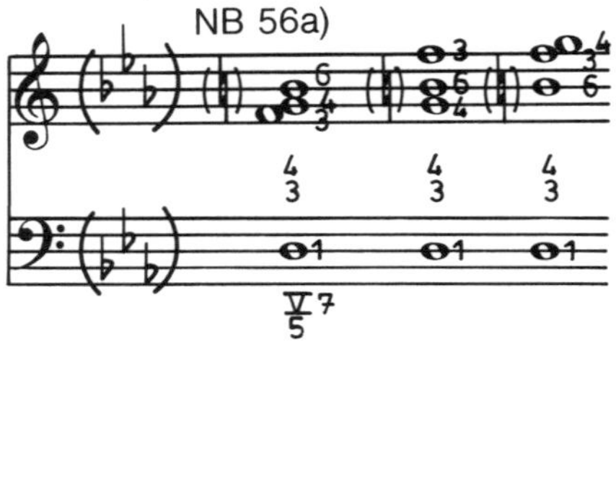

b)

NB 57

Das Wenige, was hier gebracht werden konnte, sollte andeuten, daß es im praktisch betriebenen Generalbaß nicht nur auf das Was, den Stoff ankommt, sondern mindestens ebenso auf das Wie: den exemplarisch-lexikalischen Aufbau eines Übungssystems, das zur fließenden Übertragung dieses Stoffes auf das Klavier befähigt.

Weitere Bezifferungen: 6, $\substack{7\\5}\,\substack{6\\6}$, $\substack{6\\3}\,\substack{5\\-}$, 9 8, $\substack{9\\6}\,\substack{8\\-}$, $\substack{5\\2}$, $\substack{5\\4\\2}$ u.s.w.

Auch manche zeitgenössische Strukturen, die die Diatonik nicht verlassen, können unschwer beziffert werden (vgl. Kapitel XI „Modaler Satz / Neue Modalität").

Literatur:

Bach, Carl Philipp Emanuel: „Versuch über die wahre Art, das Clavier zu spielen", Berlin 1753, Reprint Leipzig 1957

Keller, Hermann: „Schule des Generalbaß-Spiels", Kassel und Basel 1956

Kellner, David: „Treulicher Unterricht im General-Baß", Hamburg 1737, Reprint Michaelstein 1985

Speer, Daniel: „Grundrichtiger Unterricht in der musicalischen Kunst oder Vierfaches musicalisches Kleeblatt", Ulm 1697, Reprint 1974

Walther, Johann Gottfried: „Praecepta der musicalischen Composition", hrsg. von Peter Benary, Leipzig 1960

Werckmeister, Andreas: „Die Nothwendigsten Anmerckungen und Regeln wie der General = Baß wol könne tractiret werden", Aschersleben 1698, Reprint Michaelstein 1985

Williams, Peter: „Figured Bass Accompaniment", Edinburgh 1970, Univ. Press

Kapitel VIII

Der instrumentale Kontrapunkt im 18. Jahrhundert

Hubert Meister

Grundlage des spätbarocken Kontrapunkts ist die Harmonik. Die leitereigenen Dreiklänge mit ihren Umkehrungen, Septakkorden - wobei auch Molldreiklänge mit kleiner Septime als „dominantisch" angesehen wurden -, Akkorde mit hinzugefügter Sext und dem verminderten Septakkord stellen das Ausgangsmaterial dar. Ihre „rechte" Verbindung ist die Basis aller musikalischen Syntax und „Logik" sowie jeglicher Melodik. Wer sich mit dem Studium des hoch- und spätbarocken Kontrapunkts befaßt, muß besonders sein Gespür für die Harmonik und ihre Verlaufsmöglichkeiten entwickeln. Zwar finden sich in zeitgenössischen Lehrbüchern stets Hinweise auf die alten Klauseln, auf die vier Grundregeln des Fortschreitens von einer Konsonanz zur andern sowie weitere traditionelle Kontrapunktregeln, aber es wird doch deutlich, daß der vierstimmige Satz, wie er in Chorälen ausgeprägt ist, das A und O auch des Kontrapunkts geworden ist.

Gegenüber dem „alten" Kontrapunkt sind die klanglich-harmonischen Möglichkeiten vielfältiger und reicher geworden - auch in der konservativeren Kirchenmusik -, die Ausnahmen von den überkommenen Regeln, die (theoretisch!) immer noch Gültigkeit haben, sind zahlreich. Dazu wird unterschieden - wie in der Sprache - zwischen dem einfachen Satz, der sozusagen den „normalen" Ausgangspunkt darstellt, und dem reicheren figurativen, der Abweichungen von der Norm nicht nur erlaubt, sondern geradezu erfordert - wegen seiner besonderen Affekthaftigkeit.

(A1) Unsere erste Übung besteht darin, 4-stimmige Choralsätze (vgl. Kapitel VI, S. 77ff.) zu untersuchen
1) auf ihren Harmonieverlauf und
2) auf die Stimmführung (auch Mittelstimmen!).
(Dabei ist zu beachten, daß der Baß zumeist von einem oktavierenden Instrument mitgespielt wurde, das heißt zusätzlich noch eine Oktave tiefer erklang.)

„Zum wahren Besten der Anfänger in dem Satz können wir hier nicht unerinnert lassen, daß eine sehr fleißige Übung in Chorälen, eine höchst nützliche und so gar unentbehrliche Sache sey, und daß diejenigen, welche dergleichen Arbeiten für überflüssig oder gar pedantisch halten, in einem sehr schädlichen Vorurtheil stehen. Solche Übungen sind der wahre Grund, nicht nur zum reinen Satz, sondern auch zu dem guten und richtigen Ausdruck in Singesachen."

So der Bachschüler Johann Philipp Kirnberger in seinem Werk „Die Kunst des reinen Satzes in der Musik" (Berlin 1771). In diesem vierbändigen Lehrbuch, dem besten Beispiel einer Synthese von Generalbaß- und Kontrapunktlehre, legt Kirnberger die Unterrichtsmethode J.S. Bachs vor.

(A2) Die zweite Übung wird sein, in Art der angegebenen Beispiele weitere, selbst auszusuchende Sätze (Arien, Triosonaten) auf ihren harmonischen und melodischen Kern zurückzuführen.

NB 1 a)

b)

§ 1 Das Material

Das Grundmaterial des spätbarocken Kontrapunkts bilden die leitereigenen Dreiklänge und ihre Umkehrungen. Der verminderte Dreiklang ist nicht auflösungsbedürftig. Auch bei ihm kann jeder Ton verdoppelt werden, vorausgesetzt, der verminderte Dreiklang fungiert nicht als verkürzter Dominantseptakkord. Seine gewöhnliche Weiterführung sieht demnach so aus:

NB 2a) b) c)

Neben den Septakkorden gehört auch der verminderte Dreiklang mit kleiner Septime zum Grundbestand. Es zählen dazu auch Durdreiklänge mit großer Sept, mit seinen Umkehrungen und der dominantische Septakkord mit tiefalterierter Quint ($D^{7}_{5>}$):

NB 3

Zum Ausgangsmaterial gehören auch die oben genannten Akkorde mit Vorhalten, die als „zufällige Dissonanzen" betrachtet werden, sowie die Zwischendominanten.

Es kann jeder Ton verdoppelt werden, der nicht leittönig oder sonstwie auflösungsbedürftig ist. Beim Quartsextakkord wird zwischen Umkehrungs- und Vorhaltsquartsextakkord unterschieden. Die Stimmführungsregeln sind entsprechend zu beachten.

Die Auflösung der Vorhalte erfolgt regulär über dem Baßton der „vorenthaltenen" Harmonie. Konsoniert die Auflösung mit einem anderen Baßton, kann sie auch erst dort erfolgen:

NB 4

Diese Art der Auflösung eines Vorhalts ist dann angezeigt, wenn bei regulärer Auflösung Oktavparallelen entstünden:

NB 5

Würden bei gewöhnlicher Satzart in den Oberstimmen Quintparallelen entstehen, so können Vorhalte einen derartigen Fehler vermeiden helfen; bei Oktav- oder Quintparallelen zwischen Sopran und Baß ist dies allerdings kein Ausweg:

NB 6

Ansonsten gelten die bekannten Stimmführungsregeln.

Diese „strenge Schreibart“, die „dem Gesang einen gravitätischen Gang“ gibt, „dessen Schritte alle schwer auffallen, und ohne alle Nebenbewegung oder zierliche Manieren, immer gleich fortrücken“, hat ihren Platz „vornehmlich in der Kirchenmusik, die allemal von ernsthaften oder feyerlichen Inhalt ist“. Es gibt dabei nur wenige Durchgänge und Auszierungen. Den Gegensatz dazu bildet die „freye oder leichtere Schreibart“. In dieser „hüpfet man gleichsam über einige Accorde weg, die daher weniger Nachdruck haben. Der Gesang wird mit vielen durchgehenden Tönen, die als Auszierungen der Haupttöne angesehen werden, untermengt.“ („Gesang“ bezieht sich nicht allein auf Vokalmusik, sondern ebenso auf instrumentale Musik, ähnlich wie der Begriff „Stimmführung“.)

In dieser „freyen Schreibart“ werden „verschiedene zierliche Ausschweifungen und mancherley Abweichungen von den Regeln“ gestattet.

Die wichtigsten sind:

- Dissonanzen müssen nicht vorbereitet sein,
- sie müssen nicht stufenweise aufgelöst werden,
- die Auflösung kann stellvertretend auch in einer anderen Stimme erfolgen;
- während „in der strengen Schreibart“ die Dissonanz „in Ansehung ihrer Dauer niemals länger als die Konsonanz, womit sie vorbereitet worden“ ist, kann sie „in der freyen Schreibart“ viel länger dauern. Dabei erfolgt keine Überbindung, sondern die Dissonanz wird „beym Niederschlag“ wieder aufs neue angeschlagen“;
- die Dissonanz kann wiederholt werden und muß nicht gleich in eine Konsonanz überführt werden,
- „irreguläre Durchgänge“ (im Unterschied zum „regulären Durchgang“ befindet sich hier die dissonierende Note auf der betonten Zeit), die im strengen Satz vermieden werden müssen, kommen hier häufig vor, - ebenso finden sich häufig übermäßige Intervallfortschreitungen; (die große Sext wird im Unterschied zum altklassischen Vokalkontrapunkt im Spätbarock „auch im strengsten Styl“ nicht mehr als verbotene Fortschreitung betrachtet);
- „in der ganz strengen Schreibart ist sogar der konsonierende Quart-Sexten-Akkord“ (= Umkehrungsquartsextakkord) „etwas verdächtig und wird nur so gebraucht, daß hernach der Quart-Quinten-Accord, auf derselben Baßnote darauf folget“, während er „im freyen Styl“ bei stufenweiser Baßführung ohne weiteres möglich ist:

NB 7

- Akkordtöne können gegeneinander ausgetauscht werden, auch z.B. im verminderten Septakkord. Die Auflösung von Dissonanzen erfolgt dann in einer anderen Stimme.

NB 8

Den verminderten Septakkord erklärt Kirnberger als aus dem D^7 mit Non-Vorhalt entstanden:

NB 9

- Vorhalte müssen auch in der „freyen Schreibart“ regulär aufgelöst werden,
- die Auflösung der Sept kann übergangen werden, wenn nach dem Septakkord ein weiterer Septakkord folgt, z.B. D^7 - $\not{D}^7$. In ähnlicher Weise können Septakkordketten aufeinander folgen:

NB 10

§ 2 Harmonische Perioden und Kadenzen

,,Die Accorde sind in der Musik das, was die Wörter in der Sprache sind: wie aus etlichen zusammenhängenden und einen völligen Sinn ausdrückenden Wörtern ein Satz in der Rede entsteht, so entsteht in der Musik ein harmonischer Satz, oder eine Periode aus einigen verbundenen Accorden, die sich mit einem Schluß endigen. Und gleich wie viele mit einander verbundene Sätze eine ganze Rede ausmachen, so besteht ein Tonstück aus viel verbundenen Perioden." (Beim Lesen barocker Musiklehrbücher stoßen wir immer wieder auf die Betonung der Analogie von Musik und Sprache - auch bei Abhandlungen über reine Instrumentalmusik.) Die nächstliegenden Verbindungen zwischen den Akkorden beschränken sich zunächst auf das diatonische Material der Dur- und Moll-Leiter. Die harmonische Verbindung ergibt sich durch gemeinsame Töne.

Weniger statisch, weil ,,hierarchisch" gegliedert, wird eine Abfolge von Akkorden durch die Einbeziehung von Umkehrungen. Noch enger wird die Beziehung der Klänge untereinander durch Überbindungen (Ligaturen), die zu Vorhalten werden, und ,,also durch die Erwartung der Auflösung ihre folgende Harmonie notwendig machen". Hierher gehören auch die charakteristischen Dissonanzen: bei der Dominante die Septime, bei der Subdominante die Sexte.

Abwechslungsreicher, differenzierter und zugleich ,,verbindlicher" wird die ,,Periode" (die nicht mit der klassisch-romantischen verwechselt werden darf. Die barocke Periode ist wie die Periode der ,,ungebundenen Rede" in ihrem Aufbau und in ihrer Länge keiner Norm unterworfen) durch die Einbeziehung von Zwischendominanten.

,,So wäre folgende Periode, der zufälligen ♯ ungeachtet, doch ganz in C-Dur":

NB 11

Ausweichungen bzw. Modulationen sind notwendig und sollen im Normalfall allmählich geschehen und nicht zu weit von der Ausgangstonart wegführen. ,,Ist man von C-dur eingenommen, und sollte nun gleich darauf E-dur empfinden, so müßte man schnell die Tonleiter C, D, E, F, G, A, H in diese Cis, Dis, E, Fis, Gis, A, H verwandeln, dieses würde ebenso verdrießlich seyn, als wenn man plötzlich aus der Wärme in die Kälte, oder aus der Dunkelheit in ein helles Licht käme. Dergleichen schnelle Veränderungen sind dem Gemüthe zuwider." In Stücken mit heftigem und rasch wechselndem Affekt jedoch sind überraschende Ausweichungen und Modulationen durchaus angebracht. Spätbarocke Musik behält allerdings gewöhnlich einen Affekt in verschiedener Schattierung durch das ganze Stück hindurch bei. ,,Man kann es also als einen Grundsatz ansehen, daß man, sofern ein Stück nicht sehr lang ist, sich dergestalt bey der Haupttonart aufhalten müße, daß man von da nur in die ausweiche, in welche man ohne Weitläufigkeit kommen kann; . . . Von den Tönen aber, dahin man ausgewichen ist, soll man keinen als einen Hauptton betrachten, von welchem man wieder in andere mit ihm verwandte Töne ausweicht."
(In C-Dur sind die nächstverwandten Tonarten: G a e F d; in a-moll: e C d F G; jeweils in dieser Reihenfolge.)

NB 12

Das gewöhnliche Mittel für Ausweichung bzw. Modulation - ob in- oder außerhalb der Sequenz - ist der D^7 zur angestrebten Tonika hin, wobei die Dominant-Terz und die Sept Signalcharakter haben.

Die neu errichtete Tonart muß hinreichend ausgespielt werden, um als Ausweichung sich ausprägen zu können. ,,Denn wenn man nicht wirklich in den angekündigten Ton übergeht, oder wenn man ihn sogleich wieder verläßt, so ist keine Ausweichung geschehen. Also wäre folgende Periode ganz in C-Dur:"

NB 13

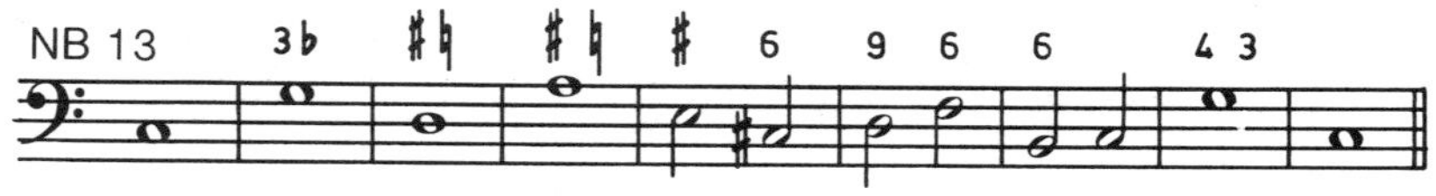

Wie oben schon gesagt, sollte der Wechsel im Normalfall nicht zu abrupt wirken. Als Milderungsmittel empfiehlt Kirnberger:

a) möglichst stufenweise (chromatische) Baßführung,

NB 14a)

b) Vorschalten der Subdominante der Ziel-Tonika oder der tP, die zum t-Sextakkord umgeformt wird,

NB 14b)

c) Vorschalten von zwei Dominanten (etwa D^7 - D^7) oder (D^7) - mit Übergehen der zugehörigen T - D^7 - T (bzw. t)

NB 14c)

Je nach Länge des Stückes soll man bei den Zwischenstationen einige Takte verweilen. Als Anhaltspunkt mögen die von Kirnberger angeführten Muster dienen, die „sich aber auf sehr vielerley Arten verändern" lassen:

NB 15

(Die Notenwerte sollen eine Vorstellung vermitteln, wie lange jeweils im Verhältnis das „Verweilen auf einem Tone" dauern mag.)

Bei sehr langen Stücken kann ein Orgelpunkt auf der Dominante (oder auch auf der Tonika) sehr wirkungsvoll sein. Die bei Bach nicht selten zu findende Figur der Abruptio (Tmesis, Dubitatio), d.h. einer Generalpause nach heftiger Dissonanz oder Trugschluß, ist zwar höchst wirkungsvoll, sollte jedoch wohl nur nachgeahmt werden, wenn die ganze „Klangrede" auch einen entsprechenden Duktus und Gestus hat.

Neben den gewöhnlichen Mitteln zu Ausweichungen gibt es auch solche, die überraschender sind, deswegen aber auch nur angewendet werden, „wo der Ausdruck sie nothwendig macht, das ist da, wo das Gemüth schnell von einer Empfindung auf eine andere zu führen ist . . . In den Stücken, darinn durchaus einerley Affekt herrscht, können solche Modulationen nicht statt haben."

„Diese freye und kühnere Modulation" erreicht entferntere Tonarten zum einen dadurch, daß a) Zwischenstationen vermieden, dafür b) chromatische Fortschreitungen bevorzugt eingesetzt werden, und zum andern dadurch, daß c) der Baß sich so wenig wie möglich bewegt, und d) daher häufig Umkehrungen der Akkorde (die somit weniger Gewicht haben als die Grundakkorde) vorkommen.

NB 16

Des weiteren dient der verminderte Septakkord (von Kirnberger als eindeutig dominantisch verstanden) - D^V - als enharmonisches Modulationsmittel. Dabei können auch ganze Ketten von D^V aneinandergereiht werden, chromatisch auf- oder absteigend. „Man kann diese Gänge dadurch gelinder machen, daß man den verminderten Septimen-Accord wiederholt, oder verwechselt (= umkehrt), bis das

Ohr nicht mehr empfindet, welcher von den Tönen eine kleine Terz, oder eine übermäßige Sekund ist, und auch dadurch, daß man einige Töne bindet."

NB 17a)

NB 17b)

Um eine Periode zu beenden oder eine Folge von in sich abgeschlossenen Perioden miteinander zu verbinden, gibt es - wieder in Analogie zur Sprache - mehrere hierarchisch geordnete Schlußbildungen. Die „vollkommenste Art des Schlusses", die deshalb „auch nur am Ende eines ganzen Stücks angebracht" wird („Hauptschluß" oder „Finalkadenz"), besteht im Schritt D^7 - T. Der Baß führt den Quintfall aus, der Leitton liegt im Sopran.

„Etwas unvollkommener" wird die Finalkadenz in plagaler Ausführung S (bzw. s) - T. Beide Schlußformen können auch miteinander verbunden werden. Dabei wird „durch einen doppelten Schluß die völlige Ruhe bestätiget": D^7 - T - S - T oder D^7 - T - S - D^V - T. (Eine Variante davon ist DD - D^7 - T; DD als D^V oder DD^7.) Wird mitten im Stück ein Hauptabschnitt beendet, so wird eine Kadenz zur D hin vorgenommen: T-$\not{D}^7$-D. Auch der eigentliche Halbschluß (T-D) kann eine Periode beschließen. Der vorletzte Akkord kann auch noch eine Sext oder andere dissonierende Töne erhalten:

NB 18

Die „dritte Hauptart des Schlußes" bildet der Trugschluß (D - Tp oder D - tG; bei Bach nicht selten auch D^7 - DD^V). Daß der Trugschluß - diese Bezeichnung gibt es im Barock noch nicht; es gibt nur musikalisch-rhetorische Termini für die Sache - trotz seiner Benennung als „dritte Hauptart des Schlußes" nur ein (durchaus wirkungsvoller) „Zwischenstop" sein kann, versteht sich.

Der „Hauptschluß" hat, wie gesagt, in seiner vollkommensten Form im Sopran die Oktave des Grundtons. Hat der Sopran die Quint oder die Terz, so bedeutet dies eine merkliche Abschwächung. Eine Fassung wie D^7 - $\overset{3}{T}$ schafft zwar noch „Ruhepunkte für einzelne Perioden", ist aber „kein ganzer Schluß mehr".

Eine weitere Schwächung bedeutet die Form D^7 - T_3 (mit stellvertretender Auflösung der 7 im Baß). Das Gleiche gilt für alle anderen „Hauptarten", wenn sie in ähnlicher Weise verändert werden.

Kurze Perioden, wie sie der galante Stil liebt, schätzt der spätbarocke Komponist nicht. Er findet sie „sehr bald platt und langweilig". „In der Musik muß man wie in der Rede allemal lieber längere als kürzere Perioden machen, und diesselben nach Beschaffenheit ihrer Länge durch schwächere, halbe und abgebrochene Kadenzen in Abschnitte und Einschnitte eintheilen, dadurch entsteht in der Musik, wie in der Sprache, das wahre periodische der Schreibart."

§ 3 Sequenzen

Der Begriff „Sequenz" kommt in barocken Satzlehren und Lexika ausschließlich, sofern er überhaupt aufgeführt ist, vor in Bezug auf seine Verwendung in der katholischen Meßliturgie (z.B. Ostersequenz „Victimae paschali laudes" usf.).

Als satztechnische Erscheinung steht die Sequenz für den Barockkomponisten in innerem Zusammenhang mit rhetorischen Figuren. Gemeinsam ist all den rhetorischen Bezeichnungen für das, was wir heute pauschal „Sequenz" nennen, das Moment der (variierten) Wiederholung eines Gedankens, aber auch das Moment des Fortführens eines Gedankens - nicht (so sehr) des Fortspinnens als des

Weiterführens. So steht die ,,Sequenz" für Steigerung eines Affekts, für größere Eindringlichkeit. Sie kann aber auch einen Gedanken von verschiedener (harmonischer) Warte beleuchten, - und sie kann gleichsam ganz selbstverständlich von einer ,,ausführlichen Erläuterung" eines Gedankens überleiten zum nächsten, zu einem anderen Teil der (Klang-)Rede.

Die Sequenz ist ein ideales Mittel, um im Satz (durch Wiederholung) Einheit zu stiften und zugleich den Satz weiterzuführen (durch Veränderung des harmonischen Bereichs). Je nach dem ,,inneren Tempo", das an der Stelle herrscht, an der sie erscheint, muß sie kürzer oder länger, harmonisch drängender oder beruhigender sein. Weil sie immer erkennbar bleibt, kann sie (vorübergehend) den funktionalen Zusammenhang der Harmonik aufheben, ohne daß darüber der musikalisch-rhetorische Zusammenhang verloren geht.

Die Sequenz kann tonal sein oder real.

NB 19a) tonal

b) real

Meist erscheint sie allerdings als teils real, teils tonal, d.h. als nicht-reale modulierende Sequenz. Hinsichtlich der Versetzung, in der das Sequenzmodell wiederholt wird, unterscheiden wir:

a) Quintfallsequenz (gewöhnlich kombiniert: Quint abwärts, Quart aufwärts)
b) Sekundsequenz und - seltener -
c) Terzsequenz.

Alle drei Formen kommen aufwärts wie abwärts vor. Mischformen sind durchaus möglich (z.B. b) und c) können ineinander umspringen).

NB 20a)

J.S. Bach, Präludium e-moll, BWV 548 (T. 7—11)

b)

J.S. Bach, Präludium e-Moll, BWV 548 (T. 12—14)

J.S. Bach, Präludium e-Moll, BWV 548 (T. 27—32)

c)

J.S. Bach,
Invention C-Dur, BWV 772 (T. 3/4)

Die Länge der Sequenz - zu unterscheiden vom Sequenzmodell - ist normalerweise beschränkt auf: Modell und zweimalige Versetzung. Es kann aber auch schon die zweite Versetzung deutlich verändert werden und zum Abschluß der Sequenz führen. Andererseits gibt es Sequenzen - auch bei Bach -, die weit mehr als zwei Versetzungen des Sequenzmodells aufweisen. Das Kriterium für „Zuviel" ist der im Barock so häufig als *die* entscheidende Instanz angeführte „gute Geschmack".

Je „interessanter", „zwingender", „sprechender" das Modell, und je abwechslungsreicher die harmonischen Veränderungen, desto länger kann die Sequenz sein. (In ungleich-schwebenden Stimmungssystemen kommen Versetzungen viel „unerhörter" zur Geltung als in unserer gleichschwebenden Temperatur, sodaß wohl manche uns überlang erscheinende Sequenz durchaus „grad recht" gewesen sein mag.)

(A3) Suche Sequenzen in der Literatur und führe sie durch Änderung der Vorzeichen zu anderen Zielen. Genau durchhören, ob die harmonischen Veränderungen nicht zu heftig sind.

(A4) Studiere längere Sequenzmodelle und finde heraus, mit welchen Mitteln sie „gestreckt" sind. Sind manche Sequenzen in übergeordnete Sequenzgänge eingebaut?

(A5) Untersuche, an welchem Ort die Sequenzen stehen - und wie ihr „inneres Tempo" ist.

Einfache Sequenzmodelle

NB 21

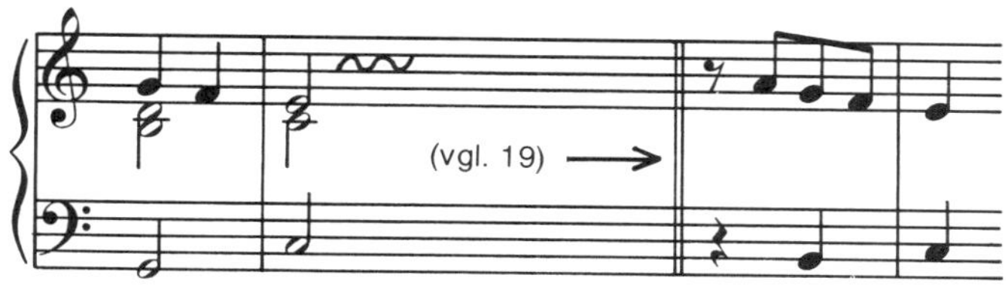

C → G

oder

oder

C → g

C → a

oder

C → e

oder

C → F

C → d

oder

oder

a → e

oder

a → C

a → d

oder

a → F

a → G

oder

Erweiterung des Sequenzmodells: durch

a) Austausch der Stimmen (vgl. § 6)

kann natürlich zu einem Quartenzug erweitert werden →

b) Dehnung (Wiederholung einer Figur, Transposition oder Umkehrung)

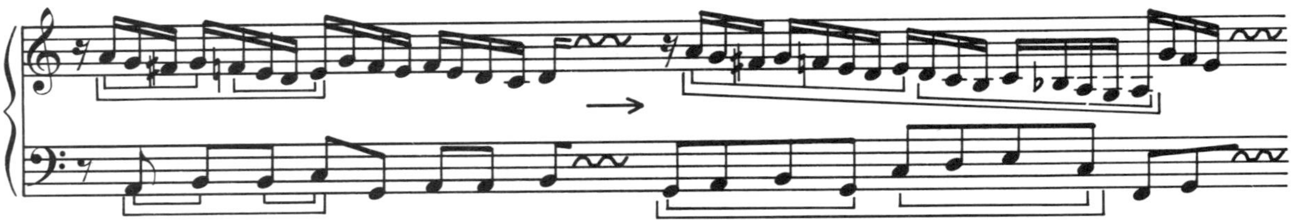

Solche (größeren) Dehnungen eignen sich naturgemäß weniger für den zweistimmigen Satz als für den 3- bis 4-stimmigen:

vgl. J.S. Bach, Präludium h-Moll, BWV 544, T. 65ff

(A6) Fertige nach diesen Mustern eigene Sequenzerweiterungen an.

Wegen ihrer unterschiedlichen Funktionen und „Fähigkeiten" kann die Sequenz praktisch überall stehen. Umso wichtiger ist es, daß nicht immer nur eine einzige Sequenzart innerhalb eines Satzes verwendet wird, sondern verschiedene; daß also kürzere und längere Sequenzmodelle, Sekund-, Quint- und Terzsequenzen abwechseln, und daß es auch Änderungen in der Richtung und in der Intensität der harmonischen Verschiebungen gibt.

§ 4 Der einfache Kontrapunkt

Kontrapunkt heißt (nicht nur) nach Kirnberger soviel ,,als die Kunst, nach den Regeln der guten Harmonie zu einem gegebenen einstimmigen Gesang noch eine oder mehrere Stimmen hinzu zu setzen." Die Frage, inwieweit ein spätbarocker Komponist sich eine Melodie ohne den dazugehörigen harmonischen Grund vorstellen konnte, bleibe hier unerörtert, doch wird einiges dazu im folgenden deutlich. ,,Zwar scheinet der Begriff der Harmonie, des Konsonierens und Dissonierens, bloß auf die Töne zu passen, die man zugleich höret. Da man aber bey dem Eintritt jedes folgenden Tones, den nächst vorhergehenden noch im Gehör hat, so vergleichet man ihn damit; und eben daher kommt es, daß einige Fortschreitungen leicht und angenehm, andre schwer oder gar widrig sind. Man empfindet auch bey der Fortschreitung einzelner Töne in gewissen Fällen etwas, das der Auflösung der Dissonanzen ähnlich ist. Wenn man z.B. mit dem Gesang durch die ganze diatonische Tonleiter eines Tones (= Tonart) heraufgestiegen, und bis auf seine große Septime gekommen ist, so empfindet man gleich, daß dieser letzte Ton nothwendig auf die Octave leitet, die man mit der großen Septime schon einigermaßen zugleich empfindet. Soll demnach das Gehör befriedigt werden, so muß die Octave darauf folgen. Man hat also zweyerley Gründe, warum gewisse Fortschreitungen der Melodie zu verwerfen sind. Entweder streiten sie gegen die Erwartung des Gehöres, welches nach gewissen Tönen andre schlechterdings erwartet, wie im Aufsteigen die Octave nach der großen Septime, und im Absteigen in der phrygischen Tonart den Einklang nach der Sekunde; oder sie sind ihres starken Dissonierens halber sehr schwer zu treffen, wie der Tritonus F - H. Und hieraus ist abzunehmen, daß die melodische Fortschreitung einer Stimme, wenn sie gleich ohne alle Rücksicht auf andre Stimmen betrachtet wird, dennoch gewissen harmonischen Regeln unterworfen sey."

Wie in der Harmonik ist auch hier zu unterscheiden zwischen der ,,strengen" und der ,,freyen Schreibart", wobei letztere Ausnahmen von den strengeren Regeln geradezu erfordert, ,,wo unangenehme Leidenschaften auszudrücken sind". Ausnahmen sind auch hier immer vom Ausdruck her begründet.

Ausgangspunkt der Melodiebildung ist die ,,natürliche" diatonische Fortschreitung, möglichst in der Art der altklassischen Vokalpolyphonie. Doch sind übermäßige Intervallfortschreitungen durchaus möglich unter der Voraussetzung, ,,daß das übermäßige Intervall auf einen Ton führe, von dem man gleich hernach als von einem Subsemitonio (= Leitton) einer neuen Tonica, eine Stufe aufwärts, auf dieselbe steigen könne." Gleiches gilt für Leittöne abwärts, sowie für die große Sept.

NB 22

Nicht in der ,,schweren Schreibart", wohl aber bei ihrer freieren Schwester finden sich auch chromatische Durchgänge, aus denen in der Harmonie eine übermäßige Prim bzw. Oktav oder Quint resultieren.

NB 23

Gegen eine Fortschreitung in verminderten Intervallen gibt es zwar keine grundsätzlichen Einwände (da sie ja entweder Bestandteile desselben Akkords sind, wie z.B. die verminderte Sept oder die verminderte Quint im D^V, oder weil der angestrebte Ton leittönig ist), aber wo weder das eine noch das andere der Fall ist, gilt die Fortschreitung als verboten - oder wenigstens als ,,nicht gut". Dagegen: ,,Wenn ein einstimmiger Gesang so gesetzt ist, daß er einigermaßen seine Harmonie mit sich führet, und wie ein zwey- oder dreystimmiger Satz klingt, so sind die verbotenen Fortschreitungen darinn nicht mehr widrig. Also würden folgende Sätze angehen:

NB 24a) b)

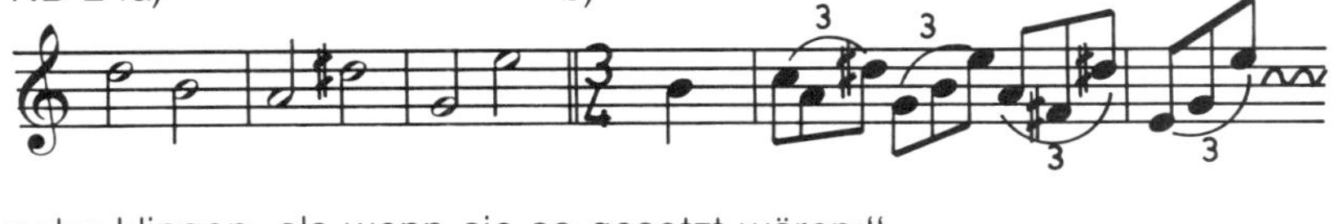

weil sie beynahe klingen, als wenn sie so gesetzt wären:"

NB 25a) b)

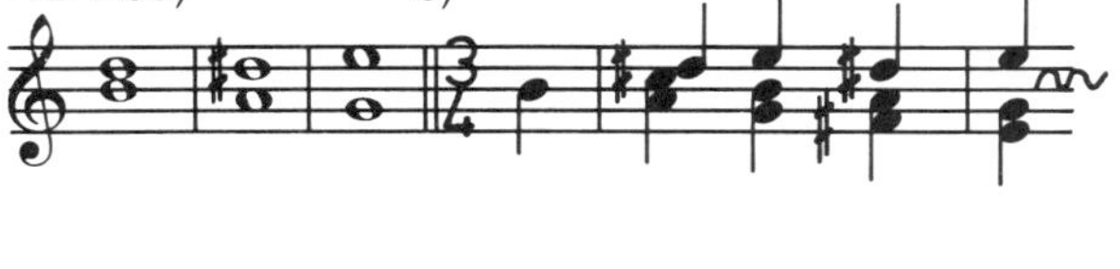

Die Auflösung der „Leittöne“ muß jeweils in der entsprechenden Stimmlage erfolgen. Ausnahmen erklären sich aus einer rhetorischen „Lizenz“.

Wie sehr in der Musik des mittel- und norddeutschen Spätbarock vertikal gedacht wurde und wie sehr auch in der Melodiebildung die Harmonik im Vordergrund stand, zeigt die Abneigung gegen den „unharmonischen Querstand, der aus zwey in gerader Bewegung auf einander folgenden großen Terzen entsteht“,

NB 26

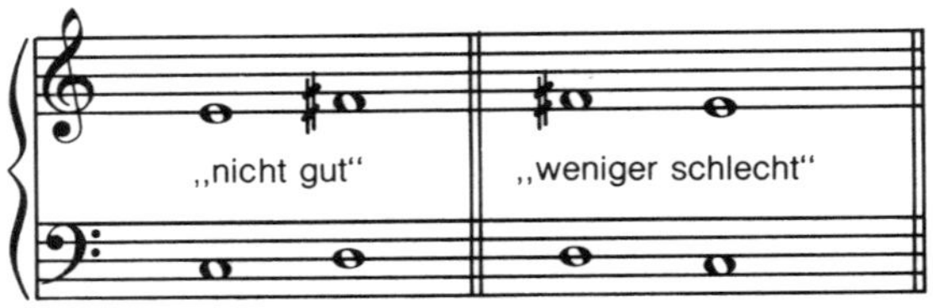

und vor allem die bevorzugte Lösung dieses „unharmonischen Querstands“:

NB 27

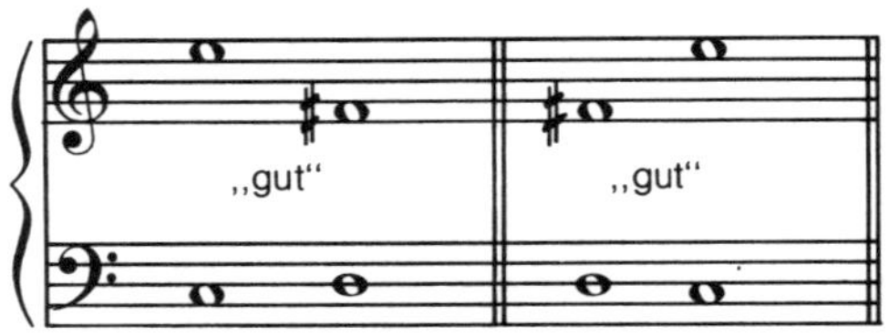

Ähnlich ist es auch hier:

NB 28

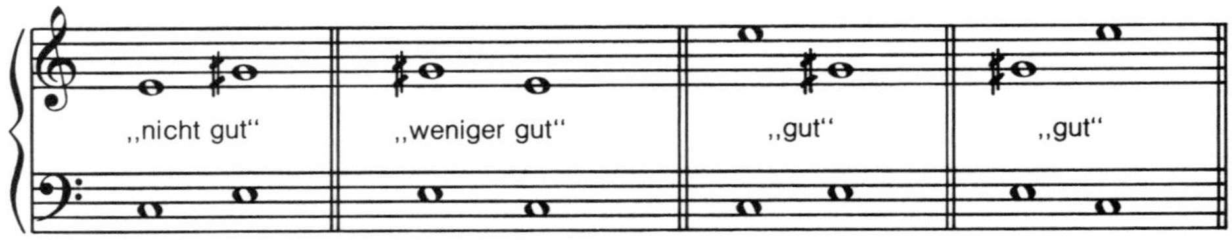

Dagegen können Parallelen in großen Terzen dann stattfinden, wenn die Fortschreitung nur um einen Halbton erfolgt oder wenn durch Überbindung einer zusätzlichen Stimme ein dissonierender Akkord entsteht, dessen Spannung größer ist als die „Widrigkeit“ des unharmonischen Querstands, z.B.:

NB 29

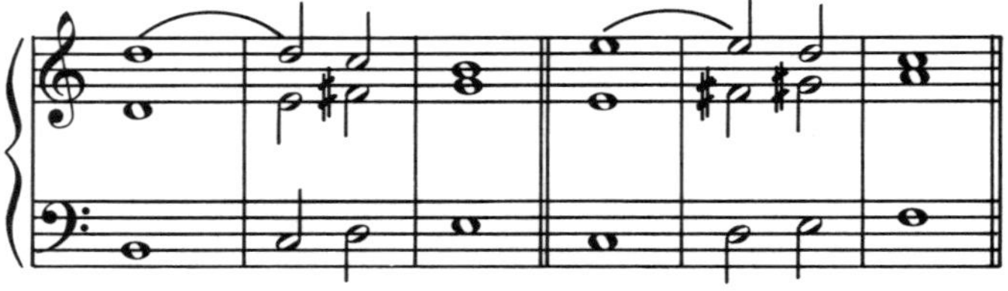

Der einfache Kontrapunkt in seiner schlichtesten Fassung entspricht dem vierstimmigen Satz in der Harmonielehre. Freilich sollen auch die Mittelstimmen „einen fließenden Gesang“ haben. Vorbild sind die vierstimmigen Choralsätze J.S. Bachs.

Dieser „schlechte (= schlichte) oder gleiche Kontrapunkt“ - so heißt er wegen seiner Schlichtheit und wegen der Satzart Note gegen Note - kann 2-, 3-, 4- oder mehrstimmmig sein. „Man thut am besten, daß man bey dem vierstimmigen anfängt, weil es nicht wol möglich ist, zwey- oder dreystimmig vollkommen zu setzen, bis man es in vier Stimmen kann. Denn da die vollständige Harmonie vierstimmig ist, folglich in den zwey- und dreystimmigen Sachen immer etwas von der vollständigen Harmonie fehlen muß, so kann man nicht eher mit Zuverläßigkeit beurtheilen, was in den verschiedentlich vorkommenden Fällen von der Harmonie wegzulassen sey, bis man eine vollkommene Kenntniß des vierstimmigen Satzes hat.“

Über die bereits besprochenen Regeln hinaus führt auch Kirnberger die seit Girolamo Dirutas „Seconda parte del Transilvano“ (1609) klassisch gewordenen Grundregeln des „strengen Satzes“ auf, die in keinem Kontrapunkttraktat fehlen:

1) von einer vollkommenen Konsonanz (8, 1, 5) zur andern muß Gegen- oder Seitenbewegung erfolgen,
2) ebenso auch von einer unvollkommenen zu einer vollkommenen Konsonanz,
3) von einer vollkommenen Konsonanz zu einer unvollkommenen ist auch Parallelbewegung möglich,
4) ebenso von einer unvollkommenen zu einer unvollkommenen Konsonanz.

Daß die zweite Regel in der Praxis nicht beachtet wird, liegt nahe. Die Fortschreitung erfolgt allerdings meist so, daß eine Stimme sekundweise weitergeht.

,,Durch die Beobachtung dieser Regeln; dessen, was von der Vorbereitung und Auflösung der Dissonanzen angemerkt, und dessen, was zur Vermeidung der unharmonischen Fortschreitung und Querstände erinnert worden, wird der Satz von beleidigenden Fehlern rein . . . Außer dem aber ist der Satz, darum er rein ist, noch nicht vollkommen; er kann dessenungeachtet noch sehr matt und leer seyn, oder verschiedenes Hartes haben.“ Er braucht vor allem ,,die Kraft des Ausdrucks“, die freilich nicht in Regeln zu fassen ist.

Die Terz ist für den Akkord immer unverzichtbar - auch beim Sextakkord, wo die Terz eigentlich die Quinte des Grundstellungsakkordes ist.

Auch wenn Quint- und Oktavparallelen störend sind, so gibt es doch Fälle, wo man sie akzeptiert: zwischen Baß und Tenor, wenn der Tenor durch einen Quartsprung aufwärts die Parallelbewegung durch Antizipation mildert:

NB 30

Diese Notlösung ist nur im vierstimmigen Satz annehmbar, im dreistimmigen hingegen auszuschließen. ,,Jedoch, obgleich durch solche Quartensprünge die verbotenen Quinten und Oktaven im vierstimmigen Satz erträglich werden, so thut man doch besser., wenn man sich auch davor hütet, und lieber an der Harmonie etwas fehlen läßt, also würde dieser Satz:

NB 31

diesem vorzuziehen seyn:“

NB 32

Allgemein läßt sich beobachten, daß der ,,reine Satz“ umso strenger gehandhabt wird, je hörbarer Fehler und Störungen sind, je langsamer also die Bewegung oder je geringer die Stimmenzahl ist. (Ähnliches gilt mutatis mutandis z.B. auch für Quartparallelen: ,,Mehrere hintereinander folgende Quarten müssen nicht angebracht werden, wenn die unterste Mittelstimme von den beyden obersten entfernt ist, und dem Basse nahe liegt. Sie beleidigen in solchem Fall eben so sehr, als hintereinander folgende Quinten. (!) Wenn aber die Oberstimme nahe aneinander, und sämmtlich vom Baß weniger entfernt sind, so kann man so viel Quarten hintereinander setzen, als man will.“ Im ersten Fall klingen die Quartparallelen isoliert, im zweiten sind sie im Gesamtklang (von Sextakkorden) eingebettet.)

,,Aber die höchste Reinigkeit des Satzes macht den vierstimmigen Gesang noch nicht vollkommen; jede Stimme muß auch für sich einen eigenen und fließenden Gesang haben, und alle Stimmen zugleich müssen sich angenehm vereinigen . . . Es ist vielleicht in der ganzen Wissenschaft des Satzes nichts schwerer als dieses, daß jede der vier Stimmen nicht nur ihren eigenen fließenden Gesang habe, sondern, daß auch in allen einerley Charakter beybehalten werde, damit aus ihrer Vereinigung ein einziges vollkommenes Ganzes entstehe. Hierin hat der verstorbene Kapellmeister Bach in Leipzig vielleicht alle Komponisten der Welt übertroffen; deswegen sowohl seine Choräle, als seine grössern Sachen allen Komponisten, als die besten Muster zum fleißigen Studio, höchstens (= in höchstem Maße) zu empfehlen sind. Auch geübte Komponisten werden sich leichter davon überzeugen können, wenn sie versuchen werden, zum Baß und Diskant eines seiner Choräle, einen Alt und Tenor zu setzen, und diese Stimmen eben so singbar, und für den Ausdruck so gut zu machen, als die beyden andern sind.“

(A7) Nimm von Bach-Chorälen nur den Sopran und Baß, und schreibe dazu Alt und Tenor, vergleiche das Ergebnis mit dem Original. (Gelegentlich wird man finden, daß der Baß über den Tenor steigt, daß Quartsextakkorde vorkommen, ebenso verdeckte Primparallelen zwischen Baß und Tenor: vgl. dazu o. S. 105 das über oktavierende Begleitinstrumente Gesagte.)

Der 5-, 6- oder noch mehrstimmige Satz ist weniger problematisch, weil die Mittelstimmen nicht mehr so „rein" geführt werden müssen, und verdeckte Quint- und Oktavparallelen nicht vermieden werden (können). (Auch hier wieder: Fehler und „Übelklänge" werden umso eher toleriert, je weniger sie auffallen. - Übrigens kommen auch im vierstimmigen Satz die verbotenen verdeckten Quint- und Oktavparallelen zur Genüge vor.)

Im mehr als vierstimmigen Satz werden „vorzüglich die Octave, nach ihr die Quinte, selten die Terz" verdoppelt; Leittöne und Vorhalte nur bei Könnern!

„Der zweystimmige Satz ist der schwerste von allen, und kann nicht eher vollkommen gut gemacht werden als bis man eine völlige Kenntnis des vierstimmigen Satzes hat." Dies betont Kirnberger häufig. „Er ist von zweyerley Art. Entweder ist er nur eine Solo-Stimme, die durch den Generalbaß begleitet wird, oder es sind zwey konzertirende Stimmen, ohne andere Begleitung. In dem letztern Fall ist der Satz am schwersten, weil man gar zu eingeschränkt ist. Man darf nirgend, weder die Oktave noch die Quinte in die oberste Stimme setzen, als wo Schlüsse sey müssen. Denn weil die Terz zur Harmonie unentbehrlich ist, so würde allemal, wo die Octave oder Quinte in der obersten Stimme steht, ein Schluß gemacht werden. Also kann man in der obersten Stimme nur Terzen und Sexten mit der Quart und Septime, als ihren Vorhalten anbringen. Die None kann auch noch gebraucht werden; nur muß der Baß, oder die untere Stimme, nicht bis zur Auflösung liegen bleiben, sondern entweder eine Terz über sich treten, daß die None in die Sexte aufgelöst wird, oder um eine Terz unter sich, daß die None sich in die Dezime oder Terz auflöset."

NB 33

§ 5 Der verzierte Kontrapunkt

Aus dem „schlechten oder gleichen" Kontrapunkt entwickelt man die feinere Form des „ungleichen", „verzierten oder bunten" Kontrapunkts. Hierzu stehen etliche Formeln und Figuren zur Verfügung.

Den Unterschied zwischen den beiden Satzarten beschreibt Kirnberger treffend so: „Wie der Gesang in mancherley Absichten dem Gang ähnlich ist, so gleichet der schlechte plane Gesang, den man den Choralgesang nennt, dem gemeinen (= gewöhnlichen) Gang, der mit gleichen Schritten fortrücket; der verzierte Gesang hingegen hat eine Ähnlichkeit mit dem zierlichen Gange, der bey dem Tanze vorkommt, wo jeder Schritt seine Verzierung hat. Es ist für die Musik sehr wichtig, daß man diese Ähnlichkeit wohl fasse, weil die wesentlichen Eigenschaften des zierlichen Gesanges aus dieser Vergleichung am deutlichsten zu erkennen sind."

Die Figuren des „bunten Kontrapunkts" gehen im wesentlichen auf zwei Grundtypen zurück: auf *Diminution* und *Anticipatio* bzw. *Retardatio.*

Aus NB 34a)
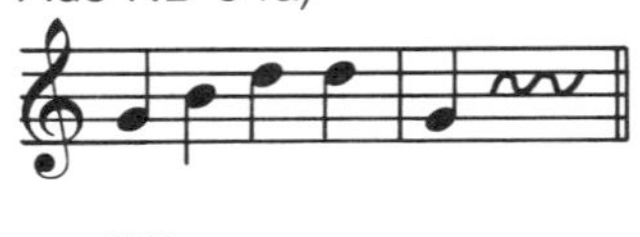

wird durch Diminution NB 34b)

aus NB 35a)

wird durch Anticipatio NB 35b)

durch Retardatio NB 35c)

„Beyde Arten können dienen, dem Gesang den wahren Charakter des Ausdrucks, den er haben soll, zu geben, und bisweilen auch, ihn angenehm auszuzieren."

Die Diminution kann ,,von zweyerley Art seyn". Entweder werden die zur Auszierung dienenden Töne aus der Harmonie der Hauptnote genommen" - das ist die ,,Brechung" - ,,oder sie werden nicht alle aus der Harmonie der Hauptnote genommen, sondern einige werden nur als angenehme, oder schickliche Übergänge auf die nächsten Töne angeschlagen. Dergleichen Töne werden durchgehende Töne genannt."

Brechung: NB 36

Der Durchgang kann ,,regulair" sein oder ,,irregulair" (vgl. S. 107).

Regulärer Durchgang: NB 37a)

Irregulärer: NB 37b)

Kombination von beiden: NB 37c)

Bei der Brechung handelt es sich stets um einen mehrstimmigen Satz ,,Note gegen Note". Deshalb gelten hier die oben besprochenen Regeln (Verwendung bzw. Vermeidung der Oktav und Quinte in der Oberstimme, Auflösung von Dissonanzen usf.).

NB 38

Die folgenden Beispiele zeigen die gebrochene Fassung, sodann den zugrundeliegenden drei- oder vierstimmigen ,,Choral"-satz:

NB 39a)

NB 39b)

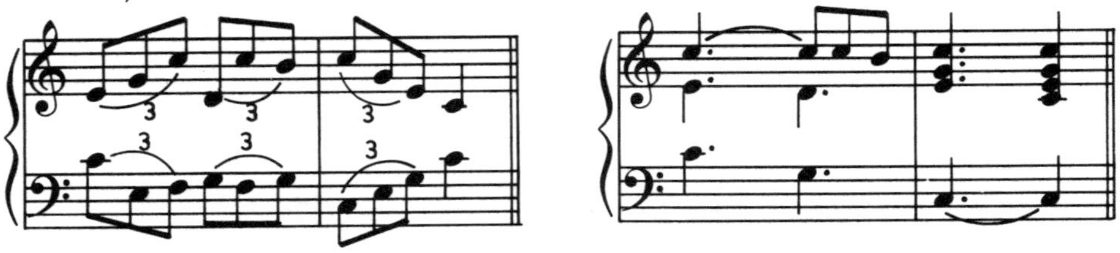

NB 39c)

Eine Brechung wie diese ist nach dem Gesagten also fehlerhaft:

NB 40

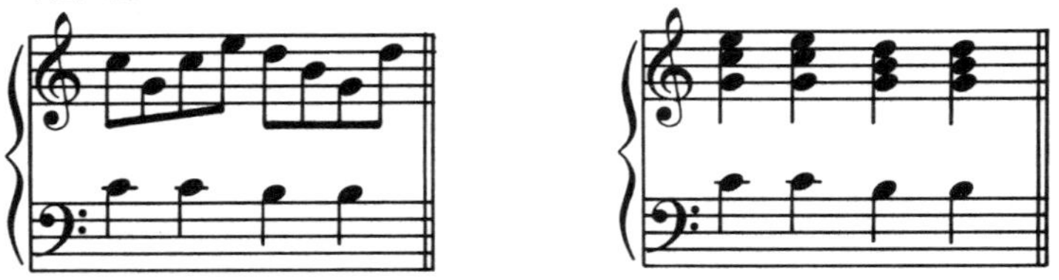

Durch Umkehrung der Intervalle können unerwünschte einfallslose Sequenzierungen vermieden und der Satz abwechslungsreicher gestaltet werden:

NB 41

Die Brechung kann auch im Baß vorgenommen werden oder abwechselnd in der Ober- und Unterstimme erfolgen:

NB 42a)

NB 42b)

NB 42c)

Durch Lagenspreizung kann ebenfalls mehr Abwechslung erreicht werden. (In der barocken Musik weisen große Intervallsprünge auf größeren pathetischen Ausdruck!)

NB 43

Abweichungen von den strengen Regeln sind bei der Brechung möglich. Voraussetzung bleibt aber, daß die Regelwidrigkeiten sich nicht störend bemerkbar machen, sondern daß das Ohr davon abgelenkt wird.

,,Nur der, der erst so weit gekommen ist, daß er seinem Ohr sicher trauen darf, geht in besonderen Fällen, die es vertragen, von den Regeln ab.“ (Man denke an die entscheidende Instanz des ,,guten Geschmacks“!) Unter gegebenen Voraussetzungen mag folgendes zur Nachahmung dienen:

NB 44

Völlig unbrauchbar wegen der unüberhörbaren Oktav- und Quintparallelen wäre dagegen:

NB 45

In Fällen wie diesen fallen dagegen nicht einmal direkte Quint- und Oktavparallelen auf (Gegenbewegung und schnelles Tempo):

NB 46

Am Anfang eines Stückes darf nur ein regulärer Durchgang stehen, weil jedes Stück mit einer ,,Konsonanz des Haupttones“ beginnen muß. (Es genügt jedoch, daß dieser Akkordton der Tonika in einer einzigen Stimme erklingt.)

Es ist nicht notwendig, daß die dissonierenden Töne jeweils sofort aufgelöst werden. Es können vielmehr zwei Dissonanzen aufeinander folgen:

NB 47

Führen beide Stimmen in raschem Tempo Gegenbewegung aus, können auch mehrere Dissonanzen nacheinander folgen; wieviele, darüber gehen auch in der Barockzeit die Meinungen nicht konform.

NB 48

Selbstverständlich kann die Brechung mit dem Durchgang kombiniert werden, auch kann beim Durchgang gesprungen werden.

NB 49

(A8) Suche in solchen Tonsätzen (oder in anderen Literaturbeispielen wie NB 50) Brechungen, Durchgänge, Wechselnoten sowie deren Kombinationen. Höre sie gut durch und führe sie auf ihre harmonischen Grundlagen zurück.

NB 50

J.S. Bach, „Herr Christ, der einig Gottes Sohn" aus dem „Orgelbüchlein"

Wichtig bei allen Diminutionsformeln ist die *Zielstrebigkeit* zur harmonischen Auflösung der Dissonanzen. Zwar kann - wie gerade bei Bach zu sehen ist - die Spannung von einem Zusammenklang zum nächsten und übernächsten hinausgedehnt werden, aber alle Spannungen müssen jeweils ,,logisch" voneinander abgeleitet und zu einer ,,richtigen" Lösung geführt werden. Jede Dissonanz, jede Dissonanzkette muß (linear) auf eine Konsonanz hinführen, sonst verliert sie ihre Berechtigung und ihren Sinn. Ein einleuchtendes Beispiel stellen die Quartenzüge dar:

NB 51

(A9) Untersuche die Quartenzüge in J.S. Bachs Satz über ,,Wer nur den lieben Gott läßt walten" und rekonstruiere den vierstimmigen Choralsatz:

NB 52: ,,Wer nur den lieben Gott läßt walten"

,,Wesentliche" Dissonanzen - d.h. solche, die charakteristischer Bestandteil des Akkords sind (z.B. kleine Sept zum Durdreiklang), - können erst aufgelöst werden, wenn die Harmonie wechselt. Eine ,,Auflösung" wie die folgende ist unmöglich. Soll der Sopran unbedingt beibehalten werden, so kann der Baß die Situation nur durch stellvertretende Übernahme der Auflösung bereinigen.

NB 53

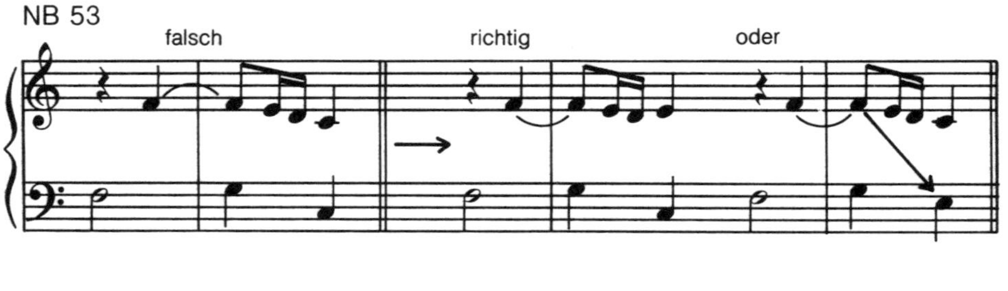

Bei der grundlegenden Bedeutung des General-Basses ist es unvorstellbar, daß die Oberstimme(n) eine eigene harmonische Basis einführen, während der Baß (bzw. die Fundamentstimme) gerade pausiert. Vielmehr müssen die Oberstimmen entweder zum vorangegangenen Fundamentton passen - oder zum folgenden. Unmöglich ist also:

NB 54

Bei den Auszierungen darf aber nicht vergessen werden, daß Bestimmtheit der Bewegung und Klarheit des Taktes wesentliche Charakteristika sind. Auszierungen sollen verschönern, auch den Affekt intensivieren, aber sie dürfen keinesfalls verdunkeln.

Zur Bestimmtheit der Bewegung gehört die Komplementarität des Rhythmus. Wenigstens eine Stimme oder eben der aus der Abwechslung der Stimmen resultierende Gang muß die Grundbewegung „mit der größten Leichtigkeit fühlen" lassen.

Grundsätzlich läßt sich sagen: langsame „Sachen" vertragen mehr und kleinere Auszierung als schnelle; „ein Stück von zärtlichem Charakter leidet mehr kleine Schönheiten, als ein heroisches Stück." („Es ist aber nicht möglich, hierüber besondere Regeln zu geben: ein Tonsetzer von Genie und Geschmack fühlt ohne Regeln Maaß und Ziel, die er hiebey zu halten hat.")

Einerseits verlangt jedes Stück nach genügend Abwechslung - auch der Diminutionsfiguren -, andererseits ist für die spätbarocke Musik eine (relative) Einheitlichkeit in Bewegungsart, Affekt und Gestik kennzeichnend, - und damit auch ein gewisses Maß an Einheitlichkeit der Diminutionsfiguren. „Melodie, wie man sie bisweilen von ungelernten Komponisten sieht, wo alle Verzierungen willkürlich sind, wo kein Takt in diesem Stücke mit einem andern irgend eine Ähnlichkeit hat, geben dem Gehör eine verworrene Folge von Tönen, die nirgend etwas verständliches sagen."
Hier wird die „Imitatio", „freye Nachahmung" in weiterem Sinne, als Stilmittel bedeutsam.
Wie eine solche „Nachahmung" aussehen kann, mögen folgende Beispiele Kirnbergers zeigen:

NB 55

So wichtig diese Art der Nachahmung für die Vereinheitlichung eines Stückes ist, so sehr kann aber auch ein phantasieloses Zuviel den Satz mechanisch, simpel und nichtssagend werden lassen.

(A10) Untersuche die Dichte des Zusammenhangs, wie dieser sich aus der „Nachahmung" der Figuren in den Begleitstimmen ergibt. Untersuche dabei auch (noch einmal) die harmonische Grundlage der Sätze. Achte auch auf die Wechsel von Diminutions- und Brechungsfiguren.

NB 56: „Vater unser im Himmelreich" — Choralvorspiel aus J.S. Bach „Orgelbüchlein"

(A11) Schreibe Choralvorspiele aus J.S. Bachs Orgelbüchlein aufmerksam und gleichsam nachkomponierend ab. Achte besonders auf das Problem Einheitlichkeit der Figuren und Abwechslung.

(A12) Führe die angegebenen Beispiele so weiter, wie aus dem Anfang ersichtlich. Vergleiche das eigene Ergebnis mit dem Originalsatz.

NB 57a)

Fortsetzung

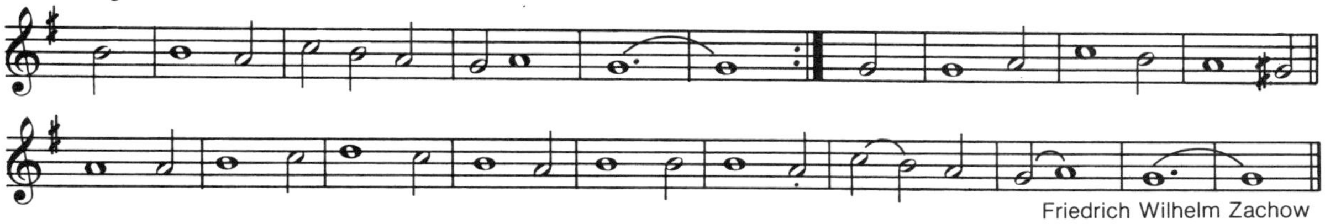

Friedrich Wilhelm Zachow

NB 57b)

Fortsetzung

Johann Gottfried Walther

NB 57c)

Johann Pachelbel

NB 57d)

Johann Pachelbel

§ 6 Der doppelte Kontrapunkt

Doppelter Kontrapunkt bedeutet, daß zwei Stimmen miteinander vertauscht werden können, und daß dabei die Gesetze für den einfachen Kontrapunkt auch in der Versetzung ihre Gültigkeit behalten.

Dieser doppelte Kontrapunkt spielt z.B. in der Fuge eine bedeutende Rolle: Jedes beibehaltene „Contra-Subject" muß so zum Thema passen, daß es sowohl als Unter- wie auch als Überstimme zu ihm eingesetzt werden kann. Der doppelte Kontrapunkt gehört „nicht nur für solche Componisten, die von Natur eine starcke Urtheils-Kraft besitzen, von grossem, unermüdeten Nachdencken und Fleiß sind, auch die Kräffte der Harmonie oder Vollstimmigkeit tief einsehen . . ., sondern es gehören diese Sachen nicht weniger für gewisse, auserlesene Zuhörer, die eine tüchtige Kundschafft melodischer Künste, einen reinen Geschmack an dauerhaffter Arbeit, und ein sonst wol eingerichtetes Gehirn haben. Von beiden gibt es sehr wenige. Obige Wahrheit gehet deswegen hier voran, damit sich niemand über diese Lehren mache, der nicht die dazu erforderten Eigenschafften besitzet, oder diesselbe, ehe er Hand anlegte, aufs äusserste zu erlangen bemühet ist: weil sonst alles Bestreben vergeblich seyn dürffte. Den Zuhörern wird und kan man diesesmahl keinen Unterricht geben; sondern nur den Setzern und harmonischen Künstlern." (Mattheson, 1739)

Eines der ältesten Beispiele, das jahrhundertelang verwendet wurde, ist die Kombination von Diskant- und Tenorklausel:

NB 58

Doppelter Kontrapunkt ist grundsätzlich in jedem Intervallabstand möglich, am häufigsten findet er sich als doppelter Kontrapunkt der *Oktave.* (Die Versetzung kann auch zwei oder mehr Oktaven betragen.)

Bei der Versetzung zweier Stimmen in den Kontrapunkt der Oktave wird aus der Oktave eine Prim, aus der Sept eine Sekund usf.:

NB 59

Beim Kontrapunkt der Oktav gibt es nur ein Problem: Die Quart bzw. Quint. Die anderen Intervalle behalten auch in der Versetzung ihren Charakter. „Ich mache demnach mit den Regeln über die Quinte den Anfang:

1) Keine in den Contrapunct der Octave zu versetzende Melodie kann mit der Quinte anfangen noch endigen.
   Der Grund hiervon ist offenbar, da in der Versetzung das Stück mit dem Quartsexten-Accord anfangen oder schließen würde, welches nicht angehet.
2) Auch ist überhaupt diese Quinte mitten in einem Satz überall zu vermeiden, weil sie sowohl, als die daraus in der Umkehrung entstehende Quarte im zweystimmigen Satze zu leer klinget . . ."
   Ausgenommen davon sind Vorhalte und Durchgänge, wenn sie entsprechend weitergeführt werden.

NB 60

(„Man kann aber diese Quinte, als auch deren umgekehrte Quarte in den zweystimmigen Satz setzen, wenn auf diesselbe Note aus der Harmonie noch andere Töne nachgeschlagen werden, daß dadurch der Satz wie drey- oder vierstimmig klingt.")

NB 61

Doppelter Kontrapunkt im dreistimmigen Satz

Wird zu zwei im doppelten Kontrapunkt der Oktave stehenden Stimmen eine dritte, frei dazu kontrapunktierende Stimme gesetzt, so ergeben sich je nach Lage der hinzukommenden Stimme Lockerungen der oben angeführten Regeln. ,,Wenn eine von beyden Stimmen, welche im doppelten Contrapunkt gesetzt sind, zur untern Grundstimme wird, so hat man mit der dritten Stimme, sie stehe in der Mitte oder oben, nichts weiter zu beobachten, als daß der dreystimmige Satz allen Regeln des einfachen Contrapuncts gemäß sey. Wenn zu zweyen im doppelten Contrapunct gesetzten Stimmen eine Grundstimme hinzugefügt wird: so erhalten selbige Freyheiten, die ohne Grundstimme in vielen Sätzen unerlaubt sind, als:

1) Kann man nicht allein in der Mitte eine Quinte oder Quarte nehmen, sondern solche auch sogar gleich zum Anfang eines Stückes oder auch zum Ende eines Rhythmus, oder einer Periode; weil durch die dritte Stimme sowohl die leere Quinte als Quarte einen Grundton erhält, wo die beyden Oberstimmen, welche im doppelten Contrapunkt versetzt werden, die Quinte, und bey der Umkehrung die daraus entstehende Quarte haben, und zwar sogleich beym ersten Accord.
2) Die im zweystimmigen Satz verbotene Quintenfolge wird durch eine dritte Stimme auch gut, diese sey oben, in der Mitte, oder unten darzu gesetzet.

NB 62

3) Die vorbereitete Quarte, welche sich in die Terz auflöset, ist nach dem einfachen Contrapunct verboten, weil bey Umkehrung derselben eine zu leere Quinte entstehet, welche schon im einfachen Contrapunct verboten ist. Dagegen ist sie erlaubt, wenn sich, wie hier geschiehet, eine dritte Stimme befindet.''

Die Verwendung der None ist im o.a. dreistimmigen Satz ebenfalls ohne Einschränkung möglich.

Sollen alle drei Stimmen miteinander vertauschbar sein, müssen sie untereinander jeweils im doppelten Kontrapunkt angelegt sein.

Beim vierstimmigen Satz ergeben sich gegenüber dem dreistimmigen keine neuen Aspekte. Sollen alle vier Stimmen miteinander vertauschbar sein, so muß sich ,,jede zu der andern nach dem Biciniensatze verhalten'', d.h. im doppelten Kontrapunkt stehen.

EXKURS: Kanon im doppelten Kontrapunkt.

„Man erlangt durch selbige(n) den Vortheil, daß man aus einem Canon durch die Umkehrung zwey erhält. Aus einem im Einklange erhält man durch die Umkehrung einen in der Octave . . ."
Das Verfahren ist wie beim Kanon allgemein: Was in der führenden Stimme vor-geschrieben ist, wird an der Stelle, wo die zweite einsetzen soll, in der zweiten übernommen. Die erste Stimme kontrapunktiert jetzt dazu, die zweite übernimmt dann diesen Kontrapunkt ebenfalls, die erste bringt zu diesem Kontrapunkt einen weiteren Kontrapunkt usf.

NB 63: Beginn der Toccata F-Dur, BWV 540

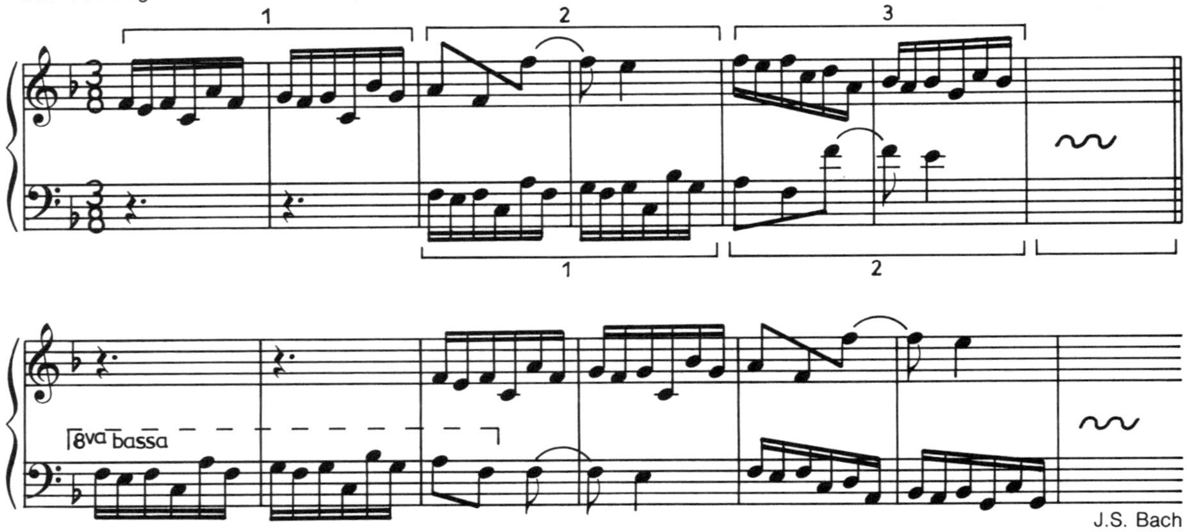

J.S. Bach

Beim doppelten Kontrapunkt in der *Dezime* wird in der Umkehrung aus der Dezime eine Prim, aus der None eine Sekunde usf.:

NB 64

Hier ist vornehmlich darauf zu achten, daß Terz- und Sextparallelen vermieden werden, weil aus ihnen Oktav- bzw. Quint-Parallelen werden. „Und hieraus läßt sich abnehmen, was für einem großen Zwang dergleichen Sätze, die für den Contrapunct der Decime gemacht werden, unterworfen sind. Es ist daher sehr schwer, einen solchen Satz zu machen, der nicht nur richtig ist, sondern auch noch einen guten Gesang hat. Fux in seinem Gradus ad Parnassum erlaubt zwar, daß in einem in den Contrapunct der Decime versetzten Stück, Octaven und Quinten vorkommen, wenn sie, wie in folgenden Beyspielen, durch einen dazwischen vorkommenden Quartensprung gleichsam bedeckt werden.

NB 65

Allein diese Octaven sind unerträglich, besonders wenn sie in äußersten Stimmen vorkommen, und so wie hier, alle auf dem Niederschlage oder guten Tacttheil fallen."

Erfolgt die Versetzung nicht um eine Dezime, sondern nur um eine Terz, so ergeben sich die folgenden Intervalle:

NB 66

„Bey dem Contrapunct in der Decime trifft es sich, so wie bey dem in der Duodecime, daß in der Umkehrung die Intervalle in der Melodie sich verändern, so daß z.B. aus einer großen Terz eine kleine, oder umgekehrt, entstehet. Hierüber ist anzumerken, daß es eben nicht nothwendig sey, die Intervalle in der Umkehrung zu behalten, wie der Contrapunct sie giebt. Man thut im Gegentheil wohl, wenn man, um einen besseren Gesang oder eine bessere Modulation zu erhalten, diese Intervalle durch ♯ oder ♭ erhöhet oder erniedriget." Solche praktischen Veränderungen kennt man auch bei Kanons.

NB 67a) b) c)

Zu beachten ist noch die folgende Bemerkung: „Ein zweystimmiger zum Contrapunct der Decime eingerichteter Satz kann allzeit dreystimmig gemacht werden. Dieses geschiehet, indem man die obere oder die untere Stimme um 10 Stufen höher oder tiefer gesetzt, als eine dritte Stimme beyfüget, wie in diesen Beyspielen . . . zu sehen ist."

NB 68

„Dieser dreystimmige Satz leidet verschiedentliche Umkehrungen in der Octave."

NB 69

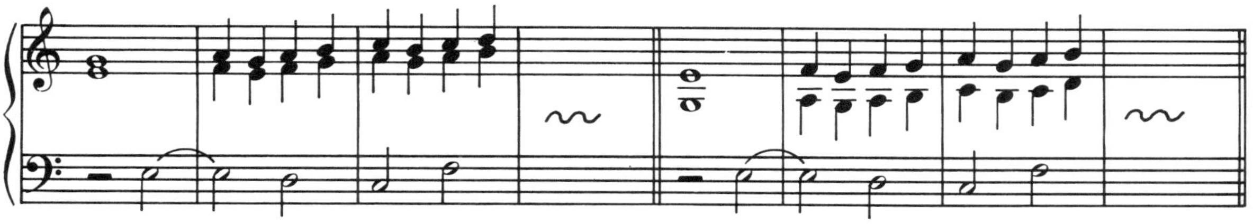

„Dergleichen Umkehrungen in der Octave lassen sich in großer Menge hervorbringen, die ich selbst auszusetzen für unnöthig erachte." Werden *beide* Stimmen ausgeterzt bzw. in Dezimen parallel geführt, so ergibt sich ein vierstimmiger korrekter Satz.

NB 70

NB 71

a)

b)

c)

„Man siehet hieraus, wie leicht es ist, daß ein zweystimmiger Satz, der zum Contrapunct der Decime tauglich ist, auf itzt beschriebene Art, drey- und vierstimmig kann gemacht werden . . . Daß es fast jederzeit möglich sey, aus einem zweystimmigen Satz in dem Contrapunct der Decime einen drey- und vierstimmigen Satz zu machen, kann man aus dem vorhergehenden zweistimmigen Exempel aus dem Cis-Dur ersehen. Ich verfertigte dasselbe zur Umkehrung in den Contrapunkt der Decime, ohne alle Rücksicht auf mehrere Stimmen; fand aber sogleich, daß es, ohne etwas darinn zu ändern, drey- und vierstimmig zu machen sey, wie hier der Augenschein zeiget."

(A13) Ergänze dieses (in C zurückversetzte) Beispiel von zwei auf drei und auf vier Stimmen. Suche in den dreistimmigen Fassungen abwechslungsreichere Lösungen, indem du die neu hinzuzufügende dritte Stimme abwechselnd mit der einen und der anderen Stimme führst. Für die vierstimmige Ausführung sind die Vorschläge angegeben.

(A14) Untersuche zweistimmige Inventionen J.S. Bachs auf Stellen im doppelten Kontrapunkt.

Untersuche ebenso die Fugen a-moll, b-moll, c-moll, cis-moll aus J.S. Bachs „Wohltemperiertem Klavier I".

§ 7 Chaconne und Passacaglia

Beide Variationsformen waren ursprünglich Tänze, beide haben ihren Ursprung in Spanien, („pasar la calle" = durch die Straßen ziehen = „Gassenhauer") und beide haben von Anfang an Ostinatocharakter.

Während ihrer Entwicklung in Spanien, Italien und Frankreich haben sich beide „lockerer" gezeigt. Während Italien bei beiden die Ostinatovariation bevorzugte, liebte man in Frankreich - wegen ihres Tanzcharakters - eher Rondeauform mit kurzen Einlagen von Ostiantovariationen. Die Unterschiede können nicht sehr groß gewesen sein: Nicht selten finden sich in Titeln beide Bezeichnungen. Eher pauschal läßt sich feststellen, daß die Chaconne mehr das Dur liebt, auftaktlos beginnt, und nur im Dreiertakt steht, während die Passacaglia eher das Moll bevorzugt, zwar überwiegend auch im Dreiertakt steht, aber auch in geraden Takten erscheint, und meist einen Auftakt hat. Im Tempo scheint einmal die eine, einmal die andere langsamer, ,,würdevoller" gewesen zu sein. Wir verstehen darunter heute gewöhnlich die (allgemeine) Form von strengem Variationsablauf über einem gleichbleibenden Baß.

Der Aufbau kann sehr variabel sein: Es kann sich um eine lockere Reihung von Variationen handeln, mit wechselnder Dichte hinsichtlich Stimmenzahl, kontrapunktischer Arbeit, figurativer Bewegung usf.; es kann aber auch ein ausgeklügelter Aufbau sein, z.B. um eine Symmetrieachse mit genau disponierten Entsprechungen (vgl. Bachs Chaconne, seine Passacaglia sowie die Goldbergvariationen).

Auch die Anzahl der Variationen steht dem Komponisten frei. Das Thema ist vorzugsweise im Baß, kann aber auch gelegentlich in den Oberstimmen aufscheinen. Die Chaconne zeigt bisweilen eine relativ freie Behandlung des Themas: Nur Anzahl der Takte und (im wesentlichen) der Harmonieverlauf sind verbindlich. Die Chaconne hat auch gern einen Mittelteil in der Paralleltonart bzw. einen Wechsel von T — t (bzw. t — T).

(A15) Untersuche die Chaconne d-moll von G.F. Händel auf ihre Anlage, Themaveränderungen, harmonische Abwechslung und Diminutionsfiguren.

NB 72: Chaconne

(A16) Analysiere Pachelbels „Ciaconia" in f-moll sowie das „Crucifixus" der h-moll-Messe von J.S. Bach.

(A17) Bearbeite folgende Chaconne-Bässe ausgehend von den angegebenen Figurationsmodellen (Variationenreihe mit ca. 10—20 Variationen). Arbeite auch im doppelten Kontrapunkt.

Bässe

NB 73

J. Pachelbel

G.F. Händel

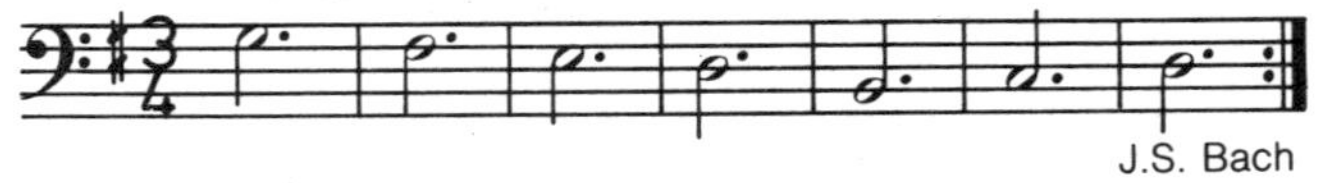

J.S. Bach

J.S. Bach

J.S. Bach

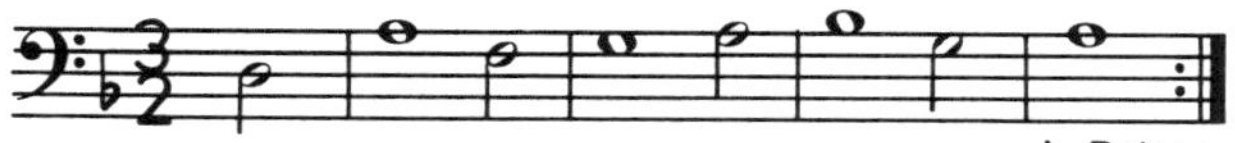

A. Raison

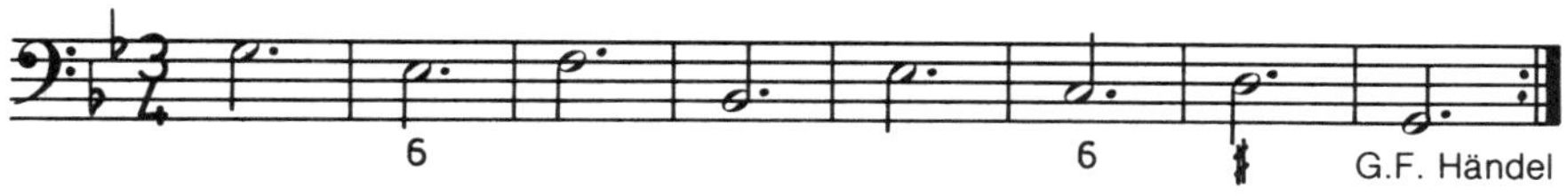

G.F. Händel

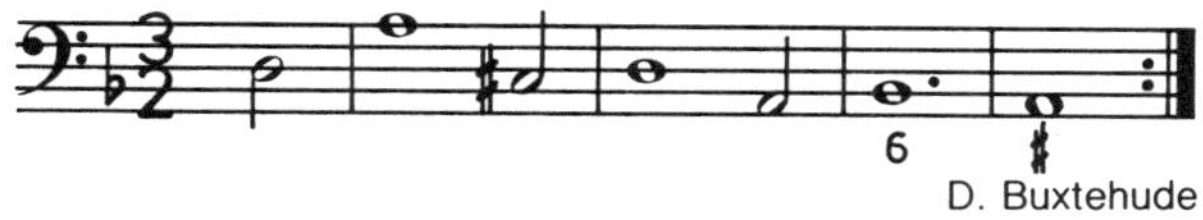

D. Buxtehude

D. Buxtehude

Figurationsmodelle von G.F. Händel

Erfinde weitere Figurationen von ähnlicher Art.

§ 8 Die Invention

„Invention" heißt „Einfall", „Erfindung"; dann aber auch die diesem Einfall entsprechende Art der Ausarbeitung zu einem Musikstück, die ansprechende Ausformung. Je nach dem Charakter dieses „Thema"-Kerns sehen wir in Bachs Inventionen Spielstücke oder affektreiche Klang-„reden" in zwei- oder dreiteiliger Ausfaltung; reprisenartig angelegt, fugiert oder kanonisch disponiert, usf. Stets beobachten wir kontrapunktische Techniken und wechselnde Arten der Veränderung, der Fortspinnung, aber auch der „Zergliederung", und der Gewinnung neuer - unerwarteter Materialaspekte durch neue Kombination der Teile (des Themas und/oder der Kontrapunkte). Stets ist der „Einfall" gegenwärtig. Der harmonische Plan, in dem dieser Einfall sich in wechselnder Gestalt und in wechselndem Klangeindruck zeigt, ist zwar ebenfalls unterschiedlich, aber wir finden doch nach der Ausgangs- und Zieltonart auch den Bereich der Dominante(n) und meist auch der Paralleltonarten. Diese Bereiche werden jeweils durch klare Kadenzen voneinander getrennt und stellen formale Gliederungsmomente dar. Modulationen werden dabei häufig mit Hilfe von Sequenzen vorgenommen.

(A18) Als Vorübung zur Erfindung von Inventionen schreiben wir Inventionen Ton für Ton nach. Bei solchen Nachschreibeübungen fällt uns mehr auf, als wenn wir ein Stück nur analysieren. Nach und nach prägen sich auch „Formulierungen" und Wendungen ein, die wir mit entsprechenden Abänderungen auch in anderem Kontext verwenden können.

(A19) Bearbeite folgende Themen in der Art einer Bach'schen Invention:

NB 74

§ 9 Fuge und Fughette

Wie die Invention entzieht sich auch die Fuge einer präzisen formalen Definition, weil sie eine Vielfalt von Möglichkeiten in sich begreift. In erster Linie ist die Fuge eine kontrapunktische Technik. Betrachten wir zunächst die technischen Aspekte.

Kontrapunkt verlangt per definitionem wenigstens zwei Stimmen. Vier sind am häufigsten im Spiel. Es können auch sechs sein, aber dann wird der Satz sehr dicht.

Der erste Stimmeinsatz, der ,,Dux", gibt die Tonart an, der zweite bringt die Dominante ins Spiel, der dritte wendet das Ganze wieder zur Tonika zurück (- auch er als ,,Dux"). In der ersten Themendurchführung - nicht ganz treffend auch ,,Exposition" genannt - erfolgen die Einsätze der Stimmlagen nicht nach festen Regeln; welche Stimme also als ,,Dux" einsetzt, steht dem Komponisten frei. Der ,,Comes" sollte allerdings eine benachbarte Stimmlage sein.

In der mehr als dreistimmigen Fuge stehen nur die beiden ersten Einsätze ,,Dux" - ,,Comes" fest; auch die Einsätze der Stimmlagen gehen im Normalfall von der engeren Umgebung aus, z.B. SATB oder BTAS oder TABS, ASTB usf., sodaß stets eine ,,Klangbrücke" vorhanden ist.

Ein typisches Verfahren ist die Art der Themenbeantwortung (,,Repercussio" - ,,Wiederschlag" genannt in der Barockzeit). Es sieht so aus:

NB 75

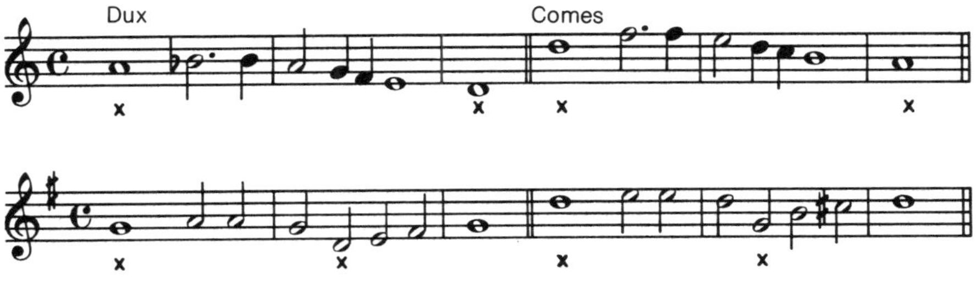

(Fortsetzung nächste Seite!)

Wir stellen fest, daß immer dann, wenn beim Dux die Quinte (von der Tonika aus gesehen = Dominantgrundton) eine hörbare Rolle spielt, der Comes seine Antwort nicht real, d.h. intervallgetreu vorbringt, sondern in einer Weise abändert, die aufhorchen läßt. Alle Töne werden real - um eine Quint nach oben bzw. eine Quart nach unten verschoben, also in der Dominantebene - wiederholt, nur dieser eine Ton nicht und diejenigen, die sich an ihm ausrichten müssen, ebensowenig. Was jetzt der Quintton von der Dominante aus sein müßte, ist unweigerlich der Grundton der Haupttonart. Dieses Verfahren heißt tonale Beantwortung und ist in der ersten Durchführung obligatorisch, wenn, wie gesagt, der Quintton der Tonika, alias Grundton der Dominante, eine hörbare Rolle im Dux spielt.

In weiteren Durchführungen ist tonale Beantwortung nicht mehr verpflichtend. Sie tritt aber immer dann auf, wenn die Tonika gegenüber der Dominante in ihr Recht tritt.

Der Grund für die Regel der tonalen Beantwortung liegt im Festhalten an einer Tradition, die im Spätbarock im Grunde längst überholt war. Bei der durchimitierenden Motette der klassischen Vokalpolyphonie mußte der Modus ebenso erkennbar sein wie im Barock die Tonart. Die zweite Stimme setzte aber im Unterschied zur barocken Fugenpraxis sehr bald nach dem ,,Dux" ein. Da zudem sehr strenge Regeln bestanden, welche Zusammenklänge am Anfang überhaupt in Frage kamen, war die Auswahl der möglichen Töne gering. Beide Gesichtspunkte, vor allem aber der der Erkennbarkeit des Modus (der ,,Tonart"), spielten zusammen, sodaß tatsächlich eine ,,tonale" Beantwortungstechnik dabei herauskam. Im Spätbarock setzt dagegen der Comes erst ein, wenn der Dux die Tonart bereits geklärt hat. Auch stehen ihm sehr viel mehr Möglichkeiten eines Einsetzens zu Gebote als seinem Renaissance-Vorgänger. Außerdem wendet sich der Comes ja tatsächlich in kürzester Frist ganz entschieden zum Dominantbereich - von Festhalten der Tonart kann da keine Rede sein -, und so ist es nicht so arg verwunderlich, daß es doch barocke Fugen gibt von durchaus renommierten Fugenkomponisten, die entgegen allen Regeln der Kunst eine reale Antwort geben, wo sie eine tonale geben müßten. Ein sehr bekanntes Beispiel: Bachs Fuge im Anschluß an die Passacaglia, BWV 582.

Eine weitere Ausnahme bilden Themen nach alten Kirchentonarten. Modale Themen werden möglichst real beantwortet. Bei phrygischen Liedern wird dann die (reale!) Beantwortung von der Repercussa (,,Dominant") des plagalen (d.h. hypophrygischen) Modus aus vorgenommen.

Die erste Durchführung muß für jede an der Fuge beteiligte Stimme einen eigenen Einsatz bringen. Dazu kann noch ein ,,überzähliger" erfolgen, in einer beliebigen Stimme.

Sobald der Comes einsetzt - gewöhnlich wartet er mit seiner Antwort, bis der Dux sein Thema beendet hat -, bringt der Dux einen ,,Kommentar", der eine Art Fortspinnung von Motiven oder Figuren des Themas sein kann oder/und auch ein ,,Gegen-Satz-" zum Thema. Dieser Kommentar, das ,,Contra-Subject", soll das Thema in seiner harmonischen und rhythmisch-melodischen Eigenart deutlicher in Erscheinung treten lassen.

Sehr häufig wird dieser ,,Gegen-Satz" beibehalten, sei es in der ganzen Fuge, sei es nur in der einen oder anderen Durchführung. So ein beibehaltener, ,,fester Kontrapunkt" muß im doppelten Kontrapunkt verfaßt sein.

Beim dritten Themeneinsatz, mit Eintritt des zweiten ,,Dux", kann der erste Dux einen weiteren festen Kontrapunkt ins Spiel bringen. Wie auch immer, jedenfalls führt er seinen ,,Kommentar", den jetzt der Comes übernimmt, in anderer Weise kontrapunktierend zum Thema sowie zum ersten ,,Kommentar" weiter. In der zweiten Durchführung ist der Fugenkomponist in der Stimmenabfolge frei, ebenso in der Zahl der Themeneinsätze. Nur: Zwei müssen es sein, will man von einer kontrapunktischen ,,Komposition" reden.

Auch die Anzahl der Durchführungen ist nicht festgelegt. Das Minimum sind zwar zwei, aber es können sehr viel mehr sein. Nicht selten werden Durchführungen auch zu größeren Durchführungsgruppen zusammengefaßt.

Durchführungen und mehr noch Durchführungsgruppen sind durch Kadenzierungen von einander abgegrenzt. Zur Verdeutlichung der Abgrenzung kommen nicht selten außerdem Veränderungen der kontrapunktischen Technik (z.B. Engführung, Umkehrung und dgl.), eine Reduktion der Stimmenzahl (eine oder zwei pausieren), ein Wechsel der Lage usf. Wie kunstvoll die Verknüpfung innerhalb einer Durchführungsgruppe trotz aller erkennbaren Abgrenzung sein kann (Anspielen, dann aber doch Vermeiden einer richtigen Kadenzbildung - ,,sfuggire la cadenza" -, Ineinandergreifen von Schlußbildungen in einem Teil der Stimmen, vorausgreifender Neueinsatz mit dem Thema in einer anderen, ganz nach Art der niederländischen Vokalpolyphonie), - zeigt die Fuge C-Dur aus Bachs ,,Wohltemperiertem Klavier" I: Vgl. T 6/7 und T. 13/14, T. 19!

Der Modulationsplan ist ähnlich wie in der Invention: T - D - Tp - (S) - T.

Nach der ersten Durchführung können Engführung, Augmentation usf. erfolgen. Zum Ausgleichen der Gewichte der einzelnen Durchführungen dienen themafreie Partien (zum Teil mit Sequenzgängen verbunden), sogenannte ,,Zwischenspiele" verschiedenster Art und Funktion (Binnenzwischenspiel, Schlußspiel usf.). In größeren Fugen kann sich an die Schlußkadenz noch eine Coda (evtl. über einem Orgelpunkt) anschließen, die ihrerseits eine neue Durchführung sein kann.

Am einleuchtendsten erschließt sich das Wesen der spätbarocken Fuge, wenn man sie als ,,Klangrede" betrachtet. So werden auch die verschiedenen Gestaltungsmöglichkeiten der Fuge einsichtig:

1) Vorstellung des Hauptgedankens und dessen erste ausführliche Darlegung und ,,Begründung",
2) Einwände und ihre Widerlegung: Daher auch die Wendung des Themas in andere Tonarten, vor allem Paralleltonarten mit anderer Erscheinungsweise des Themas; Zergliederung des Themas und/oder des Kontrasubjekts, harmonische Verfremdungen, Ausweichungen und Überraschungen usf.
3) Bekräftigung des Hauptgedankens, aber mit neuen Gesichtspunkten (Augmentation, neuer fester Kontrapunkt, Engführung usf.).

2) und 3) können länger ausgedehnt sein, es können Einwände auch nach ihrer ,,Widerlegung" mit neuen Gesichtspunkten noch einmal aufgegriffen werden, worauf dann erneut eine andere Art der Bekräftigung erfolgen muß. Auch die ,,Zwischenspiele" erhalten dadurch ihren spezifischen Sinn.

Aus 1) bis 3) folgt nicht, daß jede Fuge dreiteilig wäre. Strukturierungsmöglichkeiten gibt es viele; diese können sich durchaus überlagern und teilweise gegenseitig aufheben.

(A20) Bearbeite folgende Fugenthemen:

6
7
8
9
10
11
(tr)
12
13
14
15
16
17
18
19
20
21

Kapitel IX

Durmollharmonik im 18./19. Jahrhundert

Norbert Jürgen Schneider

In Fortsetzung des Kapitels II „Einführung in die durmolltonale Harmonik" (entsprechend einer Harmonielehre Teil I) werden in dem vorliegenden Kapitel (entsprechend einer Harmonielehre Teil II) die harmonischen Satzprinzipien der Durmolltonalität erweiternd differenziert und anhand von Literaturbeispielen aus dem 18./19. Jahrhundert historisch konkretisiert.

Alle Notenbeispiele und die selbstgefertigten Satzübungen sind am Klavier darzustellen, durchzuhören (innerlich singend sich zu vergegenwärtigen) und im Schriftbild detailliert zu studieren. In der Dreiheit von Hören, Lesen und Be-greifen (am Klavier) lassen sich durmolltonale Satzphänomene erst in vollem Maße erschließen.

§ 1 Zwischendominanten

Zwischendominanten sind dominantische Durakkorde (meist mit Septime oder None versehen), die sich auf die Haupt- bzw. Nebenstufen einer Tonart beziehen. Durch diese künstlichen Dominanten werden die Stufen vorübergehend tonikalisiert.

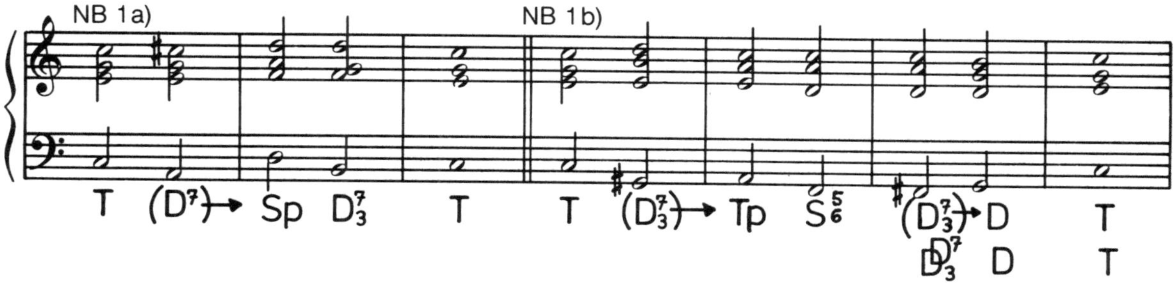

In der Symbolik der Funktionstheorie werden die Zwischendominanten in Klammern notiert, wobei mit einem Pfeil auf die Bezugstonika hingewiesen wird (daher auch die Bezeichnung „Klammerdominanten"). Eine Sonderrolle kommt der Zwischendominante zur Dominante zu (Funktionszeichen: $\not{D}_D$).

Charakteristisch für zwischendominantische Harmonik ist sowohl die dadurch entstehende Chromatik (sehr wirksam in Haupt-, Ober- oder Baßstimme) wie die helle harmonische Farbe, die gerne als Eigenwert von den Komponisten eingesetzt wurde.

Zwischendominanten können auch rückbezogen sein (vor allem bei Halbschlüssen auf Nebenstufen):

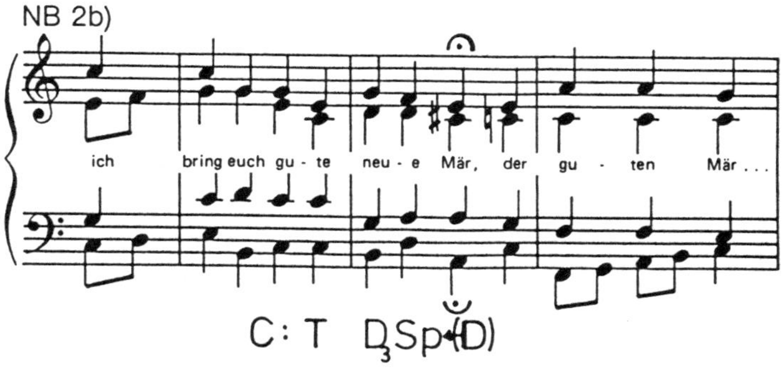

(A1) Bezeichne den harmonischen Gang mit Funktions- oder Stufensymbolen:

L.v. Beethoven, Beginn der 1. Sinfonie, op. 21

b)

L.v. Beethoven, „Missa solemnis" op. 126
Beachte die klangliche Eigenwirkung der Zwischendominante

c)

W.A. Mozart, Klaviersonate F-Dur, KV 332

(A2) Setze folgende Melodien vierstimmig aus:

a)  b) 

(A3) Setze nachstehende Funktionsfolgen drei- oder vierstimmig in verschiedenen Dur-Tonarten aus:

a) T $(D^{7}_{5})\rightarrow$ | Tp D^{7}_{3} (verkürzt) | $D^{6\ 5}_{4\ 3}$ | T

b) T Tp | Sp Sp ← (D) | S Sp | Tp Tp ← D | Tg Tg | S S^{6}_{5} | D | T

c) T $(D_{3})\rightarrow$ Tp T_{3} | S $(D_{3})\rightarrow$ (verkürzt) | Sp | D^{4-3} | T

(A4) Benenne Zwischendominanten in den J.S. Bach-Sätzen auf den Seiten 87 / 88

§ 2 Sequenzen

Als Sequenz werden seit Gottfried Weber (1818) und Adolph Bernhard Marx (1838) melodisch-harmonische Bildungen (Satzmuster) verstanden, die auf verschiedenen Tonstufen wiederholt werden. Sequenzen sind als Kompositionsmittel beliebt, da sich in ihnen Einheitlichkeit / Wiederholung und Fortschreitung / Bewegung / Abwechslung gleichermaßen verbindet (vgl. hierzu auch Kapitel VIII, § 3).

Man unterscheidet melodische und harmonische, sowie fallende und steigende Sequenzen. Durch die Eigenbewegung des Sequenzganges wird vielfach die Wirkung der Tonika beim Sequenzieren aufgehoben. Sequenzen eignen sich daher auch zum Verlassen einer Tonart. Durch Ausbildung einer Zwischendominante (Erhöhung der Terz zur Durterz; charakteristische Dissonanz der Septe) kann einzelnen Sequenzgliedern tonale Prägnanz gegeben werden.

Folgende Sequenzen sind häufig zu finden:

Die Quintsequenz fallend („Barocksequenz"):

NB 3a) b) mit Zwischendominanten:

(D) → Tg (D) → Sp

(A5) Schreibe und spiele die „Barocksequenz" (auch in anderen Lagen) in F-Dur, G-Dur, Es-Dur, A-Dur sowie in a-Moll, d-Moll, e-Moll. Versuche auch andere metrische Gliederungen und Auszierungen mit Durchgängen und Dreiklangsbrechungen (z.B. in Art eines Menuetts).

Die Quintsequenz steigend

Da der aufsteigende Quintgang von Akkorden schwächer wirkt, als die fallende Quinte, kommt diese Sequenz weit seltener vor.

NB 4a)

(endet meist mit Vollkadenz)

b)

J.S. Bach, Präludium C-Dur („Klavierbüchlein für Wilhelm Friedemann Bach")

(A6) Schreibe und spiele die steigende Quintsequenz in den geläufigen Tonarten. Verziere sie in der unter A1 angegebenen Art.

Die Sekundsequenz steigend

Eine rudimentäre Sequenzform, die sich in der Zweistimmigkeit wie eine einfache melodische Sequenz ausnimmt. Durch Bildung von Zwischendominanten (und Zwischensubdominanten) in Art des Durtetrachords kann der offen-mehrdeutige Charakter verwischt und eine tonale Zielstrebigkeit geschaffen werden.

NB 5

Die Terzsequenz fallend

NB 6

Sequenzen aus Kombinationen verschiedener diatonischer Schritte

Harmonische Quint- (komplementär: Quart-)gänge, Terz- sowie Sekundgänge können in mehreren Kombinationen auftreten. Verbreitet war u.a. folgendes Sequenzmuster („Pachelbelsequenz"):

NB 7

(Melodisch brauchbar sind insbesonders die durchgehenden Terzparallelen in den Oberstimmen)

Melodische Sequenz steigend oder fallend

Im Gegensatz zu den vorangegangenen harmonischen Sequenzen, wo stets ein akkordisches (d.h. vom Dreiklang ausgehendes) Denken primär war, wird bei der melodischen Sequenz vor allem in der Einstimmigkeit und Zweistimmigkeit von der bloß melodischen Transposition eines Sequenzmusters um einen Sekundschritt nach unten bzw. nach oben ausgegangen:

NB 8a) b)

Sequenz aus Zwischendominantfolgen („Klassische Sequenz")

Im Gegensatz zu den vorangegangenen diatonischen Sequenzen (in denen Zwischendominanten) nur akzidentiell zur Stabilisierung oder zur Modulation/Ausweichung verwendet worden sind) handelt es sich hier um eine chromatische Sequenz, die vor allem in Durkompositionen der Wiener Klassik als Steigerungsmodell sehr häufig eingesetzt worden ist.

NB 9a)

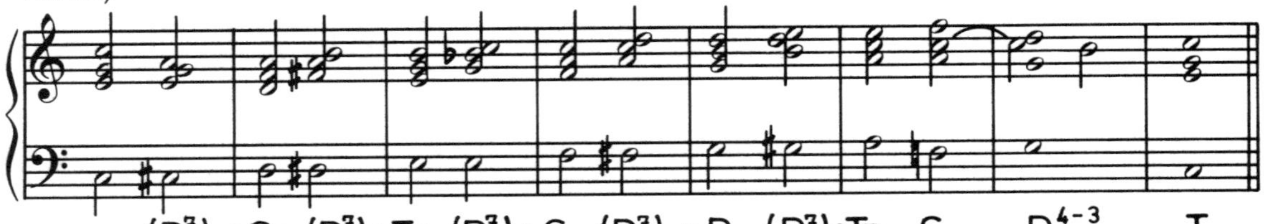

$(D^7_3)\to Sp$ $(D^7_3)\to Tg$ $(D^7_3)\to S$ $(D^7_3)\to D$ $(D^7_3)\to Tp$ S D^{4-3} T

D$^7_3$ D

a) Chromatische Linie im Baß (statt der Quintsextakkorde auf den Leittönen können auch verminderte Septakkorde oder einfache Sextakkorde verwendet werden.)

NB 9b)

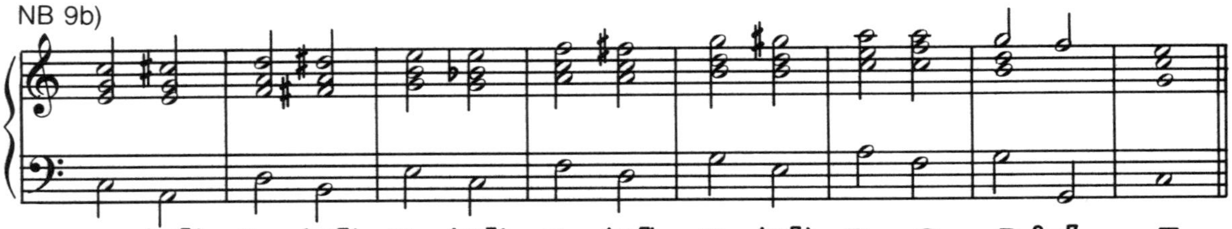

$(D^7)\to Sp$ $(D^7)\to Tg$ $(D^7)\to S$ $(D^7)\to D$ $(D^7)\to Tp$ S D^{8-7} T

D^7 D

b) Chromatische Linie im Sopran. Als Zwischendominanten können auch Terzquartakkorde, verminderte Septakkorde oder Grundstellungsakkorde verwendet werden.

(A7) Schreibe und spiele die „Klassische Sequenz" in allen Durtonarten bis zu vier Vorzeichen.

§ 3 Der neapolitanische Sextakkord - Der neapolitanische Klang

Der neapolitanische Sextakkord ist als Sextakkord auf der vierten Stufe ein subdominantischer Klang: Die tiefalterierte Sext, die in der Mollsubdominante die Quinte ersetzt, ist hierbei Relikt des phrygischen Modus. Der Klang wurde in der neapolitanischen Oper stiltypisch zum Ausdruck von Schmerz, Leid und verwandten Affekten verwendet.

Satztechnisch läßt sich seit etwa 1600 eine zunehmende Emanzipation dieses Klanges beobachten. Vom Zwang zur sekundweisen Auflösung des phrygischen Halbtones und über verschiedene Lockerungen der Stimmführungsregeln führt sein Weg (die ursprüngliche Sextakkordform verlassend) zum selbständigen Klangwert, zur neapolitanischen Tonart (= Akkord der tiefalterierten II. Stufe).

Funktionsbezeichnung: Mollsubdominante mit tiefalterierter Sexte $s^{6>}$ oder s^n.
Die neapolitanische Tonart oder der neapolitanische Klang (unabhängig von der Sextakkordform) wird als N bezeichnet.

NB 10

t $s^{6>}$ 5 D^{4-3} t t $s^{6>}$ D t

a) b) Sekundweise Weiterführung c) Kadenz mit dem stiltypischen Affektintervall der übermäßigen Sekunde.

NB 11
Beachte die sekundweise Weiterführung.

A. Stradella, Oper „Floridora“, III. Akt

NB 12

A. Vivaldi, Violinkonzert a-moll, op. 3,6

Beachte, wie bei * als Zwischendominante zum s^n der verminderte Septakkord über Cis (den Subdominantgrundton d stabilisierend) fungiert.

NB 13
Beachte, wie dominierend der Klangwert des s^n bereits ist.

J.S. Bach, Kantate BWV 199

NB 14

J.S. Bach, Passacaglia c-moll für Orgel

Beachte, wie J.S. Bach neue Affektintervalle (as - h; des - d) in der Weiterführung ableitet.

NB 15

Beachte, wie klanglich frei das neapolitanische B-Dur erreicht wird.

L.v. Beethoven, Klavierstück „Für Elise“

NB 16
Beachte, wie als Zwischendominante zu N F-Dur eingesetzt wird (die Zwischendominante zu s^n wäre A-Dur).

F. Chopin, Mazurka op. 7,2

NB 17

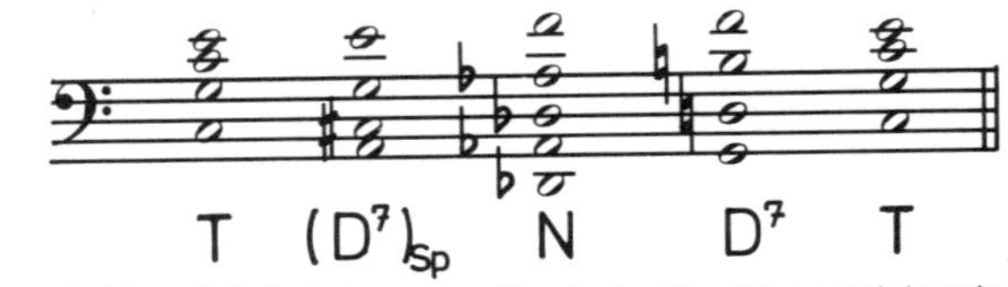

R. Schumann, Fantasie op. 17 für Klavier; Schlußtakte

Beachte, wie klanglich frei das neapolitanische Des-Dur erreicht wird.

(A8) Setze folgende Funktionsangaben vierstimmig aus:

a) t | s (D^7)→ dP D | t | s^n | D^{9-8-7} | t ‖ in d-Moll (nach Mozarts Klavierkonzert, KV 466)

b) tP←(D) | t_3 | s^n | $D^{6\,5}_{4\,3}$ | t ‖ in a-Moll (nach Beethovens 2. Sinfonie D-Dur)

(A9) Harmonisiere folgende Melodien:

a)

b)

(A10) Fertige zu den Beispielen 12—16 eine Harmonieskizze im schlichten vierstimmigen Satz (vorwiegend in halben Noten) an.

§ 4 Der verminderte Septakkord - Dominantseptnonenakkorde

Bereits um 1700 gehörte in den Molltonarten der Septakkord auf der VII. Stufe (= Septakkord auf dem Leitton) zu den gebräuchlichen Klängen. Etwa seit der Wiener Klassik findet man ihn analog auch in Durtonarten verwendet.

Das charakteristische Rahmenintervall hervorhebend wurde er in der Generalbaßterminologie als ,,verminderter Septakkord" bezeichnet. Klangcharakteristikum: Der Akkord enthält zwei Tritoni und ist deshalb sehr spannungsreich; der Akkord setzt sich deutlich aus dominantischen Elementen (z.B. aufstrebenden Leittönen) und subdominantischen Elementen (nach unten gerichteten Leittönen) zusammen.

* Quintparallelen vermindert - rein hier üblich

NB 18

Im Unterschied zur stufenmäßigen Benennung VII^7 ist die funktionstheoretische Bezeichnung des verminderten Septakkords komplexer. Er wird als verkürzter Dominantsepttonakkord (verkürzte Klänge = Klänge mit fehlendem Grundton) bezeichnet, was dem Generalbaßdenken widerspricht und historische Entwicklungen vorausnimmt. Eingebürgert hat sich deshalb auch das Symbol D^V.

Der verminderte Septakkord besteht (bei enharmonischer Verwechslung der übermäßigen Sekunde im temperierten Tonsystem) nur aus kleinen Terzen und ist daher ein ,,symmetrischer Akkord" oder ,,Isointervallakkord". Seinem klanglichen Eigenwert entsprechend wurde er deshalb oft nicht mehr aufgelöst, sondern sequenziert.

NB 19

Verstärkt wird die Klangspannung des verminderten Septakkords, wenn durch Orgelpunkte zusätzliche Dissonanzen dazutreten; etwa in Johann Sebastian Bachs Orgelwerken:

NB 20a)

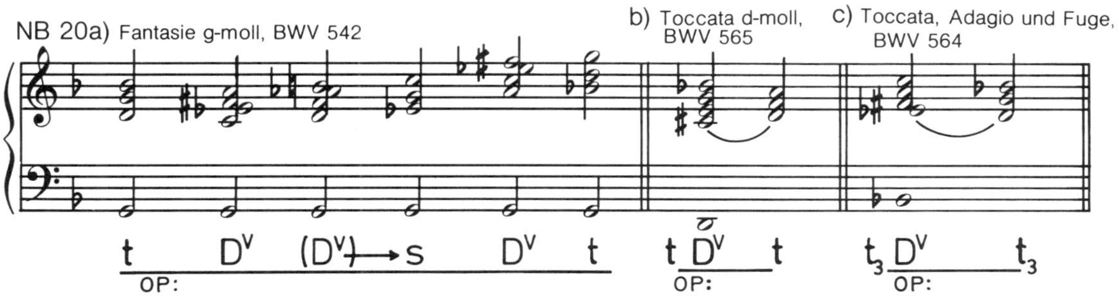

Die Dominantseptnonenakkorde, die als eigenständiger Klang ohne vorbereitende Stimmführung auftreten können, sind mit Beginn des 19. Jahrhunderts üblich geworden. Der Herkunft von Moll- bzw. Durtonarten entsprechend (zunehmend jedoch unabhängig vom Tongeschlecht) findet dabei die kleine oder große None Verwendung. Klangcharakteristisch ist jedoch immer die vierfach aufgeschichtete Terz.

Darstellbar sind die Septnonenakkorde vor allem im fünf- und mehrstimmigen Satz. Im vierstimmigen Satz können Quinte oder (gelegentlich) Septime wegfallen (NB 21d). Die None (insbesondere die kleine None) wird als subdominantisches Element des Klanges in der Stimme nach unten geführt. Gebräuchlich ist auch die Auflösung der None in die Oktave des Dominantklanges, ohne daß sich die Akkordfunktion ändert (NB 21b); ferner die trugschlüssige Auflösung des Dominantseptnonenakkordes (NB 21c).

NB 21

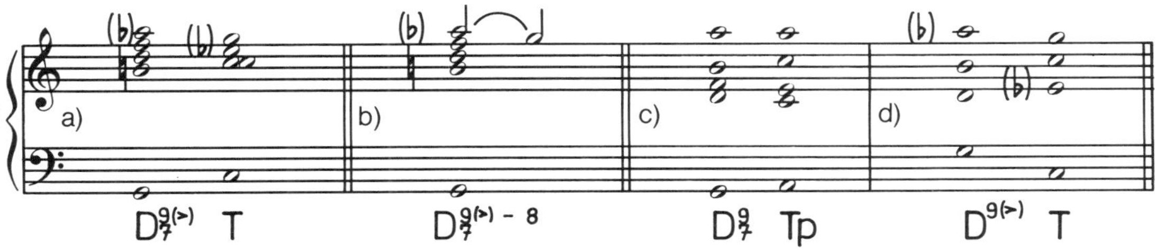

Weniger gebräuchlich sind die Umkehrungen der Dominantseptnonenakkorde, da bei ihnen die klangspezifische Terzschichtung und das Nonenintervall oft verloren gehen:

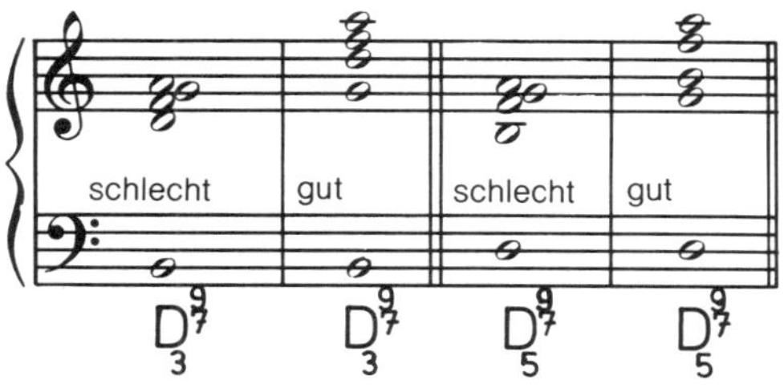

Selten ist die 4. Umkehrung eines Nonenakkordes, bei der die None im Baß liegt; vgl. aber folgende Stelle aus A. Schönbergs Sextett „Verklärte Nacht", die vom Komponisten selbst als solche Umkehrung bezeichnet wurde und einst das Wiener Konzertpublikum erregte:

NB 22

A. Schönberg, Streichsextett „Verklärte Nacht"

Insgesamt kommt den Dominantseptnonenakkorden bzw. den Septnonenakkorden trotz ihrer Klangfülle eine gewisse Beliebigkeit und Zufälligkeit zu. Ihre Verwendung im Tonsatz läßt sich daher nur schwerlich festlegen. Der individuelle Einsatz, Ausdruck, Stimmführung und die klangliche Einbindung entscheiden erst über die Sinnhaftigkeit der Verwendung.

Zählt man die verkürzten Septnonenakkorde dazu, so lassen sich auf dem Ton C z.B. folgende Akkorde errichten:

Eine für das 19. Jahrhundert typische Verwendung des Dominantseptnonenakkordes findet sich z.B. in R. Schumanns „Träumerei" op. 15,7, wo eine konstante melodische Wendung stets eine neue akkordische Einfärbung erhält:

(A11) Setze folgende Funktionsanweisungen vierstimmig aus:

a) $t \quad (D^{v}_{3}) \rightarrow s \quad Ð^{v}_{3} \quad D^{6\ 5}_{4\ 3} \quad t$ (in d-Moll, e-Moll)

b) $T \quad (D^{v}_{5}) \rightarrow Tp \quad Ð^{v}_{5} \quad D^{4-3} \quad T$ (in F-Dur, in D-Dur)

c) $t \quad (D^{v}) \rightarrow s \quad (D^{v}) \rightarrow tG \quad s^{6} \quad Ð^{v} \quad D \quad T$ (in a-moll, h-moll)
OP:

(A12) Harmonisiere folgende Melodien unter häufiger Verwendung des verminderten Septakkordes:

a)

b)

(A13) Harmonisiere folgende Melodien in Art des romantischen Volksliedes unter Verwendung verschiedener Septnonenakkorde:

Fr. Silcher, 1839

a)

b)

J.A.P. Schulz, 1790

(A14) Benenne die verschiedenen Septnonakkorde in R. Schumanns Klavierstück „Bittendes Kind" op. 15,4 (Beachte den Akkord am Anfang und Ende der Komposition.):

R. Schumann, op. 15,4

§ 5 Alterierte Akkorde

Alterierte Akkorde sind Klänge, deren Töne chromatisch verändert (lat. alteration = Veränderung) und dadurch zu Leittönen (Strebetönen) wurden. Die Akkordfunktion wird durch Alteration nicht geändert, allenfalls modifiziert, weil sich die Funktionalität durch die Dynamisierung des Tonsatzes verstärkt. Unterschieden wird zwischen eigentlicher (echter) und uneigentlicher Alteration. Echt ist eine Alteration nur, wenn die chromatisch veränderten Töne nicht leitereigen sind (die tiefalterierte Sexte beim neapolitanischen Sextakkord ist z.B. uneigentlich alteriert, da der Ton in der phrygischen Mollskala enthalten ist).

Geschichtlich wird eine Emanzipation der alterierten Akkorde von der Einbindung in chromatische Stimmführung hin zum frei verfügbaren Klang deutlich. Mußte eine Alteration zunächst durch einen chromatischen Gang legitimiert sein (NB 24a), wobei hochalterierte Töne nach oben, tiefalterierte nach unten weiterzuführen waren, so konnte zunehmend frei in alterierte Akkorde gesprungen werden (NB 24b). Regel: Alterierte Töne dürfen wegen ihrer Zielstrebigkeit (Leittöne) nicht verdoppelt werden. Symbole für Alteration: Hochalteration = < nach der Tonziffer; Tiefalteration = > nach der Tonziffer.

NB 24

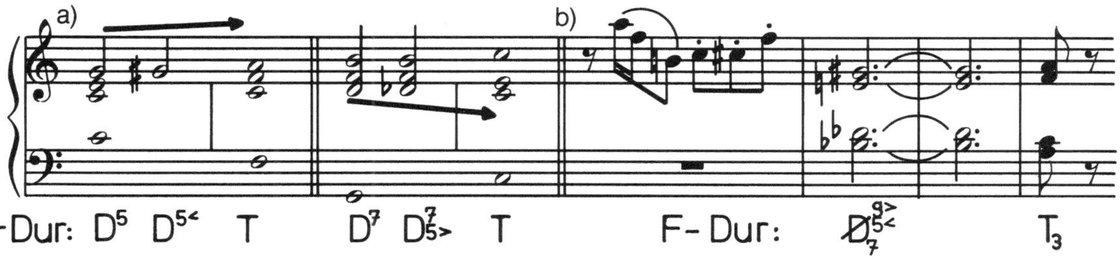

R. Strauss, „Till Eulenspiegels lustige Streiche", 1895

In einem Akkord können auch mehrere Töne alteriert werden. Dies hat vor allem in der Harmonik um 1900 (Richard Strauss, Alexander Scrjabin, César Franck, Arnold Schönberg u.a.) zu komplexen Klängen mit kaum mehr zu erkennendem Grundton geführt. Wird ein Ton doppelt alteriert, so nennt man dies Disalteration:

Grundsätzlich können in einem Akkord alle Töne (Grundton, Terz, Quinte, Septime, None, Undezime) alteriert werden. Dies geschieht aber in unterschiedlichem Maße.

Alteration des Grundtons:

Kommt in der Regel nur vor, wenn durch die Art der Alteration die Grundtonfunktion nicht infragegestellt wird (sonst muß die chromatische Anschärfung des Tones nicht mehr Alteration, sondern Zwischendominantbildung benannt werden):

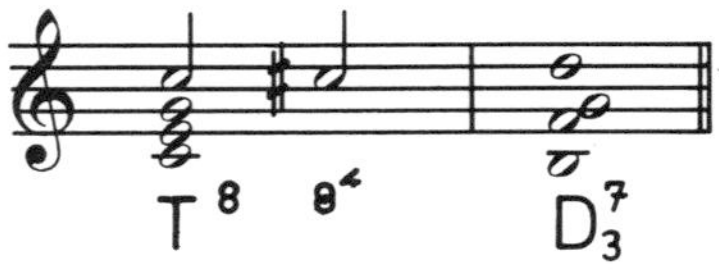

Alteration der Terz:

Ist selten und wird leicht mit der konventionellen Variantik (Wechsel des Tongeschlechts: verduren, vermollen) verwechselt, wo keine eigentliche Alteration (leitereigene Töne!) vorliegt:

a) (uneigentliche Terzalteration) b) (eigentliche Terzalteration)

NB 25

Alteration der Quinte:

Sehr häufig. Sowohl die Tief- wie die Hochalteration der Quinte gehört in der Harmonik der Wiener Klassik zum festen Repertoire.

Hochalterierte Quinte:

Tiefalterierte Quinte (siehe auch § 6: übermäßige Sextakkorde, Quintsextakkorde):

NB 26

Alteration der Sexte:

Kommt vor allem bei Subdominanten mit hinzugefügter Sexte (sixte ajoutée) und bei der Subdominante mit Sexte vor:

NB 27
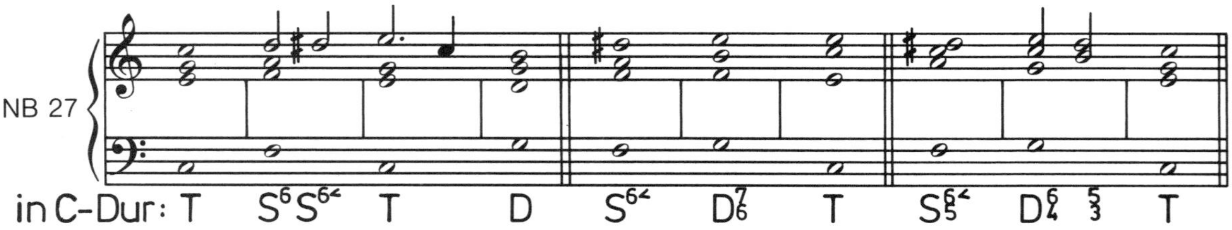

Alteration der Septime, None und Undezime:

Sind in vielen, hier nicht weiter systematisierbaren Arten gebräuchlich. Zu beachten ist, ob der alterierte Ton nicht leitereigen und damit nur uneigentlich alteriert ist.

Ausgewählte Beispiele:

NB 28

Im Bereich der alterierten Sept-, Nonen- und Undezimakkorde entscheidet vornehmlich die Individualität des Komponisten (der motivische, melodische sowie stilistische Zusammenhang) darüber, welche der zahlreichen klangvollen Akkordformen zu verwenden ist. Beachte bereits die Fülle der Möglichkeiten klangvoller Septakkorde:

A15 Versuche ausgehend von folgenden Harmoniegängen durch chromatische Zwischenverbindungen der Stimmen alterierte Akkorde vierstimmig zu setzen:

a) T S S_3 DD^7 $D^{6\ 5}_{4\ 3}$ (D^7_3) → Tp S^6 D^7_6 T (in F)

b) t D^7 (D_7) → s_3 DD^7 $D^{6\ 5}_{4\ 3}$ t (in a-moll)

c) T S Sp (D_3) → Tp S^6_5 D^{4-3} T (in D-Dur)

§ 6 Der übermäßige Sext-, Quintsext- und Terzquartakkord

Akkorde mit tiefalterierter Quinte sind nicht erst gegen 1900 bei der Ausbildung der modernen Harmonik (Wagner, Strauss, Scrjabin u.a.) bedeutsam geworden, sondern wurden schon in der Generalbaßmusik seit Monteverdi gelegentlich und in der Wiener Klassik sehr oft zur Darstellung besonders expressiver Momente verwendet. Als Dominantform bzw. Doppeldominantform mit tiefalterierter Quinte im Baß ist die übermäßige Sexte ihr Klangcharakteristikum.

Folgende Formen waren besonders geläufig und haben daher Bezeichnungen der Generalbaßterminologie:

a) Übermäßiger Sextakkord (funktional: verkürzter Dominantseptakkord mit tiefalterierter Quinte im Baß)
b) Übermäßiger Terzquartakkord (funktional: Dominantseptakkord mit tiefalterierter Quinte im Baß)
c) Übermäßiger Quintsextakkord (funktional: verkürzter Dominantseptnonakkord = verminderter Septakkord mit tiefalterierter Quinte im Baß)

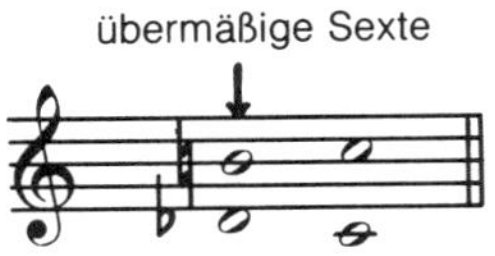

Von besonderer Bedeutung ist der übermäßige Quintsextakkord. Er ist enharmonisch mit dem Klangbild eines einfachen Dominantseptakkordes identisch und durch seine vierfache Leittoneinstellung zur Tonika von großer Innenspannung.

Vergleiche folgende Dominantformen, die ein, zwei, drei und vier Leittöne zur Tonika aufweisen:

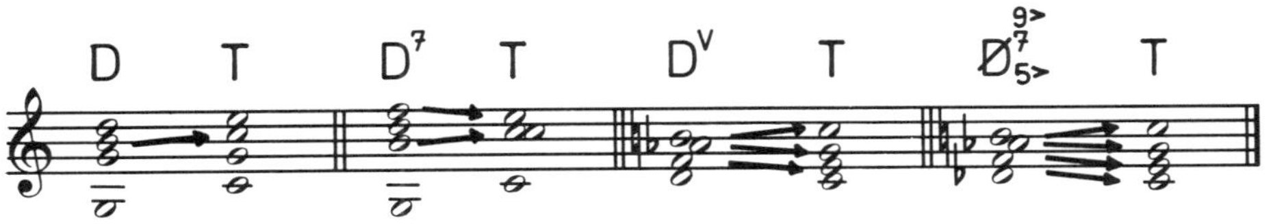

Infolge seiner chromatischen Zielstrebigkeit wirkt eine Auflösung des übermäßigen Quintsextakkords in die Tonika oft abrupt. Weit gebräuchlicher war deshalb die funktionale Verwendung als Doppeldominante mit einer Auflösung in die Dominante bzw. in den dominantischen Vorhaltsquartsextakkord:

NB 29
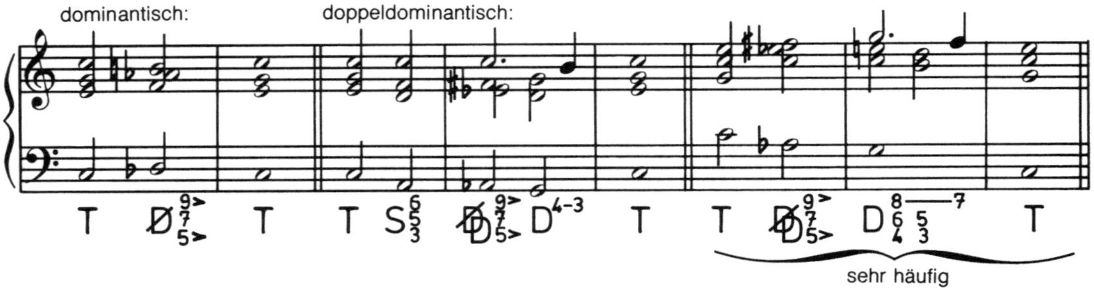

Literaturbeispiele:

NB 30

W.A. Mozart, „Bastien und Bastienne“, Nr. 12

NB 31
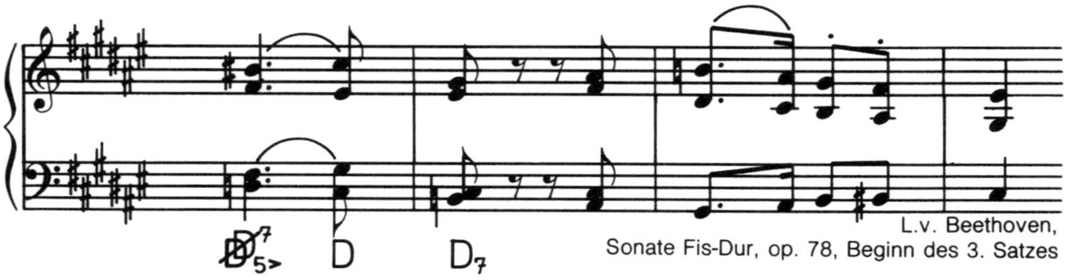

L.v. Beethoven, Sonate Fis-Dur, op. 78, Beginn des 3. Satzes

In Mozarts Klaviersonate F-Dur KV 533 (1786—1788) läßt sich verfolgen, wie die Akkorde mit der übermäßigen Sexte in der frühen Wiener Klassik sekundweise in den Einzelstimmen vorbereitet wurden und Schlußglied von Spannungszunahmen darstellten:

NB 32a)
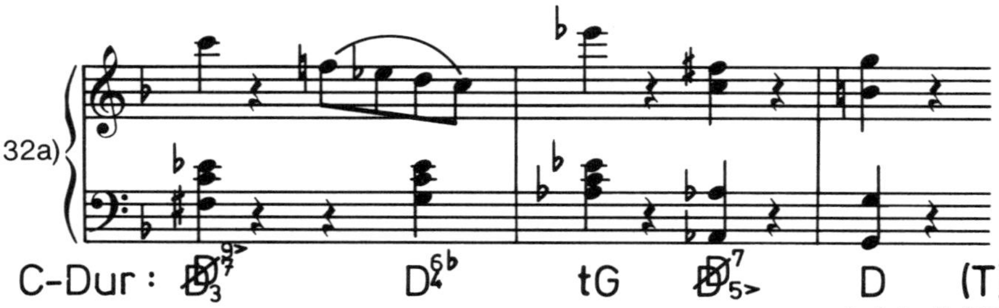

1. Satz, T. 39ff.

b)

1. Satz, T. 219ff.

(A16) Setze folgende Generalbässe aus und bezeichne sie mit Funktionssymbolen:

a) 

b) 

(A17) Analysiere die Harmonik in diesem Ausschnitt aus Franz Schuberts „Der Doppelgänger“:
Tonart: h-moll

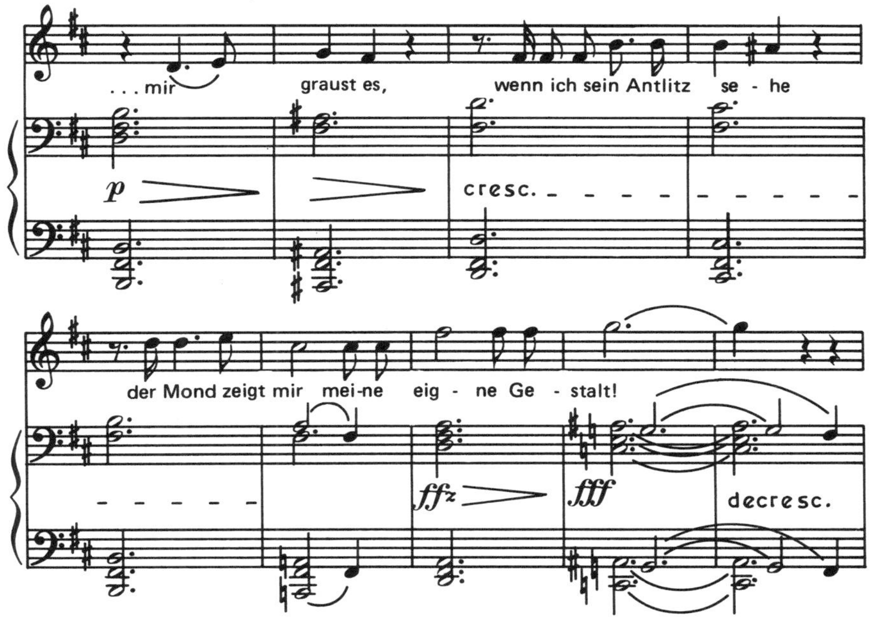

§ 7 Melodische Spannungstöne: Vorhalt, Durchgang, Wechselnote

Die Individualität eines Tonsatzes oder persönlichen Satzstiles wird im 18./19. Jahrhundert (d.h. seit etwa der Wiener Klassik) weit weniger durch die Art der Harmonik bestimmt, als durch das spezifische Spannungsfeld zwischen Harmonik und Melodik: Vorhalt, Durchgang, Dreh- oder Wechselnote, auch Vorausnahme, Liegestimme bzw. Orgelpunkt sind nicht mehr bloße Zutat, die in einem zweiten oder dritten Kompositionsvorgang (Ausarbeitung, elaboratio, Diminution etc.) hinzugefügt werden, sondern wesentlicher Bestandteil der Komposition, der zu Beginn miterfunden wird. Vorhalt, Durchgang und Wechselnote sind nicht mehr „Nebennoten“ oder „harmoniefremde“, „harmoniefreie“ Noten, sondern *Spannungstöne,* die für die Satzstruktur wesenhaft sind.

Beachte, wie in den folgenden Beispielen aus simplen Kadenzen Werkgestalten von prägnanter Kontur entstehen, wenn melodische Spannungstöne hinzutreten:

NB 33 

L.v. Beethoven, Klaviersonate, op. 10,1

NB 34 

F. Chopin, Mazurka, op. 17,2

NB 35

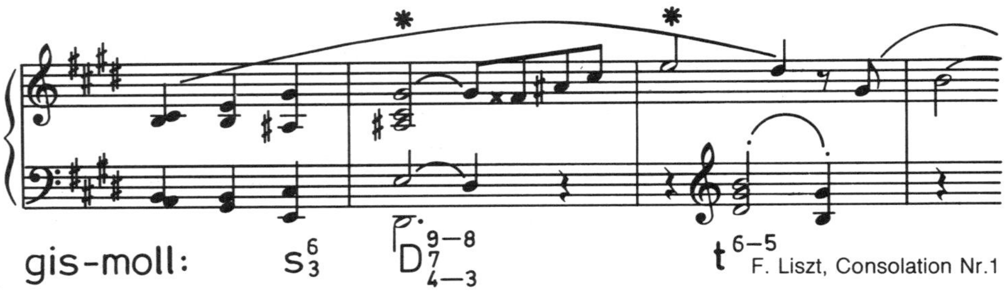

F. Liszt, Consolation Nr.1

Durch fortgesetzten Spannungsbezug zur Harmonik können Melodien in einen Schwebezustand gesetzt werden; hierin liegt z.B. der Unterschied zwischen dem schwerfälligen Ländler NB 36 a) und dem leichtfüßigen Straußwalzer NB 36b) und c) begründet:

b) „An der schönen blauen Donau“

NB 36a)

c) „Geschichten aus dem Wienerwald“

Auch im mikromelodischen Bereich erhalten Melodien eine Spannungskraft, die eigenständig scheint und deren Herkunft aus harmonischen Prozessen (vertikalen Beziehungen) kaum bemerkt wird:

NB 37a)

W.A. Mozart, Klaviersonate, KV 279

b)

F. Chopin, Nocturne, op. 9,2

In den Tonsätzen des 19. Jahrhunderts wurden die Spannungstöne zunehmend gewichtiger (= zeitlich gedehnt) und konnten gegen 1900 Akkordfunktionen verschleiern bzw. zu selbständigen Spannungsklängen umpolen. Folgende Beispiele markieren diese Entwicklung:

NB 38a)

R. Schumann, „Vogel als Prophet“, op. 82,7

R. Wagner, „Tristan und Isolde“, 1. Akt

Zur Klassifizierung von Spannungstönen:

Der Spannungsgrad resultiert aus der zeitlichen Organisation (Länge = Spannung) und aus dem Dissonanzgrad des Spannungstones in Bezug zu den Dreiklangstönen. Dabei setzt sich der Dissonanzgrad jedes der nachstehenden Spannungstöne aus verschiedenen Faktoren zusammen:

- Leitereigen / nicht leitereigen
- Integration / Nichtintegration in eine Terzenschichtung
- Ganztonnachbar zu einem Dreiklangston (= mild dissonierend)
- Halbtonnachbar zu einem Dreiklangston (= dissonierend)

Exemplarisch seien einige Töne anhand der gegebenen Kriterien diskutiert:

Ton a: Leitereigen / Ganztonnachbar zur Quinte / als Terz addierbar / nahezu mit allen C-Dur-Tönen konsonierend (Fazit: geringe Klangspannung)

Ton d: Leitereigen / Ganztonnachbar zu Grundton und Terz / nicht als Terz addierbar / nur mit der Quinte konsonierend (Fazit: milde Klangspannung)

Ton h: Leitereigen / Halbtonnachbar zum Grundton = dissonierend / mit Terz und Quinte konsonierend / als Terz addierbar (Fazit: deutliche, aber noch milde Klangspannung)

Ton as: Nicht leitereigen, allenfalls zur Variante c-moll / Halbtonnachbar zur Quinte = dissonierend / als Terz addierbar / bei enharmonischer Verwechslung mit Grundton und Terz konsonierend (Fazit: starke Klangspannung, die jedoch noch tonal bedingt interpretierbar ist)

Ton fis: Nicht leitereigen / Halbtonnachbar zur Quinte = dissonierend und Ganztonnachbar zur Terz / als Terz nicht addierbar / mit keinem Dreiklangston konsonierend (Fazit: sehr starke, ungemilderte Klangspannung).

Historisch-phänomenologische Klassifikation der Spannungstöne: Unterscheidung als Vorhalt, Durchgang, Dreh- bzw. Wechselnote, Liegestimme bzw. Orgelpunkt, Vorausnahme.

Der Vorhalt:

Jeder Dreiklangston kann „vorgehalten“ werden:

Als dissonierende Note mußte die Vorhaltsnote im älteren Kontrapunkt (stilus antiquus, prima prattica, Strenger Satz etc.) immer vorbereitet (d.h. in derselben Stimme vorhanden) und leitereigen (d.h. nicht chromatisch) sein, sowie sich stufenweise nach unten auflösen:

Im Generalbaßsatz (vor allem im instrumentalen Kontrapunkt) wurde die Vorhaltsbildung etwas freier: Die Vorhaltsnote muß nicht mehr vorbereitet sein, wenn sie über eine Nachbarstufe (als Durchgang) erreicht wird (a); die Auflösung kann vielfältig verziert werden (b); die Auflösung kann gelegentlich nach oben erfolgen (c); die Auflösung kann erst nach einem Akkordwechsel erfolgen, wenn der neue Akkord den Auflösungston enthält (d); Doppelvorhalte sind häufig (e).

Seit dem galanten oder empfindsamen Stil nach 1700, vor allem aber seit der Wiener Klassik können Vorhalte chromatisch sein (Leittöne) und sich sowohl nach unten wie nach oben auflösen; eine Vorbereitung ist nicht mehr erforderlich:

Nach 1800 werden Vorhaltsbildungen zunehmend freier. Sie können diatonisch oder chromatisch, vorbereitet oder unvorbereitet sein, können sich nach oben oder unten auflösen (werden bisweilen gar nicht mehr aufgelöst). Ausgewählte Beispiele:

NB 39

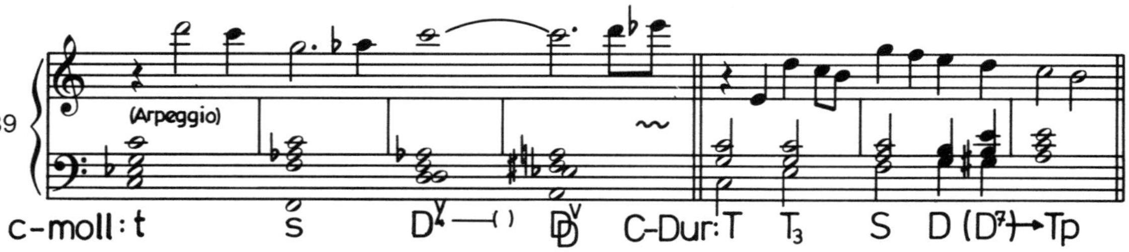

Der Durchgang:

Der Durchgang (transitus) war im älteren Kontrapunkt die diatonische Verbindung zwischen zwei terz- oder (seltener) quartverwandten Noten. Man unterscheidet den Durchgang auf unbetonter Zeit (transitus regularis) und auf betonter Zeit (transitus irregularis):

Weiterentwicklungen waren chromatische Durchgänge NB 40a), Durchgangsfigurationen NB 40b), komplexe Kombinationen von mehreren Durchgängen NB 40c):

NB 40

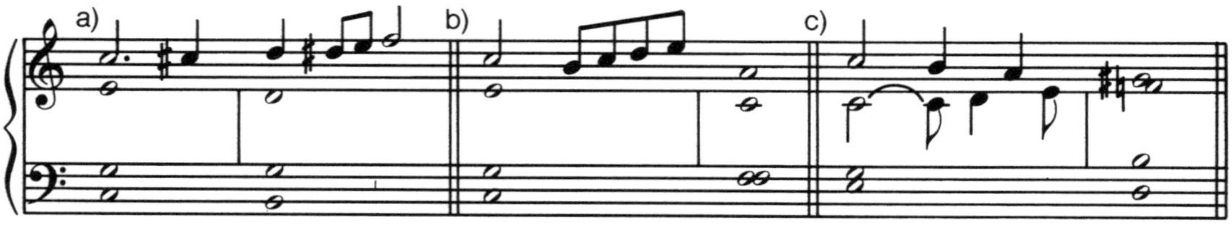

Die Dreh- oder Wechselnote

Die Drehnote war im älteren Kontrapunkt immer eine diatonische Note auf unbetonter Zeit; dabei wurde die Drehnote nach oben wegen ihrer größeren Dissonanzwirkung (Spitzentonstellung) weniger angewandt als die Drehnote nach unten.

Nach 1700 wurden zunehmend auch chromatische Drehnoten und Drehnoten auf betonter Zeit verwendet:

NB 41

(A18) Arbeite mit harmoniefremden Noten die durch folgende Generalbässe gegebenen vierstimmigen Sätze aus:
1) Im strengen Stil
2) Stiltypisch für die Zeit von 1700—1750
3) Mit den Freiheiten des Tonsatzes nach 1800

a)

b)

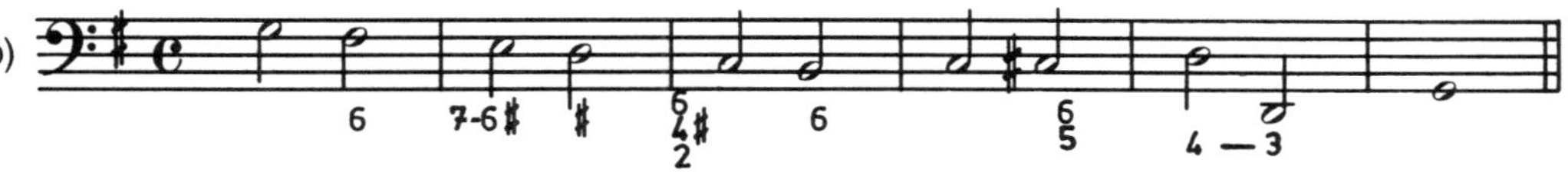

(A19) Schreibe Melodien im empfindsamen Stil (chromatische Vorhalte etc.) zu folgenden Akkordfolgen:

a) C | G | G | C | C | F | F | G | W.A. Mozart, Klaviersonate, KV 279

b) f | b | C | Des | $C^{6\,5}_{4\,3}$ | Des | $C^{6\,5}_{4\,3}$ | f | W.A. Mozart, Klaviersonate, KV 280

c) aE | aE | aE | aE | F | d | Ea | E | W.A. Mozart, Klaviersonate, KV 310

(A20) Erfinde anhand der durch Funktionsbezeichnungen angebenen Akkorde Melodien im Stil eines ,,Nocturnes“ von Field oder Chopin.

a) t | t | D^7_3 | D^v_3 | t | s | D^7 | t (in c-moll, g-moll)

b) T | T | (D) → Sp | D | T | s | T (in F-Dur, A-Dur)

(A21) Analysiere das Klavierlied ,,Die Lotusblume“ von Robert Schumann
a) unter dem Aspekt der Funktionsbezeichnung,
b) nach seinen Spannungstönen (vor allem in der Singstimme).

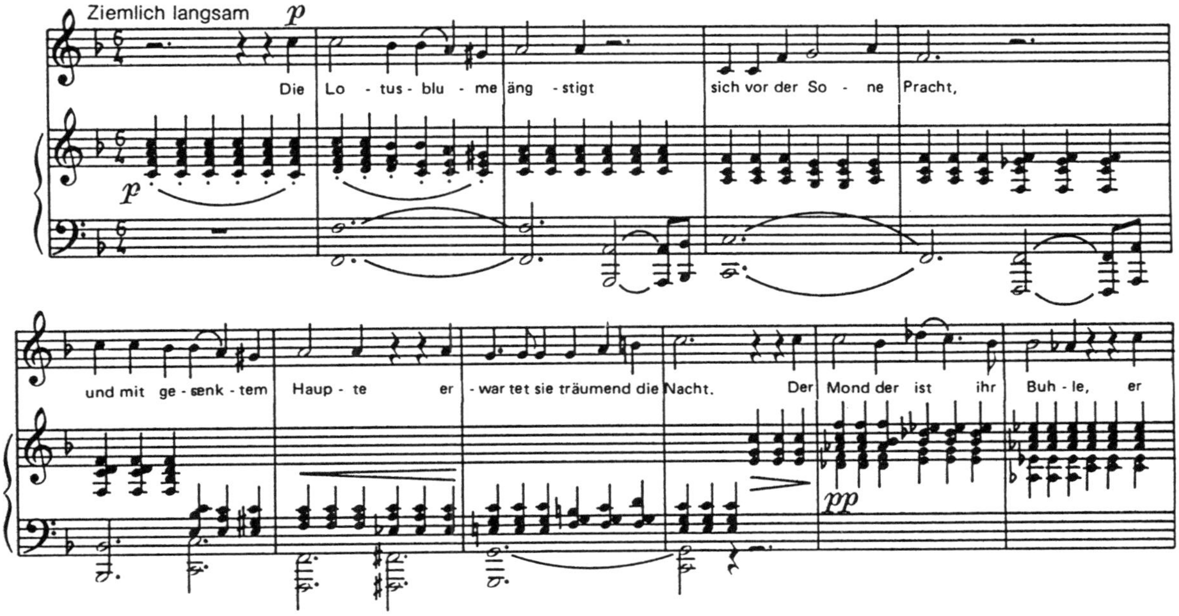

Aus dem Zyklus „Myrthen", op. 25
Text: Heinrich Heine

§ 8 Harmonik und Form

Harmonik und Form stehen in der Musik des 18. und 19. Jahrhunderts in enger Beziehung. Das formale Gestalten als „Disposition für den Aufbau und die Entwicklung musikalischer Gedanken" (Arnold Schönberg) ist mit dem Entwerfen der harmonischen Konzeption unmittelbar verbunden. Deutlich ist dies z.B. an der Entwicklung der Sonatenhauptsatzform, die seit jeher ein harmonisches Regulativ für die Komposition darstellte. In dem Maße, wie die Sonatenkopfsätze länger und in ihrem Ausdruck gewichtiger wurden, genügte der Modulationsmechanismus (in Dursonaten:)

II: T D :II: ∿∿∿∿ (Tp) D^7 → T T:II nicht mehr und mußte individuell erweitert werden. Eine dieser zahlreichen Lösungen finden wir z.B. in Beethovens Klaviersonate op. 53 („Waldsteinsonate"), wo der dominantische Strukturbezug C - G der Exposition durch den vierfachdominantischen Bezug C - E ersetzt worden ist (vornehmlich aus Gründen des musikalischen Gehalts und der gesteigerten Tonsprachlichkeit); da die Rücktransposition des zweiten Themas von E-Dur in eine der Tonika nahe Tonart jedoch kompositorisch-gehaltliche Probleme aufwarf, ergibt sich für op. 53 zwangsläufig eine Dehnung der Form und (durch die Notwendigkeit einer zweiten Durchführung = Coda/Schlußdurchführung) Erreichung einer Mehrteiligkeit:

II: C-Dur E-Dur :II ∿∿∿∿ → C-Dur A-Dur ∿∿∿∿ → C-Dur II

Die gliedernde und ordnende Funktion der Harmonik, wie man sie seit der klassischen Sonatenhauptsatzform kennt (wo durch den harmonischen Grundriß die Themen, Seiten- und Nebenmelodien, Schlußgruppen und Zwischensätze in ihrer Abfolge organisiert werden) ist in der Musik des Generalbaßzeitalters noch unausgeprägt. Anders als der Satz nach 1750, der aus kleinen Vier- und Achttaktzellen bzw. diskontinuierlichen Einzelteilen (meist auf der Basis simpler T-D-Schritte) bestand und in seiner gereihten Vielfalt nach einem disponierenden Element verlangte, besaß der barocke Satz im „basso continuo" (in der primären harmonischen Linie) und im Gebot der Einheit des Affekts eine Kontinuität, die dem eigentlichen Werk hilfreich vorgegeben war.

Wie schon im barocken Satz, wo den Kadenzierungen wichtige formale Funktionen zukamen (z.B. zeigen in der Fuge die Kadenzen das Ende der jeweiligen Durchführungen an), so stellt in den vergleichsweise größeren Werkkonzeptionen der Komponisten nach 1750 die Kadenz eine unabdingbare Orientierungshilfe dar, die Form erst faßlich werden läßt: Thematische Teile (z.B. Hauptthema und Seitensatz in der Sonatenform) und die bestätigenden Schlußgruppen benötigen zum Ausdruck ihrer festen Fügung die klare Kadenzharmonik; Durchführungsteile und überleitende Teile sind weniger fest gefügt und verzichten auf eine tonartenbewußtseinschaffende sowie orientierungstiftende Kadenz. Vor allem in den Durchführungsteilen und den langsamen Einleitungen von Sonaten umgehen Komponisten oft kunstvoll kadenzierende Schlußbildungen.

(A22) Untersuche die Einleitung von W.A. Mozarts ,,Dissonanzenquartett" KV 465 (1785): Welche Tonarten werden assoziiert? Wann konsolidiert sich der Eindruck einer Tonika C-Dur? Welche Spannungstöne wendet Mozart an?

(A23) Rekonstruiere den harmonischen Gang dieser ,,suchenden Einleitung" zu Beethovens 4. Sinfonie B-Dur, op. 60. Beobachte, wie die Tonika B-Dur umgangen wird, um sie für den Allegroteil (nach dem Doppelstrich) frisch zu erhalten:

Die Periode

NB 42

W.A. Mozart, ,,Jupitersinfonie", KV 551, 4. Satz

In der harmonischen Anlage von ,,Perioden" (siehe dazu Kapitel 2, § 10) kommt der Zusammenhang von Harmonik und Form besonders sinnfällig zum Ausdruck. Die klassische Periode ist entweder ,,geschlossen" (d.h. sie endet mit der Tonika) oder ,,offen" (d.h. sie endet mit der Dominante). Im 19. Jahrhundert wird zunehmend ein Periodenbau üblich, der auch Schlüsse oder Halbschlüsse auf Nebenstufen (vor allem in terzverwandten Tonarten) kennt.

(A24) Setze folgende Harmonisierungen von Themen aus Mozarts Violinsonaten (nach den Funktionssymbolen von Diether de la Motte, ,,Harmonielehre" S. 139) vierstimmig aus und erfinde dazu jeweils eine Melodie mit stiltypischen Spannungstönen.

a)	T ———	———	———	———	D ———	———	T D^7	T	KV 305
b)	T ———	———	———	———	S_3 T_5	S T_3	S $D^{6\,5}_{4\,3}$	T	KV 306
c)	T^{S} ———	T ———	———	D^7	T^{S} ———	T $\not{D}^7_5$	T S^6 $D^{6\,5}_{4\,3}$	T	KV 296
d)	T	D^7		T	T SD	T	$D^{6\,5}_{8\,7}$	T	KV 378
e)	T D^7_3	T S_3	T_3 S^6_5	$D^{6\,5}_{4\,3}$	T D^7_3	T S_3	T_3 S^6 $D^{6\,5}_{4\,3}$	T	KV 481

(A25) Erfinde Melodie und begleitenden Satz über folgende Doppelperiode (= Beginn der Etüde, op. 25,1 von F. Chopin):

§ 9 Der harmonische Rhythmus

Ein wichtiges Organisationsprinzip des durmolltonalen Satzes ist der ,,harmonische Rhythmus". Damit wird ein unabhängig von der Rhythmik der Einzelstimme sich konkretisierender Rhythmus der Harmoniewechsel bezeichnet. Er stellt - wie eine Art Tiefengrammatik - eine Schicht innerhalb des Tonsatzes dar, die rational wenig beachtet wird, aber für den spezifischen Ausdruck einer Komposition von großer Bedeutung ist.

Folgende sechstaktige Phrase mit einem äußerlichen Rhythmus von durchgehenden Sechzehntelwerten ist in ihrer harmonischen Tiefenstruktur charakteristisch gegliedert (Hemiole in Takt 3 und 4):

NB 43

harmonischer Rhythmus:

Claudio Monteverdi - in vielen Details ein großer Finder moderner Strömungen in der Musik - hat als einer der ersten die Ausdruckskraft des harmonischen Rhythmus erkannt und erprobt. In seinem Madrigal ,,Hor ch'el ciel e la terra" verzichtet er z.B. über lange Strecken hinweg auf jeden Harmoniewechsel, um die Ruhe der Luft und des Meeres zu schildern; in dem von ihm begründeten ,,stile concitato" (dem erregten Stil zur Darstellung von Kampf und Zorn) benutzt er hingegen unablässige Harmoniewechsel um Aufruhr zu schildern:

Die späteren Komponisten durmolltonaler Musik haben den harmonischen Rhythmus benutzt, um ein Musikstück entweder zu organisieren (vgl. z.B. die regelmäßigen Harmoniewechsel in Präludien- und Etüdenformen) oder in seinem Ausdruck zu intensivieren. Beispielsweise läßt Franz Schubert in seinem Lied „Auf dem Flusse" bei der Textstelle „wie still bist du geworden" den harmonischen Rhythmus innehalten (bei gleichbleibendem äußerem Rhythmus!); Robert Schumann unterstützt durch einen vorgezogenen (d.h. irregulären und hastigen) Harmoniewechsel das Scherzohafte und Spielerische in seinem Klavierstück „Haschemann" aus den „Kinderszenen", op. 15:

F. Schubert

NB 44

harmonischer Rhythmus:

R. Schumann

NB 45

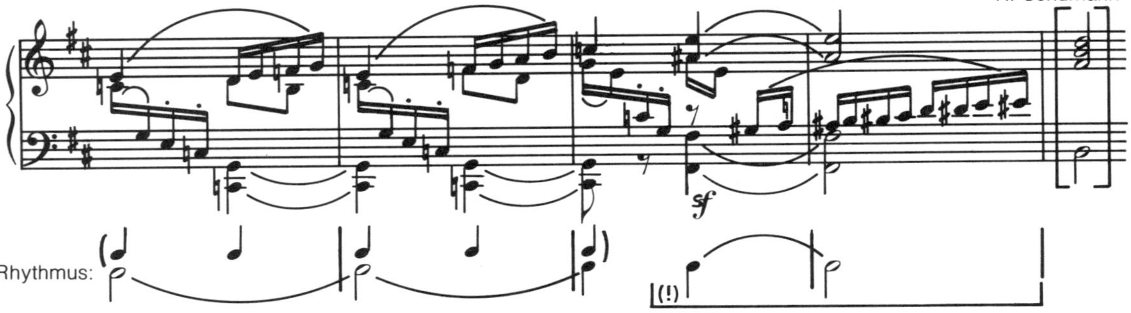

harmonischer Rhythmus:

(A26) Ordne die Harmoniefolgen a): F d A C⁷ F B F B F C⁷ F

b): a E a E a d G C d E a

jeweils in nachstehenden harmonischen Rhythmen an (ad libitum Auflösung in Achtelbewegung):

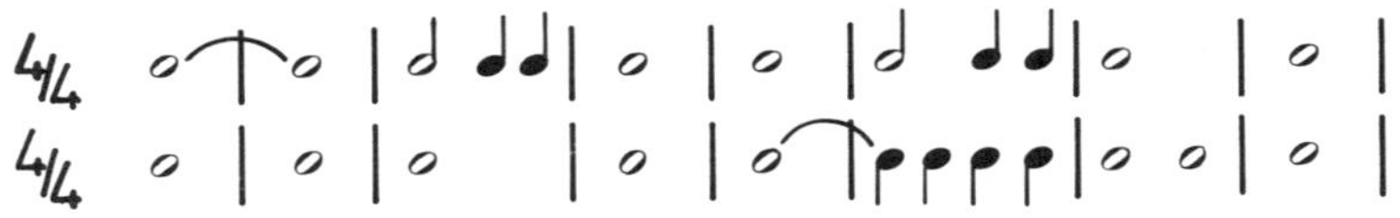

(A27) Notiere die Rhythmik der Harmoniewechsel in Inventionen von J.S. Bach (Invention d-moll und a-moll) sowie in Opernarien von W.A. Mozart.

§ 10 Der Trugschluß

Trugschluß nennt man eine Schlußbildung am Periodenende bzw. am Ende eines Formteiles, die sich unter Umgehung des Tonikaklanges in eine andere Stufe, - meistens die VI. Stufe der Tonart - auflöst. Die konventionellen Trugschlußwendungen heißen:

(in Dur) (in Moll)

NB 46

T S $D^{8\ 7}$ Tp S^6 D^6_4 $^5_3$ T t s $D^{8\ 7}$ tG s^6 D^6_4 $^5_3$ t

Vor allem in der erweiterten Tonalität nach 1800 sind mehrere Weiterentwicklungen geläufig:
Der Varianttrugschluß,
Trugschluß mit veränderter VI. Stufe,
Trugschluß ohne VI. Stufe.

Der Varianttrugschluß:

,,Variante" (von Hugo Riemann, gest. 1918, erst in seinen letzten Schriften als Terminus eingeführt) bezeichnet die durch Veränderung der Terz entstandene Durform der Molltonika bzw. Mollform der Durtonika. Dementsprechend wird unter Varianttrugschluß eine Trugschlußbildung verstanden, die sich der VI. Stufe der Variante bedient:

NB 47
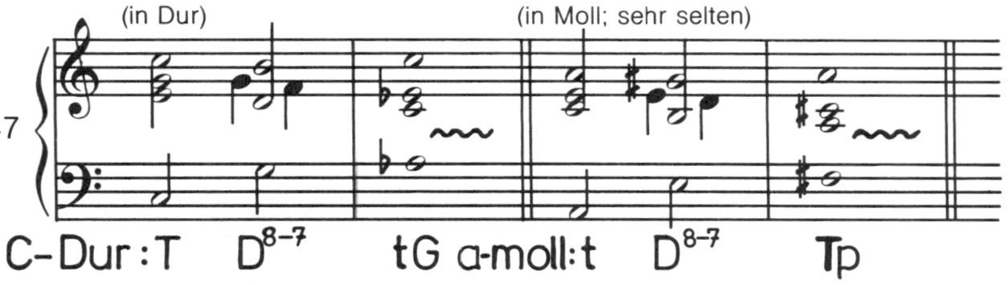

Der mit dem ,,Vermollen" bzw. ,,Verduren" verbundene abrupte harmonische Farbwechsel ist das auffällige Charakteristikum des Varianttrugschlusses, das zum Ausdruck von Inhalten, Stimmungen, Affekten gerne benutzt wird (vgl. nachstehende Beispiele):

NB 48a)
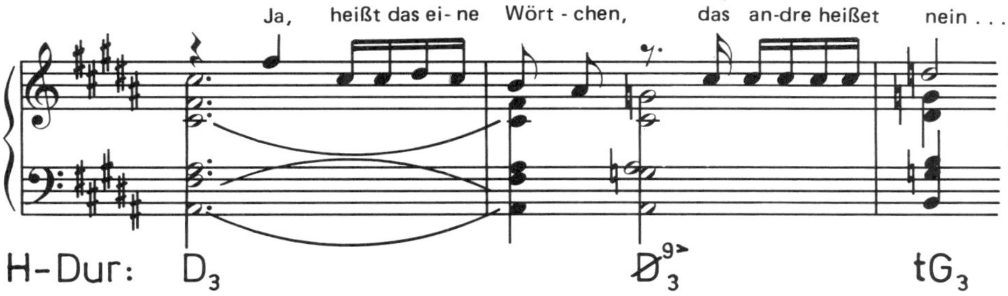

F. Schubert, ,,Der Neugierige". Beachte, wie der Varianttrugschluß das ,,nein" unterstreicht.

b)
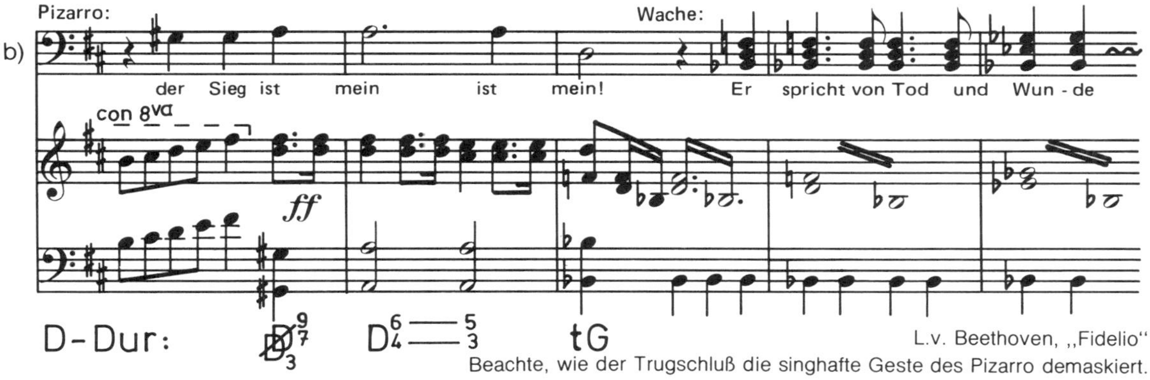

L.v. Beethoven, ,,Fidelio"
Beachte, wie der Trugschluß die singhafte Geste des Pizarro demaskiert.

Trugschluß mit veränderter VI. Stufe:

Gebräuchlich war bereits in der Musik des Generalbaßzeitalters die Interpretation der VI. Stufe als Terz der Subdominante (d.h. Ausweichen in den Sextakkord der VI. Stufe). Beachte ferner die Interpretation der VI. Stufe als Teil der D^V oder der D^7:

NB 49

NB 50

Richard Wagner, ,,Meistersinger" (1. Akt)

Trugschluß ohne VI. Stufe:

Trugschlüsse, bei denen nach dem Dominantklang sowohl die Tonika wie die konventionelle VI. Stufe ausgelassen werden, bezeichnet man auch als ,,Ellipse" bzw. ,,elliptische Fortführung" (von griech.: Auslassung). ,,Ellipsis" war bei Johann Adolf Scheibe (1708—1776) und bei Johann Nikolaus Forkel (1749—1818) das überraschende Einsetzen eines neuen musikalischen Gedankens.

Literaturbeispiele:

NB 51a)

J.S. Bach, Präludium D-Dur, ,,Wohltemperiertes Klavier" I

b)

G.F. Händel, Concerto à quattro d-moll

c)

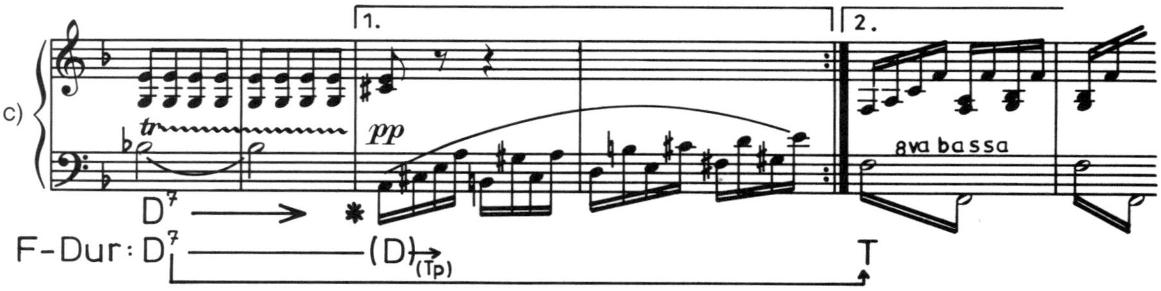

L.v. Beethoven, Klaviersonate F-Dur, op. 54

§ 11 Zur harmonischen Modulation

Modulation bezeichnet in der Durmolltonalität den ,,Übergang aus einer Tonart in eine andere" und ,,das Übergehen der Bedeutung des Hauptdreiklanges (Tonika) auf einen anderen Klang" (Hugo Riemann). Modulation setzt eine klare Konstitution von Ausgangs- und Zieltonart voraus. Die jeweiligen Tonarten müssen sich über einen längeren Zeitabschnitt hinweg in klarer metrischer und akkordischer Ausprägung entfalten können, um dem Hörer ein Tonartenbewußtsein zu gestatten.

Wird eine Tonart nur episodisch berührt und nach kurzer Zeit wieder die ursprüngliche (seltener: eine neue) Tonart aufgesucht, so spricht man von einer Ausweichung. Werden nacheinander viele Tonarten nur kurzfristig aufgesucht (d.h.: folgen viele Ausweichungen aufeinander), so spricht man von ,,vagierender Harmonik" (von lat.: vagans = der Wandernde) oder ,,modulierender Harmonik".

In der Musik des Generalbaßzeitalters 1600—1750 war die Modulation in der Regel auf das Aufsuchen der diatonischen Stufen einer Tonart beschränkt (in C-Dur z.B. der Gang nach d-moll, e-moll, F-Dur, G-Dur, a-moll und eventuell B-Dur); nur im ,,stylus phantasticus" sowie im ,,stylus theatralis" mit seinen besonderen Affekten - z.B. in dramatischen Rezitativen - waren weitergehende Modulationen möglich.

Die klassische Zeit der Modulation war die Musik der Jahre 1750—1850, die geprägt war durch weitgehend klare tonale Felder und Thematik, ausgeprägtes Tonartenbewußtsein (Tonartencharakteristik!) und klare Trennug der Form in fest gefügte Abschnitte (thematische sowie affirmative Teile) ohne Modulationen und locker gefügte Abschnitte (athematische, überleitende sowie durchführungsartige Teile) mit Modulationen.

Aus mindestens zwei Gründen sind Modulationen in isolierten Satzübungen nur unzureichend darstellbar:

1) Modulationen setzen immer ein Formbewußtsein voraus (einen größeren formalen, motivischen, musikalisch-logischen Zusammenhang), der in kleinen Satzmodellen nicht gegeben ist;
2) Komponisten modulierten nie ohne zwingende gehaltlich-tonsprachliche Gründe; jede Modulation war dynamischer Ausdruck einer Stimmungs- oder Gefühlsänderung, eines Hinstrebens oder Sich-weg-Entfernens. (Die Charakteristika von Emotionen wie z.B. ,,schnelles Aufflammen" eines Gefühles oder ,,langsames Hinübergleiten" in einen anderen Affekt lassen sich überzeugend in das Analogon der Modulation transferieren).

Aus diesen Gründen ergibt sich zwingend, daß Modulationen immer individuelle Satzgestaltungen darstellen, deren Vielfalt sich schwer systematisieren läßt. Die Grade der Intensität, der Zielstrebigkeit und Direktheit, der Plausibilität einer Modulation sind höchst verschieden. Es gibt suchende, irrende, geradlinige, überraschende, groteske, unauffällige, schockhafte Modulationen, deren Richtigkeit nur im Kontext des syntaktischen und semantischen Zusammenhangs einer Komposition bewertet werden kann. In diesem Sinne werden die Satzmuster in der nachfolgenden Darstellung nur als mechanisches Modell angegeben, die zum Einhören in Modulationswege und zur Reflektion der Modulationsmechanismen einladen wollen. Der Akzent der Darstellung liegt deshalb auch unbestritten in der Betrachtung von Literaturbeispielen.

Zur Klassifikation der Modulationsmechnismen:

Die klassischen Modulationswege der konventionellen Tonsatzlehre ,,diatonische Modulation, chromatische Modulation, enharmonische Modulation" werden um einige Modulationsprinzipien erweitert, deren Daseinsberechtigung sich aus ihrem häufigen Vorkommen in der durmolltonalen Musik erklärt. Von folgender Gliederung wird ausgegangen:

§ 12: Diatonische Modulation:	Rein diatonische Modulation Modulation mit der Mollsubdominante Modulation mit dem Neapolitaner Modulation mit der Variantik
§ 13: Chromatische Modulation	
§ 14: Tonzentrale Modulation:	Zentrierung eines Tones Zentrierung von zwei Tönen
§ 15: Modulation mit tonaler Rückung	
§ 16: Enharmonische Modulation:	Umdeutung symmetrischer Akkorde (verminderte Septakkorde und übermäßiger Dreiklang) Umdeutung alterierter Akkorde (übermäßiger Sextakkord und Quintsextakkord)
§ 17: Modulation mit Sequenzen	

Zur Anfertigung von Satzbeispielen:

Alle nachstehend gezeigten Modulationsmechanismen sollen nicht nur an Literaturbeispielen analysiert, sondern - vornehmlich aus Gründen der Gehörschulung - anhand von Satzübungen studiert werden. Hierzu folgende Hinweise:

Zielkadenzregeln: Erfahrungsgemäß bereitet oft nicht der Modulationsschritt an sich, sondern die Ausgestaltung und Festigung der Zieltonart Schwierigkeiten. Deshalb einige Empfehlungen:

Ankunft auf der	I. Stufe:	Es folgt	I IV V I
	II. Stufe:		V I
	III. Stufe:		IV V I
	IV. Stufe:		V I
	V. Stufe:		VI IV V I
	VI. Stufe:		IV V I

Notation ohne metrische Gliederung:

Modulationen können in Notenwerten ohne metrische Gliederung,

oder mit Akkordnamen:

(C-Dur:) C F G [C]
(G-Dur:) [C] D G

oder mit Funktionssymbolen dargestellt werden:

(C-Dur:) T S D [T]
(G-Dur:) [S] D T

Solche Darstellungen sind jedoch nur als Modulationsskizzen zu werten. Werden sie am Klavier hörbar gemacht, so wirken sie oft wenig zwingend, da ihnen die metrische Gliederung fehlt, die mit der durmolltonalen Harmonik untrennbar verbunden ist.

Es empfiehlt sich deshalb, Modulationen in einem vier-, acht-, zwölf- oder sechzehntaktigen Satz darzustellen.

Methodischer Hinweis: Wir ordnen die zu setzenden Akkorde einem harmonischen Rhythmus unter, wobei darauf zu achten ist, daß die Zieltonika möglichst auf die Eins des Schlußtaktes kommt und der Modulationsmechanismus die symmetrische Mitte bildet:

Harmonischer Rhythmus:

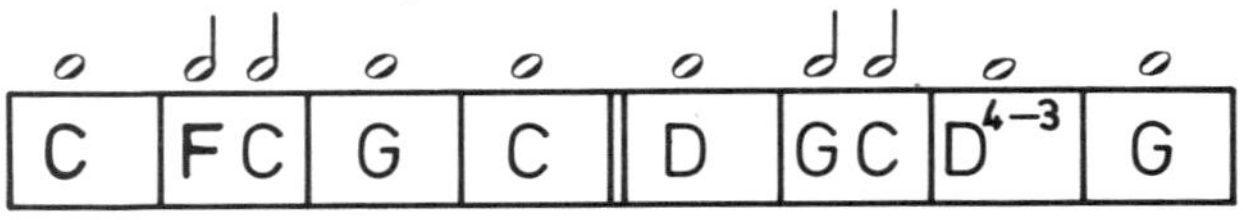

§ 12 Diatonische Modulation

Zu unterscheiden ist zwischen streng bzw. rein diatonischer Modulation und erweiterter diatonischer Modulation (Modulation mit Mollsubdominante, Neapolitaner, Variantik).

Bei der streng bzw. rein diatonischen Modulation werden leitereigene (d.h. nur aus sieben diatonischen Tonstufen bestehende) Akkorde in ihrer Funktion umgedeutet; bei der erweitert diatonischen Modulation werden auch entfernter verwandte Akkorde in ihrer Funktion umgedeutet.

Umdeutungsakkorde können alle Akkorde sein, die - im Sinne einer Schnittmenge - dem Akkordvorrat von Ziel- und Ausgangstonart gemeinsam angehören. Zu vermeiden ist jedoch die Umdeutung von Dominanten, da diese meist nur in die Tonika oder trugschlüssig in die VI. Stufe weitergeführt werden.

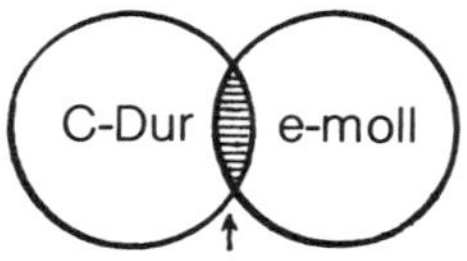

umdeutbare gemeinsame Akkorde

Rein diatonische Modulation:

Gebräuchliche Wege:
1) Im Quintenzirkel aufwärts: über T, Tp, Tg bzw. Dp / t, tP, d
2) Im Quintenzirkel abwärts: über T, S, Sp / t, s, sP

1) 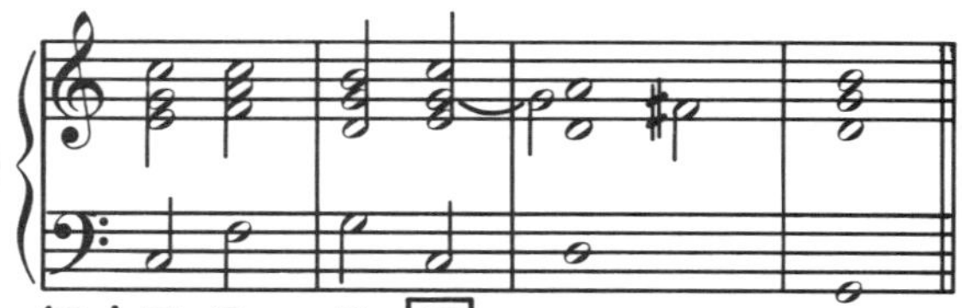

(C:) T S D [T]
(G:) [S] D^{4-3} T

2) 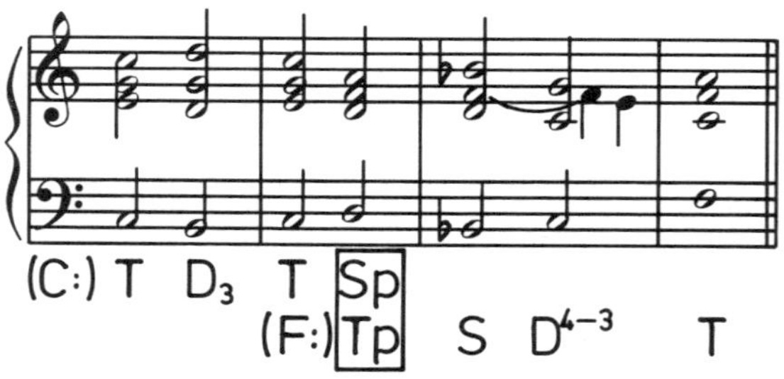

(C:) T D_3 T [Sp]
(F:) [Tp] S D^{4-3} T

oder z.B.:

(C:) T S D T [Tg]
(D:) [Sp] D T

oder z.B.:

(C:) T D T [S]
(B:) [D] Tp S D T

Bei der direkten diatonischen Modulation können Tonarten im Abstand von ein oder zwei Quintenzirkelentfernungen aufgesucht werden; bei der indirekten diatonischen Modulation (d.h. mittels mehrfacher Umdeutungsvorgänge) auch weitere Entfernungen.

Die Gestaltungsmöglichkeiten der einfachen diatonischen Modulationen sind so zahlreich, daß jede Einengung auf systematische Beispiele eine unzulässige Einengung bedeutete. Zur Vergegenwärtigung der zahlreichen Möglichkeiten: Untersuche die Modulation T — D anhand der Modulationswege in Klaviersonaten von Haydn, Mozart und Beethoven!

Modulation mit der Mollsubdominante:

Der Einbezug der Mollsubdominante, die von der Tonika um vier Quintzirkelgrade entfernter ist, gestattet diatonische Umdeutungen zu entfernt liegenden Tonarten.

Gebräuchliche Wege:

1) Im Quintenzirkel abwärts: Über die Mollsubdominante der Ausgangstonart, die in eine Stufe der Zieltonart umgedeutet wird;
2) Im Quintenzirkel aufwärts: Über die Mollsubdominante der Zieltonart, die über einen Mollakkord der Ausgangstonart erreicht wird.

Modulation mit dem Neapolitaner:

Der Einbezug der neapolitanischen Tonart / des neapolitanischen Sextakkords in den diatonischen Akkordvorrat gestattet noch weitere Entfernungen, da sie fünf Quintzirkelgrade von der Tonika entfernt ist.

Gebräuchliche Wege:

1) Im Quintenzirkel abwärts: Über den Neapolitaner der Ausgangstonart, der in einen Durakkord der Zieltonart umgedeutet wird;
2) Im Quintenzirkel aufwärts: Über den Neapolitaner der Zieltonart, der per Umdeutung über einen Durakkord der Ausgangstonart erreicht wird (zur tonalen Verdeutlichung: Den Durakkord bei der Umdeutung in Sextakkordform mit verdoppeltem Terzton bringen, = neapolitanischer Sextakkord).

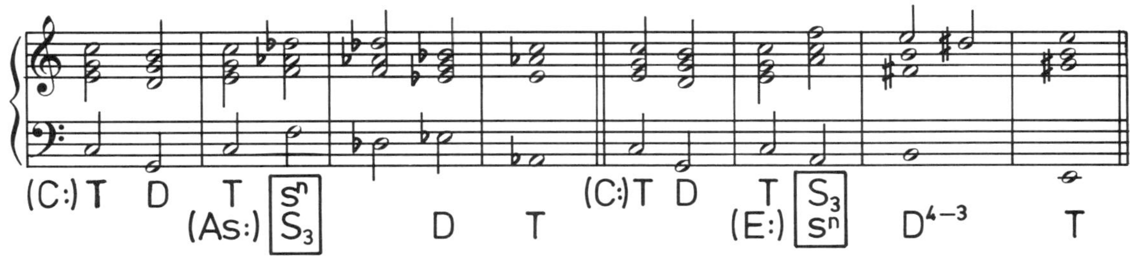

Literaturbeispiel: Robert Schumann, 1. Sinfonie, op. 38

NB 52 

(Man beachte, wie der helle A-Dur-Akkord nach dem Es-Dur einen völlig überraschenden Stimmungskern anschlägt, was auch in dem plötzlich vorgezogenen A-Dur-Klang der Streicher zum Ausdruck kommt.)

Modulation mit Variantik:

Der Wechsel eines harmonischen Zentrums, der durch die bloße Variantbildung (Vermollen eines Durakkords/Verduren eines Mollakkords) zustandekommt, ist in der konventionellen Tonsatzlehre meist verpönt:

(E-Dur:) T S D T | t |
(C-Dur:) | Dp | D^7_5 T

Es gibt jedoch aufschlußreiche Literaturbeispiele dazu:

L.v. Beethoven, „Klaviersonate", op. 27,2

NB 53a)

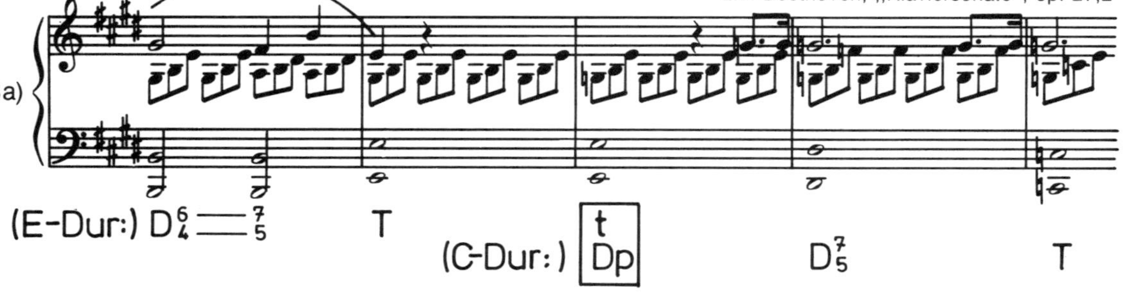

L.v. Beethoven, Klaviersonate, op.28

b)

Gebräuchlicher ist die Variantik als Modulationsmittel, wenn eine Dominante zwischen der Dur- und Mollform vermittelnd dazwischensteht:

(A-Dur:) T S T D^7_3 | t |
(C-Dur:) | Tp | S Sp $D^{6\,5}_{4\,3}$ T

Vgl. hierzu eine Stelle aus der Arie des Lukas aus Joseph Haydns „Die Jahreszeiten":

NB 54

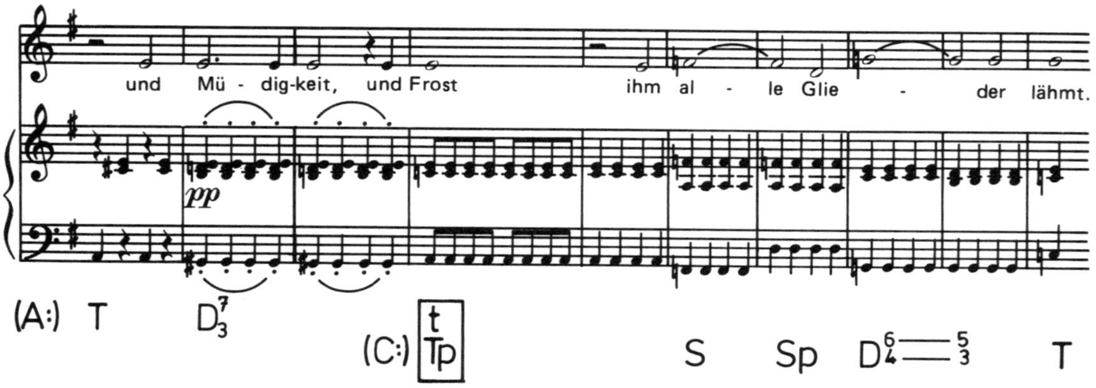

(Beachte, wie die Modulation von A-Dur zum dunkleren C-Dur mit dem Stimmungsumschlag bei „ihm alle Glieder lähmt" parallel geht.)

Als das üblichste der Modulationsverfahren mittels Variantik ist die Modulation mit dem Varianttrugschluß (siehe dazu § 10), auch „entlehnter Trugschluß" genannt, zu bezeichnen. Beispiele:

Literaturbeispiel: Franz Schubert, „Der Neugierige"

NB 55

§ 13 Chromatische Modulation

Der Wechsel eines harmonischen Zentrums mittels chromatischer Modulation ist der problemloseste und freieste. Ohne gemeinsame Töne oder Akkorde werden zwei Tonvorratssysteme allein durch die Kraft eines einzelnen chromatischen Melodieschritts aneinandergebunden.

Gebräuchliche Wege:

1) Im Quintenzirkel aufwärts: Ein leitereigener Akkordton wird hochalteriert und zur Terz eines Dominantseptakkordes;
2) Im Quintenzirkel abwärts: Ein leitereigener Akkordton wird tiefalteriert und zur Septime eines Dominantakkordes.

Hochalterationen der Töne des C-Dur-Dreiklangs:

a) Grundtonerhöhung — 2 Quinten; b) Quinterhöhung — 3 Quinten; c) Terzerhöhung — 6 Quinten (Achtung: Parallelen!)

Tiefalterationen der Töne des C-Dur-Dreiklangs:

a) Grundtonerniedrigung — 6 Quinten (Achtung: Parallelen!); b) Terzerniedrigung — 2 Quinten; c) Quinterniedrigung — 5 Quinten

Überzeugend sind chromatische Modulationen, wenn die Subdominante der Zieltonart angesteuert wird und der Terzton der Zwischendominante zu dieser Subdominante durch Hochalteration gewonnen wird (Modulationsschema rückwärts denkend entwickeln). Alle anderen Möglichkeiten (z.B. Ansteuern der Dominante oder einer Nebenstufe sind jedoch genauso gängig).

Vergleiche, wie im nachstehende Literaturbeispiel von Carl Maria von Weber durch die bloße Periodik die einfachen Modulationsakkorde G H^7 an Überzeugungskraft gewinnen. Beachte den Text „ein neues Gefühl mich durchbebt", der tonsprachlich den Tonartenwechsel motiviert:

NB 56

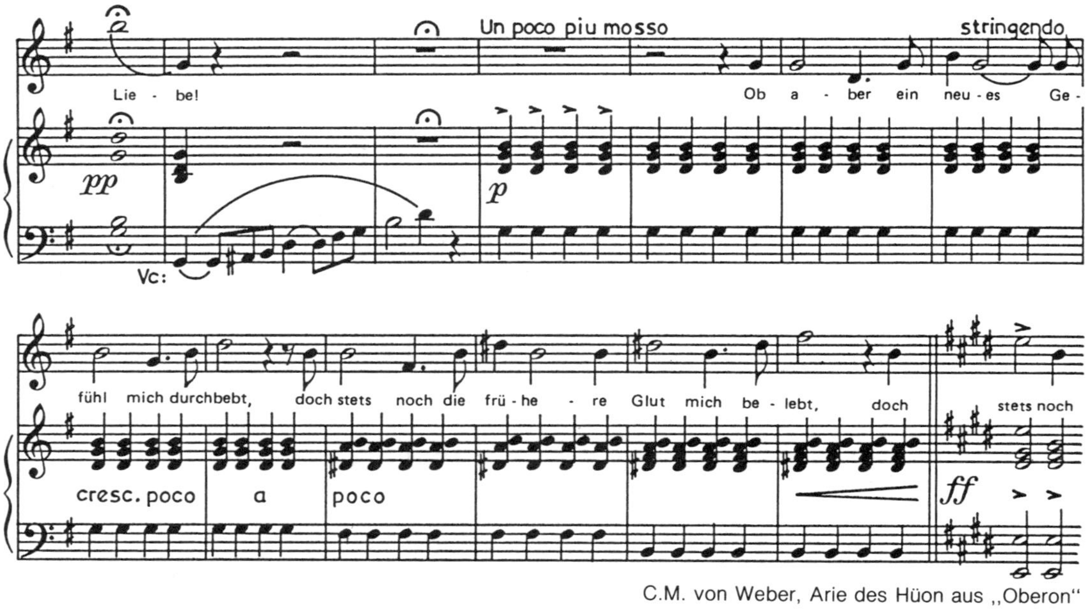

C.M. von Weber, Arie des Hüon aus „Oberon"

§ 14 Tonzentrale Modulation

Bei der „tonzentralen Modulation" (Alois Hába, 1893—1973) wird ein Ton oder seltener ein Tonpaar „zentriert" und in eine neue Akkordstruktur übernommen. Der Vorgang des Zentrierens ist oft deutlich nachzuvollziehen, wenn der in beiden Akkorden beibehaltene Ton „auskomponiert" wird (= exponierte Lage in Hauptstimme, Hervorheben durch Tonwiederholung, Instrumentation oder Unisonoführung).

Sehr häufig ist das Umdeuten eines Tones bzw. zweier Töne mit chromatischer Stimmführung in den Nebenstimmen verbunden. Deshalb wird in manchen Klassifizierungen der Modulationswege dieser Modulationsgang auch der chromatischen Modulation zugerechnet. Entscheidend für die Richtigkeit einer Klassifikation ist der Denkansatz des Komponisten, der sich meist sichtbar in der konkreten Komposition erschließen läßt. Ist die chromatische Stimmführung primär und auskomponiert, so handelt es sich um eine chromatische Modulation; ist die Zentrierung eines Tons oder Tonpaares primär und auskomponiert, so handelt es sich um eine tonzentrale Modulation.

Zentrierung eines Tones:

Jeder Ton eines Akkordes kann beibehalten (zentriert, auskomponiert) werden und Teil eines neuen Akkordes sein:

Beliebt ist hierbei die „Terzverwandlung“ (die zentrierte Terz wird zur Septime einer Dominante) und die „Quintverwandlung“ (die zentrierte Quinte wird Terz eines Dominantseptakkordes):

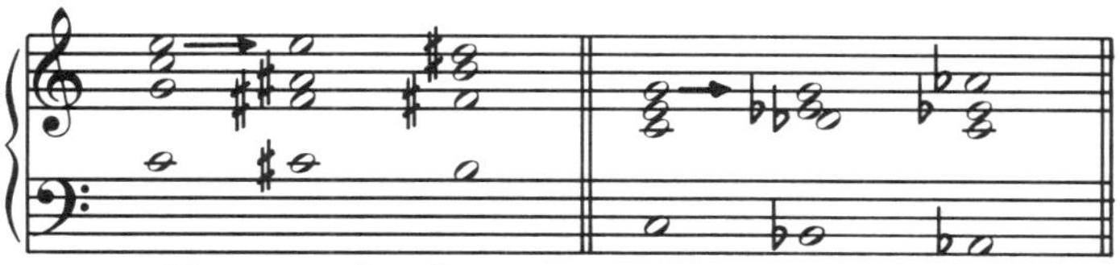

Literaturbeispiele:

NB 57

L.v. Beethoven, Adagio der 9. Sinfonie

NB 58

L.v. Beethoven, Finale der 9. Sinfonie, Übergang vom A-Dur zum Marsch in B-Dur

NB 59

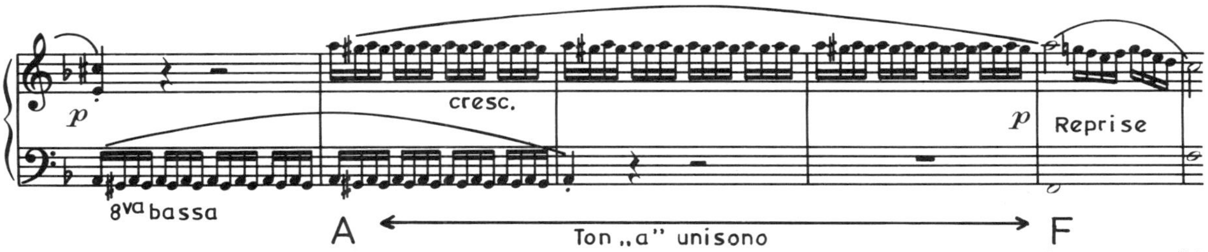

L.v. Beethoven, Violinsonate, op. 24

Eine besondere Art tonzentraler Modulation liegt vor, wenn die musikalische Substanz auf ein Unisono zentriert ist und damit gerückt wird („Unisono-Modulation“):

NB 60

J. Haydn, Arie des Simon aus „Die Jahreszeiten“

NB 61

L.v. Beethoven, Streichquartett, op. 18,1

Zentrierung zweier Töne:

Zwei Töne eines Akkordes beizubehalten und in einen neuen Klang zu überführen gab es schon in der Wiener Klassik (siehe die Beispiele bei Diether de la Motte, „Harmonielehre", S. 149 f.), ist aber vor allem bei den Vier-, Fünf- und Sechsklängen der Musik um 1900 wesentlich geworden. Die Möglichkeiten sind zahlreich und nicht weiter systematisierbar:

z.B.:

Schon früh bekannt war die Unterterzung („Terzschraube"), später die Überterzung. Je nach Einführen von Vorzeichen konnten hierbei individuelle Modulationswege begangen werden.

Am Ende der Einleitung von Robert Schumanns 1. Sinfonie B-Dur findet sich z.B. eine große auf einer „Terzschraube" basierende Rückmodulation von D-Dur nach B-Dur (T. 25—38):

§ 15 Modulation mit tonaler Rückung

Ein Modulationsweg, der sich per definitionem einer systematischen Darstellung entzieht, ist die Modulation mit tonaler Rückung. Um überraschend, „entrückt", spielerisch zufällig (z.B. in Scherzo und Cappriccio) oder bestürzend zu wirken, wird hier auf jede setzerische Erklärung des Zusammenhangs zweier tonaler Felder verzichtet. Daß sich dennoch Erklärungsmodelle aufdrängen (z.B. Mediantik, Chromatik) liegt in der Kohärenz des durmolltonalen Systems begründet. Im weitesten Sinne stellt Modulation mit tonaler Rückung die harmonische Weiterentwicklung der rhetorischen Figur der „Ellipsis" dar (= Auslassung, unvermuteter Übergang in einen neuen musikalischen Gedanken). Modulation mit tonaler Rückung ist in kurzen Satzbeispielen nicht darstellbar, weil sie meistens mit formaler Änderung (Übergang bei Formteilen, Änderung von Motivik, Rhythmik, Begleitfiguren etc.) verbunden ist.

Literaturbeispiele:

NB 62

J. Haydn, Repriseneinleitung der Klaviersonate Es-Dur, 1798

Beachte die chromatische Rückung zur Dominante B^7 von Es.

NB 63

L.v. Beethoven, Klaviersonate B-Dur, op. 106

Beachte, wie mit einer Rückung von B-Dur nach D-Dur in die Tonart G-Dur (= Tonart des Seitensatzes) moduliert wird.

NB 64

L.v. Beethoven, 7. Sinfonie A-Dur, op. 92

Beachte den Tonartenwechsel (hier allerdings nur als vorübergehende Ausweichung erkennbar) mit mediantischer Rückung.

§ 16 Enharmonische Modulation

Von der enharmonischen Modulation zu unterscheiden ist die einfache enharmonische Umdeutung eines Dreiklangs und die damit verbundene Weiterführung der Tonarten. Beispielsweise von es-Moll ausgehend nach dis-moll und weiter nach Fis-Dur fortzuschreiten ist lediglich eine Änderung der Notation (verbunden mit einer einfachen diatonischen Modulation von dis-Moll nach Fis-Dur), - jedoch keine enharmonische Modulation.

Enharmonische Modulation erfolgt durch die enharmonische Umdeutung eines Leittones, dessen Streberichtung dadurch geändert wird und bei Umpolung des Klanges (mit enharmonisch unveränderter Struktur) zu einer neuen Funktion (meist Dominantfunktion) führt.

Man unterscheidet enharmonische Umdeutungen von symmetrischen Akkorden, ,,Isointervallakkorden" (wie verminderter Septakkord, übermäßiger Dreiklang, Tritonusklang, Ganzton- und Zwölftonklang), sowie die enharmonische Umdeutung von alterierten Akkorden und Vierklängen (übermäßiger Sext- und Quintsextakkord, Dominantseptakkord). Als Funktionssymbol für enharmonische Umdeutung kann ~ oder ≅ verwendet werden.

Umdeutung symmetrischer Akkorde:

Der *übermäßige Dreiklang* (zunächst nur als Vorhaltsakkord, dann als alterierter Dreiklang, dann als freier Klang verwendet) bietet die Möglichkeit, in drei im Großterzabstand zueinander stehende Akkorde umgedeutet zu werden:

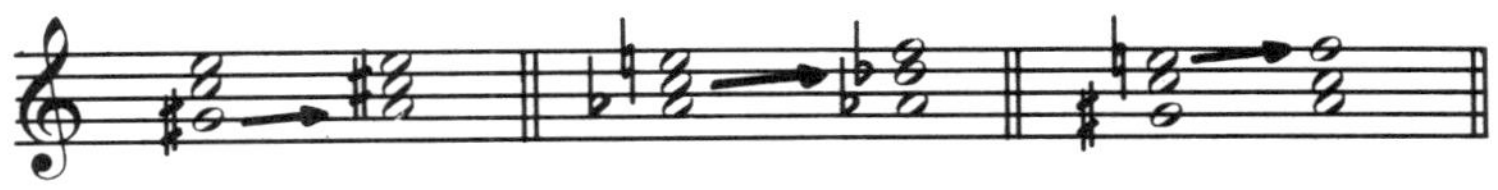

Modulationsskizze im vierstimmigen Satz z.B.:

Der *verminderte Septakkord* (siehe dazu § 4) bietet die Möglichkeit, in vier im Kleinterzabstand zueinander stehende Akkorde umgedeutet zu werden:

Methodik: Wir setzen den verminderten Septakkord der Tonika (= Septakkord über dem Leitton der Ausgangstonart) und überprüfen, welcher seiner vier Töne der geeignetste Leitton ist, um in einen Akkord zu gelangen, der in der Kadenz der Zieltonart sinnvoll angestrebt werden kann (z.B. Subdominante, Subdominantparallele, Tonikaparallele). Modulationsskizze im vierstimmigen Satz, z.B.:

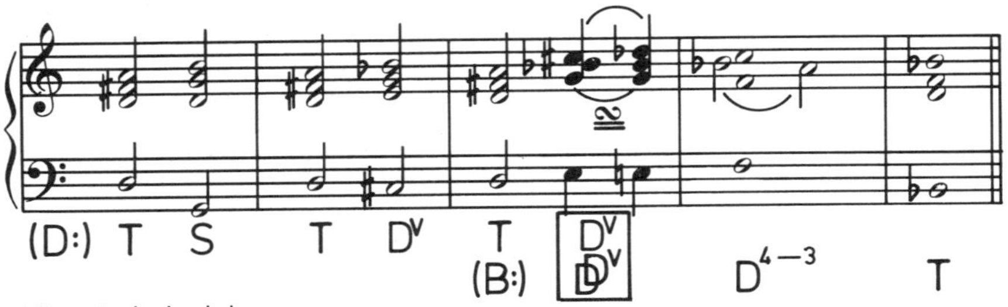

Literaturbeispiele:

NB 65

W.A. Mozart, „Ave verum", KV 618

NB 66

L.v. Beethoven, Klaviersonate c-moll, op. 13

Umdeutung alterierter Akkorde:

Durch Alteration von Vierklängen lassen sich eine Reihe von Akkorden erzeugen, deren Klangstruktur bei enharmonischer Verwechslung gleichartig ist und damit mehrere harmonische Interpretationsmöglichkeiten zuläßt. Richard Wagners „Tristan"-Harmonik beruht z.B. wesentlich auf der enharmonischen Vieldeutigkeit von Vierklängen, insbesondere des „Tristan"-Akkords (siehe dazu § 21). Bereits in der Zeit nach 1750 (Harmonik der „Freien Fantasie") und dann ausgeprägt in der Wiener Klassik wurde der übermäßige Quintsextakkord aufgrund seiner enharmonischen Klangidentität mit dem Dominantseptakkord als vielbenutztes Modulationsmittel geschätzt. Betrachte z.B. folgende enharmonische Lesearten des D^7:

a) konventionelle Auflösung des D^7 in die Tonika;
b) Interpretation als Subdominantquintsextakkord (sixte ajoutée) mit hochalterierter Sexte, die sich in den Sextvorhalt des kadenzierenden Quartsextakkordes auflöst;
c) Interpretation als dominantischer übermäßiger Sextakkord;
d) Interpretation als doppeldominantischer übermäßiger Quintsextakkord.

Modulation mit dem übermäßigen Quintsextakkord:

Die modulatorischen Möglichkeiten beruhen auf der enharmonischen Umdeutungsmöglichkeit der übermäßigen Sexte als kleine Septime.

Dies eröffnet zwei gebräuchliche Wege:

1. Im Quintenzirkel aufwärts: Ein Dominantseptakkord der Ausgangstonika wird in einen übermäßigen Quintsextakkord umgedeutet, der entweder dominantisch oder doppeldominantisch weitergeführt wird;
2. Im Quintenzirkel abwärts: In der Ausgangstonart wird der übermäßige Quintsextakkord gesetzt (Methodik: Tonikadreiklang rückt chromatisch nach oben, dazu der Leitton in der Oberstimme!), der dann zum einfachen Dominantseptakkord umgedeutet wird.

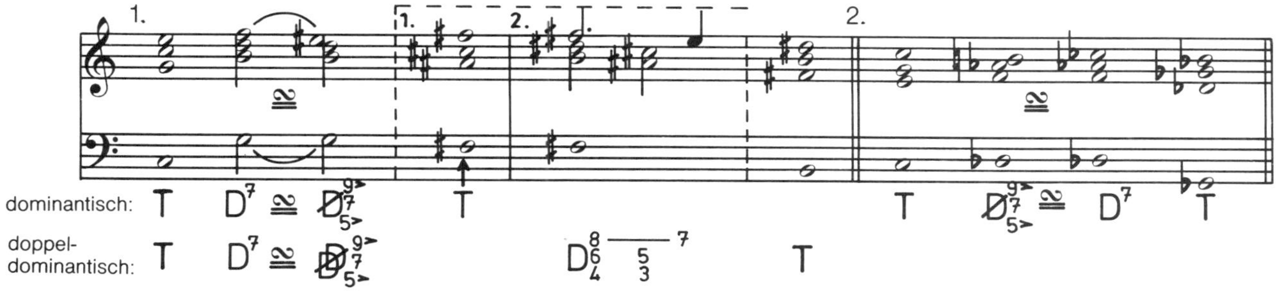

Literaturbeispiele:

NB 67

C.M. von Weber, „Freischütz"

Beachte die harmonische Aufhellung bei „schöne . . ." und der Szenenweisung „ . . . daß man eine sternenhelle Nacht sieht".

NB 68

W.A. Mozart, Klaviersonate a-moll, KV 310

NB 69

L.v. Beethoven, Klaviersonate, op. 10,2

NB 70

F. Schubert, „Einsamkeit"

Beachte, wie die harmonische Aufhellung die Bejahung („so elend nicht") unterstützt.

NB 71

A. Dvořák, Biblische Lieder, op. 99,9

§ 17 Modulation mit Sequenzen

Bereits in der Barocksequenz konnte auf jeder Sequenzstufe - legitimiert durch Einfügen eines Vorzeichens - innegehalten und die Sequenz verlassen werden, um in eine diatonisch verwandte Tonart zu gehen:

Die in sich stimmigen Akkordfortschreitungen innerhalb einer Sequenzkonstruktion stellen ein eigenes Regelsystem dar, das der harmonischen Interpretation durch kadenzierende Harmonik nicht bedarf. Erst beim Verlassen des Regelsystems einer Sequenz müssen wieder kadenzierende Akkorde hinzugefügt werden. Im Laufe des 19. Jahrhunderts hat man diesen Freiraum der Sequenzharmonik für vielfache Modulationsgänge individuell genutzt.

Literaturbeispiele:

NB 72

L.v. Beethoven, Klavierkonzert G-Dur, op. 58, Beginn des Orchestereinsatzes

(Harmonieskizze)

NB 73

F. Liszt, „Liebestraum" Nr. 3 As-Dur

Beachte den Sequenzgang des As f C a E (cis).

NB 74 

A.Bruckner, Antiphon „Tota pulchra es Maria", 1878

Beachte den „neo-barocken" Stufengang: 

§ 18 Chromatische Terzverwandtschaft (Mediantik)

NB 75 

H. Schütz, Davids Psalmen, 1628

Das System der Durmolltonalität basiert auf dem Intervall der Quinte. Etwa seit 1800 trat zur Quinte jedoch immer mehr die Terz in ein Konkurrenzverhältnis. Nicht nur als klangliches Element, sondern auch als konstruktives Intervall (z.B. ersetzte Ludwig van Beethoven mehrfach die Dominantstruktur zwischen erstem und zweitem Thema seiner Sonatenhauptsätze durch eine Großterzbeziehung). Auf Terzen beruhende Harmonik wurde im Laufe des 19. Jahrhunderts solcherart bedeutsam, daß Musiktheoretiker die Großterzbeziehung als akustisches Elementarphänomen anerkennen mußten, um Erklärungssysteme für die komponierte Musik geben zu können. In der Funktionstheorie der Leipziger Schule (Hugo Riemann, Hermann Grabner u.a.) mußte das Symbol M (für „Mediante") gleichberechtigt neben T, S und D gestellt werden.

Folgende Systematik zeigt die terzverwandten Akkorde von C-Dur:

Diatonische Terzverwandtschaft

I. Akkorde mit zwei gemeinsamen Tönen; im harmonischen Feld um C-Dur als nahe Verwandte integrierbar (Tonikaparallele und Tonikagegenklang)

I. 

Chromatische Terzverwandtschaft

Medianten:

II. Akkorde mit nur einem gemeinsamen Ton; im harmonischen Feld um C-Dur als entferntere Verwandte nur bedingt integrierbar a): als Molltonikaparallele und Molltonikagegenklang; b): als Durvarianten der leitereigenen Tonikaparallele und -gegenklang.

II. a) / b) 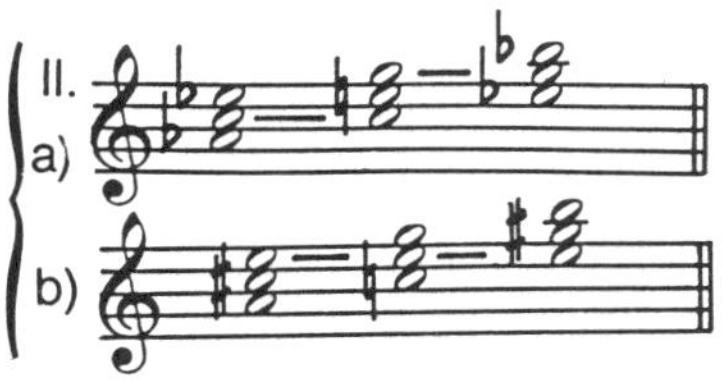

III. Akkorde ohne gemeinsamen Ton; im harmonischen Feld um C-Dur nur noch als sehr entfernte Verwandte zu bezeichnen.

III. 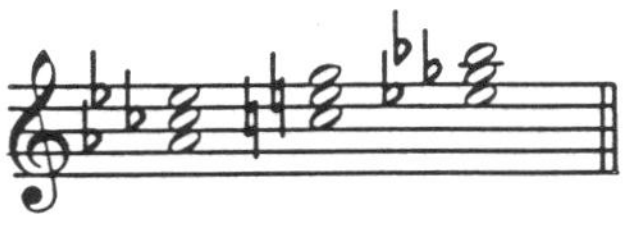

Alle funktionalen Deutungsversuche der Medianten (= chromatisch terzverwandte Akkorde) sind unbefriedigend und wertlos. Das Moment der mediantischen Rückung, der tonalen Sprunghaftigkeit tragen die chromatischen Terzverbindungen wesenhaft in sich; funktionale Deutungen (wie z.B. bei der Folge C-Dur, A-Dur, d-Moll die plausible Deutung des A-Dur als Zwischendominante zu d-Moll) treten gegenüber dem eigenständigen und starken Klangwert mediantischer Verbindungen in den Hintergrund.

Wie folgende Beispiele verdeutlichen, lassen sich mediantische Folgen in der kompositorischen Praxis nicht zwingend organisieren (im Gegensatz zu Quintfolgen) und haben stets den Charakter einer „Reihung“:

NB 76

F. Liszt, Schlußtakte aus „Orpheus“, 1854

NB 77

R. Wagner, Gesang der Erda in „Siegfried“, III. Akt, 1871

Auflösungstendenzen nach 1800:

Zu den Phänomenen, die eine Geschlossenheit des durmolltonalen Systems in Frage stellten, gehörten neben der bereits beschriebenen Verselbständigung der Terzharmonik (Mediantik) vor allem 1. die polyphone Durchdringung des Satzes (Überlagerung der Harmonik durch das Melos), 2. die Emanzipation des funktionsfreien Klangwertes und 3. die Chromatisierung der Harmonik. Dazu Erläuterungen:

§ 19 Die polyphone Durchdringung des Satzes

Die Verselbständigung der Stimmführung verschleiert den tonalen Zusammenhang von Akkorden und deren Funktionalität. Tonika wie auch die anderen Hauptfunktionen verlieren dadurch ihre harmonische Wertigkeit. Einstige Verknüpfungsregeln werden relativiert. Durmolltonale Harmonik wird vom Melos überlagert und zu neuartigen Klängen gestaltet.

Beispiel: Nichtauflösung von Vorhalten führt zu neuen Spannungsklängen (der Ton f als Vorhalt im verminderten Septakkord cis-g-b-e wird erst zum Ton f geführt, wenn der nächste Klang E^7 - der sich übrigens in vierfacher Leittönigkeit anschließt - erreicht ist).

NB 78

R. Wagner, „Götterdämmerung“

Nicht nur eine Stimme kann einen Akkord überlagern, sondern auch ganze Akkorde können polyphon sich durchdringen und zu bislang unbekannten Klangwirkungen (Verschleierung, Intensivierung von Spannungen) führen. In Beethovens „Schreckensfanfare“ seiner 9. Sinfonie überlagern sich d-moll und dessen verminderter Septakkord; in Bruckners 9. Sinfonie spielt die Flöte bezogen auf ein Klangzentrum H-Dur dessen Neapolitaner C-Dur, während die vier Tuben dessen Dominante Fis-Dur (mit tiefalterierter Quinte im Baß) aushalten.

NB 79a) 

L.v. Beethoven, Sinfonie Nr. 9

b) 

A. Bruckner, Sinfonie Nr. 9

Beispiel: In R. Schumanns Nachspiel zum Liederzyklus ,,Dichterliebe" ist die konventionelle Stimmigkeit aufgehoben (sind es drei oder vier Stimmen? Wo ist die Hauptstimme?); zu Beginn überlagern sich Tonika und Dominante; die Oberstimme überlagert die Akkorde meist mit nach oben aufgelösten Vorhalten.

NB 80 

§ 20 Emanzipation des funktionsfreien Klangwertes

Reizhafte Klänge (z.B. alterierte Akkorde oder Akkorde mit Sekundajoutierungen) werden zunehmend ohne nennenswerte Bindung an Kadenzharmonik gesetzt, - als Klangfeld über längere Zeit ausgespielt oder ohne Auflösung bzw. konventionelle Fortführung transponiert. Impressionistische Klangwirkungen werden auf diese Weise vorweggenommen.

Beispiel: Franz Schuberts Lied ,,Die Stadt" basiert in seinem ganzen Mittelteil auf einem verminderten Septakkord.

NB 81 

Beispiel: Die Sekunde h - cis hat in Robert Schumanns Lied „Mondnacht", op. 39,5 (1840) einen klanglichen Eigenwert (man findet sie im Beispiel zu Beginn und im letzten Takt), der durch die behutsam gleitenden Akkorde in polyphoner Auflösung nicht beschädigt wird.

NB 82

Beispiel: In Robert Schumanns Lied „Auf das Trinkglas eines alten Freundes", op. 35,6 (1840) wird der Dominantseptakkord in seinem Klangwert auskomponiert, ohne daß eine konventionelle Auflösung erfolgt.

NB 83
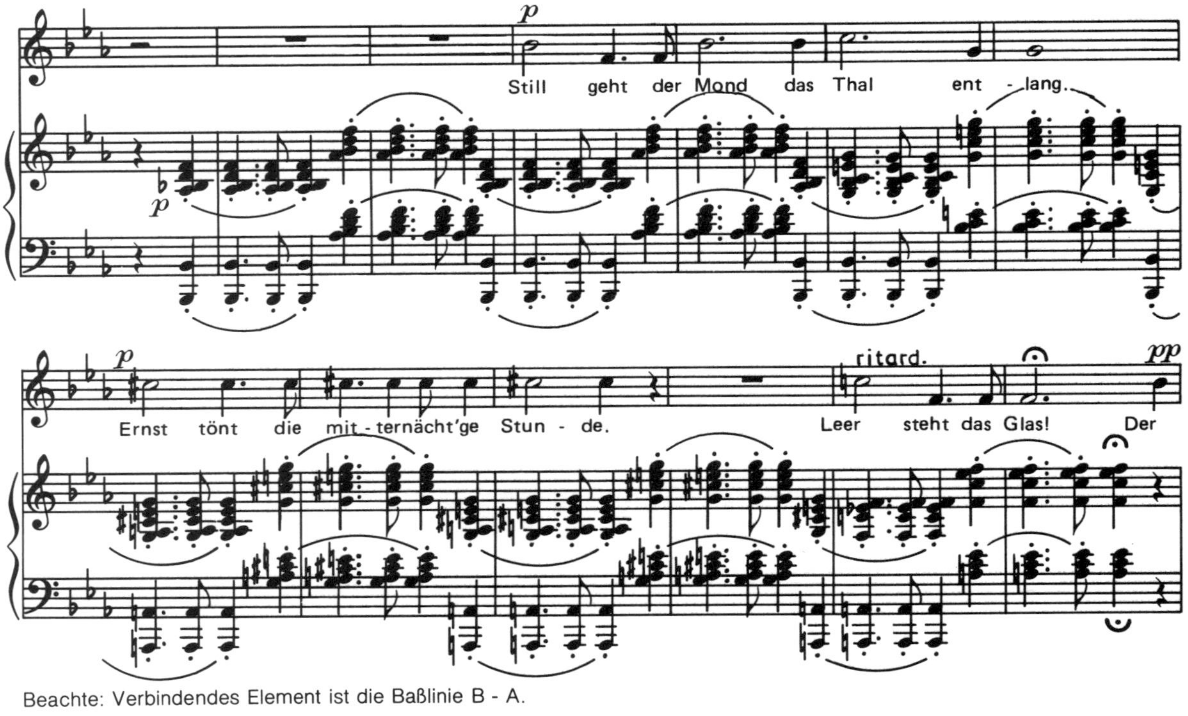

Beachte: Verbindendes Element ist die Baßlinie B - A.

Harmonik ist in diesen Beispielen zu einem selbständigen „Farbwert" geworden, der vom Komponisten eigenständig gesetzt werden kann. In diesem Sinne werden viele Melodien nicht mehr nach durmolltonalen Gesetzmäßigkeiten harmonisiert, sondern gleichsam nur noch durch harmonische Farbwerte „beleuchtet".

Beispiel: Vergleiche, wie Franz Liszt durch verschiedene Harmonien den Ton f bzw. e in unterschiedliches Licht zu tauchen versteht.

NB 84 a)
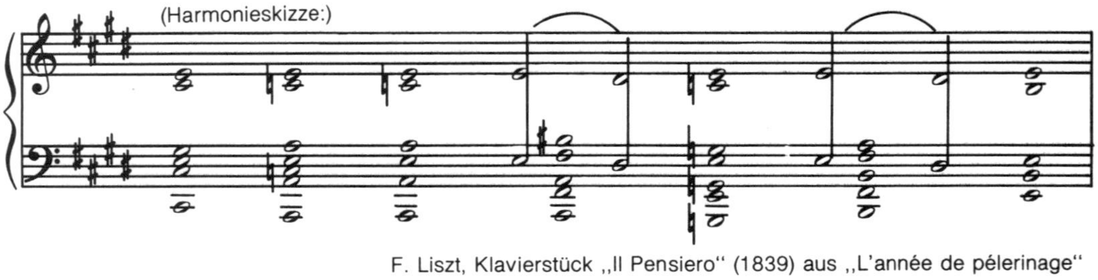

F. Liszt, Klavierstück „Il Pensiero" (1839) aus „L'année de pélerinage"

b) 

F. Liszt, Klavierstück „Consolation“ Nr. 3, (1850)

Beispiel: Vergleiche, wie R. Schumann in seinem Lied „Zwielicht“ op. 39, 10 (1840) eine Melodie in anderer harmonischer Farbe wieder aufgreift.

NB 85 a) 

b) 

§ 21 Chromatisierung und Enharmonik

Seit der Generalbaßzeit gab es - vor allem in der Klaviermusik - chromatische Satzmodelle, die funktionsharmonisch nur umständlich, griffmäßig jedoch leicht zu erklären waren; dazu gehörte z.B. die „vermischte Leiter“ von Abbé Vogler (1749—1814), der auch folgende Stelle aus Beethovens Oper „Fidelio“ zuzurechnen ist:

Die Wache (Männerchor) 

Der chromatische Schritt bzw. der Leitton hat im temperierten Tonsystem, in welchem er die kleinste melische Zelle darstellt, eine überzeugende Fortschreitungskraft, die keiner weiteren Erklärung bedarf. Anstelle der harmonisch-tonalen Legitimation einer Akkordprogression konnte deshalb zunehmend auch die Legitimation durch leittönigen Anschluß treten, was zur beschriebenen Alterationsharmonik und zu einer Chromatisierung des Tonsatzes führte. Chromatische Vorhalte (Leittoneinstellungen) konnten dabei zunehmend ohne melodische Vorbereitung auftreten, wie es z.B. zu Beginn des „Tristan“-Akkordes geschah:

In seiner einfachsten Deutung stellt das frei eintretende gis eine Leittoneinstellung zum a dar, das als Septime in einem H-Dur (mit tiefalterierter Quinte im Baß) akkordeigen ist. Das ais im 4. Takt ist ein chromatischer Vorhalt zur Quinte von E-Dur, der aus der chromatischen Linie erreicht wird.

Die Chromatisierung des Satzes im 19. Jahrhundert ging immer mit einer Tendenz zur Enharmonik parallel (die Isolierung und Verselbständigung des chromatischen Einzeltones führte zur Erkenntnis, daß es nur 12 gleichberechtigte Töne im temperierten Tonsystem gibt). In seiner enharmonischen Sphinxhaftigkeit liegt das eigentlich Besondere des vielmals gedeuteten ,,Tristan"-Akkordes. Der Anfangsakkord f-h-dis-gis kann z.B. auch in dis-moll als Mollsubdominante mit Sexte im Baß gelesen werden:

Ein ähnlicher Umdeutungsmechanismus:

(A28) Untersuche nachstehende Satzausschnitte auf die Bedeutung der chromatischen Fortschreitungen hin. Welche bekannten Akkordfortschreitungen können entdeckt werden? Wo lassen sich tonale Felder assoziieren, die eine funktionale Interpretion erlauben?

a)

H. Wolf, ,,Nur wer die Sehnsucht kennt"

b)

C. Franck, Choral h-moll für Orgel

c) 

F. Chopin, Mazurka, op. 7,2

d) Harmonieskizze aus R. Wagners ,,Tristan“ (I. Akt, 4. Szene)

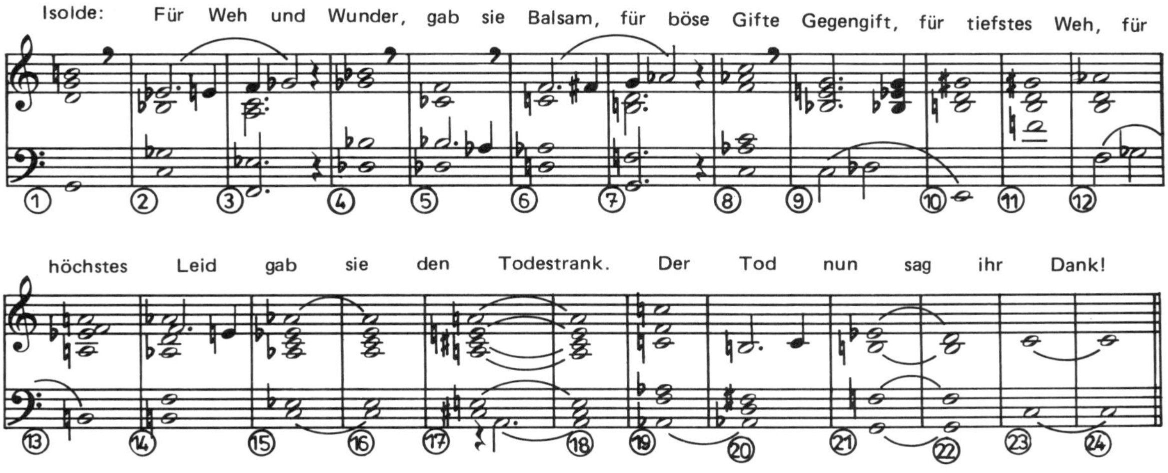

Kapitel X

Harmonik nach 1900: Klangfindung und Klangstruktur

Norbert Jürgen Schneider

Als Organisationsprinzip des musikalischen Satzes spielt die Harmonik in der Musik nach 1900 nicht mehr die entscheidende Rolle, die ihr im Zeitraum vom 17. Jahrhundert bis zum 19. Jahrhundert zukam: Rhythmik, Klang- und Geräuschfarben und vor allem die Melodik haben die Harmonik in den Hintergrund treten lassen. Hinzu kommt, daß sich die Vielfalt der vertikalen Erscheinungen in der Musik nach 1900 nur noch schwerlich systematisieren läßt, und daß der Begriff von ,,Harmonie" als eines ,,Zusammenklingens" für viele Klangphänomene unangebracht ist (Erinnert sei an den gegenteiligen Begriff ,,Diaphonie", der in der griechischen Musiklehre das ,,Auseinanderklingen", die Dissonanz, bezeichnete.).

Die Emanzipation der Dissonanz ist eine der wichtigsten Entwicklungen in den Mehrtonbildungen - wir wollen sie im Folgenden ,,Klänge" nennen - nach 1900: Konsonanz und Dissonanz bilden kein Gegensatzpaar mehr, sondern sind allenfalls noch ideelle Pole einer Skala von ,,Klangspannungen", die von ,,völlig entspannt" bis ,,größtmögliche Anspannung" reicht.

Der ,,Dreiklang" bzw. ,,Akkord" der harmonisch-tonalen Musik ist als Satzphänomen nach 1900 weitgehend durch den ,,Klang" abgelöst worden. Die neutrale Bezeichnung ,,Klang" legt nahe, daß der Hörer sich mit keinerlei festem Vorwissen in das Hörerlebnis begeben darf, daß er bezüglich der Struktur des Klanges offen zu sein hat. Jede erdenkbare Klangstruktur ist jetzt möglich. Die Radikalität dieser Aussage wird z.B. deutlich im ,,Cluster", der eine Klangballung darstellt, in welcher der Einzelton kein distinktes Element mehr ist.

NB 1

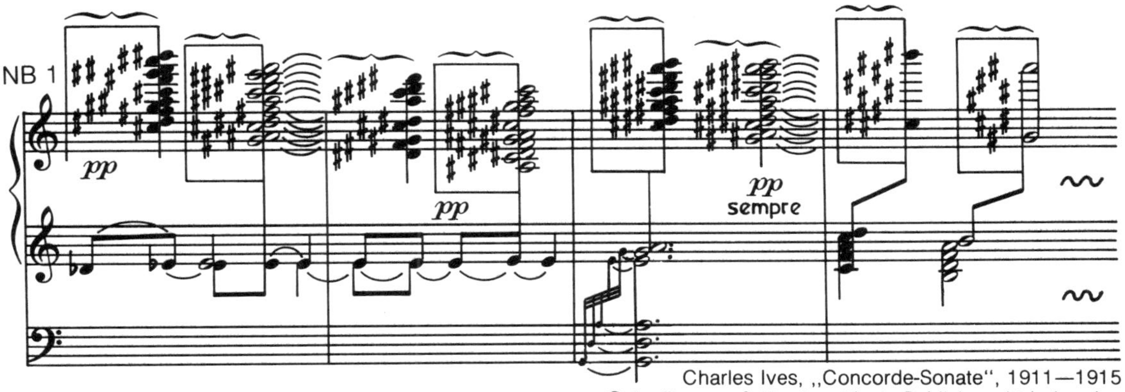

Charles Ives, ,,Concorde-Sonate", 1911—1915

Die mit dem ,,Cluster" initiierte Entwicklung eines Komponierens mit Klängen, die für das Ohr kaum mehr analytisch aufschlüsselbar sind, kulminierte in der Klangfarbenmusik nach 1960. Bei der Gestaltung der Klangflächen und Klangbänder gingen dabei die Erfahrungen ein, die viele Komponisten der 50er Jahre in den elektronischen Studios gemacht hatten. Dort wurde das Innenleben der Klänge studiert, ihre akustischen Grundlagen experimentell überprüft und hörbar gemacht. Man hatte z.B. entdeckt, daß die Trägheit des Ohres bei einer Abfolge auditiver Signale von mehr als 16 Einheiten pro Sekunde nicht mehr das Einzelsignal wahrnimmt, sondern eine übergeordnete statische Einheit (analog zum Auge, das auch die Filmbilder bei 19 Einheiten pro Sekunde nicht mehr in visuelle Einzelsignale aufzulösen vermag). Auf der Basis solchen Wissens konnten dann stufenlos Klangmodifikationen komponiert werden, deren Notation oft aufschlußreicher als die herkömmliche Notierung ist.

Folgende Graphik gibt Aufschluß über ein Klangfeld (Klangbreite, Klangdichte, Klangstärke sind z.B. den Umrissen und der Intensität der Schraffierung zu entnehmen), das von 24 Streichern erzeugt wird: Liegestimmen mit Trillern unterschiedlicher Ausführung und schnellste Tonrepetitionen sind vom Komponisten organisiert und ergeben in ihrer statistischen Häufung den gezeigten Klang:

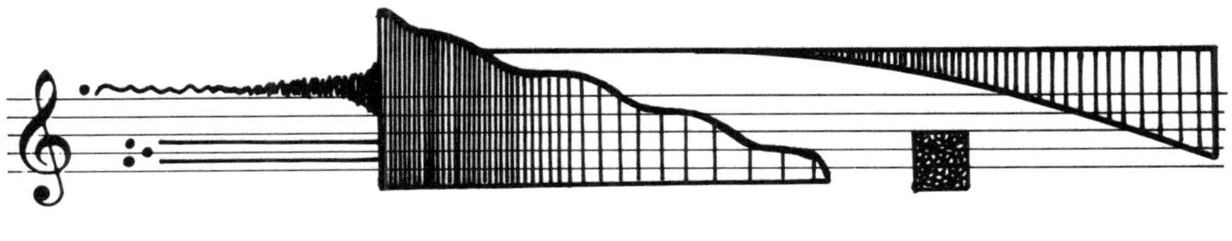

Nachstehender Text versteht sich weniger als historische Darstellung der Tendenzen in der Harmonik von 1900 bis etwa 1940, sondern will in einer stichprobenartigen Systematik verschiedene wichtige Prinzipien der Organisation und Findung von Klängen benennen und vorführen. Die zum Teil damit verbundenen Satzübungen sind keine Anleitung zur Komposition, sondern eine spielerische Vertiefung des Stoffes unter dem Aspekt der gehörsmäßigen Aneignung.

Gliederung:

§ 1 Klanganlayse (Klangspannung und Klangbasis)
§ 2 Leittoneinstellungen (Chromatisierung des Satzes)
§ 3 Freie Atonalität
§ 4 Nebentoneinstellungen
§ 5 Distanzharmonik
§ 6 Mixturen und organale Klangtechniken
§ 7 Modale Harmonik (Kirchentonale Harmonik)
§ 8 Klangfelder - Feldkomposition
§ 9 Zentralklangtechnik
§ 10 Bi- und polytonale Klänge
§ 11 Vertikalität aus Horizontalität

§ 1 Klanganalyse (Klangspannung und Klangbasis)

Klänge, die sich des konventionellen, temperierten Tonsystems mit seinen (in enharmonischer Reduktion) zwölf Tönen bedienen, können nach Klangspannung und Klangbasis (Klanggrundton) klassifiziert werden. Eine Klangtypologie, die sich nur am vertikalen Befund des Einzelklanges orientiert (wie in den folgenden Beispielen), ist allerdings unzureichend. Melodische Entwicklungen, Motivik, klangliches Umfeld, Art der Klangverbindungen (Zentraltönigkeit, Reihentechnik, organale Weiterführung etc.) sind für die Klanganalyse ebenso wichtig.

Klangspannung: Die ,,Einzelintervallanalyse" gibt Aufschluß über die Spannungen im Klanginneren: ,,Konsonante" Intervalle und ,,dissonante" Intervalle in weiter Lage ergeben z.B. in ihrer Summe eine mildere Klangspannung als dissonante Intervalle in enger Lage.

,,Harmonisches Gefälle" nannte Paul Hindemith die Abfolge von Klangspannungswerten (diese kann z.B. kontinuierlich steigend sein oder irregulär und sprunghaft).

Klangbasis: Intervalle mit einfachem physikalischen Bau sind stabil und können einen Klang tragen, d.h. als Grundton fungieren: Quinte (2:3), Quarte (3:4), Große Terz (4:5) und bedingt auch die Oktave (1:2). Nach Paul Hindemiths ,,Unterweisung im Tonsatz" kann Grundton eines Klanges sein: Der untere Ton einer Quinte (bei mehreren Quinten ist die am tiefsten liegende Quinte ausschlaggebend; bei Quarten (die nur in Betracht kommen, wenn kein Quintintervall existiert) der obere Ton des Intervalles (bei mehreren Quarten zählt die tiefstliegende); bei der Terz (die wiederum nur zur Grundtonbestimmung dienen kann, wenn keine Quinte oder Quarte im Klang enthalten ist), stellt der untere Ton den Grundton dar.

Beispiele:

a) b) c)

a) Grundton = f' (da Quinte). Mittlere Klangspannung, da z.B. Terzen, Quinte, Septimen, None, Sekunde, Tritonus.
b) Grundton = a' (da Quarte). Starke Klangspannung, da z.B. drei kleine Sekunden, 2 Tritoni, 3 Quarten, enge Lage.
c) Grundton = b (da Quinte). Milde Klangspannung, da z.B. Sexte, übermäßige Quinte, weite Lage.

NB 2a)

P. Hindemith, ,,Mathis der Maler", Beginn der ,,Grablegung"
© by B. Schott's Söhne, 1935, renewed 1963, English version: © by B. Schott's Söhne, Mainz 1970

Modifikationen anhand ausgewählter Beispiele:

In ihrer Klangspannung sich steigernde, nach dem 5. Klang wieder entspannende Klänge. Ob im 5. Klang die untere der drei Quarten grundtonbestimmend ist, darf angezweifelt werden, da die obere Quarte (d.h. der Ton c) eindeutig tonikale Funktion - aus dem Gesamtkontext her gelesen - hat. Schluß der Phrase auf einem stabilen Klang: Quinte und Oktave sowie Quarten und Septime geben Festigkeit und Klangreiz zugleich.

b)

A. Scrjabin, ,,Prélude", op. 74,1
© by Boosey & Hawkes Music Publishers Ltd., London

Für einen Schlußakkord des ersten ,,Prélude" ist der Klang sehr angespannt: Tritonus im Baß, Quarte, mehrfach (enharmonisch) geschachtelte Sexten, Septime, None. Sechstöniger Klang in weiter Lage. Die Quarte d—g zur Grundtonbestimmung zu verwenden fällt schwer. Einleuchtender scheint die Terz Fis-Ais, - vor allem wenn man übergeordnet weiß, daß Scrjabin die Tiefalteration der Quinte schätzte. Deutet man das his als originale Quinte cis, so ergibt sich ein Fis-Dur-Klang mit Septime, None und ajoutierter kleiner Sexte.

I. Strawinsky, Schlußakkord des ,,Cortège" aus ,,Sacre du printemps" © by Boosey & Hawkes Music Publishers Ltd., London

c)

Der siebentönige Klang wirkt zum einen komplex, ist aber zum anderen von nur mittlerer Klangspannung. Gründe: Die extrem weite Lage; die stabile harmonische Basis, die dem Ohr eine versöhnende Hörperspektive gibt; das Vorherrschen der Terzenschichtung; die innere Quintstruktur der sieben Töne:

d)

D. Milhaud, ,,Mazurka" aus dem ,,Album des Six", © by Editions Demets, Paris

In den meisten Fällen sind Klänge in der Musik nach 1900 nicht eindeutig definiert, sondern müssen im melodischen Kontext bestimmt werden. Die linke Hand des Beispiels gibt eine einfache Akkordfolge D^7—C^7 an, die durch die Melodik entscheidend relativiert wird: Der erste Klang erhält mit dem b' (Zentralton der ganzen Komposition) eine charakteristische Sexteinfärbung und mit dem as' eine Tiefalteration der Quinte; der zweite Klang erhält auf den Zählzeiten jeweils None, Undezime und Tredezime, was bitonale Klangreize (C-Dur - D-Dur) bewirkt. Im Detail finden sich dazu weitere Spannungstöne, - z.B. g-fis (3. Achtel im zweiten Klang) und e-d (1. Achtel im zweiten Klang).

§ 2 Leittoneinstellungen (Chromatisierung des Satzes)

Aus der Alterationsharmonik und dem Primat der Dominantwirkung innerhalb der Durmolltonalität entwickelte sich gegen 1900 der chromatische Schritt als eine melische Zelle, die sich verselbständigte und keiner tonalen Erklärung mehr bedurfte (vgl. hierzu S. 183). Chromatik ist vor allem nach 1900 - aber noch weit in das 20. Jahrhundert hinein - eines der wichtigsten Mittel zur Klangfindung geworden.

Regel: Jeder Klang wirkt noch im durmolltonalen System legitim, wenn seine Töne (vornehmlich) über eine Leittonstellung erreicht worden sind.

NB 3

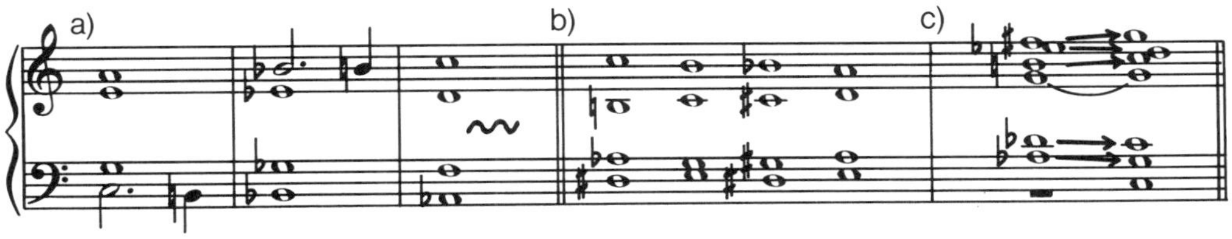

a) Drei einfache Akkorde (C-Dur mit hinzugefügter Sexte - es-Moll - f-Moll mit hinzugefügter Sexte) werden durch die chromatischen Durchgänge h-c-b bzw. b-h-c so verbunden, daß ihre Abfolge zwingend erscheint. Nur noch in einem Fall (b-as im Baß) bleibt eine Ganztonverbindung.

b) Durch chromatische Fortschreitung aller Stimmen erhalten auch Klangverbindungen eine Logik, die im durmolltonalen System nur mühsam zu erklären sind.

c) Vor allem bei Schlußbildungen können durch freie Leittoneinstellungen Klänge gebildet werden, die sehr spannungsreich und nur noch horizontal erklärbar sind. Jeder Ton ist ein von oben oder unten in einen Ton des Schlußklangs geführter Leitton. Eine vertikale Erklärung dieses Strebeklangs bliebe ohne Sinn.

Literaturbeispiele: Schlußbildungen bei P. Hindemith und J. Langlais

NB 4

P. Hindemith, ,,Mathis der Maler", Ende der ,,Grablegung", © by B. Schott's Söhne, 1935, renewed 1963, english version: © by B. Schott's Söhne, Mainz 1970

b)

J. Langlais, ,,Communion" aus ,,Hommage à Frescobaldi" für Orgel, © by Edition Bornemann S.A.R.L., Paris

Die Klänge, die durch Leittoneinstellungen aufgesucht werden, können unterschiedlichster Art sein: Paul Hindemith geht chromatisch in einen sehr komplexen Schlußklang (bitonale Verknüpfung des A-Dur mit gis-Moll^7 und dem fremden Liegeton d'''), Jean Langlais in einen mit Sekundajoutierungen angereicherten A-Dur-Klang. In Klangverbindungen mittels Leittonstellungen verwenden viele Komponisten ein freies Nebeneinander von Halbton- und Ganztonverbindungen sowie Klänge, die sich in ihrer Klangspannung nicht allzusehr unterscheiden (z.B. Klänge überwiegend in Art von Dreiklängen, überwiegend in vier- und fünftönigen Gebilden mit geringer Klangspannung oder meist fünftönige Klänge mit betont starker Klangspannung).

Folgendes Beispiel von Frank Martin (Passacaille für Orgel, 1944) setzt über den (gegebenen) Baß fünftönige Klänge von deutlicher Klangspannung, die überwiegend über Leittonstellungen, aber auch mittels Ganzton- und Kleinterzschritten erreicht werden:

NB 5

© by Universal Edition AG., Wien

(A1) Verbinde folgende Klänge unter Verwendung von chromatischen Melodiebrücken:
a) im vierstimmigen Satz
b) im fünfstimmigen Satz.

I. a-Moll^7 / f-Moll / D-Dur$^9_7$ / As-Dur / H-Dur / c-Moll
oder:
II. F-Dur / E-Dur / es-Moll / D-Dur / F-Dur

(A2) Erfinde zu Choralmelodien (Kapitel VI, § 2) für jeden Melodieton einen möglichst entfernten Klang und verbinde diese farbigen Klänge mit chromatischen Noten.

(A3) Harmonisiere Zwölftonreihen (aus Kapitel XIII) im vier- oder fünfstimmigen Satz, indem von einem Anfangsklang aus jede Stimme in chromatischen Schritten weitergeführt wird. Achtung: Um den Satz einheitlich zu belassen, stets Klänge von ähnlicher Klangspannung aufsuchen; nicht Dreiklänge neben dissonante Klangballungen setzen.

(A4) Schreibe Melodiestimmen zu folgendem Chaconne-Baß (einstimmig sowie zweistimmige, drei- und vierstimmige Klänge):

(A5) Schreibe Schlußbildungen (freie Leittoneinstellungen) zu nachstehenden Finalakkorden: Spannungsklänge sowie längere chromatische Melodien, die zu den Schlußtönen hinführen.

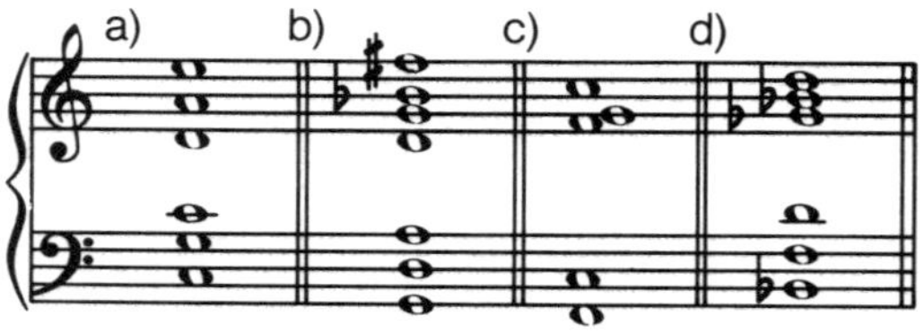

§ 3 Freie Atonalität

„Freie Atonalität" (oder einfach: „Atonalität") bezeichnet jene Musik zwischen 1900 und 1920, die sich von tonalen oder sonstigen Organisationsprinzipien von Klängen befreit hat: „Die Beziehung auf einen Grundton - die Tonalität ist verlorengegangen" (Anton Webern). Die Vorstufe dazu bildete die schon im 19. Jahrhundert bekannte „schwebende Tonalität", bei der ein Grundton noch bestimmbar war, sich infolge der ständig bewegenden chromatischen und enharmonischen Akkordprogressionen (vagierende Harmonik) aber nirgends mehr etablieren konnte.

Chromatik sowie die ständige Präsenz aller zwölf Töne bildet die Grundlage des Satzes. Das chromatische Fortschreiten der Stimmen als Legitimationsmittel für die Findung komplexer Klänge ist jedoch nicht mehr notwendig. Analog der expressionistischen Malerei, wo grelle Farben in schockierenden

Kontrasten unvermittelt nebeneinander gesetzt sind, so fügen sich in der freien Atonalität die vielgestaltigen Klänge aneinander. So wie in der abstrakten Malerei des Expressionismus gelegentlich Gegenständliches erkennbar scheint, so finden sich auch in der Musik noch tonale Reminiszenzen und Assoziationen an Bekanntes, die aber ständig durch Kombinationen mit anderem und durch Überlagerungen in Frage gestellt werden.

NB 6

A. Schönberg, Klavierstück, op. 11,1, 1909

Die Entwicklung musikalischer Logik und syntaktischen Zusammenhangs in den atonalen Werken von Schönberg, Berg, Webern, Scrjabin ist weniger im Bereich der Klangstrukturen zu suchen, als im Bereich der Motivik und Form. Der Beginn von Schönbergs op. 11,1 zeigt z.B. eine melodische Keimzelle aus Terz und Sekunde, die mehrfach fortentwickelt wird. So besteht etwa der Mittelteil (T. 4—8) des Ausschnittes aus einer Verarbeitung von Terz (e-g in der Oberstimme) und Sekunde (c-h-b im Alt). Tonal gibt es einen Assoziationsreichtum. Die Melodie zu Beginn erstreckt sich im Quintraum h-e (E-Dur?), wird aber begleitet von Klängen, die nach G-Dur (Takt 2) und a-Moll (Takt 3) aussehen, von jeweils einer kleinen Sekunde aber vieldeutig in Schwebe gebracht werden. Auffällig ist der konventionelle Schluß in G.

(A6) Versuche die Klänge des folgenden Beginns von Anton Weberns Lied op. Nr. 4 (1909) zu durchhören und zu beschreiben:

§ 4 Nebentoneinstellungen

Das Hinzufügen einer Sekunde an einen Dreiklangston (Ajoutierung, Reizdissonanzen, Reizharmonik) war neben der Überterzung (Hinzufügen von Septime, None, Undezime) eines der üblichsten Mittel, um einen Akkord klanglich zu bereichern, ohne seine Grundtönigkeit (Funktion) zu ändern. In der Musik nach 1900 hat sich die klangliche Operation des Hinzufügens von Sekunden verselbständigt. Wir nennen sie ,,Nebentoneinstellung".

- Diatonische Nebentoneinstellung: Hinzufügen von großen Sekunden (= Ganztoneinstellung)
- Chromatische Nebentoneinstellung: Hinzufügen von kleinen Sekunden (= Halbtoneinstellung)

(die diatonische Nebentoneinstellung ist weit häufiger, so daß mit der bloßen Bezeichnung ,,Nebentoneinstellung" zumeist nur das Hinzufügen großer Sekunden gemeint ist)

Die diatonische Nebentoneinstellung fügt dem Akkordgrundton oder dessen Quinte Töne zu, die (nach der am Quintenzirkel bemessenen Tonigkeit) deren nahe Verwandte sind. Tonsätze mit solchen Zusatztönen, die hinsichtlich der damit verbundenen Klangspannung zwischen Konsonanz und Dissonanz stehen (= Personanz), nennt man auch ,,personante Sätze".

NB 7 

Die chromatische Nebentoneinstellung führt zu einer deutlichen Anschärfung der Akkordbestandteile. Vom Akkordgrundton liegen sie im Quintenzirkel sehr entfernt:

Ganztoneinstellungen zu C-Dur

Des As Es B F [C] G D A E H Fis Cis Gis Dis

Nebentoneinstellungen zu C-Dur

Deshalb nehmen sie sich im Klang als Fremdkörper aus. Eine besondere Form der chromatischen Nebentoneinstellung stellt das Nebeneinander von Mollterz und Durterz im Dreiklang dar (z.B. häufig bei Béla Bártok).

NB 8 

Nebentoneinstellungen können einen Dreiklang überwuchern, so daß dessen Grundton nur noch in der Instrumentierung (klangliche Dominanz) oder aus dem musikalischen Zusammenhang bestimmt werden kann:

Beispiel einer Ganztoneinstellung:

NB 9 

B. Bártok, ,,Mikrokosmos" Bd. IV, ,,Lied"

Beispiel einer Halbtoneinstellung:

NB 10 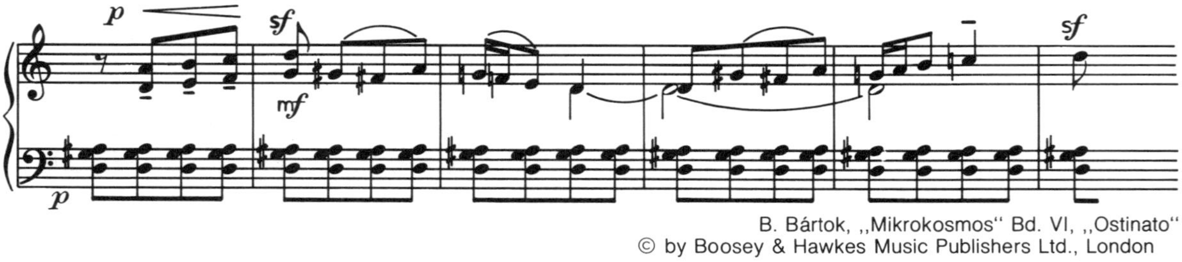

B. Bártok, ,,Mikrokosmos" Bd. VI, ,,Ostinato"

A7 Harmonisiere alte Choralmelodien (siehe Kapitel VI) mittels einfachen kirchentonalen Akkorden mit diatonischen Nebentoneinstellungen.

A8 Gestalte folgende Harmonien zu Begleitfiguren mit Nebentoneinstellungen (Ganz- und Halbtöne) um (z.B.: ) und erfinde dazu Melodien.

§ 5 Distanzharmonik

„Distanz" ist ein seit Carl Stumpf (1848—1936) gebräuchlicher Begriff in der musikpsychologischen Literatur und bezeichnet ein räumliches Erleben von Intervallen, das sich nicht mehr an dem durch den Quintzirkel gegebenen „Toncharakter" (Jacques Handschin) orientiert, sondern an der bloßen physikalisch-akustischen Entfernung der Töne untereinander. Am Beispiel verdeutlicht: Für den durmolltonalen Hörer ist g' der nächstverwandte Ton zu c'. Gemessen nach der physikalischen Distanz, d.h. in Frequenzwerten oder Cent, ist der nächstverwandte Ton zu c' allerdings der Halbton des' (des' liegt wiederum für den Quintzirkelhörer weit von c' entfernt).

„Distanzharmonik" bezeichnet man eine Klangfindung, bei der eine Folge von Klängen oder Akkorden nach einer melodischen Linie (steigend oder fallend) geordnet ist. Die Legitimation jedes Akkordes resultiert nicht mehr aus einem tonalen oder modalen System, sondern allein aus dieser Folge der durch die Melodie vermittelten Distanzen.

Vor allem bei „Modulationen", d.h. beim Ansteuern eines neuen Zentralklanges oder Klangzentrums, kann Distanzharmonik mit ihrem unbekümmerten Farbenreichtum problemlos eingesetzt werden; um z.B. von As-Dur nach D-Dur zu gelangen läßt sich die Akkordfolge As-Dur - Ges-Dur - F-Dur - e-Moll setzen, wozu eine aufsteigende Baßlinie ausgleichend wirkt:

Wird auf zwei klanglichen Ebenen ein Finalklang angesteuert, so läßt sich distanzharmonisch leicht eine bitonale Klangfolge herstellen:

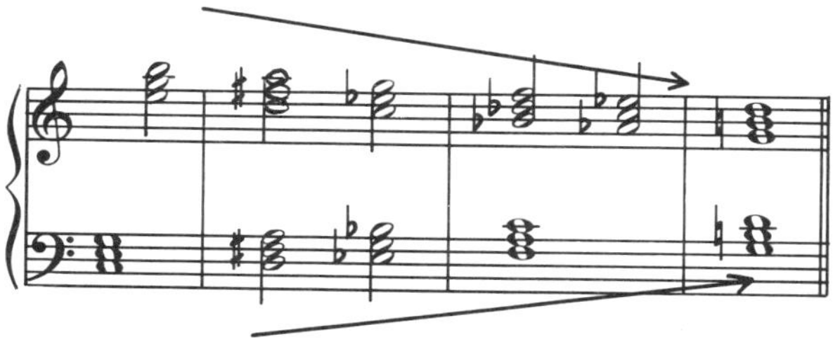

Literaturbeispiel:

NB 11

Beachte den harmonischen Stufengang G - F - D - C oder Fis - F - Des - D.

J. Langlais, „Suite Brève", Beginn des 1. Satzes

25

(A9) Harmonisiere Choralmelodien, indem jede Choralnote a) zum Grundton eines Mollakkordes, b) zum Terzton eines Durakkordes gemacht wird. Erfinde dazu eine gegenläufige ausgleichende Baßstimme.

§ 6 Mixturen und organale Klangtechniken

Im Zuge der Konfrontation mit alter Musik (Einflüsse der musikwissenschaftlichen Quellenforschung) und mit außereuropäischer, ,,exotischer" Musik (als Folge der kolonialen Eroberungen in Afrika und Asien), ferner durch Rückbesinnung auf die eigenen Wurzeln in der europäischen Folklore wurden in der Satztechnik nach 1900 einfache Formen der Mehrstimmigkeit in der Kunstmusik wiederbelebt:

- Borduntechniken (eine oder mehrere Melodielinien werden von einem festen Klang gestützt)
- heterophone Techniken (eine Hauptstimme wird von einer oder mehreren Nebenstimmen umspielt)
- organale Techniken (eine feste Klangeinstellung wird durch Verschiebung fortgeführt) = Mixtur

Mixturen

Die Mixtur (lat. = Mischung) bezeichnet im Orgelbau ein Register, bei dem neben dem durch die Taste angeschlagenen Grundton auch eine spezielle Obertonmischung (meist Oktaven, Quinten, seltener Terzen) erklingt. Analog dazu haben Komponisten seit dem ausgehenden 19. Jahrhundert (Franz Liszt, Claude Debussy, Erik Satie u.a.) Klangkoppelungen gesetzt, die durchaus orgelähnlich sind. Die einfachste Form solcher Klangkoppelungen sind Quintparallelen, die sich bereits im rudimentären Volksgesang (,,Quintieren") finden lassen; solche Quintparallelen hat z.B. Franz Liszt in seinem ,,Csárdás macabre" (1882) komponiert.

Literaturbeispiele von Claude Debussy:

NB 12

,,Canope", Préludes II

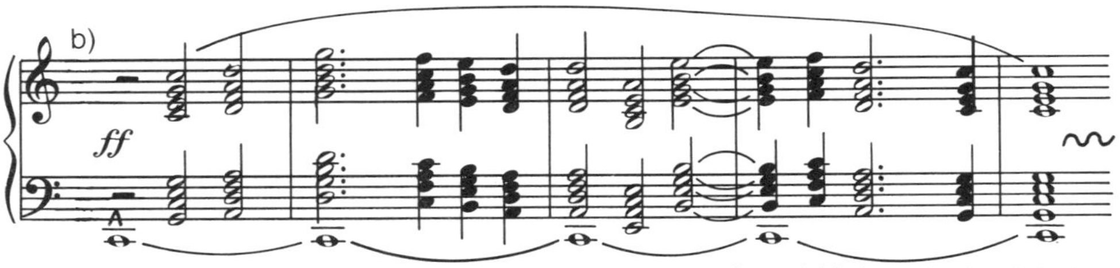

,,La cathédrale engloutie", Préludes I

,,Danseuses de Delphes", Préludes I

,,General Lavine - eccentric", Préludes II

Unterscheidung:

Strenge Mixtur: Eine Klangkoppelung wird ohne Änderung immer beibehalten; Beispiel c) bei Debussy, wo gekoppelt an die Melodie (= Distanzharmonik, siehe § 5) immer ein Durakkord parallelgeführt wird.

Tonale Mixtur: Eine Klangkoppelung wird in ihrer Struktur beibehalten, aber je nach Tonalität (Vorzeichen!) geändert; z.B. führt Debussy in b) in der rechten Hand einen Grundstellungsakkord, in der linken Hand eine Quartsextstruktur parallel, wobei einmal Dur- und einmal Moll-Akkorde verwendet werden.

Freie Mixtur: Eine Klangkoppelung wird in ihrer Struktur beibehalten, aber nach Erfordernissen der Komposition oder des Ausdrucks frei variiert; in Beispiel a) verläßt Debussy z.B. die Diatonik mit den vorherrschenden Mollklängen und geht in Durklänge; in Beispiel d) findet ein grotesker Dur-Moll-Wechsel in der Mixtur statt, um tonmalerisch dem Inhalt gerecht zu werden.

Ausgangsklang einer Klangkoppelung kann jede Art von Klang sein: Alle Arten von Dreiklängen, Sept- und Nonenakkorde, Quartenakkorde, komplexe Akkordgebilde.

Aufgaben:

(A10) Spiele oder schreibe entlang von Skalen (z.B. f-g-a-b-c-d-e-f) Klangkoppelungen verschiedener Komplexität. Schule die Griffsicherheit, indem unterschiedliche Koppelungen bzw. Aufgabenstellungen für jede Hand in Angriff genommen werden: z.B. rechts im Ganztonabstand aufwärts Mollseptakkorde - links in Gegenbewegung chromatisch abwärts ein Doppelquartenklang.

(A11) Setze Choralmelodien aus, indem zu organaler Begleitung der Melodie eine freie Gegenstimme gefunden wird: z.B. Choral und organale Begleitung in Baß, Tenor, Alt mit freier Sopranstimme; z.B. Choral und organale Begleitung in den Oberstimmen und Gegenstimme im Baß.

§ 7 Modale Harmonik (Kirchentonale Harmonik)

Archaisierung des Satzes durch altertümelnde Wendungen und Rückgriff auf kirchentonale Harmonik waren im Zuge des sich ausbreitenden Historismus seit etwa 1820 sehr häufig, z.B. in Beethovens „Missa Solemnis" oder dem Streichquartett op. 132. Wagners „Parsifal"-Motiv (1882) mit seinen Terzfolgen und der Ganztonrückung nach unten sei stellvertretend genannt.

Um 1900 wurde der Rückgriff auf die modale Harmonik (wiederum unter Einwirkung der europäischen und außereuropäischen Folklore sowie der „alten Musik") zum geschätzten Mittel, um sich den Zwängen der hochdifferenzierten Durmolltonalität mit ihren dominantischen Spannungsklängen und den Leittönen zu entziehen. Die modale Harmonik setzte anstelle von Dominante (Quintbeziehung) die spannungsloseren Sekundbeziehungen und Terzbeziehungen, anstelle von Chromatik die Diatonik mit nur allmählichen Erweiterungen, anstelle des Leittons den Ganzton. Schon eine Kadenz auf C wirkt archaisch, wenn man in der Folge T - S - d - T durch eine Molldominante die Leittonwirkung meidet.

NB 13

„Gymnopédie" Nr. 3 von Erik Satie (1888)

Modale Harmonik war meistens mit den anderen satztechnischen Neuerungen nach 1900 gekoppelt: Mit Mixturen und organalen Techniken, mit Nebentoneinstellungen, mit Distanzharmonik und polytonalen Erweiterungen. Vergleiche hierzu Beispiele von Béla Bártok, Igor Strawinsky und Sergej Prokofieff:

NB 14

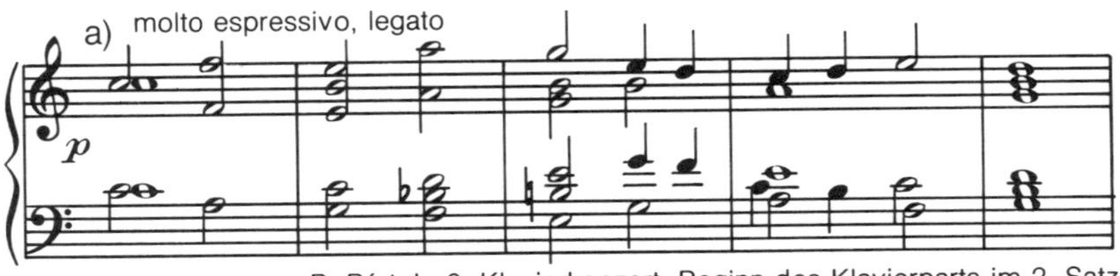

B. Bártok, 3. Klavierkonzert, Beginn des Klavierparts im 2. Satz

Modale Harmonik auf C mit mixolydischer VII. Stufe B.

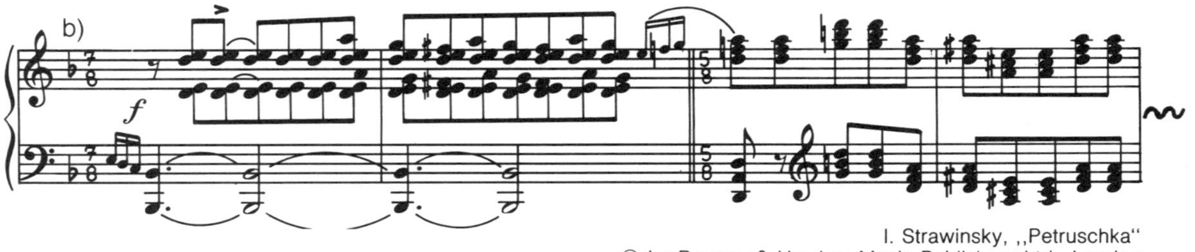

I. Strawinsky, „Petruschka"

Schnell wechselnde modale Teile. Zunächst phrygisch auf H (h-c-d-e-fis-g-a-h) mit Nebentoneinstellung (Sekunde d-e); dann Dreiklangsmixturen in d - dorisch / D-Dur alternierend.

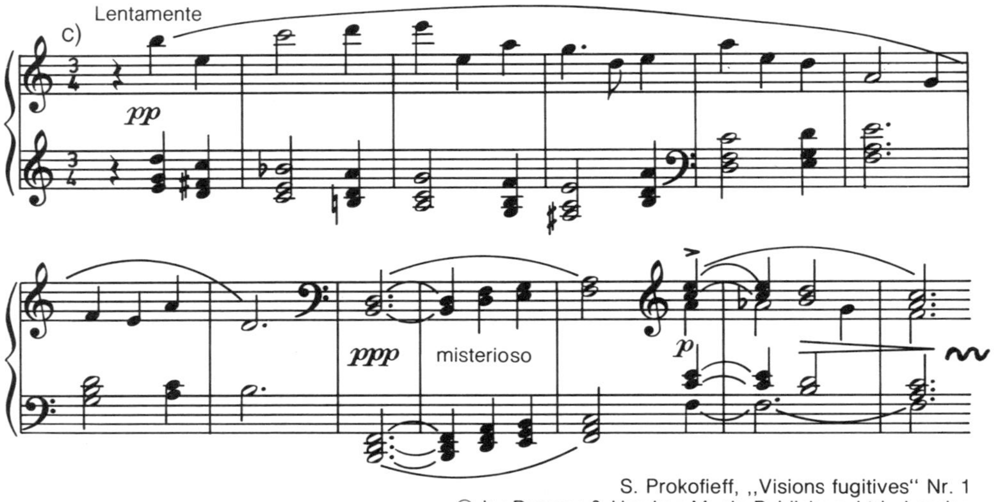

S. Prokofieff, „Visions fugitives" Nr. 1

Die modale Melodie der Oberstimme (zwischen phrygisch auf e und dorisch auf d) wird in der linken Hand durch eine freie Mixtur (kleine Septimen) angereichert. Bei „misterioso" - modale Klänge von d-Moll nach F-Dur.

Die modale Harmonik (beeinflußt von Kirchentonarten und Folklore) ist im 20. Jahrhundert vor allem auch in Jazz, Blues, Rockmusik und in der neueren Popularmusik (seit etwa 1960) zum wichtigen Stilmittel geworden. Die Verbindung mit organalen Techniken war hierbei u.a. durch die Praxis des Gitarrespielens gegeben, wo Griffeinstellungen einfach verschoben werden, was naturgemäß zu Quint- und Oktavparallelen führt. Einige Bluesformen (etwa bei Jimi Hendrix oder der amerikanischen Rockgruppe „Santana" benötigen als Akkordfortschreitungen nur noch zwei (meist sekundverwandte) Klänge wie z.B. a-Moll^7 - g-Moll^7.

Folgende Beispiele von Rocksongs zeigen deutlich kirchentonale Einflüsse. Die Folgen C-d-e-F (in den „Beatles"-Beispielen) und e-D-C-G-F-e kommen z.B. in Motetten Palestrinas in der gleichen Weise vor:

NB 15

The Beatles, „Ask Me Why", auf der LP „Please me", 1963
Text und Musik: John Lennon und Paul McCartney

b)

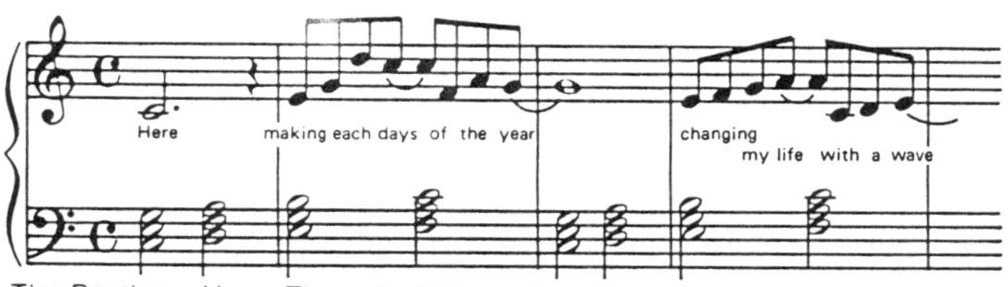

The Beatles, „Here, There And Everywhere", auf der LP „Revolver", 1966
Text und Musik: John Lennon / Paul McCartney

c)

The Moody Blues, „Nights In White Satin", 1972 (T./M.: Justin Hayward)

§ 8 Klangfelder - Feldkomposition

In naher Verwandtschaft zur Borduntechnik, zur modalen Harmonik und zur Zentralklangtechnik stellt das Komponieren in Klangfeldern eine Möglichkeit der Klangfindung dar, die auch einfache Dur- und Mollklänge gestattet, ohne die Gefahr eines Abgleitens in Durmollharmonik zu beinhalten. Systematik:

1) Klangfelder können statisch sein (= der Borduntechnik verwandt); 2) sie können sich schnell abwechseln oder dynamisch fortbewegen; 3) sie können sich überlagern. Hierzu einige Erläuterungen:

1) Ein statisches Klangfeld kann aus einem Ton (= Bordunbaß) oder vielen Tönen bestehen. Trotz seiner Statik kann ein solches Klangfeld in sich bewegt sein, wie z.B. folgendes Beispiel von A. Scrjabin:

NB 16

A. Scrjabin, Prélude, op. 74,2

Die ersten beiden Takte definieren das melodische Hauptthema (das dann mehrfach, auch überterzt wiederkehrt) und den Grundton Fis.

Im dritten Takt etabliert sich das spezifische Klangfeld; ein ostinater Wechsel zwischen der Tonikaquinte und der Quinte auf der tiefalterierten V. Stufe. Durch diese Tritonusspannung ist das Spannungsniveau durchgängig solcherart angehoben, daß die chromatische Sechzehntellinie immer integrierbar ist. Das Klangfeld bleibt bis zum Ende der Komposition ohne Änderung bestehen.

2) Klangfelder können wechseln. Geschieht der Wechsel zu schnell, so geht der Eindruck eines Klangfeldes als einer sich in der Zeit dehnenden Klangfläche verloren:

NB 17

S. Prokofieff, ,,Visions fugitives" Nr. 2

Prokofieffs Klavierstück besteht aus zwei Klangfeldern, die in der linken Hand als Ostinatofigur deutlich sind. Die beiden Klänge wirken frei, sind jedoch tonal interpretierbar. Zunächst spielt die linke Hand ein d-Moll mit tiefalterierter Quinte as, dann dessen Dominante, von der aber nur die Töne e und cis erklingen. Die Oberstimme bewegt sich zu dem Klangfeld in Spannungstönen: Einsatz mit g'' dissonierend zu as und f; im 2. Takt ein regelrechter Vorhalt e''-d'', im 5. Takt ,,misterioso" wird zur Festigung des Klangfeldes die Septime d-c' gesetzt, in die eine Melodie eingewoben ist, die auf as endet.

Beachte die artifizielle Melodiebildung über dem zweiten Klangfeld. Die Tonfolge c-g-e-cis wird jeweils um eine Quarte nach oben erweitert (cis-fis; cis-fis-h; cis-fis-h-e).

Während die beiden Klangfelder bei Prokofieff lang genug dauern, um einen flächigen Eindruck (in Art einer Grundierung) zu vermitteln, verwendet Bártok z.B. in seinen Streichquartetten Klangfelder, die nur kurz gestreift werden und dann modifiziert oder verlassen werden. Zwei Beispiele:

NB 18a)

b)

B. Bártok, Streichquartett Nr. 6

In Beispiel a) spielen alle vier Instrumente in vier Oktavlagen dieselbe melodische Formel, so daß sich aus dem linearen Zusammenwirken ein tonaler Eindruck (Eindruck eines Klangfeldes) ergibt. In Beispiel b) spielt jedes Instrument in einem Quintraum, so daß sich die Quinten a-e / fis-cis / d-a / h-fis überlagern.

3) Klangfelder können sich überlagern. Einfache Modelle dazu finden sich in Béla Bártoks Klavierschule ,,Mikrokosmos". Löst man z.B. im Klavierstück ,,Pentatonische Melodie" (Band II) die Klangräume, die der rechten und linken Hand jeweils deutlich zugemessen sind, in einer Harmonieskizze auf, so ergibt sich folgendes Schema:

NB 19

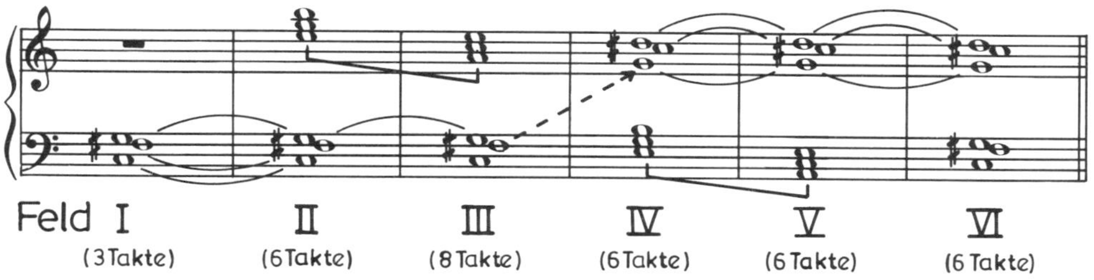

Hiervon ausgehend können wir eigene Klangfeldorganisationen entwickeln, die wir ad libitum verwenden. In nachstehender Skizze lassen sich die Klänge sowohl flächig (jeweils über mehrere Takte wie z.B. 6 + 6 + 3 + 3 Takte) ausweiten oder auch als schnell wechselnde Klangprogressionen einsetzen:

NB 20

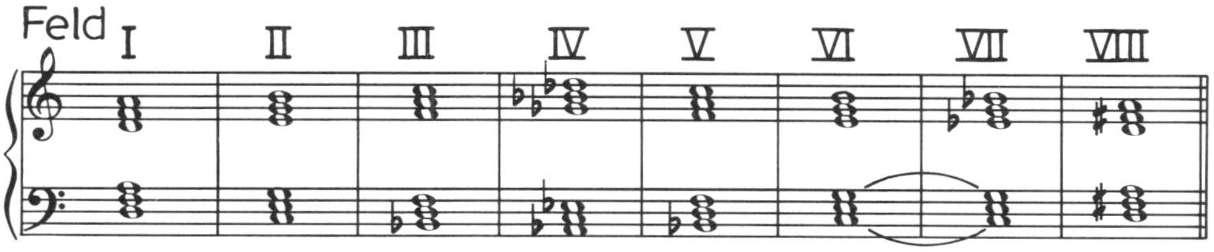

(A12) Schreibe über das in NB 20 gegebene Klangfeldschema ein Klavierstück. Verwende asymmetrische Taktgruppen (z.B. Feld I = 3 Takte, Feld II = 5 Takte, Feld III = 3 Takte, Feld IV = 5 Takte). Verwende auch Nebentoneinstellungen zur Anreicherung der Akkorde.

(A13) Entwickle eigene Klangfelder wie in NB 19 / 20 gezeigt. Führe sie als Klavierstücke oder Chorsatz aus.

§ 9 Zentralklangtechnik

Im Unterschied zur Feldkomposition, bei der die Klangfelder meist sehr deutlich wahrnehmbar (da durchweg präsent) sind, sind die Klänge bei der Zentralklangtechnik weniger auffällig. Sie werden nur an entscheidenden Stellen des Werkes exponiert; die Klangstrukturen entwickeln sich vom Zentralklang weg und nähern sich ihm behutsam wieder an; der Zentralklang wird nur selten in Art einer Mixtur verschoben, allenfalls transponiert, um neue Formteile zu markieren.

Literaturbeispiele:

NB 21

A. Schönberg, Klavierstück op. 19,6

Der sechstönige Zentralklang mit seinen beiden Teilen g-c-f und a-fis-h dominiert unaufdringlich im ganzen Stück. Der Quartklang c-f-b in der rechten Hand (ab Takt 5) schließt zum einen an den Quartklang der linken Hand an, zum anderen ist er leittönig aus der rechten Hand a-fis-h hervorgegangen.

NB 22

A. Honegger, „Le roi David“

In Arthur Honeggers Oratorium von 1921 kehrt im hier gezeigten Ausschnitt ein C-Dur-Klang (mit Schärfung durch fis und d) immer wieder. Konstantes Klangelement auch während der Auslenkung in andere Klänge bildet der Tritonus c-fis in den Oberstimmen.

NB 23

A. Schönberg, Klavierstück, op. 19,2

In Schönbergs Klavierstück ist die große Terz g-h (die in seiner Stilistik der freien Atonalität hier auffällig genug wirkt) ein aus zwei Tönen bestehender Zentralklang. Auf das Klangfeld der Terz beziehen sich alle anderen Töne, - z.B. der Ton fis in Takt 2 oder a-c-as in Takt 3. In Takt 6 wird der Klang der großen Terz in freier Mixtur nach oben gerückt, um zum „Oberteil“ h-d eines G-Dur zu werden, - eine schöne Idee, die durch die dissonanten Bässe sofort Lügen gestraft wird . . .

NB 24

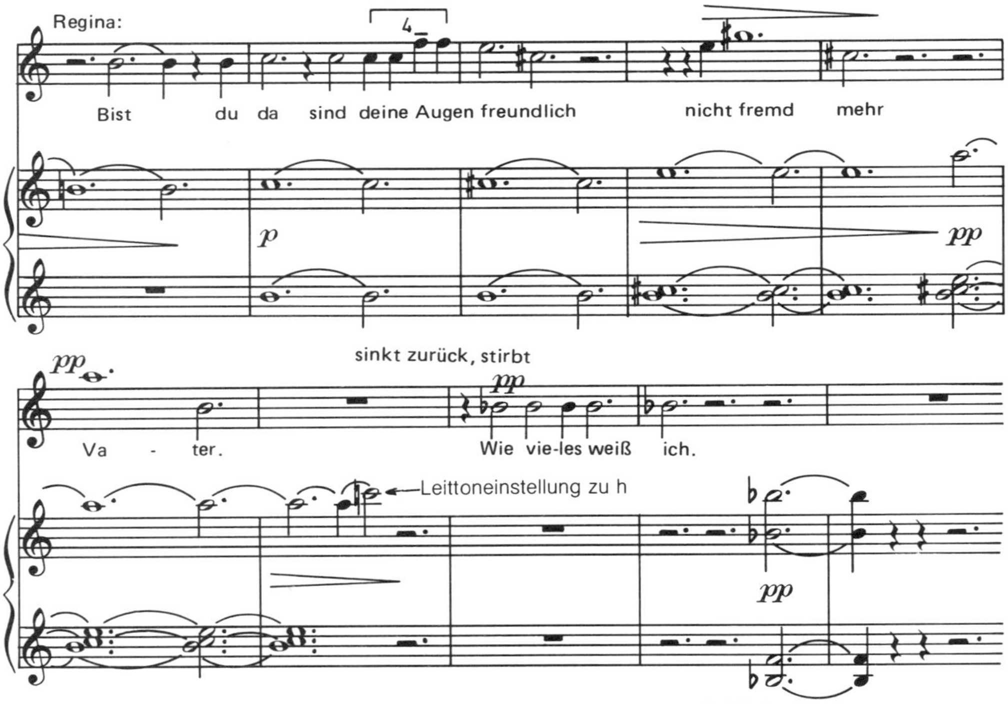

P. Hindemith, „Mathis der Maler“

In Hindemiths „Mathis“ wird sogar der Einzelton zum Zentralklang (nicht zu verwechseln mit der Grundtonfunktion): Bei Reginas Tod baut sich über dem Zentralton h' ein Klang h-cis-e-a auf, auf den sich auch die Gesangslinie der Regina bezieht. Die Wirkung des Zentraltones h' wird besonders intensiv und spürbar, wenn Regina bei „sinkt zurück, stirbt“, plötzlich zum b' ausweicht, das vom Orchester als Faktum (tonal irritierend) bestätigt wird.

(A14) Exponiere Zentralklänge verschiedener Klangspannung. Führe diese Klänge jeweils in andere Klangstrukturen über und kontrapunktiere sie mit Spannungslinien.

§ 10 Bi- und polytonale Klänge

Bei Verselbständigung organaler Führung von Akkorden, bei distanzharmonischen Rückungen in Gegenbewegung, bei Überlagerung von Klangfeldern, bei Überwucherung von Dreiklängen durch Nebentoneinstellungen (was zu „Nebenakkordeinstellungen" wie z.B. C-Dur - Des-Dur oder C-Dur - d-Moll führen kann), bei Überterzung von Dreiklängen durch Septime, None, Undezime und Tredezime entstehen Klänge, die bi- oder polytonal (d.h. „mehrtonartlich") deutbar sind.

Wirkliche Bi- oder Polytonalität liegt nur vor, wenn die verschiedenen Tonartschichten eigenständig geführt sind: Als harmonische Blöcke, mit eigener Motivik bzw. Figuration, in eigener Instrumentation oder als selbständige Stimme.

Hinsichtlich des Spannungsgrades existieren alle Arten der Polytonalität: Werden diatonisch terzverwandte Klangschichtungen überlagert (z.B. a-Moll und C-Dur oder C-Dur und G-Dur), so wirkt der Satz personant wie ein erweitert modaler Satz mit Nebentoneinstellungen; werden chromatisch terzverwandte Tonarten gegenübergestellt (z.B. C-Dur und A-Dur) so wirkt der Satz farbiger und angespannter; häufig sind auch betont aggressive Formen der Zuordnung von Abständen im Tritonusintervall.

NB 25

P. Hindemith, Messe, 1963 - © by B. Schott's Söhne, 1963
Der siebentönige Klang im „Sanctus" läßt deutlich ein cis-Moll in den drei Oberstimmen, einen d-Moll-Quartsextakkord in den drei Unterstimmen sowie einen E-Dur-Quartsextakkord in den drei mittleren Stimmen erkennen. Der Klang mit dem Ineinander von cis-Moll - d-Moll - E-Dur wirkt sehr angespannt, aber nicht polytonal, da eine eigenständige Führung der Klangblöcke fehlt.

NB 26

I. Strawinsky, „Petruschka"
© by Boosey & Hawkes Music Publishers Ltd., London
Das Thema des Petruschka bindet mechanisch ein C-Dur an ein Fis-Dur.

NB 27

R. Strauss, „Elektra"
© Boosey & Hawkes Music Publishers Ltd., London
Die Bitonalität des Beginns b-Moll - e-Moll wird im Laufe des Satzes zur Monotonalität umfunktioniert, indem das e-Moll in Mixturen und distanzharmonisch zum ces-Moll gleitet, zu dem sich rückwirkend das b-Moll als eine Art Leittoneinstellung zeigte.

NB 28 Lento occulto

F. Busoni, „Sonatina Seconda", 1924
© by Breitkopf & Härtel, Wiesbaden

Des-Dur - D-Dur - Es-Dur - E-Dur - F-Dur sind die Tonarten, die in tiefer Lage polyphon ineinandergeschoben werden.

(A15) Erfinde einen bitonalen Klang und verschiebe seine Bestandteile in Mixturen selbständig gegeneinander.

(A16) Erfinde einen bitonalen Klang und entwickle ihn über chromatische Stimmführung in andere bi- oder polytonale Klänge weiter.

(A17) Untersuche die Klänge im nachstehenden Beginn von Paul Hindemiths „Nachtstück“ aus der „Suite 1922“ für Klavier. Versuche die Klänge in der Darstellung am Klavier durchzuhören.

§ 11 Vertikalität aus Horizontalität

Bereits in der Satzstruktur von Wolfgang Amadeus Mozart stellte die Dreiklangsmelodik die horizontale Entfaltung der vertikalen Dreiklänge dar. In der Musik des 20. Jahrhunderts ist dieser Zusammenhang zwischen vertikaler und horizontaler Organisation von Tönen ein wichtiges Satzprinzip geworden. Töne, die melodisch geordnet sind, können sich zum Klang ordnen; die Töne eines Klanges können sich sukzessive als Melodie oder Motive entfalten.

Beispielhaft sei auf die zahlreichen B-A-C-H-Vertonungen des 20. Jahrhunderts verwiesen, wo aus den vier Tönen Klänge solcher Art hergestellt wurden:

In folgendem Klavierstück „Melodie im Nebelbrauen“ von Béla Bártok („Mikrokosmos“ IV) wird z.B. der Anfangsakkord g-a-c-d (= Quinte auf g mit Nebentoneinstellungen a und c) sukzessive melodisch entfaltet:

NB 29

Auch in seinen kompositionstechnisch komplexeren Werken behält Béla Bártok solche Prinzipien bei. In seinem 4. Streichquartett (1928) besteht das Hauptmotiv aus vier nebeneinanderliegenden Sekunden (NB 30a). Dementsprechend sind auch viele Klänge Kleinsekundklänge, die unmittelbar motivisch eingeführt werden (NB 30b) und c):

NB 30a) b)

c)

In der Zwölftonmusik und allen davon abgeleiteten Reihentechniken ist die Akkordbildung aus der Horizontalen zum theoretischen Prinzip erhoben worden. Aus der Reihe

NB 31a)

lassen sich z.B. folgende Klänge bilden:

b)

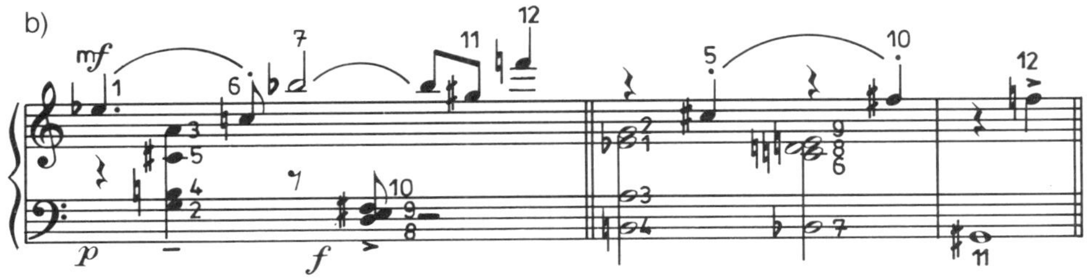

Die Kombinationsmöglichkeiten der zwölf Töne zu Klängen sind unerschöpflich. Nach Belieben können Töne einer Reihe als Melodieton, andere als Akkordton bestimmt werden. Manche Komponisten haben ihre Reihe betont so angelegt, daß sehr konventionelle Akkordbildungen möglich sind:

NB 32a)

a) Josef Matthias Hauer, „Barockstudien“, op. 42; hier werden h-Moll, Des-Dur, a-Moll und g-Moll gebildet.

b) Alban Berg, Violinkonzert; hier sind in der Reihe die leeren Saiten der Violine und der Beginn des Bachchorals eingearbeitet, was Dreiklangsbildungen erlaubt.

Literatur:

Erpf, Hermann: „Studien zur Harmonie- und Klangtechnik der neueren Musik“, Leipzig 1927

Gieseler, Walter: „Komposition im 20. Jahrhundert“, Celle 1975

Hindemith, Paul: „Unterweisung im Tonsatz“ (3 Bände), Mainz 1937, 1939 und 1970

Suchon, Eugen: „Die Akkordik vom Dreiklang bis zum Zwölfklang“, Bratislava 1979

Treibmann, Karl Ottomar: „Strukturen in neuer Musik“. Anregungen zum zeitgenössischen Tonsatz, Leipzig 1981

Vetter, Hans Joachim: „Die Musik unseres Jahrhunderts“ (= Schriftenreihe „Bausteine für Musikerziehung und Musikpflege“, Band 16), Mainz 1968

Wolpert, Franz Alfons: „Neue Harmonik. Die Lehre von den Akkordtypen und Grundakkorden“ (= Taschenbücher zur Musikwissenschaft, Band 14), Wilhelmshaven - Locarno - Amsterdam 1972

Kapitel XI

Modaler Satz - Neue Modalität

Friedrich Neumann

Zweck dieses Beitrages ist es, *Typen* eines auf Altem fußenden neuen modalen Satzes anzugeben, von denen her sich einiges in der zeitgenössischen Komposition verstehen läßt. Vor allem sind es das Wiederauftreten der Quintenparallele und damit zusammenhängend eine Neubewertung der Konsonanz der Quarte und, in melodischer Hinsicht, der Pentatonik, die bei Komponisten wie Hugo Distler, Paul Hindemith und Johann Nepomuk David beobachtet werden können. Es wird sich zeigen, daß diese Typen zu einem Tonsystem in *Schichten* führen, das auch zur Entfaltung der Urteilskraft etwas beitragen kann.

Der modale Satz war in der ersten Hälfte des 20. Jahrhunderts als Satztechnik, die zur Überwindung der Durmolltonalität half, von großer Bedeutung. Heute spielt er noch eine Rolle in der Komposition für Laienensembles, in Volks- und Kirchenliedbearbeitung sowie generell in jenen Klangtypen, die deutlich am Grundtonbezug festhalten und geringere Komplexität aufweisen.

§ 1 Pentatonik

Die Pentatonik verträgt sich gut mit einem organalen Satz in parallelen Quinten. Die Skala läßt dabei eine Durform (NB 2) und eine Mollform (NB 3) zu. In der Umkehrung werden daraus Quartenparallelen und es ergibt sich eine große Terz (NB 4).

NB 1

klein	p	=	Grundton der Mollform
groß	P	=	Grundton der Durform
	Z	=	Zentrum (Mitte zwischen den Terzen)
klein	q	=	Quinte der Mollform
groß	Q	=	Quinte der Durform

NB 2 NB 3 NB 4

Die Intervallik eines pentatonischen zweistimmigen Satzes ist abhängig von der rhythmischer Stellung sowie von der melodischen Ein- und Weiterführung. Vgl. NB 5: Fünf Quarten stehen auf relativ betonter Zeit, bei den sieben unbetonten Quarten geht die Unterstimme in vier Fällen quartabwärts in den Grundton der Oktave, in einem Fall ein kleine Terz aufwärts in den Grundton der großen Terz. Die Quart zählt im modalen Satz ebenso wie der Quartsextakkord zu den stabilen und als Konsonanz aufgefaßten Intervallen.

NB 5

Pentatonische Quinten- und Quartenparallelen können von einer Ruhequinte aus in Gegenbewegung geführt werden (NB 6 und 7). Dabei entstehen pentatonisierende Dissonanzen (Generalbaßbezeichnung $\frac{5}{2}$ und $\frac{5}{4}$) die sich in die hier mit Komma ' bezeichnete, das Ohr befriedigende leere Quinte lösen. Die kleine Terz erhält in solchen Sätzen den Charakter eines Melodieschritts.

NB 6 NB 7

§ 2 Diatonik

Die Unterteilung der kleinen Terzschritte der Pentatonik führt melodisch zu diatonischen Durchgangsnoten (NB 8) sowie charakteristischen Figuren wie z.B. Überschlag (die superjectio der älteren Musik) und Unternote (NB 9).

NB 8

NB 9

Folgende Klangbilder seien als typische Möglichkeiten im vierstimmigen Satz angeführt:

- Ein Durchgang führt zum Septakkord oder dessen Umkehrung (NB 10)
- Durchgangsakkorde, vor allem Sext- und Quartsextakkorde entstehen durch Parallelführung der Stimmen (NB 11)
- Gegenbewegung in Quinten- und Quartenparallelen ergibt weitere Septakkorde und deren Umkehrungen (NB 12)
- organale Dreiklangsparallelen werden mit einer Gegenstimme verbunden (NB 13)

NB 10 NB 11 NB 12 NB 13

Um den verminderten Dreiklang und seine Umkehrungen zu vermeiden, wird beim Ausfüllen der pentatonischen Terz häufig zuerst der Ganzton und dann der Halbton gesetzt (NB 10 und 13).

Durch Einbezug der Figuren des Überschlags und der Unternote ergeben sich oft viergliederige Kadenzen mit der Folge „leere Quinte oder Dreiklang - Septakkord oder Umkehrung - pentatonisierende Dissonanz - leere Quinte oder Dreiklang" (NB 14—20).

NB 14 NB 15 NB 16 NB 17

NB 18 NB 19 NB 20

Je nach Auswahl aus der 9-stufigen pentatonischen Skala (NB 8) können alle Kirchentonarten anklingen (vergleiche die Anmerkungen zu den NB 21 und 22). Damit ist ein Stoff gewonnen, aus dem sich durch Gebrauch von Dreiklängen, Parallelführungen, Septakkorden usw. vierstimmige Sätze bilden lassen.

NB 21

NB 22

In NB 21 sind als Ausschnitte, von der Stellung der Finalis her zu verstehen, das Phrygische in Takt 2 und 12, das Ionische in Takt 4, das durch die Terzlage abgeschwächte Phrygisch in Takt 6 und 8. Die abschließende, der Stellung nach ionische Kadenz auf C wird dagegen durch die vorhergehende Erniedrigung von h zu b im Tenor mixolydisch gefärbt. In melodischer Hinsicht bemerke man den Pentatonismus a-g-e (= p-Q-q) der Baßstimme in Takt 1 und 2, in akkordischer Hinsicht die Generalbaßziffer $\substack{5\\2}$ in Takt 1 u.a., den Sextakkord der II. Stufe im Zuge der ionischen Kadenz in Takt 3 und 4. Der Überschlag verwandelt diesen Sextakkord in Takt 15 in einen Terzseptakkord ohne Quinte (f-a-e). Analog gebaut, aber auf die folgende phrygische Finalis bezogen ist der Terzseptakkord in Takt 11 (a-c-g).

Ein lydisch färbendes Si^2 charakterisiert den der Stellung nach ionischen Auftakt von NB 22, es wiederholt sich auf der zweiten Halben von Takt 7 und 15. Dieselbe lydische Wirkung kehrt, verbunden mit einem $\substack{6\\5}$-Akkord ohne Terz, als Variante wieder in Takt 6 und 14. Äolisch gefärbt bei phrygischer Stellung ist die kadenzierende Wendung in die Terzlage Takt 10—11. Mit der Dreiklangsparallele hängt dasselbe Si^2 im Tenor Takt 9 zusammen. Das Fa^2 im Alt in Takt 6 und 14 entspricht dem Takt 15 aus NB 21. Pentatonismen überwiegen im Baß und Sopran.

Anhand von drei Beispielen (NB 23—25) sei belegt, daß die neue Modalität an den traditionellen Tonsatz anschließen kann (z.B. bei Folklore-Sätzen):

NB 23 Englisch

NB 24 Litauisch

NB 25 Nach einem ungarischen Lied, Melodie bearbeitet

Pentatonisierenden Charakter bekommt die Melodie in NB 23 durch die Sprünge e-a (unter prima volta) und e-g unter seconda volta. An gewichtigen Stellen tritt a-c-e, die II. Stufe der Tonart in das Gefüge der Korrespondenzen ein. Die Zäsur zwei Takte vor Ende läßt sich zu den Halbschlüssen der V. Stufen im „modernen" durmolltonalen Sinn rechnen. NB 24 schließt phrygisch, NB 25 trotz seiner Vorzeichnung äolisch (man denke sich ein b mehr vorgezeichnet). An der Auflösung der verminderten Oktave zwischen Sopran und Baß in die Quinte im vorletzten Takt ist der Schrittcharakter der kleinen Terz es-c im Sopran beteiligt; ähnlich sind die Verhältnisse in Takt 7.

§ 3 Chromatik

NB 26 gibt die Möglichkeit einer Schichte von chromatischen Leittönen (geschwänzte Noten) an.

Die chromatischen Töne der Melodie sind in NB 27—29 nach diesem Schema bezeichnet. Der vierfache „Leitklang" im 3. Takt von NB 27, der auf eine leere Quarte als Penultima einer phrygischen Kadenz nach d gerichtet ist, mag stellvertretend für eine ganze Familie von typischen Klängen stehen. Die Art und Weise, wie aus Leittönen aufbauende Klangfamilien in ein modales Kadenzgefüge eintreten können, ist sehr vielfältig und kann hier nicht erschöpfend dargestellt werden (vergleiche NB 28—29).

NB 27

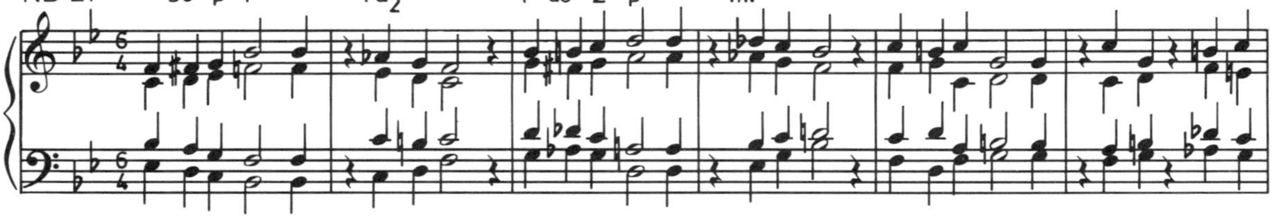

NB 28 NB 29

§ 4 Aufgabensammlung

Die folgenden Aufgaben beginnen pentatonisch. Die Fortsetzung in Diatonik und Chromatik wird nur angedeutet.

I. Zweistimmig zu machende pentatonische Melodien, s.o. NB 5. Bei den folgenden Satzmodellen und Aufgaben bedeutet: O = Oberstimme gegeben, U = Unterstimme gegeben, 𝅝 = relativ betont, ● = relativ unbetont, ↓ = Schlußnote der Kadenz oder kadenzierenden Wendung.

a) Aeolisch

Satzmodell 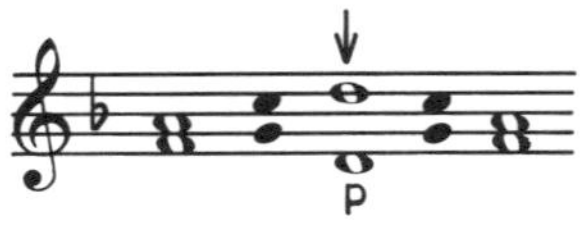

abgeschwächter Schluß in die Quinte statt Oktave 

Umkehrung dieses Satzes, Schluß in den Einklang 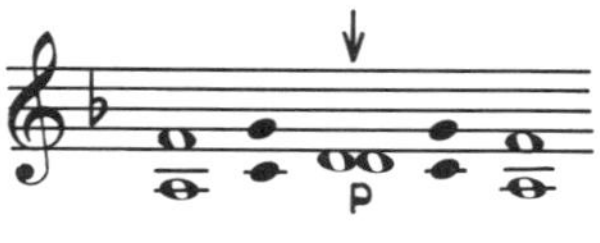

Verbindung von Grundform und Umkehrung

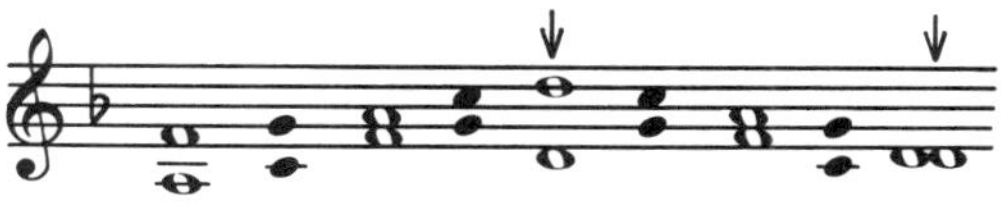

Variante der Kadenz

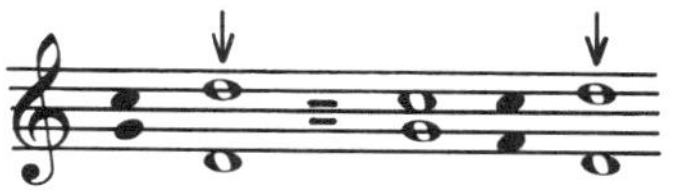

Zweistimmig zu setzen:

A1

A2

A3

A4

b) Phrygisch, Kadenz in den Einklang

Satzmodell

Varianten

Wendung vom Phrygischen zum Aeolischen

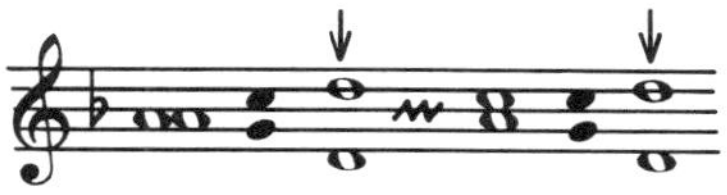

Zweistimmig zu setzen:

A5

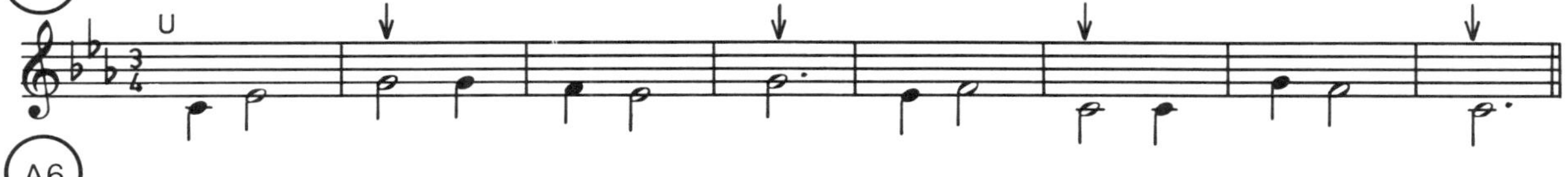

A6

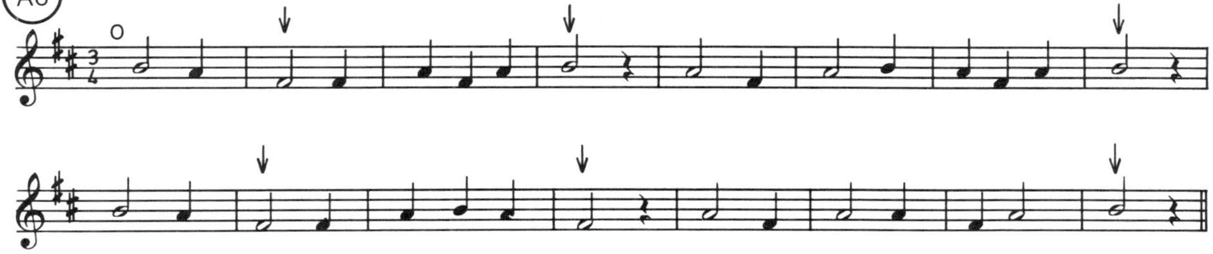

A7

c) Ionisch

Satzmodell 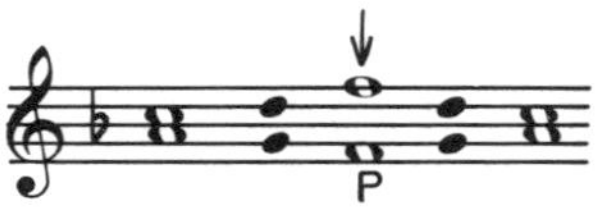

Wendung zum Aeolischen 

Dreiklangsbrechungen 

Terzenparallelen 

Zweistimmig zu setzen:

A8

A9

A10

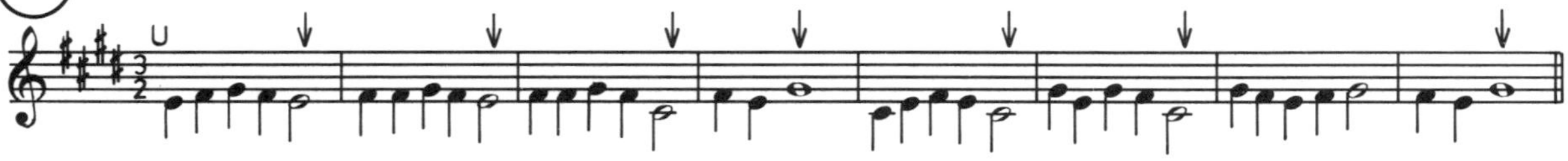

d) Phrygisch, Kadenz in die Oktave

Modelle

Wendung ins Aeolische oder Ionische, Varianten

Mittelteil 

Zweistimmig zu setzen:

A11

A12

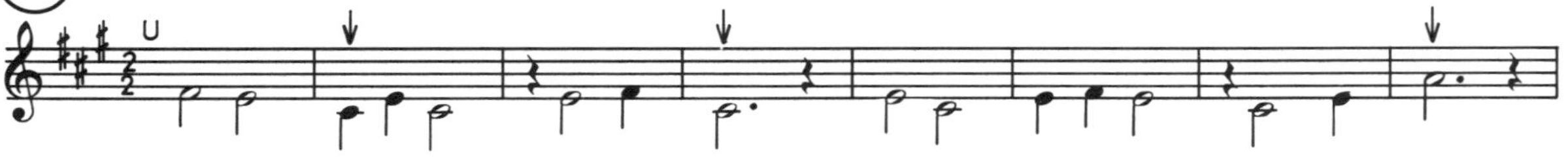

A13

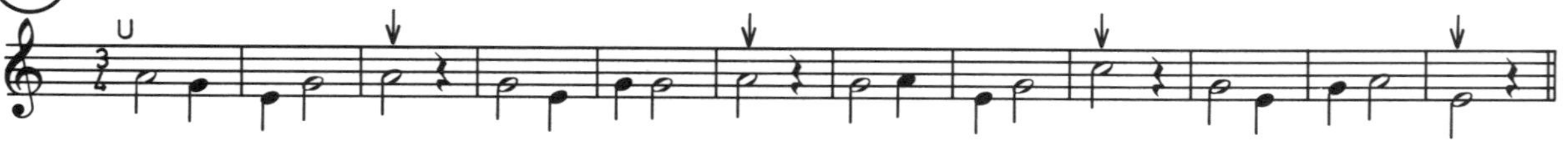

e) Mixolydisch, Kadenzen in die Oktave, Ionisch, Kadenzen in den Einklang

Satzmodelle

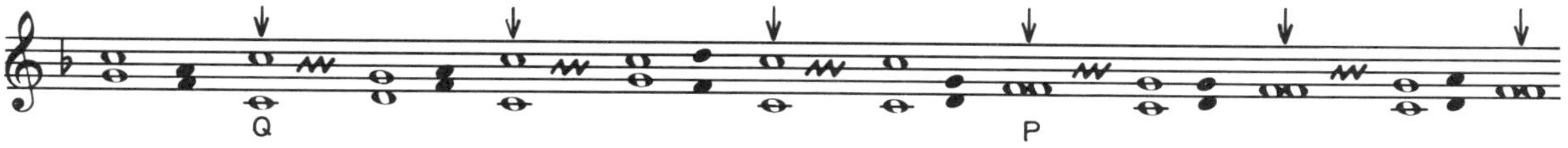

Zweistimmig zu setzen:

A14

A15

f) Mixolydisch, Kadenzen in den Einklang

Modelle

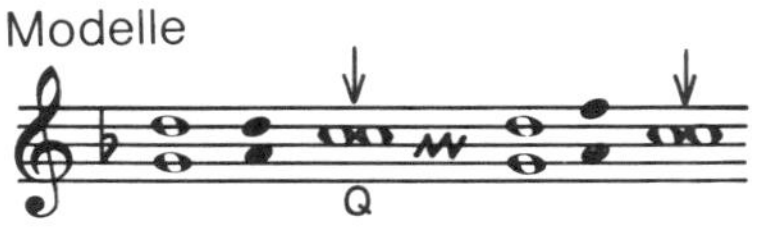

Aus der Wendung Einklang - Quarte - Einklang, häufig bei weiblichen Endungen, kann durch Oktavversetzung die Wendung Oktave - Undezime - Oktave werden, hier Mixolydisch und Phrygisch, aber auch Ionisch und Aeolisch

Zweistimmig zu setzen:

A16

A17

(A18)

II. Einfügen diatonischer Töne in die pentatonischen Satzmodelle, häufig an drittletzter, auch an viertletzter, selten an vorletzter Stelle vor der Schlußnote:

Aeolisch:

Phrygisch:

Ionisch:

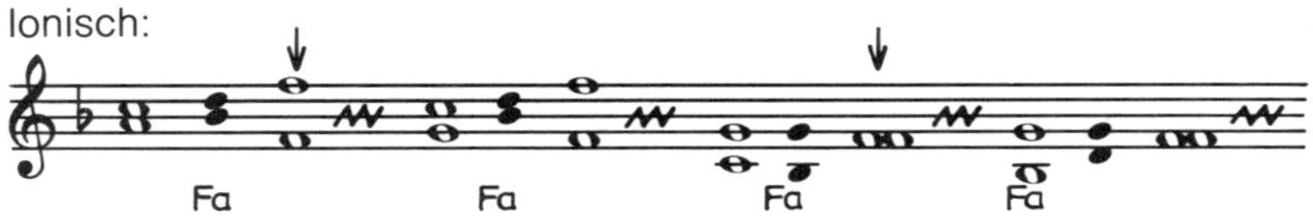

Mixolydisch:

Versuche selbst nach dieser Maxime weitere Lösungen zu finden. Dorische und lydische Satzmodelle brauchen von vornherein diatonische Stufen:

Dorisch:

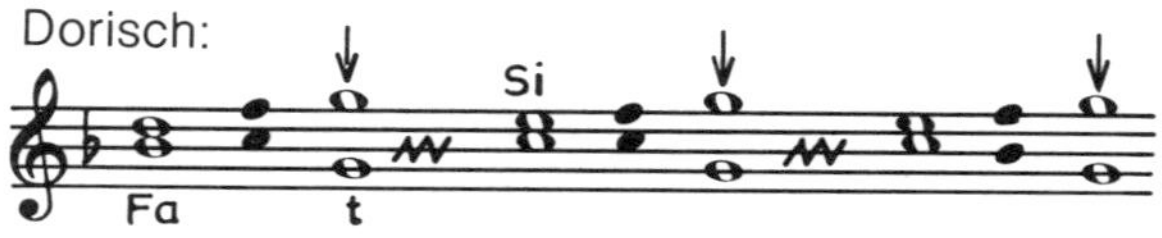

Lydisch:

(A19) Zweistimmig mit Gebrauch diatonischer Stufen:

Auch die kontrapunktischen Figuren haben eine „pentatonische" Seite, siehe die beiden pentatonisierenden Vorhalte 7—5, Takt 2 und 7—4, Takt 8.

Bearbeite nochmals die Aufgaben 1—18 zweistimmig und setze passende diatonische Stufen ein. Versuche selbst pentatonische und später diatonische, modale zweistimmige Sätze zu erfinden. Gehe dabei von einer kleingliedrigen Anlage aus, suche vor allem die Abschlüsse der Bauglieder aufeinander abzustimmen, damit das Ergebnis geformt wirkt.

Vierstimmig machen zweistimmiger Sätze:

Lege die Unterstimme eine Oktave tiefer und ergänze zwei Mittelstimmen. Bei stufenweise gehenden Bässen - die kleine Terz gilt in vielen Fällen als Schritt - geht der Tenor in Quintenparallelen zum Baß, der Alt ergänzt oder verdoppelt passend, vgl. NB 6, NB 7, in Verbindung mit Septakkorden NB 14, NB 15, NB 16, NB 17. Aus der Quarte wird $\substack{6\\4}$ oder $\substack{4\\3}$, seltener werden beide Töne oktaviert. Bei der Kadenz Quinte - Oktave, vgl. Aeolisch, Variante der Kadenz, auch d) Phrygisch, bekommmt die Quinte die Ziffer $\substack{5\\2}$, vgl. NB 6, NB 14, NB 21 Takt 1, eine andere Weiterführung zeigt NB 21 Takt 5 und 7 sowie NB 22 Takt 4. Geht dagegen die Quinte in Gegenbewegung mit zwei Terzschritten in den Einklang, so ergibt sich die Ziffer $\substack{6\\5\\2}$, vgl. unten A12 vierstimmig gemacht, vorletzter Takt.

A12 vierstimmig gemacht:

III. Der untenstehende Satz ist aus A12 vierstimmig gemacht im wesentlichen entstanden durch Übertragung in den Dreivierteltakt und durch Einschalten eines chromatischen Zwischenakkordes auf dem zweiten Viertel, also noch *vor* der Penultima der Kadenz, in einem Fall auf dem ersten Viertel, in allen ungeraden Takten. Die geraden Takte 2, 6, 10 und 14 halten sich an die weiblichen Endungen der Vorlage. Diese Andeutung kann die Möglichkeiten einer modal orientierten Chromatik nur sichtbar machen, nicht erschöpfen.

A14 chromatisch:

Kapitel XII

Neue Rhythmik und Zeitgestaltung

Norbert Jürgen Schneider

Die Wichtigkeit von ,,Zeit" und ,,Rhythmus" in der Neuen Musik wird deutlich in der Darstellung von Klangereignissen in einem aus Zeitachse und Tonhöhen-(Klangraum-)achse bestehenden Koordinatensystem. Die rhythmische Strukturierung prägt dabei mehr als die Tonhöhen-(Klang-)organisation die Individualität von Werkkonzeptionen oder Personalstilen. Das folgende Kapitel gibt eine Zusammenfassung maßgeblicher Entwicklungen (siehe auch die Kapitel Serialität und Aleatorik, Elektronische Musik, Einführung in die Dodekaphonie) und regt mit exemplarischen Übungsanweisungen zum kreativen Umgang mit den erarbeiteten rhythmischen Materialien an.

§ 1 Historischer Überblick

Wesentlich für die Zeitgestaltung des durmolltonalen Satzes war die Kohärenz von *Metrum* (das Maß, die Zähl- oder Schlageinheit, der Puls), *Rhythmus* (das Gemessene, die fließende Bewegung, die Folge gestalthafter Zeitwerte, das individuelle Ordnungsprinzip) und *Takt* (das Akzentgitter, ein periodischer Ausschnitt aus dem Metrum, der prädisponierte Zeitraum). Deren Verband war um 1900 größtmöglichen Spannungen, danach einer zunehmenden Auflösung unterworfen.

1) Die Lösung vom Takt führt zu ,,schwebender Rhythmik" und zu ,,musikalischer Prosa" (analog zur schwebenden Tonalität und der Negation der klassischen Periodenstruktur; dann zur ,,Distanzrhythmik" als Folge neutraler Zeitwerte ohne Gewichtsabstufung (Strawinsky, Schönberg, Bártok, Hindemith u.a.).

2) Die Lösung vom Metrum etwa seit 1930 radikalisiert die Distanzrhythmik und führt vor dem Hintergrund einer zeitlichen ,,Leere" (vergleichbar dem weißen Untergrund einer Zeichnung) zur Folge von bisweilen irregulären Zeitwerten, die gehörsmäßig nicht mehr auf ganzzahlige Proportionen oder kleinste gemeinsame Einheiten rückgeführt werden können und sich nur noch auf sich selbst beziehen (Ives, Webern, Varèse, Messiaen u.a.).

3) Etwa seit 1950 ist Rhythmus auch als abstrakte Dauernreihe begriffen worden: *,,Zeit"* wurde zum isolierbaren Parameter, der nach mathematischen, konstruktiven, visuell-räumlichen Verfahren organisiert zur Strukturierung im Mikro- wie Makrobereich dient (Messiaen, Boulez, Stockhausen, Xenakis u.a.).

4) In der Musik nach 1960 mit ihren zahlreichen stilistischen Ausprägungen (Klangfarbenmusik, Aleatorik, musikalisches Theater, experimentelle Musik, Collage und Montage, neue Einfachheit, intuitive Musik u.a.) hat sich das Gegensatzpaar *,,metrische bzw. pulsierende Zeit - ametrische bzw. amorphe Zeit"* als sinnvoller Begriffskomplex erwiesen. Indem er die beiden grundlegenden Pole musikalischer Zeitgestaltung andeutet, lassen sich dadurch alle dazwischen liegenden temporalen Varianten beschreiben. ,,Metrische Zeit" stellt hierbei (ohne Rückverpflichtung auf funktionale Harmonik) die Summe und zugleich die Weiterentwicklung der konventionellen Rhythmik dar. ,,Ametrische Zeit" erschloß - dies kommt notationstechnisch durch die Ausbildung neuer Symbole klar zum Ausdruck - erforschenswertes Neuland, dessen Reiz nicht wenig in der improvisatorischen Unschärfe des Rhythmischen lag, die den Interpreten zu spontaner Aktion / Reaktion provozierte und ihm eine neue Flexibilität gab. Ametrisch ausgestaltete Musik hat zu zwei Grundtypen geführt: a) der ungegliederte Zeitraum wird durch ,,musikalische Gestik" punktuell und individuell ausgefüllt (musikalisches Theater, Klangaktionen, Aleatorik, asemantische Vokalmusik u.a.), b) der ungegliederte Zeitraum wird von quasi ,,zeitlosen", statischen Klangbildern ausgefüllt, die oft in Flächen, Felder oder Schichten - mit je eigener Textur - untergliedert sind (Klangfarben- und Clusterkomposition, Montage und Collage, Feldkomposition, stochastische Musik u.a.). Einen Sonderfall bildet die Minimal Music bzw. Periodische Musik der 70er Jahre: Ausgehend von pulsierender Zeit wird durch das repetitive Moment ein Zeitstillstand und damit eine Überführung in amorphe Zeit erreicht.

§ 2 Neue Formen rhythmischer Notation

Die Notation der in amorpher Zeit gehaltenen Musik hat zur Vielzahl von Symbolen und graphischen Zeichen geführt. Die folgende Auswahl will einige der inzwischen gängigen Symbole zeigen und die Prinzipien graphischer Notation verdeutlichen. Grundsätze: a) wenn nicht (z.B. durch Sekundenzahlen) anders angegeben, so entspricht die räumliche Proportion im Schriftbild der zeitlichen Proportion im Hörbild, b) graphische Zeichen sind ganzheitlich und enthalten daher meist auch die Angaben für die Gestaltung von Tonhöhen und Dynamik c) die individuelle und ausdrucksstarke Interpretation der Zeichen (vor allem bei der noch mit verbalen Anweisungen versehene ,,Aktionsnotation") ist wichtiger als eine falsch verstandene Regelmäßigkeit und Präzision.

ausgehaltener Ton

ausgehaltener Ton mit schnellem Ganztonvibrato, das allmählich langsamer und flacher wird

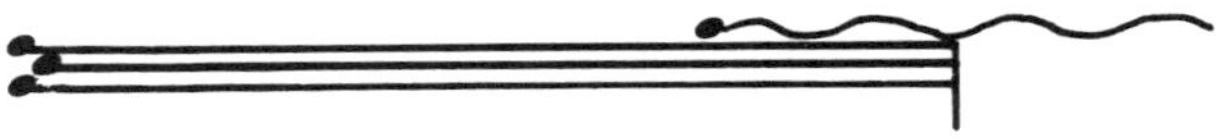

Dreitoncluster mit Ton in ganz langsamen Vibrato

schnell zu spielende Tonfolge

sich beschleunigende staccato-Folge, die Tonhöhen sind im angedeuteten Raum zu improvisieren

sich verlangsamende Tonfolge mit exakt notierten Tonhöhen

unregelmäßige Tonfolge in mittlerem Tempo

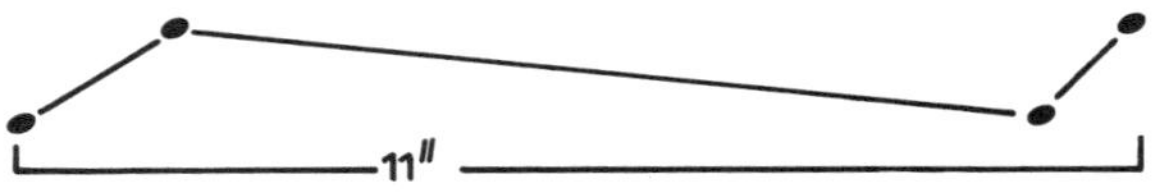

Glissando, das in 11 Sekunden auszuführen ist

Glissando eines getrillerten Tones in weicher Linienführung

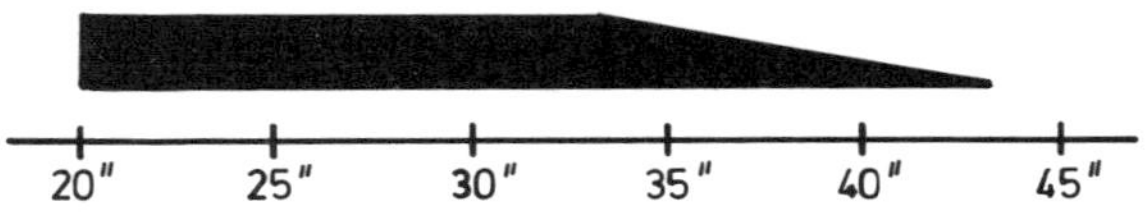

Cluster, abnehmend, mit Sekundenleiste bzw. -raster

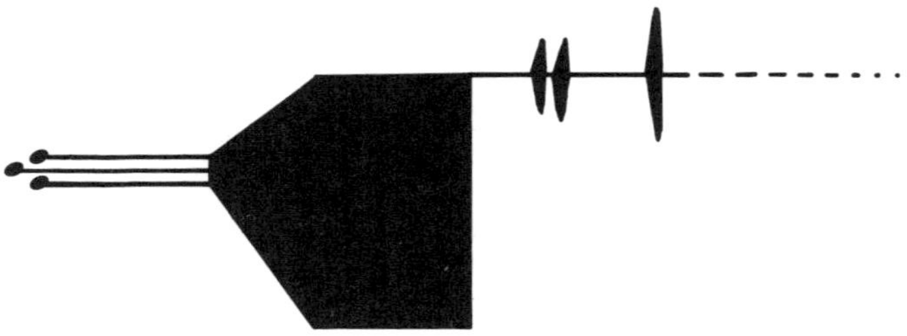

Dreitoncluster, sich verbreiternd, bis auf einen Ton abbrechend, aus dem Ton wachsen stellenweise „Blitze" bis er verlöscht

Tongruppen unterschiedlicher Qualität

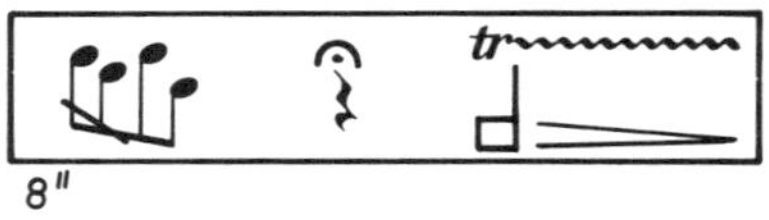

das angegebene Feld ist innerhalb von 8 Sekunden frei zu realisieren; „space"-Notation

rhythmisch nur ungenau festgelegte Melodie mit Halteton bis zum Zeichen für „Ende": ❜

§ 3 Details und Satzaufgaben

In den Übungen ist meist ein vorgegebenes Satzmuster zu vervollständigen. Dies erfordert nicht nur kompositorische Fantasie, sondern auch Selbstbeschränkung und Konzentration: Reduktion der Mittel und das Finden eines individuellen Ordnungssystems (auch bezüglich der möglichen formalen Lösungen) sind daher wichtige Arbeitsschritte. Die Verweise K1, K2, etc. beziehen sich auf das bereitgestellte Klangmaterial am Ende des Abschnitts.

Zu 1) „Lösung vom Takt":

Folgendes sind die rhythmischen Elemente, die nach 1900 zur „schwebenden Rhythmik" führten:

Überspielen der Taktschwerpunkte
Pausen - Synkopen - freie Akzente

(A1) Eine gregorianische Melodie K1 ist über einer einfachen organalen Begleitung zu paraphrasieren:

(A2) Wir entwickeln eine „Invention für zwei Klangkörper". Die eine Stimme enthält nur Achtelnoten und -pausen, die andere ein Ostinato. Durch freie Akzente wird die Taktart aufgehoben.

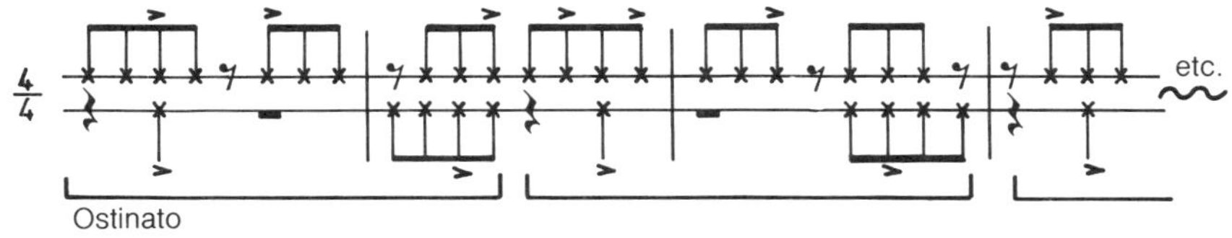

Auflösung in Einzelgesten - Prosa - rhythmische Zerfaserung

(A3) Aus dem Tonmaterial einer Zwölftonreihe entwickeln wir eine Cantilene für Oboe solo. Die Reihe K2 ist frei zu behandeln.

(A4) Zweistimmiger Klaviersatz aus einer Zwölftonreihe K2. Formidee: Über einem ostinaten Baßmodell zerfasert die Oberstimme, um dann reprisenhaft mit einer Variante des Beginns zu enden (mit Krebs, Inversion).

häufige Taktwechsel - variable Metren

(A5) Über den Flächen eines Akkordschemas K3 komponieren wir ein Allegro für Klavier und Trommel. Formidee: Je ein oder zwei der Akkorde sind Grundlage einer Phrase; solche Phrasen ergänzen sich zu übergeordneten Teilen, die jeweils unterschiedliche Satzmuster aufweisen: a) Klavier Akzente, Trommel in Achteln, b) Klavier Melodie und Begleitung, Trommel Akzente, c) Klavier harmonische Fläche, Trommel rhythmische Figur, etc.

A6 Über dasselbe Akkordschema ist ein Satz in variablen Metren zu errichten. Die Formidee soll dabei Resultat der metrisch/rhythmischen Anlage sein: z.B. 2/8, 3/8, 4/8, 5/8, dann mehrere zusammengesetzte Takte 2 + 3 + 2 Achtel (mit der konventionellen Zuordnung Melodie und Begleitung), dann eine mehrfach unterbrochene Rückleitung von 7/8 zu 1/8 etc.

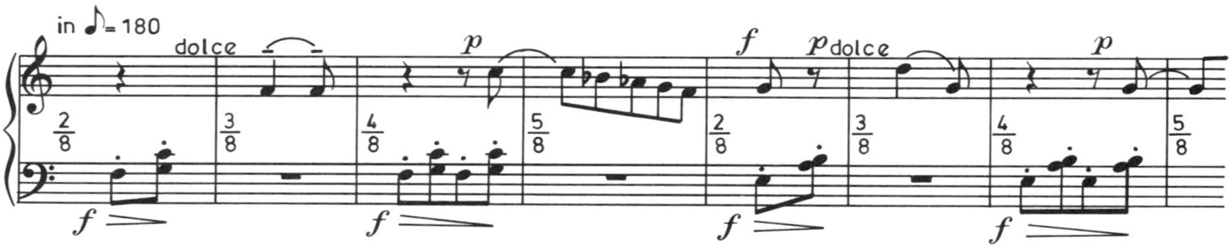

Polymetrik - Taktkanon Taktschichten

A7 Zu einem Passacagliathema K4 sind Variationen zu schreiben, wobei die Spannungszunahme vor allem durch die verborgene oder offene Schichtung verschiedener Taktarten zu erreichen ist.

A8 Die folgende sprunghafte Melodie aus einer Zwölftonreihe steht im 3/4-Takt und wird von einer Schlagzeugstimme kontrapunktiert, die in einem um ein Viertel verschobenen 3/4-Takt steht (Taktkanon). Formidee: Dreiteiligkeit durch Satzbild ,,sprunghaft - legato - sprunghaft".

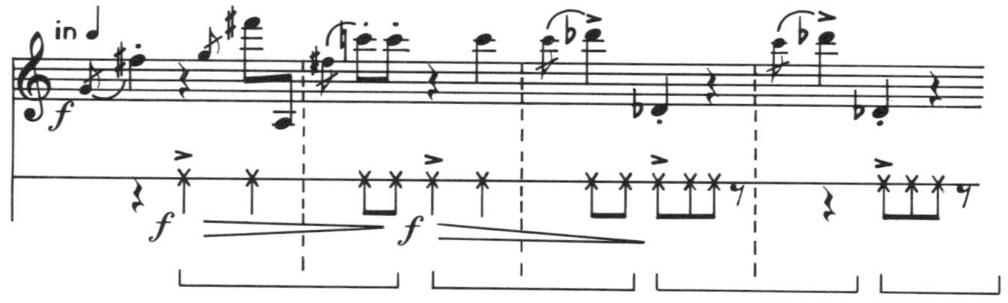

Konfliktrhythmik

A9 Aus der Zwölftonreihe versuchen wir ein Menuett zu schreiben, dessen Takt durch Konfliktrhythmen in Schwebe gebracht wird. Einmal gewählte Rhythmuskombinationen formbildend verwenden.

Zu 2) „Lösung vom Metrum“:

Durch Häufung der unter 1) gezeigten rhythmischen Elemente sowie durch agogische Verfahren (rubato, accelerando, stringendo u.a.) und durch fortgeschrittene Komplexität des Satzes geht der Eindruck eines Pulsierens der Musik zunehmend verloren. Weitere Mittel sind:

Schichtung von Metren und Tempi

(A10) In einem Satz für Klavier vierhändig, verfolgen wir folgende Formidee: Piano secondo entwickelt aus einem chromatischen Klangmaterial (mit vielen einstimmigen Linien) K5 eine unerbittliche Steigerung zu Zielakkord und dynamischer Klimax; Piano primo versucht sich durch Rückung in eigene Affekte (bittendes Siciliano, ängstliches Pochen etc.) dieser Entwicklung zu entziehen; während sich Piano secondo wieder „beruhigt“, geht Piano primo in eine glockenartig statische Diskantlage.

Formidee in graphischer Skizze:

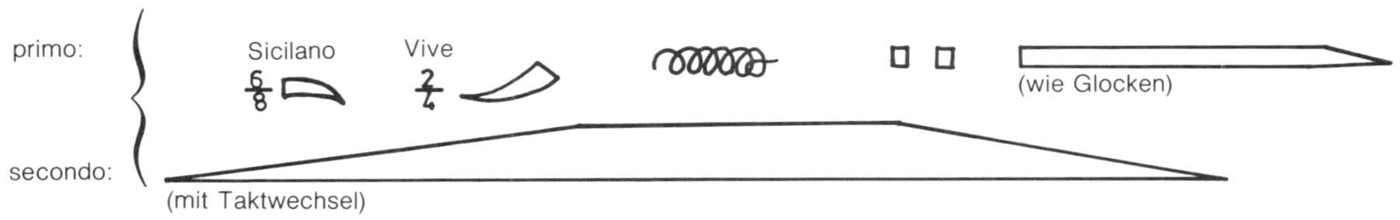

Zeitdehnung - hinzugefügte Werte irrationale Rhythmen

(A11) Zu einer organalmodalen Harmonisierung einer gregorianischen Melodie K1 erfinden wir eine vogelstimmenartige Oberstimme, die tonal in unterschiedliche Spannungsverhältnisse zum Choral tritt.

Koppelung von Dauernreihen - rhythmisches Pedal

(A12) Der gregorianische Choral K1 wird mit einem „nicht umkehrbaren Rhythmus“ (Messiaen) rhythmisiert und frei mit ergänzenden Melodienoten versehen. Im Baß liegt ein sechstöniges Ostinato, das streng in die ständige Folge eines Hindu-Rhythmus („Râgavardhana“) eingepaßt wird. Formidee: Dreiteilig mit Variation durch Transposition von Melodie und Ostinato (je verschieden).

(A13) Aus dem Passacagliathema K4 entwickeln wir ein „rhythmisches Pedal", indem wir auf die vier Akkorde ständig ein sechsteiliges Muster [Rhythmus] anwenden. Darüber verläuft eine freie Stimme, deren rhythmische Zellen („Dauernreihen") je von einem Schlagwerk (Metall- und Holzklang) imitiert werden: als rhythmischer Kanon, im Krebs oder Diminution bzw. Augmentation; vgl. folgende Beispiele:

Augmentation um ein Viertel:
Diminution um einen Punkt:
Krebsform:
Addition von je einem Achtel:

Zu 3) „Zeit" als Parameter:

In unserem Rahmen kann diese Art der Zeitgestaltung nicht ‚geübt' werden, da sie zum einen zu komplex ist, zum anderen durch ihre Einflußnahme auf die musikalische Großform und deren Struktur sich dem beschränkten Anspruch einer Satzübung entzieht. Vgl. hierzu jedoch das Kapitel „Serialität und Aleatorik".

Zu 4) „Metrische / pulsierende Zeit - ametrische / amorphe Zeit":

Satzübungen in amorpher Zeit bieten vor allem dann reiche Hörerfahrung und Möglichkeiten, wenn viele Interpreten sich bei der Realisierung der Klangbilder beteiligen. Daher sollen die Beispiele möglichst nicht nur auf dem Klavier, sondern mit Instrumenten, Stimmen und Klangquellen aller Art erprobt werden.

Freie Gesten - Effekte Aktion und Reaktion

(A14) Wir versuchen folgende Partitur unter Berücksichtigung einer sinnvollen formalen Entwicklung zu vervollständigen und aufzuführen (Merke: motivisch-thematische Entwicklungen sind für die Formbildung weniger entscheidend als die Kategorien Dichte, Intensität, Klangbreite, Klangverdünnung u.a.):

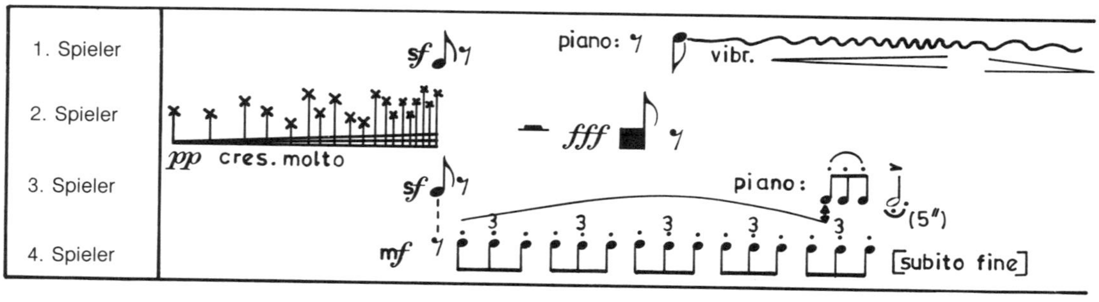

(A15) Wir vertonen für Stimmen und Instrumente folgenden Text (auch lautmalerisch und kommentierend): „Büchsen die nicht krachen; Jungfern, die nicht lachen, Vögel, die nicht singen; wer hat Lust zu diesen Dingen" (altdeutsch). Dabei sind vor allem die verschiedenen Spannungsverhältnisse zwischen pulsierender und amorpher Zeit auszuprobieren: Übergang vom Metrischen zum Ametrischen (z.B. am Beginn) sowie der umgekehrte Verlauf, Parallelführung von metrischen Schichten und freien Einwürfen, schnelles und unmittelbares Hintereinander von amorpher Zeitgestaltung und metrischer Ordnung für alle Spieler.

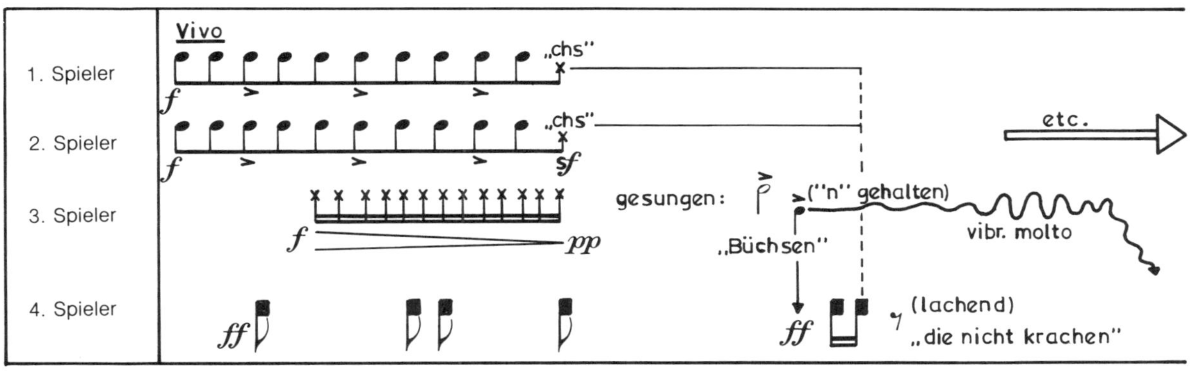

Flächen - Cluster
Felder - Zeitgeräusch

(A16) Wir entwerfen ein Klangbild, das statische Flächen mit Clustern belebt. Flächen in metrischer Organisation sollen mit weichem Übergang oder plötzlich daran anschließen. Einige spärliche Einzelgesten dienen zur Koordination und Zeitmarkierung.

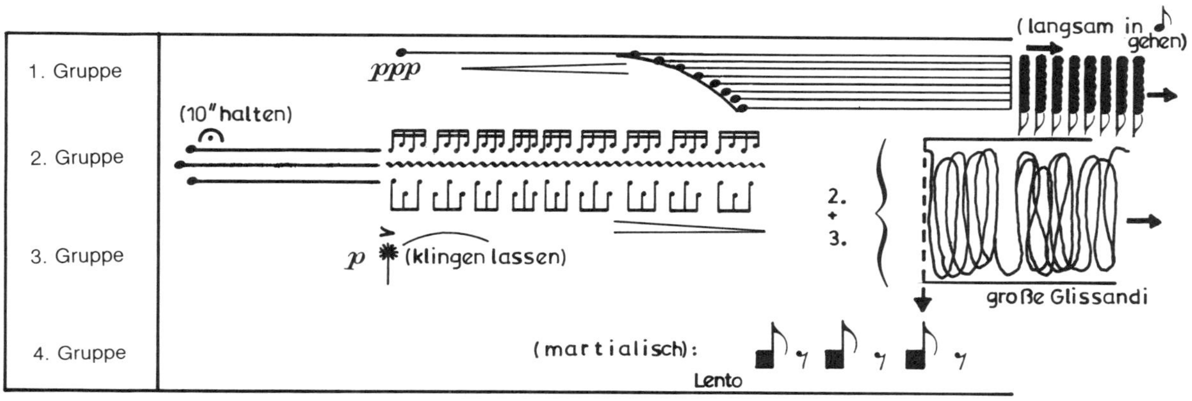

(A17) Auch punktuelle Aktionen, wenn sie statistisch häufig genug auftreten, werden zur Fläche oder zum Feld (wie das Auge beim bewegten Bild, so nimmt das Ohr bei ca. 19 Impulsen pro Sekunde keine Einzelheit, sondern nur noch eine ,,Tonfarbe" war). Regelmäßig verteilte Impulse werden zum ,,Zeitklang", unregelmäßig verteilte zum ,,Zeitgeräusch". Wir vertonen im Folgenden den Text: ,,Zween können zu gleicher Zeit singen, aber nicht zu gleicher Zeit reden" (altdeutsch) für Chor und zwei Instrumentengruppen.

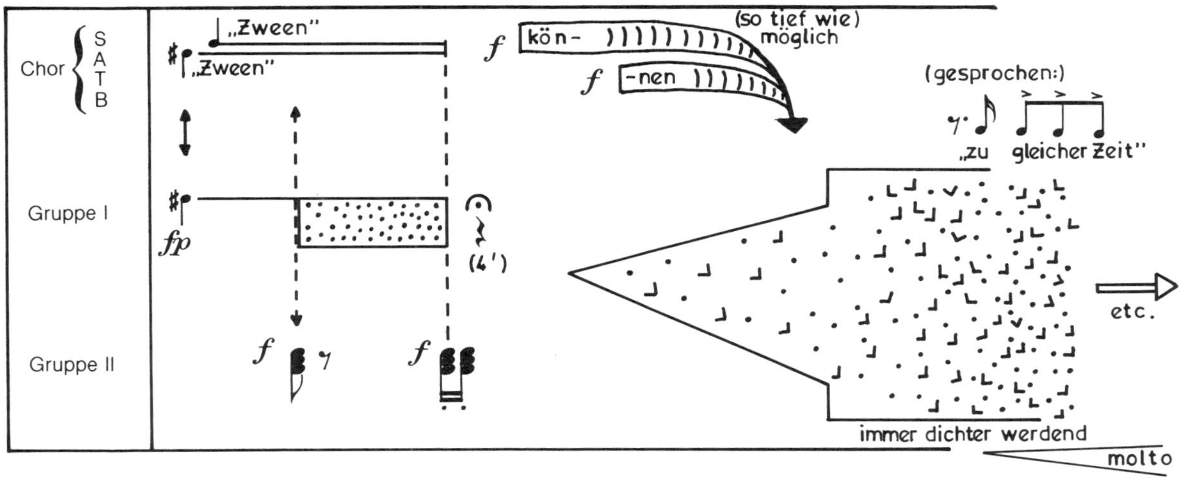

(A18) Wir entwerfen an der Tafel graphische Elemente und schließlich eine zusammenhängende Partitur und realisieren sie mit den vorhandenen Klangmitteln als Gruppenimprovisation. Wie können wir die Notation verdeutlichen? Wie ,,Fortschritte" machen und interpretatorische Sicherheit erwerben? Tonbandkontrolle?

(A19) Gruppenimprovisation nach semantischen Vorlagen (z.B. zu einer Diafolge, zu einer Filmsequenz oder Pantomime). Wir versuchen in mehreren Fassungen das besonders gut Gelungene festzuhalten, zu verbessern. Zum Abschluß wird von der Endfassung (eventuell Tonbandmitschnitt) eine Partitur hergestellt.

Literatur:

Bresgen, Cesar:	,,Im Anfang war der Rhythmus . . .'', Wilhelmshaven - Locarno - Amsterdam 1977 (= Musikpädagogische Bibliothek, Bd. XIV)
Dahlhaus, Carl:	,,Probleme des Rhythmus in der Neuen Musik'', in: Carl Dahlhaus, ,,Schönberg und andere. Gesammelte Aufsätze zur neuen Musik'', Mainz 1978
Dürr, Walther und Gerstenberg, Walter:	Artikel ,,Rhythmus, Metrum, Takt'' in: ,,Musik in Geschichte und Gegenwart'', Band XIV
* Gieseler, Walter:	,,Komposition im 20. Jahrhundert. Details - Zusammenhänge'', Celle 1975
Grisey, Gérard:	,,Tempus ex machina. Reflexionen über die musikalische Zeit'', in: ,,Neuland. Ansätze zur Musik der Gegenwart'', Jahrbuch Band III (1982 / 83), S. 190—202
Karkoschka, Erhard:	,,Das Schriftbild der Neuen Musik'', Celle 1966
Messiaen, Olivier:	,,Technique de mon langage musical'', 2 Bände, Paris 1944, deutsche Übersetzung von S. Ahrens, Paris 1966
* Meyer-Denkmann, Gertrud:	,,Struktur und Praxis neuer Musik im Unterricht'', Wien 1972 (= rote reihe, Bd. 43)
Rothärmel, Marion:	,,Der musikalische Zeitbegriff seit Moritz Hauptmann'', Regensburg 1963 (= Kölner Beiträge zur Musikforschung, Bd. 25)
Schneider, Norbert J.:	,,Prinzipien der rhythmischen Gestaltung in Hindemiths Oper ,,Mathis der Maler'', in: Hindemith-Jahrbuch 1979, S. 7—48
Seidel, Wilhelm:	,,Rhythmus. Eine Begriffsbestimmung'', Darmstadt 1976 (= Erträge der Forschung, Bd. 46)
Stockhausen, Karlheinz:	,,Struktur und Erlebniszeit'' sowie ,, . . . wie die Zeit vergeht'', in: Stockhausen, ,,Texte zur elektronischen und instrumentalen Musik'', Bd. I, Köln 1963
* Treibmann, Karl Ottomar:	,,Strukturen in neuer Musik. Anregungen zum zeitgenössischen Tonsatz'', Leipzig 1981
Vogt, Hans:	,,Neue Musik seit 1945'', Stuttgart 1972

(* heißt: besonders nachschlagenswert)

Materialien für die Satzaufgaben (A1) bis (A19)

(K1)

(K2)

(K3)

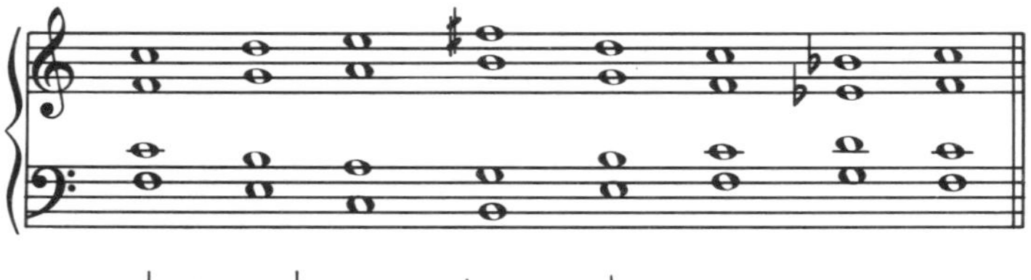

(K4)

(K5)

Kapitel XIII

Einführung in die Dodekaphonie

Günther Andergassen

Dodekaphonie oder Zwölftontechnik ist die ,,Komposition mit zwölf nur aufeinander bezogenen Tönen". Diese wurde um 1920 von Josef Matthias Hauer und Arnold Schönberg entwickelt sowie als nominierte Satzgrundlage von vielen Schülern (Zweite Wiener Schule) und Nacheiferern übernommen. Schönberg verwendete seine Zwölftonmethode erstmals in den Klavierstücken op. 23, Nr. 3 und 5 sowie in der ,,Suite für Klavier" op. 25.

Diese Werke entstanden zwischen 1920 und 1923. Sie geben Aufschluß über das Vorstadium und das Erreichte zum Zeitpunkt der Veröffentlichung dieser ,,epochemachenden Erfindung". Sie bedeutete die Einordnung aller 12 Töne der chromatischen Skala der Oktave (NB 1) in eine ,,melodische" Reihe.

NB 1

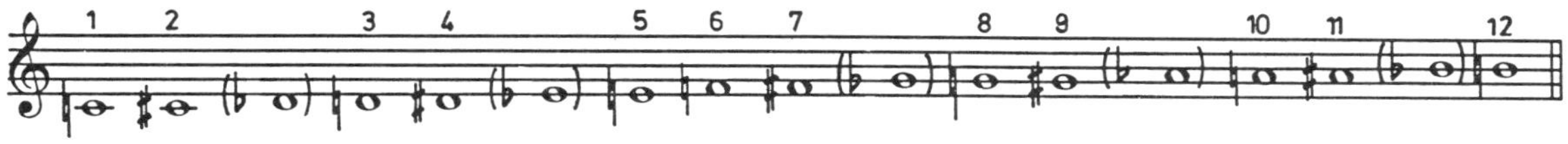

Im folgenden Beispiel - dem Walzer aus Schönbergs op. 23 - kann man in der Melodiestimme die thematische Umsetzung einer Reihe erkennen. Schönbergs Anliegen war es auch, aus derselben Reihe die begleitende Akkordik abzuleiten. Schönberg erfand also seine Reihen zweidimensional: Horizontal-melodisch und vertikal-harmonisch.

NB 2
Walzer

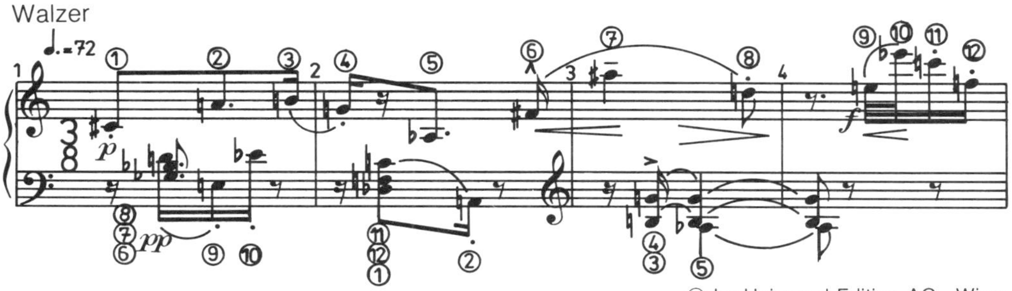

§ 1 Einstimmigkeit

In unseren ersten Übungen befassen wir uns mit der Reihe als Grundlage zu einem Thema, mit der Reihe als melodischem Material.

In einer Analyse von ,,Dreimal tausend Jahre" (NB 22) ist die Originalreihe herauskristallisiert worden (NB 3). Eine Quint tiefer transponiert (wie oft in Schönbergs späterer Weiterentwicklung der eigenen Methode) verwendet der Komponist den Spiegel (die ,,Umkehrung") und den Spiegelkrebs (die Umkehrung ,,rückläufig"). Damit sind die Varianten angedeutet, die aus einer Reihe abgeleitet werden können.

NB 3

Welche Intervalle baute Schönberg in seine Reihe ein (das Intervall vom 12. zum 1. Ton muß einbezogen werden)? Es sind vorhanden: 4 kleine Sekunden, 4 große Sekunden, 1 kleine Terz, 1 große Terz, 1 reine Quart (die Umkehrung der reinen Quint, die als solche mehrmals vorkommt), 1 Tritonus (als übermäßige Quart oder verminderte Quint). Jedes Intervall bis zur Größe des Tritonus ist also vertreten.

(A1) Erfinde Zwölftonreihen, in denen möglichst viele verschiedene Intervalle vertreten sind. In jeder Reihe müssen alle zwölf Töne der chromatischen Skala enthalten sein. Die Intervalle zwischen den Reihentönen dürfen nur bis zum Tritonus reichen (also keine Quinten, Sexten oder Septimen).

Wie geht man vor? Am besten so, daß zunächst eine melodische ,,Gestalt" von vier, fünf oder sechs verschiedenen Tönen festgelegt wird. Dann werden die fehlenden Töne festgestellt, um nach und nach die Melodie zu einer vollständigen Zwölftonreihe zu ergänzen.

Als Anregung sind im NB 4 die ersten sechs Töne einer zu bildenden Reihe gegeben:

NB 4
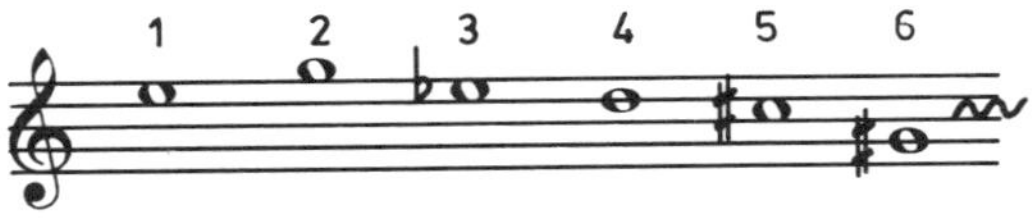

Es fehlen in diesem Beispiel auf die 12 Töne f, fis, a, b und h. NB 5a)—c) ergänzen den Reihenbeginn von NB 4 zu drei voneinander verschiedenen Zwölftonreihen.

NB 5a)

b)

c)

Welche Intervalle enthalten sie?

NB 5a): 4 kl. 2, keine gr. 2, 1 kl. 3, 1 gr. 3, 5 r. 4 und 1 ü. 4 (Tritonus).
NB 5b): 4 kl. 2, 2 gr. 2, 1 kl. 3, 1 gr. 3, 1 r. 4 und 3 Tritoni (bzw. deren Umkehrungen).
NB 5c): 2 kl. 2, 3 gr. 2 (von fis^1 kann auf e^2 in der Umkehrung die gr. 2 abgelesen werden), 2 kl. 3, 2 gr. 3 (gis^1—c^2 = as^1—c^2, da natürlich die enharmonische Verwechselbarkeit voll akzeptiert ist), 2 r. 4, 1 T.

Daß sich der Studierende nach der Erfindung einer neuen Reihe jedesmal Rechenschaft über die verwendeten Intervalle gibt, gehört wesentlich zu dieser ersten Übung. Im Nachhinein mag man erkennen, ob - wie oben - viele verschiedene Intervalle verwendet wurden oder nicht. So fordert Křenek in seinen ,,Zwölfton-Kontrapunkt-Studien": ,,Nicht zu verwenden sind Reihen mit zu vielen gleichen Intervallen, weil das eine Monotonie in der Fortschreitung zur Folge haben könnte". Daß es Ausnahmen gibt, die durchaus Grundlage wesentlicher Kompositionen waren, beweist etwa die Webernsche Reihe, die seinem Streichquartett op. 28 zugrundeliegt:

NB 6
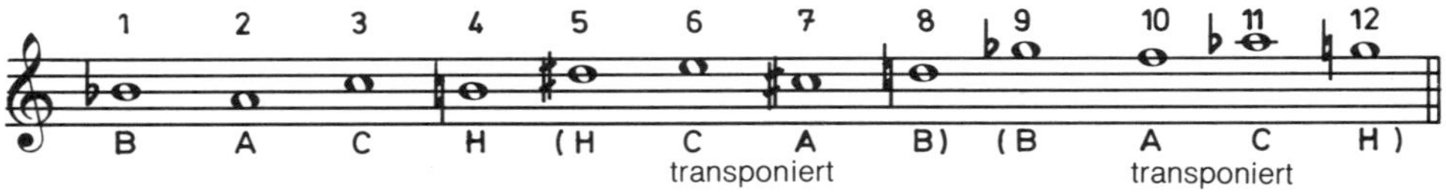

Sie enthält folgende Intervalle: 6 kl. 2, keine gr. 2, 4 kl. 3 - vom 12. auf den 1. Ton wird durch Umkehrung die kl. 3 erreicht - 2 gr. 3, keine r. 4, kein T.

Noch eingeschränkter Pendereckis erste Reihe auf der ersten Partiturseite seiner ,,Lukaspassion":

NB 7

Hier gibt es nur 8 kl. 2 und 4 kl. 3.

Auf der ersten Partiturseite erscheint eine weitere Reihe als Grundlage späterer Entwicklungen im Werk, die abwechslungsreicher ist und trotzdem ,,Verwandtschaft" mit der ersten Reihe aufweist:

NB 8
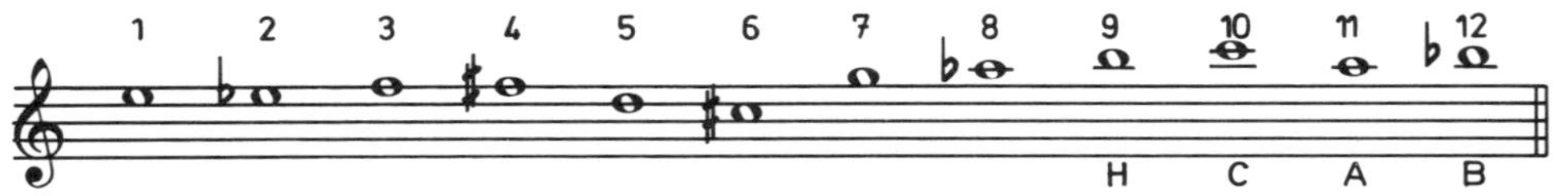

Hier sind enthalten: 6 kl. 2, 1 gr. 2, 2 kl. 3, 1 gr. 3, 2 Tritoni.

Schönbergs „Moses und Aron“ basiert auf einer einzigen Reihe:

NB 9

In dieser beispielhaften Reihe gibt es 4 kl. 2, 4 gr. 2, 2 kl. 3, 2 Tritoni; es fehlen darin die „hellen“ großen Terzen und die „klaren“ reinen Quarten.

Mit Absicht wurden dem Studierenden für A1 zur Erfindung von Reihen keine weiteren Vorschriften gemacht. So blieb der Fantasie viel Raum. Im Nachhinein und bei Betrachtung obiger beispielhafter Reihen wird auffallen, daß sich aus dem Hintereinander von drei Tönen keine Dreiklangsbildungen ergeben. Křenek fordert in seinen „Studien“, daß in einer Reihe nicht mehr als zwei Dreiklangszerlegungen vorkommen sollen. Dies im Hinblick auf die „spätere“ harmonische Verarbeitung der Reihe, die bewußt den Dreiklang als Akkord aussparen sollte. In diesem Sinne ist sogar eine einzige Dreiklangszerlegung in einer Reihe zuviel.

Wer sich an den Gestalten der Reihen in den NB 5 gestoßen hat (Höhepunkt 2. Ton, stark einseitig abfallende Linien), kann durch Umkehrung eines einzigen Intervalls (r. 4 zu r. 5) zwischen den Tönen 5 und 6 zu einer anderen Gesamtgestalt der Melodie kommen:

NB 10 (vgl. NB 5b)

Die „Serenade“ op. 24 von Schönberg bringt im 4. Satz die Vertonung eines Petrarca-Sonetts für eine tiefe Männerstimme mit Begleitung von Klarinette, Baßklarinette, Mandoline, Gitarre, Violine, Bratsche und Cello die folgende, ihr zugrundeliegende Reihe:

NB 11

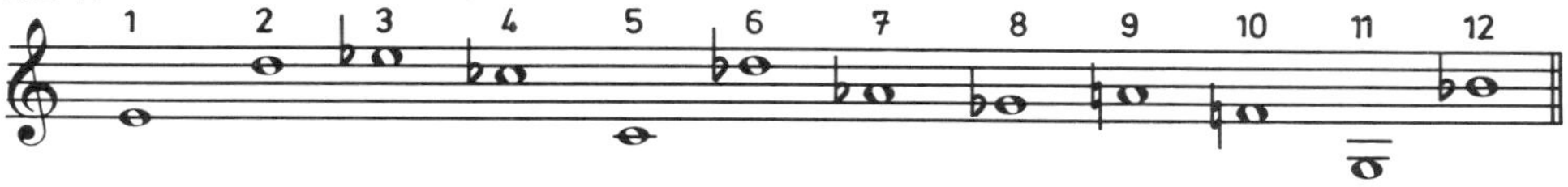

NB 12

Schönberg, „Serenade“, op. 24

Da es sich bei der Melodie NB 12 um eines der ersten Beispiele der Anwendung der Reihentechnik bei Schönberg und gewiß um die erste Anwendung dieses Verfahrens in einer Vokalkomposition handelt, kann man daraus einiges Interessante ablesen:

Der Singstimmenpart für tiefe Männerstimme fällt nicht aus dem Rahmen und ist für einen Solisten leicht zu bewältigen. Bei Tempo Rasch ♩ = 176 sind die Schwierigkeiten in den Sprüngen zu sehen: kl. 7 aufwärts, gr. 7 abwärts, kl. 9 aufwärts usw., teilweise in Viertelbewegung.

Es wird nur die Originalreihe NB 11 verwendet, die aber 13 mal wiederholt wird, wobei in der letzten Wiederholung die Instrumente die Töne 11 und 12 übernehmen.

Die zäsurbildenden Pausen sind nicht etwa durch die Reihen selbst bedingt, im Gegenteil. Z.B. ist der Beginn der zweiten Verszeile mit dem 12. Ton keine Besonderheit, ebensowenig der Beginn der dritten Verszeile mit dem 11. Ton usw. Die letzte Phrase der ersten Gedichtstrophe beginnt mit dem 4. Ton und so endet die erste Strophe mit dem 8. Ton. Die Reihe ist also nicht automatisch ein ,,Thema". Dieses wird in der Regel - von Ausnahmen abgesehen - aus mehrmaligen Abläufen der Reihe, manchmal auch in Kombination mit Krebs, Spiegel und Spiegelkrebs gebildet.

Aus obigem Beispiel läßt sich ein weiteres ablesen: Das ,,Versetzen" von Tönen gehört wesentlich zur Zwölftonmethode; so befinden sich beispielsweise die Töne 5 und 6 nicht nur jeweils in verschiedenen rhythmischen Zusammenhängen, sondern sind auch in verschiedenen Lagen angeordnet, einmal in der kleinen, einmal in der eingestrichenen Oktave. Der Umfang der Singstimme setzt hier Grenzen. Die genaue Kenntnis der Grenzen jedes Instruments - die Singstimmen sind natürlich eingeschränkter als die Instrumente des Orchesters oder der Kammermusik oder gar der Instrumentalsolisten - ist Voraussetzung, damit der Komponist nichts Unmögliches verlangt. Und auch innerhalb der Vokalmusik unterscheiden sich die Solisten vom Chorensemble durch die Schwierigkeitsgrade, die man ihnen jeweils zumuten kann.

Als ein Beispiel einer Reihenkomposition für gemischten Chor und Orgel stellt der Verfasser dieser Zwölftonstudie seine Vertonung des Gedichts ,,Laßt mir meinen Gott" (Text: Paul Roth) vor. Das NB 13 bringt die zugehörige Reihe. Die Umsetzung für Chor ist ab Takt 5 so erfolgt wie im NB 14 festgehalten (die begleitende Orgel wurde hier weggelassen).

NB 13

NB 14

G. Andergassen

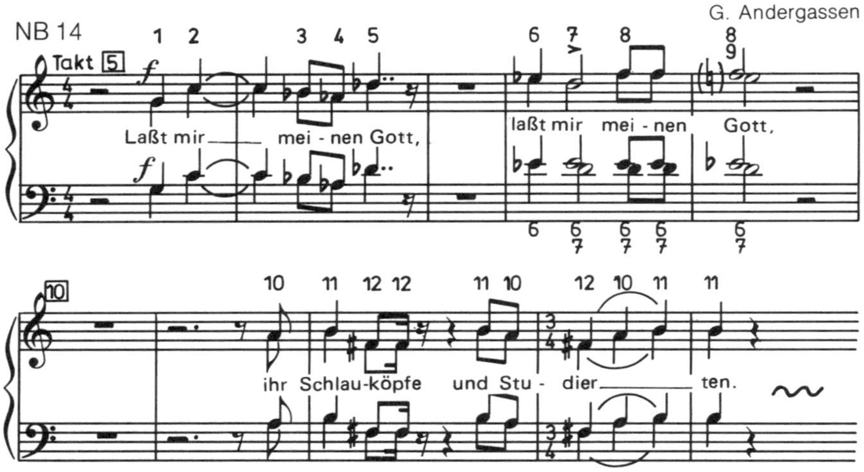

Auch im weiteren Verlauf des Stückes wird dem Chor nicht viel mehr an Schwierigkeiten zugemutet als hier enthalten sind. Das ,,Vokale" der Erfindung drückt sich in den eher klaren Intervallen von Reihenton zu Reihenton aus: r. 4, gr. 2, gr. 2, r. 4, gr. 2, kl. 2, kl. 3, kl. 2, r. 5, gr. 2, r. 4, kl. 2 (wenn auf den Anfang zurückgegriffen wird).

Weiters läßt sich an diesem praktischen Beispiel ablesen: Die unmittelbare Wiederholung von Tönen in der gleichen Lage (Takte 8/9 und 12) ist gut möglich.

Der Rückgriff und das Überspringen von Reihentönen finden Anwendung, nur sollte der ursprüngliche Reihenzusammenhang noch gehört werden können.

(A2) Der Studierende suche sich einen geeigneten Text und erfinde dazu eine Reihe, die für die eigene Stimme gut liegt. Die sukzessive Abfolge der Reihentöne - mit Ausnahme der oben mitgeteilten Möglichkeiten - bleibt obligat. Je nach der Länge des Textes wird die Reihe mehrmals wiederholt, sollte aber beim letzten Mal mit dem 12. Ton aufhören. Man achte darauf, daß schon beim zweiten Erscheinen der Reihe die Reihentöne in einen anderen rhythmischen Zusammenhang und möglichst in eine andere Lage gebracht werden als sie es beim ersten Mal waren.

§ 2 Lineare Reihenoperationen

Im folgenden Übungsabschnitt soll das ,,Versetzen" erarbeitet werden. Um ein Beispiel vorzugeben, wird auf die Reihe NB 10 verwiesen, die in der neuen Version durch Versetzung der Töne zwar ein anderes ,,Gesicht" bekommt, aber im Sinne der Zwölftonmethode eine legitime Verarbeitungsmöglichkeit darstellt:

NB 15

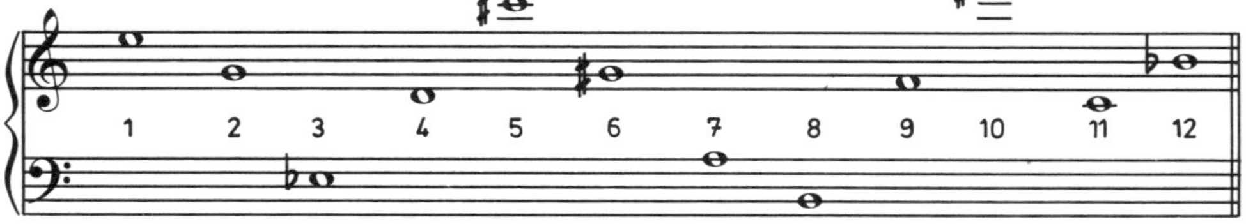

(A3) Der Studierende verarbeite eine seiner eigenen Reihen nach dem Muster von NB 15. Ziel dieser Übung ist es, die „versetzten" Töne auch „auszuhören", sie vielleicht in der Vorstellung verschiedenen Instrumenten zuzuteilen oder auch einem einzelnen Instrument zuzuordnen, sodaß - gegen allen optischen Eindruck - der melodische Zusammenhang gewahrt bleibt. Erst im Nachhinein überprüfe der Studierende am Instrument, ob die Realität seinen Vorstellungen entspricht.

Wem solche Versetzungen zu extrem vorkommen, der sei auf Anton Weberns Streichquartett op. 28 (komponiert 1937/38) verwiesen, um an einem Beispiel entwickelter Dodekaphonik die fast unbegrenzten Möglichkeiten zu erkennen. Die Webernsche Reihe NB 16 bildet in der Transposition von NB 17a) und b) die Keimzelle des Streichquartetts.

NB 16

NB 17a)

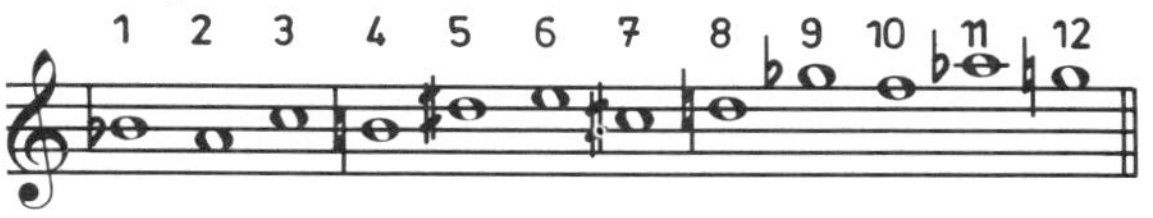

b)

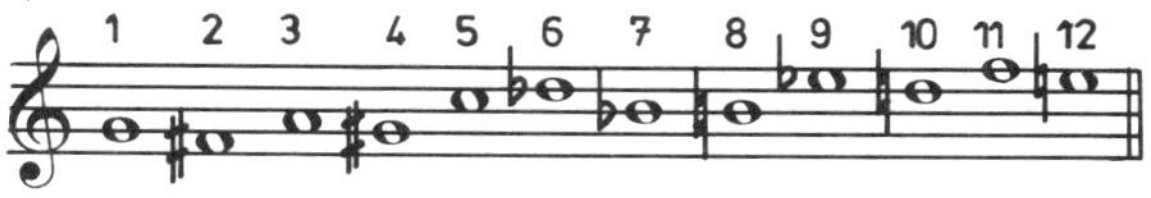

Die einzelnen Töne finden sich in den ersten Takten des ersten Satzes in der Partitur wie folgt verteilt (die Instrumentierung beachten!):

NB 18

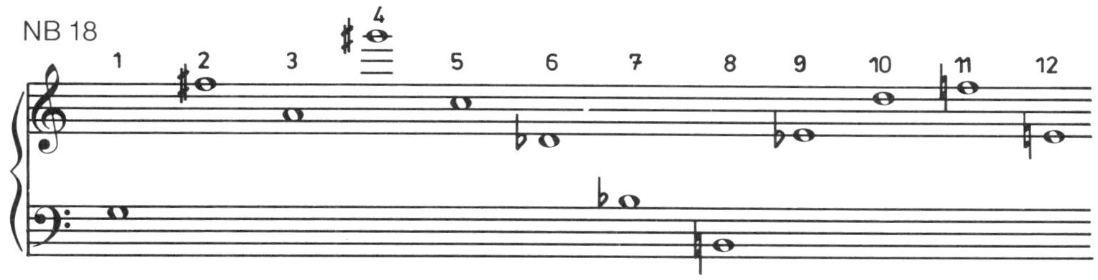

Es kann hier nicht weiter auf die Besonderheiten dieser Reihe eingegangen werden. Sicherlich fällt auf Anhieb die dreimalige Verwendung von B-A-C-H auf (zunächst original, dann der Spiegel transponiert, der dem Krebs mit den Tönen 5 bis 8 entspricht, dann wiederum die Originalversion transponiert mit den Tönen 9 bis 12).

(A4) Greife auf eigene Reihen von A1 zurück, oder erfinde neue und notiere sie in den 4 Versionen, also Original (O), Krebs (K), Spiegel (S) und Spiegelkrebs (SK). NB 19 gibt die Anleitung anhand von NB 10:

NB 19

Die Kennzeichnung der Spiegel- und Spiegelkrebsversion durch Striche über den Ziffern, wie sie etwa für die NB 19 und 21 verwendet wurde, ist eine Möglichkeit, die Situation der Reihe auf den ersten Blick zu erfassen. Diese vier Reihenversionen lassen elf mögliche Transpositionen zu.

(A5) Transponiere die neuerfundenen Reihen und ihre Versionen in einer Tabelle elfmal, was insgesamt 48 Zwölftonreihen ergibt.

(A6) Gestalte eine der neuerfundenen Reihen unter drei- oder viermaliger Verwendung zu einem einstimmigen Thema für ein Instrument nach eigener Wahl. Die einzelnen Reihentöne sind durch Versetzen immer wieder in eine andere Lage zu bringen. Dabei ist das Instrument (eventuell auch die Singstimme) in seinem Umfang und in seiner Charakteristik der Töne in den verschiedenen Lagen zu bedenken.

Eine Variante zu dieser Übung ergibt die Gestaltung eines Themas aus den vier Reihenversionen in der Abfolge Original - Krebs - Spiegel - Spiegelkrebs.

(A7) Erfinde Reihen, die schon im Vorhinein auch auf Akkordik hin geplant sind. Dabei ist wenigstens an Zwei- bis Dreistimmigkeit zu denken. Es ist also bei der Erfindung der Reihe die Kombinationsmöglichkeit von jeweils zwei oder drei Tönen zu einem Zusammenklang zu beachten. Die Vorstellung ist dabei wichtig, die Töne durch Versetzen in verschiedenes Zueinander bringen zu können. Als Beispiel dient die Reihe von NB 20, die folgende Situationen ergeben könnte:

NB 20a)

b)

§ 3 Zweistimmigkeit

(A8) Setze eine eigene Reihe in ihren vier Versionen für zwei Instrumente (z.B. Klarinette und Fagott, Violine und Bratsche oder Trompete und Posaune) unter Verwendung von jeweils einer Version für ein Stück.

Beispielhaft dafür sind die vier zweistimmigen Inventionen für Klavier op. 15 von Hanns Jelinek. Die entsprechende Reihe in den vier Versionen finden sich unter NB 21a). Ein Vergleich der Reihenvorlage mit der Verarbeitung in den Notenbeispielen gibt ausgezeichnete Hinweise, wie man es - ohne zu kopieren - in mehreren Übungsaufgaben selber machen könnte.

NB 21a)

NB 21b)

Moderato (schwebend) ♩. = 60

Hanns Jelinek, op. 15, Nr. 1

NB 21c)

Allegro comodo ♩ = 116

Zu den Aufgaben, die ab A7 gestellt sind, ist noch bezüglich der Akkordik zu sagen, daß auch eine sorgsame Analyse von Schönbergs op. 50A (Anhang) und vieler anderer Zwölftonkompositionen keine Hinweise auf ein „harmonisches System", das aus der Reihe entwickelt worden wäre, ergeben hat. Gewiß ist nur eines: Die Zusammenklänge, die nach Schönbergs Methode ebenfalls aus der Reihe entstehen, haben nichts mit Funktionsharmonik zu tun.

Schönbergs Chorstück „Dreimal tausend Jahre" (NB 22) gibt weiter Auskunft über zwei Entwicklungsmöglichkeiten des Zwölftonverfahrens:

a) Die Aufspaltung der Reihe in kleinere Segmente.
b) Die Verwendung der Reihe für akkordische Situationen.

Zu a): Der Sopran bringt in den ersten zwei Takten eine Melodie, die aus den ersten sechs Tönen im Original und denselben Reihentönen im Krebs besteht. Im Alt sind für die gleiche Strecke die Töne 8, 9, 10, 11 und 12 des Originals verwendet, der „fehlende" 7. Ton liegt im Baß.

Immer wieder benutzt Schönberg kürzere oder längere Reihenabschnitte und ergänzt „fehlende" Töne in einer anderen Stimme, um sie auch dort bruchstückhaft einzuschieben oder auch anzuschließen. Dabei können melodische (nie rhythmische!) Symmetrien eine wichtige Rolle spielen, z.B. in den Takten 3 und 4 des Soprans die Töne 1 bis 6 und 6 bis 1 des Spiegels; in denselben Takten 3 und 4, nach dem 7. Ton im Tenor, im Alt die Töne 8 bis 12 und 12 bis 8 des Spiegels; der Baß singt dort die Töne 7 bis 11 und 11 bis 7 des Originals usw.

Die ganze Reihe wird selten in einer Stimme bis zum Ende durchgezogen; in diesem Beispiel geschieht dies dreimal: Im Alt Takt 5 (2. Viertel) bis 7 (Ende) der Spiegelkrebs, im Sopran Takt 5 (5. Viertel) bis 8 (Ende) der Krebs der Grundreihe, im Sopran Takt 9 (Beginn) bis 11 Mitte der Spiegel.

Zu b): Während Schönberg in den ersten vier Takten - bis auf kleine Ausnahmen - die Reihen nur linear verwendet und sie kontrapunktisch in Zusammenklängen verbindet, ist ab Takt 5 eine Reihe manchmal auch auf zwei oder gar drei Stimmen in mehr oder weniger sukzessiver Abfolge akkordisch verteilt: In den Takten 5, 6, 7 zwischen Baß und Tenor der ganze Spiegelkrebs (der 2. Ton ist leicht „vorverlegt"); im Takt 8 zwischen Alt, Tenor und Baß die Töne 1 bis 6 des Spiegels; zwischen denselben Stimmen in den Takten 10, 11, 12 (hier freilich kräftig „durcheinandergeschüttelt"); im Sopran und im Alt in den Takten 11 und 12 die Spielgetöne 7 bis 12 (in nicht ganz korrekter Abfolge).

Diese gewisse Inkonsequenz in der Reihenfolge der Reihentöne, das Hinausspringen von einer Stimme zur anderen, das Bilden von Zusammenklängen aus einer Reihe über mehrere Stimmen gleichzeitig - all das gibt dem Studierenden Hinweise für die Befreiung von der Enge einer orthodoxen Systematisierung durch den Einfall und der Kontrolle durch das Ohr.

NB 22: Arnold Schönberg, „Dreimal tausend Jahre“

○ = Original / Krebs

□ = Spiegel / Spiegelkrebs

Literatur:

Eimert, Herbert: „Lehrbuch der Zwölftontechnik“, Wiesbaden 1950, 9/1981

Hauer, Josef Matthias: „Vom Wesen des Musikalischen“. Ein Lehrbuch der Zwölftöne-Musik, Berlin 1923

Jelinek, Hanns: „Anleitung zur Zwölftonkomposition“, Wien 1952

Křenek, Ernst: „Zwölfton-Kontrapunkt-Studien“, Mainz 1952

Rufer, Josef: „Die Komposition mit zwölf Tönen“, Kassel 1966

Rufer, Josef: „Das Werk Arnold Schönbergs“, Kassel 1959

Kapitel XIV

Serialität und Aleatorik

Peter Revers

Unter „serieller Musik" wird eine Kompositionsmethode verstanden, bei der *mehrere* oder *alle* musikalisch bedeutsamen Eigenschaften vorbestimmt oder reihenmäßig organisiert werden. Gegenstände dieser Organisationsprinzipien können außer den Tonhöhen etwa Tondauern, dynamische Werte, Artikulation, Klangfarbe etc. bilden. Die Anfänge dieser Kompositionsmethode lassen sich bereits in den späten 40er Jahren feststellen (z.B.: Milton Babbitt: „Three Compositions for Piano", 1947; Olivier Messiaen: „Mode de valeurs et d'intensités", 1949). Es lassen sich zwei hauptsächliche Arten von serieller Musik unterscheiden, die allerdings auch in mannigfachen Zwischenformen anzutreffen sind:

a) die „Punktuelle Musik": Bei diesem Verfahren werden die einzelnen Töne einer Komposition (wie auch die mit den einzelnen Tonhöhen verbundenen Tondauern, dynamischen Werte etc.) nur noch als isolierte Phänomene betrachtet.

b) die „Statistische Musik", bei der nicht die Beziehung der einzelnen Töne zueinander, sondern die ganzer Gruppen durch Reihen fixiert wird. Das Intervall einer Tonhöhenreihe fixiert nicht mehr ein direkt aufeinanderfolgendes oder gleichzeitig erklingendes Intervall, sondern den Ambitus einer Gruppe, die durch sämtliche chromatischen Zwischentöne aufgefüllt wird.

§ 1 Analysebeispiel zur „Punktuellen Musik"

Olivier Messiaens Klavieretüde „Mode de valeurs . . ." hat die Entwicklung der seriellen Musik maßgeblich beeinflußt. In diesem Stück verwendet der Komponist sogenannte Modi, nämlich 36 verschiedene Tonhöhen, 24 Tondauern, 12 Anschlagarten und 7 dynamische Werte. Das Tonhöhenmaterial wird auf 3 Ebenen, die sogenannten „divisions" verteilt, die jeweils 12 Tonhöhen „für den oberen, mittleren und unteren Bereich des Klaviers enthalten, wobei sich aber die Stimmen überkreuzen" (Fuhrmann).

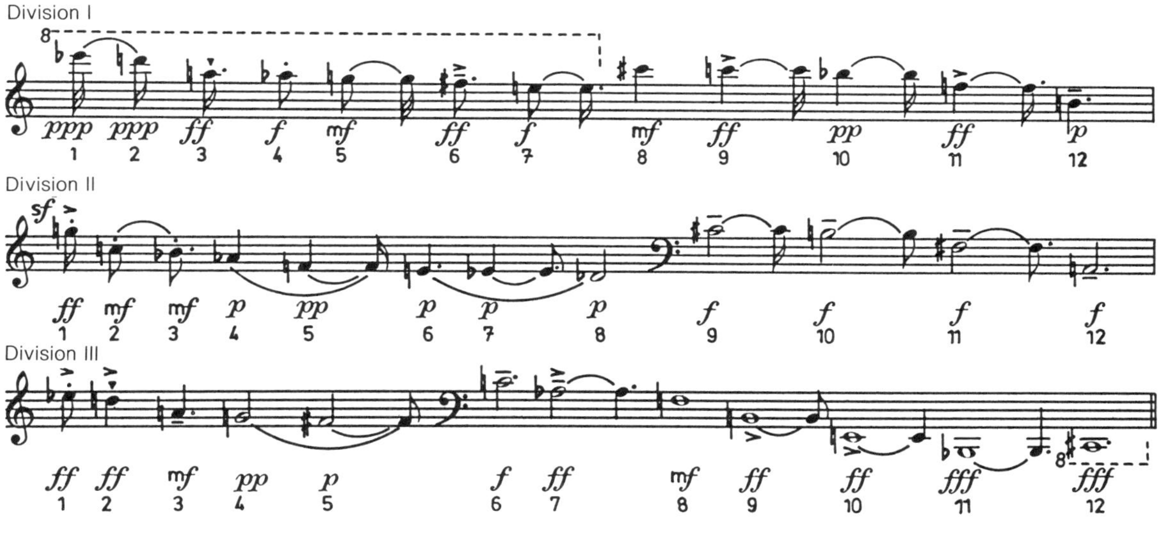

Tondauern:

Charakteristisch für den Tonhöhenmodus ist das Prinzip der arithmetischen Reihung, die allerdings in jeder Division von einem anderen Wert ausgeht. Es ergeben sich dadurch 24 verschiedene Dauern. Die insgesamt 12 sich überlagernden Zeitwerte werden im folgenden Beispiel durch Einkreisung gekennzeichnet (die mit Pfeilen versehenen Tondauern kehren in Division II bzw. III wieder).

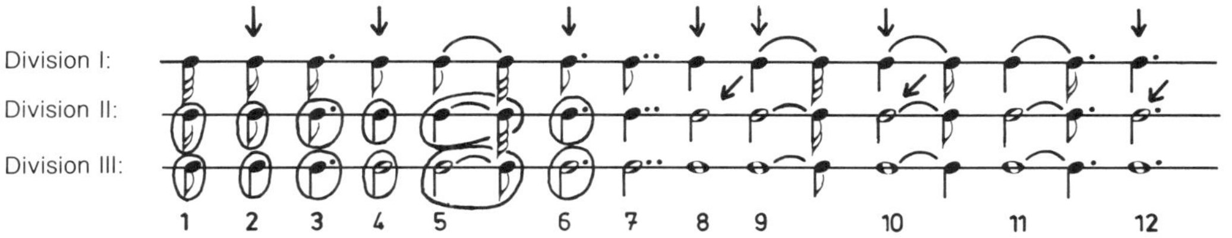

Olivier Messiaen

Über die exakte Festlegung der Tonhöhen und Tondauern hinaus sind auch 12 Anschlagsarten und 7 dynamische Grade (ppp, pp, p, mf, f, ff, fff) in die serielle Struktur einbezogen. Diese setzt Messiaen „so zu jeder Division, daß gleiche Töne in verschiedener Höhe immer deutlich voneinander unterschieden werden können" (Roderich Fuhrmann). Jeder Tonhöhe wird also eine bestimmte Tondauer, Anschlagsart und dynamischer Wert zugeordnet. Damit ist jeder Ton vollständig determiniert. Der Ton g'' hat etwa in der Division I stets die Dauer ♩‿𝅘𝅥𝅯, die Anschlagsart „normal" (ohne Bezeichnung) und die Dynamik mf. In der Division II ist g'' 1/16 lang, hat die Anschlagsart > und die Dynamik sff.

Übungen zur „Punktuellen Musik"

(A1) Entwickle reihenmäßige Ordnungen von Tonhöhen, Tondauern, dynamischen Werten und Tondichteordnungen, die einen Tonsatz erfüllen, der folgende Bedingungen aufweisen soll:
a) Der Abstand zwischen höchstem und tiefstem Ton soll möglichst 4 Oktaven nicht überschreiten.
b) Es sollen in sich ruhende und kurze, rasch bewegte Klangabfolgen miteinander abwechseln.

Tonhöhenreihe:

Z.B.:

Die Oktavlage der einzelnen Töne kann frei gewählt werden.

Tondauernreihe:

Z.B.: Wir wählen 7 verschiedene Tondauern:

Bei dieser Reihe werden ganzzahlige Vielfache des rhythmischen Ausgangswertes (𝅘𝅥𝅯) aneinandergereiht.

Dynamik:

Z.B.: Wir wählen 5 dynamische Werte, die möglichst gegensätzliche Lautstärkegrade enthalten.

ppp	pp	p	ff	fff
1	2	3	4	5

Tondichte:

Z.B.: Wir wählen Tondichten vom Einzelton bis zu einem aus vier Tönen bestehenden Klang:

1: Einzelton   2: 2 Töne   3: 3 Töne   4: 4 Töne

(A2) Erstelle Zahlenreihen der einzelnen Parameter (Tonhöhen, Tondauern, Dynamik, Tondichte) in einer Weise, daß die oben angeführten Kriterien der Komposition erfüllt werden.

Z.B.:

Tondichte:	1	3	4	2	3	4	1	2	3	4	2	1	3	4
Tonhöhen:	G1	G4 G3 G2	G8 G7 G6 G5	G10 G9	K1 G12 G11	K5 K4 K3 K2	K6	K8 K7	K11 K10 K9	U3 U2 U1 K12	U5 U4	U6	U9 U8 U7	KU1 U12 U11 U10
Tondauern:	1	2	3	4	5	6	7	6	4	5	2	1	3	6
Dynamik:	5	3	1	4	2	1	3	4	5	3	4	2	1	3

G = Grundgestalt   U = Umkehrung
K = Krebs   K = Krebsumkehrung

(A3) Transponiere die Zahlenmatrix auf 2 Notensysteme (Klaviersatz).

Im nachfolgenden Beispiel wurden Grundgestalt und Umkehrung jeweils vom Anfangston e[1] (analog dem 1. Ton der Reihe) gewählt, der Krebs hingegen (entsprechend dem Intervall zwischen dem 1. und 2. Ton der Reihe) um ein Tritonusintervall transponiert. Der 1. Ton der Krebsumkehrung (gis[2]) ergibt sich aus der Transposition einer großen Terz (entsprechend dem Intervall zwischen 1. und 3. Reihenton).

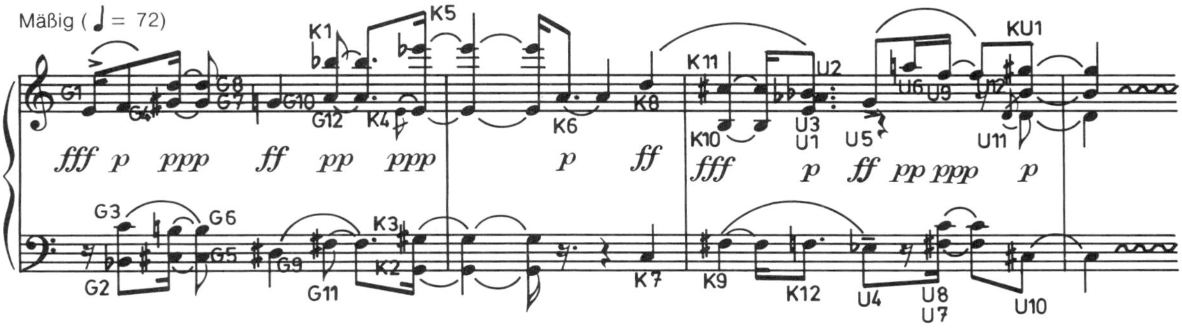

§ 2 Aleatorik

Der Begriff „Aleatorik" (von lat. „alea" = Würfel, „aleator" = Spieler, „aleatorius" = zum Spiel gehörig) umfaßt eine Vielzahl von musikalischen Erscheinungen, die den Zufall einbeziehen. Der Begriff kam in der Neuen Musik seit 1954 auf und wurde zunächst zur Bezeichnung von Vorgängen gebraucht, deren Verlauf im Groben festliegt, im Einzelnen aber vom Zufall abhängt. In der Aleatorik lassen sich drei grundlegende Möglichkeiten unterscheiden:

1) Die Teile oder Materialien einer Komposition sind zwar fixiert, ihre Anordnung (und damit auch der Gesamtverlauf des Stückes) jedoch variabel (Konsequenzen für die Form, Dauer, Anfang und Ende des Stückes etc.).
2) Der Komponist legt eine verbindliche Gliederung des Ganzen fest, viele Einzelheiten der musikalischen Faktur bleiben jedoch der jeweiligen Ausführung durch den Interpreten überlassen.
3) Der Komponist läßt sowohl den formalen Verlauf als auch die Ausgestaltung der einzelnen Teile weitgehend offen. Solche Beispiele (z.B.: John Cage: Variations I) zielen häufig auf die Aktivierung der Kreativität des Ausführenden ab.

(A4) Komponiere verschiedene Klangereignisse und kombiniere sie beliebig:

z.B.:

a) 

b) 

c) 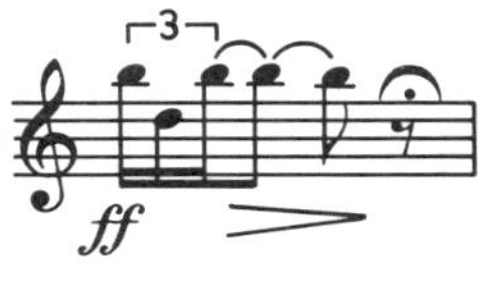

d) 

e) 

f) 

evtl. Möglichkeiten der Gruppierung:

- Kontrastierende Dynamik (laut-leise):	z.B.:	f) - d) - e) - c) - b) - a)
	oder:	a) - c) - d) - b) - f) - e)
- Kurze Impulse - länger gehaltene Klänge:	z.B.:	f) - a) - b) - d) - c) - e)
- Beginn: hohe Lage - allmähliches Übergehen in ein tieferes Register.	Z.B.:	e)-c)-d)-a)-b)-f)

Finde weitere interessante Gruppierungen.

(A5)

Witold Lutoslawski, Streichquartett, 1964

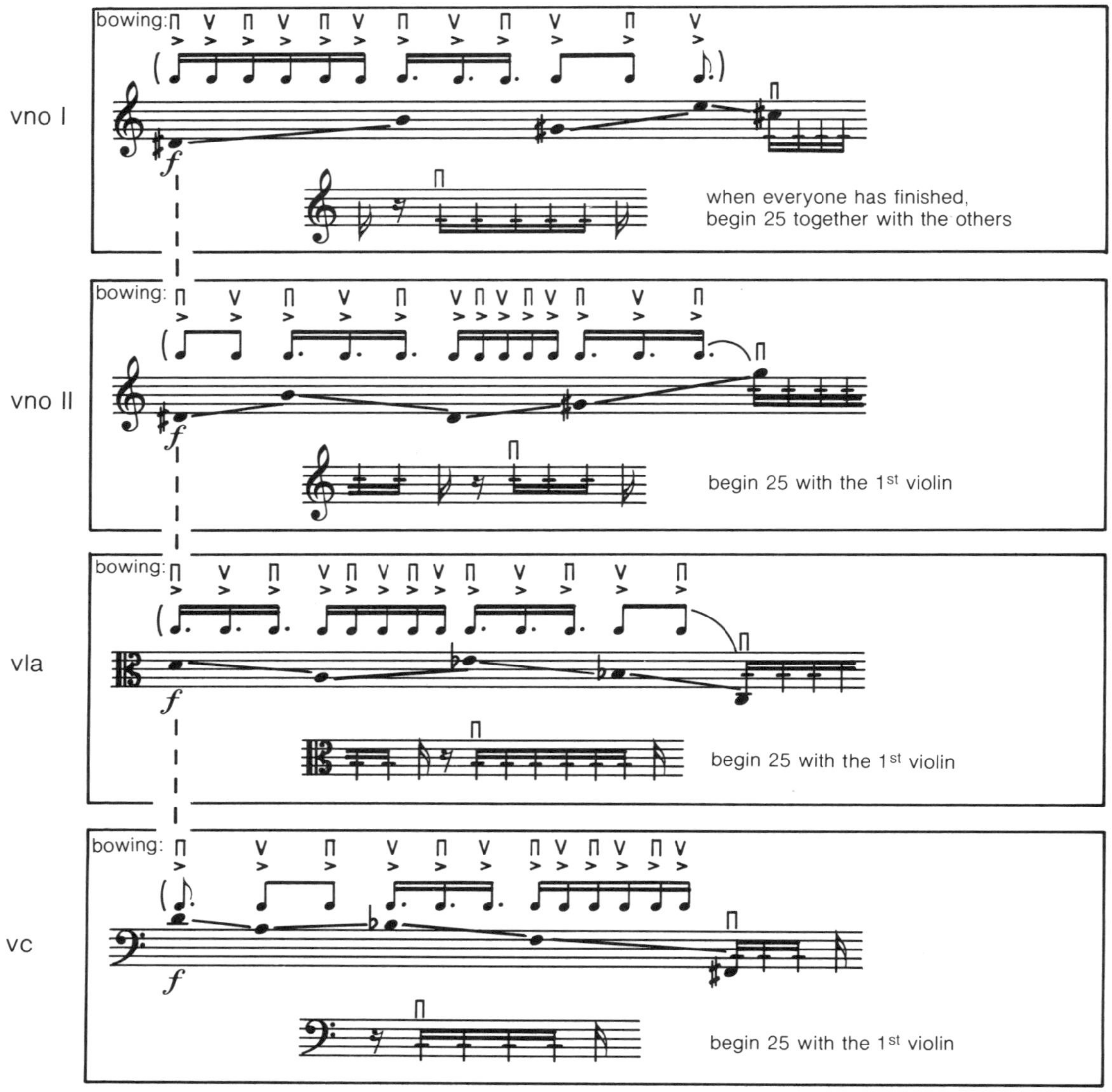

Dieser Ausschnitt aus Witold Lutoslawskis 1964 komponiertem Streichquartett ist ein Beispiel für die Technik des gruppenweisen ad-libitum-Spiels. Alle 4 Streicher beginnen gleichzeitig ihre relativ genau notierte Stimme zu spielen. Da das exakte Übereinander der einzelnen Stimmen jedoch nicht notiert ist, entsteht ein nicht bis ins Detail vorhersehbares Geflecht von Klängen. Der Komponist bestimmt somit ein mehr oder weniger genau festgelegtes klangliches Raster, das in Einzelheiten von Aufführung zur Aufführung zu unterschiedlichen klanglichen Ergebnissen führen kann.

Literatur:

Boulez, Pierre: „Werkstatt-Texte“, Frankfurt/Main 1972

Dahlhaus, Carl: „Komposition und Improvisation“, Neue Zeitschrift für Musik, 133. Jg. (1972), S. 496—499

„die reihe“, Informationen über serielle Musik, hrsg. von Herbert Eimert und Karlheinz Stockhausen (8 Hefte), Wien 1955—62

Evangelisti, Franco: „Komponisten improvisieren als Kollektiv“, in: Melos, 33 (1966), S. 86—88

Frobenius, Wolf: Artikel „Aleatorisch“, in: Handwörterbuch der musikalischen Terminologie (1976)

Fuhrmann, Roderich: Pierre Boulez (1925), „Structures“ (1952), in: Perspektiven Neuer Musik“, hrsg. von Dieter Zimmerschied, Mainz 1974

Gieseler, Walter: „Komposition im 20. Jahrhundert“, Celle 1975

Lutoslawski, Witold: „Über das Element des Zufalls in der Neuen Musik“, in: Melos, 36 (1969), S. 457—460

Kapitel XV

Klangkomposition

Gerhard E. Winkler

Eine Musik, in der der Aspekt der Tonhöhe, des Rhythmus und der Harmonik hinter dem der Klangfarbe zurücktritt, führt einerseits zur Bildung von Klangflächen, in denen der einzelne Ton in der Fülle von Vorgängen untergeht und Details nicht mehr wahrnehmbar sind, andererseits zu einer starken Einbeziehung ungewöhnlicher Spieltechniken auf traditionellen Instrumenten zur Steigerung der klanglichen Möglichkeiten.

Da es unumgänglich ist, bei diesbezüglichen Satzübungen das klingende Resultat zu hören, sollen im Folgenden einige wenige, wenngleich umfassende Arbeitsaufgaben gestellt werden.

§ 1 Historischer Überblick

Seit dem 19. Jahrhundert läßt sich ein zunehmendes Bewußtsein für den Eigenwert der Klangfarbe feststellen, was sich etwa in der differenzierten Erweiterung des Schlagzeugapparates niederschlägt. Zudem kommt es zu einer erweiterten Flächigkeit des Klanges (Debussy). Der Zerfall der Tonalität zu Anfang des 20. Jahrhunderts führt zur Erschließung neuer Klangräume (Mikrotonalität: Alois Hába, Ivan Wyschnegradsky; die Geräuschästhetik der Futuristen, u.a. Luigi Russolo).

Paradigmatische Werke in der 1. Hälfte des 20. Jahrhunderts für die Entwicklung der Klangkomposition sind: Charles Ives: Denken in klanglichen Schichten ("The Unanswered Question" 1906—1908); Arnold Schönberg: Färbung eines Klanges („Orchesterstück", op. 16/3, 1909); Edgar Varèse: reines Schlagzeugstück („Ionisation", 1929—1931); Henry Cowell: Systematisierung des Clusters und erweiterte Spieltechniken u.a. auf den Saiten des Klaviers (u.a. "Aeolian Harp", 1923); Dimitri Schostakowitsch: bewegte Klangbänder (2. Symphonie, 1927); John Cage: das präparierte Klavier ("Sonates and Interludes", 1946—48).

§ 2 Details und Satzaufgaben

Sehr gut zu der für die Klangkomposition typischen Auflösung des Tonhöheneindruckes eignet sich die Verwendung von *Clusters,* das sind Schichtungen kleiner (gelegentlich auch großer) Sekunden, am Klavier durch das gleichzeitige Niederdrücken mehrerer benachbarter (schwarzer und weißer) Tasten. Dies kann geschehen durch Spiel mit der Handfläche, den Vorderarmen, und den Fingern (fünftönige Cluster).

(A1) Für jede der drei Spielarten sind 4—5 Beispiele in verschiedenen Lagen des Instrumentes zu suchen: Notiert werden die Rahmentöne, dazwischen schwarze Striche für Viertelnoten, weiße für Halbe etc.

z.B. 

Jedem Cluster werden Zeitdauern von 1/2 Sekunde bis ca. 10 Sek. zugeordnet (möglichste Variabilität, bei tiefen Clustern auch länger möglich).

Die Cluster werden nach verschiedenen Gesichtspunkten kombiniert und auf eine Zeitachse in Sekundengraden notiert:

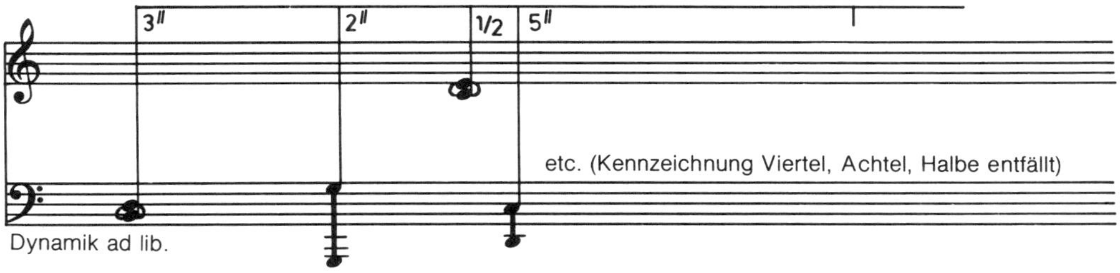

Die Gesichtspunkte der Kombination (wahlweise für ein Stück verbindlich),

- Zufallsreihung (→ Aleatorik),
- Kontinuierliche Klangaufhellung durch Abfolge vom tiefsten zum höchsten Cluster,
- Zeitliche Strukturierung: Die längsten Werte stehen am Anfang und Ende, nach der Mitte zu immer schneller werden. (Auch umgekehrt möglich!)

Nachdem Anton von Webern die Klangfarbe strukturell den anderen Parametern gleichgestellt hatte, wurde dieser Aspekt in der Seriellen Musik (vgl. Kapitel ,,Aleatorik und Serialität") ebenfalls integriert. Da die Tonbeziehungen hier jedoch einen Grad der Komplexität erreichen, der den Einzelton ebenfalls nur als Farbe erscheinen läßt, ziehen Ende der 50er Jahre Komponisten wie György Ligeti und Krzysztof Penderecki, vorher Yannis Xenakis, daraus die Konsequenz, das Werk ,,von Außen nach Innen zu gestalten", das Interesse vom Verfahren auf das Ergebnis zu verlegen.

Hinzu kommen die Erfahrungen mit der Elektronik, die dabei stattfindende Arbeit mit dem Klang selbst. Aus der Klangfarbe als Teilaspekt des Einzeltones wird die ,,Färbung eines homogenen Klanges" (Ligeti). Wichtig werden die Begriffe *Dichte* und *Helligkeit* (,,Aufhellung eines Klanges", vgl. A1) zur Beschreibung der Innenstruktur, sowie die Betrachtung der äußeren *Ränder* und ihre *Bewegung* als Mittel der Beschreibung der Außenstruktur eines Klanges.

Graphische Darstellung einiger Klangflächenformen:

Aufbau von einem Ton, Entfaltung des *Klangraumes,* Zusammenziehung und Ende wieder auf einem Ton. (A4)

Die Klangfläche bewegt sich gleichmäßig nach oben (oft durch *Glissando*).

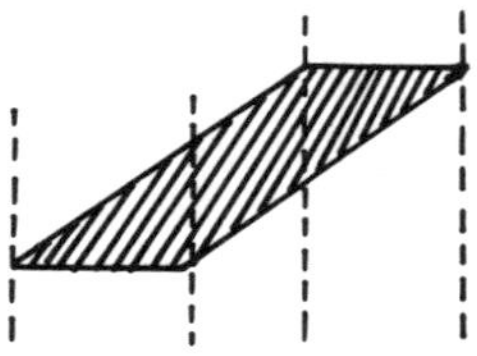

Die Fläche baut sich sukzessive auf, dann gleichmäßige Bewegung nach oben, dort sukzessiver Abbau.

Formbildende Prozesse entstehen durch die Bewegung von Klangflächen:

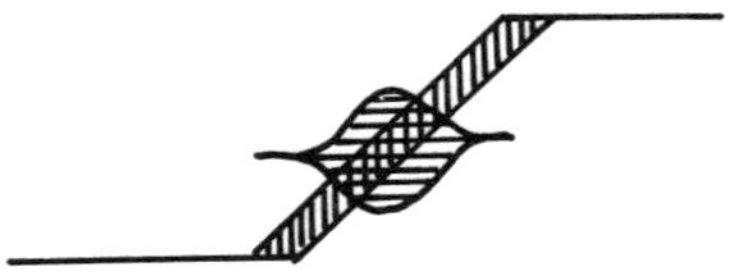

Zwei Klangflächen *durchdringen* sich.

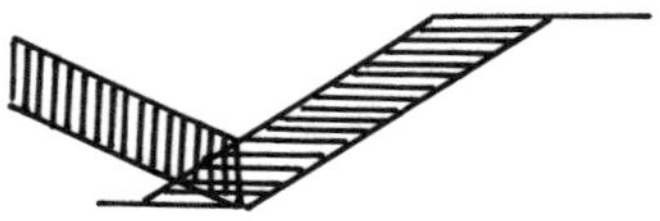

Klangflächen können sich *ablösen,*

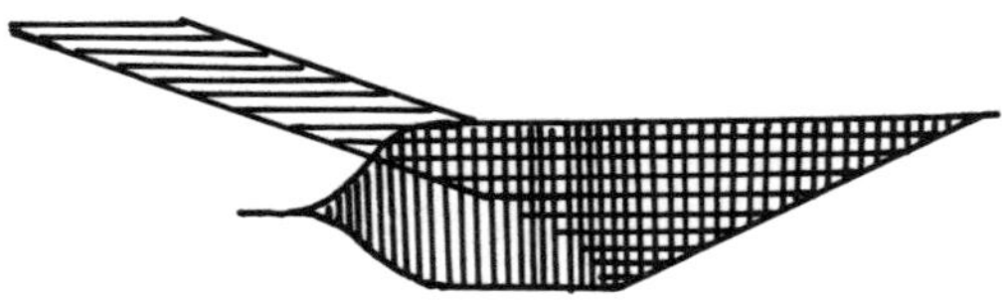

oder miteinander *verschmelzen.*

(A2)
- Zur Demonstration ungewöhnlicher Klangfarben eignet sich vor allem das *präparierte Klavier.* Präparationen können u.a. folgendermaßen vorgenommen werden (nach Fürst-Heidtmann):
  Schraube (mittel) 3 x 0,4 cm zwischen zwei Saiten
  Holzbolzen 4 x 0,5 cm zwischen zwei Saiten
  Filzstreifen 4 x 1,5 x 0,3 cm über 2., unter 1. und 3. Saite
  Kombinationen (mittel s.o. und groß 5 x 0,5 cm), Anbringungsort: Nähe Dämpfer, und 1/3 der Saite.
  Holzbolzen (s.o) und Bolzen (mittel) 3 x 0,3 cm, Anbringungsort: Nähe Dämpfer, und 1/3 der Saite.
- Für Klavier vierhändig sollen je Spieler 2 leicht spielbare, *chromatische Rotationen* gefunden werden, so schnell wie möglich und ohne Akzente, z.B.:

- Die Rotationen werden zeitlich verschieden eingesetzt, etwa von unten nach oben, Einsatzabstände und Ende jeder Rotation in Sekundenangaben:

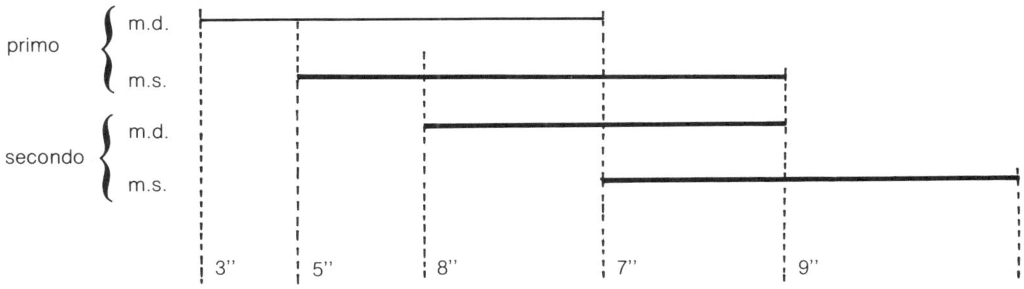

Varianten sind zu finden! Etwa: Alle 4 Rotationen beginnen gleichzeitig, Ausdünnung in der Mittellage, oder: 1 Rotation läuft konstant (ppp) durch, die anderen werden (fff) dazu- und wieder weggeblendet usw.

(A3) - Neben Clustern können auch *Akkordbildungen* zur Erzeugung von Klangflächen herangezogen werden. Um die Dominanz eines Einzeltones zu verhindern, sollen sieben- und mehrstimmige Akkorde gebildet werden:
Verschiedene Kombinationen von nur zwei Intervallen in regelmäßiger oder unregelmäßiger Folge; Sondertypus: symmetrische Akkorde:

- Diese Akkorde sollen durch *Halbtonpendel* belebt werden; dabei sollen verschiedene Grade der Verdichtung gestaltet werden, z.B. besondere Beweglichkeit der tieferen Töne, die allmählich nach oben zieht.
Notation am besten im 2/4-Takt, jedoch kein Schwerpunkttakt, zur Koordinierung sollte jemand die Taktstriche dirigieren:

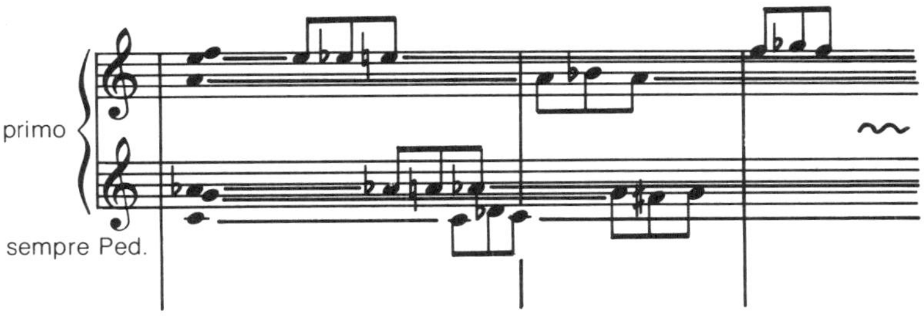

Wegen des Liegepedals können die Haltelinien nach den Tönen auch weggelassen werden.

(A4) - Ausgangspunkt: *Melos;* für Instrumentalensemble oder Stimmen. Anzahl der Stimmen je nach Möglichkeit (für Übungszwecke sogar geringstimmig möglich, wenngleich dann der Flächencharakter verloren geht).

- Ein einstimmiger Tonhöhenverlauf soll gefunden werden (etwa 7—8 Töne in beliebiger, jedoch sing- bzw. spielbarer Intervallfolge).
- Jedem Ton ordnen wir einen bestimmten Dauernwert zu (z.B.: 1. Ton = ♩. , 2. Ton = ♪ , . . .): die Grundzeitschicht.
- Jede Stimme erhält eine eigene *Zeitschicht,* indem sie zu jedem Werk der Grundzeitschicht einen konstanten Wert (z.B: ♩ , in jeder Stimme anders!) hinzufügt. Die Stimmen beginnen gleichzeitig, entfernen sich dann jedoch kontinuierlich voneinander, so entsteht eine Fläche.

(A5) - Ausgangspunkt: *Intervalle.* Aus einem gegebenen Intervallvorrat von 3 Intervallen (z.B.: Kleine Terz, kleine Sekund, Oktave - sehr gut eignet sich die Verbindung von kleinen mit großen Intervallen!) sind alle möglichen Kombinationen (oder eine Auswahl) abzuleiten: z.B. kl. 3 - kl. 2, kl. 2 - kl. 3, kl. 2 - 8, . . ., jeweils nach oben und unten, bzw. gemischt oben-unten, unten-oben) z.B. 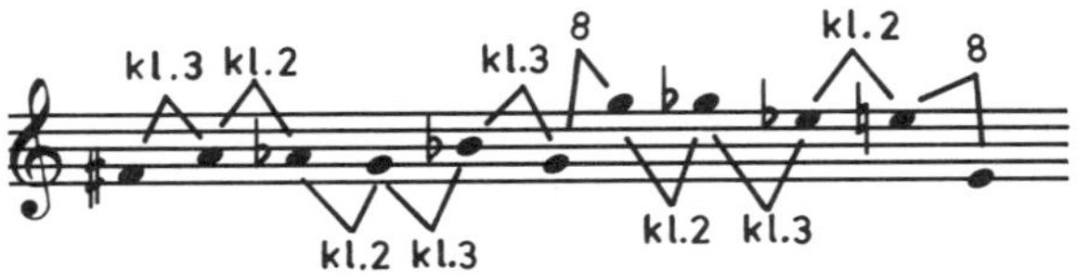

- Nun bilden wir daraus Blöcke von unregelmäßig vielen Tönen, die aus verschiedenen Aneinanderreihungen dieser Kombinationen bestehen und die jeweils so schnell wie möglich gespielt werden sollen (Notation:); von Block zu Block werden kurze „Atempausen“ eingeführt ( ), z.B. nach der obigen Intervallauswahl:

- Nach drei bis fünf Blöcken wird das Ganze wiederholt und zwar so oft, bis mit einem vereinbarten Zeichen das Spiel plötzlich abgebrochen wird (etwa lauter Trommel- oder Tamburinschlag). Notation dieser *Wiederholungsmuster:*

- Spielen nun mehrere Instrumente verschiedene solcher aus einer Intervall-„Zelle“ abgeleitete Blöcke in mehr oder weniger freier zeitlicher Gestaltung, dann entsteht ein *„Aleatorischer Kontrapunkt“* (Lutoslawski).
- Mit dem vereinbarten Signal kann eine neue Klangschicht beginnen, die jedoch in ihrer intervallischen Zusammensetzung sowie der Lage und Klangfarbe der Instrumente möglichst kontrastierend sein soll.

(A6)

- Klangkomposition ist auch *einstimmig* möglich: hierzu werden verschiedene *„Klangtypen“* erstellt:
  z.B.
  - Repetitionen eines Einzeltones,
  - Melismen (aus einem Tonvorrat abgeleitet, der wie in Beispiel A5 erstellt wurde),
  - Pendelbewegungen zwischen 2 Tönen (können beschleunigt und verlangsamt werden).
- Diese werden nun verbunden, wobei sich die Klangtypen in ihrem Auftreten verändern, etwa:
  - Ebene a (Repetitionen) nimmt kontinuierlich ab,
  - Ebene b (Melismen) bleibt gleich (kommt 3x in annähernd gleichem Abstand vor),
  - Ebene c (Pendel) nimmt zu (immer so schnell wie möglich):

Literatur:

de la Motte, Diether:	„Kontrapunkt“, München/Kassel, 1981, S. 367 ff.
Fürst-Heidtmann, Monika:	„Das präparierte Klavier des John Cage“, Kölner Beiträge zur Musikforschung, Bd. 97, Regensburg 1979
Kolman, Peter:	„Der Weg zur Flächenkomposition“, in: Melos 1970, S. 8ff.
Müller, Karl-Josef:	„György Ligeti: Lontano (1967)“, in: Dieter Zimmerschied (Hrsg.), „Perspektiven Neuer Musik“, Mainz 1974, S. 286—308
Müller, Karl-Josef:	„Krzysztof Penderecki: Anaklasis (1959/60)“, in: Dieter Zimmerschied, a.a.O., dort auch weiterführende Bibliographie zum Thema Klangkomposition, S. 232ff.
Zieliński, Tadeusz A.:	„Neue Klangästhetik“, in: Melos 1966, S. 210ff.

Kapitel XVI

Elektronische Musik

Gerhard E. Winkler

Eine für den Satzlehre-Studenten aufgeschlüsselte Einführung in die Probleme der Elektronischen Musik kann nicht von der Voraussetzung eines zur Verfügung stehenden Elektronischen Studios ausgehen. Deshalb sind die Übungen notgedrungen auf ein auch im pädagogischen Alltag realisierbares Minimum technischer Natur beschränkt (Voraussetzung: 1 oder noch besser 2 Zwei- bzw. Vierspurtonbandmaschinen). Statt dessen sollen die Aspekte des geänderten Formbewußtseins und der Notation dieser Musik (Trennung Realisations- und Hörpartitur) in den Vordergrund rücken.

§ 1 Historischer Überblick

Nachdem am Anfang des 20. Jahrhunderts einige elektronische Instrumente (Ondes Martenot, Trautonium, Elektronische Orgel, Theremin, etc.) zum Teil im Zusammenhang mit Bestrebungen von Komponisten, die Grenzen des traditionellen Instrumentariums zu überwinden (Varèse), entwickelt worden waren, dauerte es jedoch bis in die 50er Jahre, ehe mit der Entwicklung des Tonbandes die elektrische Verarbeitung, Speicherung und Übertragung hörbarer Schallvorgänge in auch künstlerisch fruchtbringender Weise vorgenommen werden konnte.

In der kurzen Geschichte der Elektronik lassen sich bis jetzt vier Phasen der Entwicklung erkennen:

- in den 1950er Jahren die Gründung der ersten Elektronischen Studios (Paris, New York, Köln) mit zum Teil sehr aufwendiger Klangproduktion (Henry, Schaeffer, Stockhausen, Nono, Babbitt, Eimert, Berio),
- in den späten 50er und vor allem in den 60er Jahren eine starke Tendenz zu Live-Elektronik und der Verbindung Instrumente-Elektronik (Evangelisti, Stockhausen, ein Vorläuferstück ist ,,Déserts" von Varèse),
- in den 60er Jahren die kommerzielle Nutzbarmachung des *Synthesizers* und die damit verbundene wesentliche Erleichterung der Klangerzeugung und -transformation,
- und seither in zunehmendem Maße die Einbeziehung des *Computers,* teils zur Koordination eines Studios, teils zur Klangerzeugung selbst. Neue Aspekte der Live-Elektronik.

§ 2 Details und Satzaufgaben

Eine spezielle Frühform der Elektronik bildet die ,,Musique concrète", ein Begriff, der von Schaeffer und Henry geprägt wurde, und einerseits das konkrete, unmittelbare Arbeiten mit dem Klang auf dem Tonband, andererseits die Einbeziehung von Klängen der ,,konkreten" Umwelt, Alltagsgeräusche etc. meint. Da wir für unsere Aufgabenstellungen nicht mit komplizierten technischen Apparaturen rechnen können, wird sich ein Teil unserer Arbeiten in diese Richtung erstrecken.

(A1) - Wir sammeln Tonbandaufnahmen, etwa 20" bis 1', nach verschiedenen Gesichtspunkten: Klänge (Geräusche), die wir den täglichen Gebrauchsgegenständen ,,entlocken" können; wir belauschen unsere ,,klingende" Umwelt; wir suchen ungewöhnliche Klangquellen auf (ungewöhnliche Klänge auf den Instrumenten, sehr gut eignen sich auch Mittelwellenbereiche im Radio; kurze, - Vorsicht! -, Rückkoppelungen am Tonband selbst).

Je charakteristischer ein bestimmter Klangtyp bei einer Aufnahme vorherrscht, desto besser.

(A2) - Die Aufnahmen sollen nach ihrem reinen Klangwert gegliedert werden: Extrem kurze, ,,punktuelle" Klänge, Knacksen, oder größere Klangbewegungen im Raum; einheitlicher Klanghintergrund (Verschiedene Typen des Rauschens); oder nach einheitlichen Gesten - rasch pulsierende Bewegungen, langsame Entwicklungen, diffuse Bewegungsvermischungen. Oder nach der ,,Räumlichkeit" - sehr ferne, sehr nahe Klangbereiche.

Versuche nach einer dieser drei Unterscheidungskriterien eine Skala der numerierten Klänge zu erstellen, also etwa sehr langsame - sehr rasche Bewegungen, usf.

(A3) - Erstellung einer Hörpartitur. Dazu versuchen wir, die Ereignisse einiger dieser Aufnahmen graphisch zu fixieren.

Auf einer ungefähren Raum-Zeit-Achse werden vermerkt:

sehr kurze Klangpunkte, Knackser: 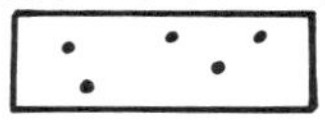

länger ausschwingende Klänge:
plötzliches Rauschen:
hinauf- und hinabgleitende Klangbänder:
Rufe, Signale: ffee!
crescendierendes Rauschen:
und ähnliches, z.B.:

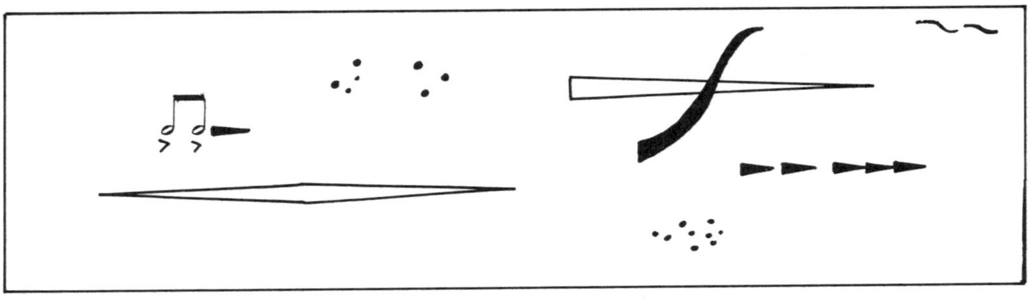

: sehr dichter Klang : faseriger, „farbiger" Klang : sehr klarer, „musikalischer" Klang

(A4) - Auch der normale Instrumentalklang kann zur Klanggewinnung herangezogen werden.

Wir nehmen etwa nur den Nachhall eines ff-Klavierakkordes auf,
oder mehrere Töne hintereinander gespielt und lassen das Band rückwärts laufen,
oder wir verändern die Bandgeschwindigkeit.

(A5) - Sollte ein Synthesizer oder Tongeneratoren zur Verfügung stehen, so lohnt es sich, nach einer entsprechenden Einführung in die Möglichkeiten der Geräte, nach den in A2 entwickelten Kriterien Klänge nach dem Prinzip von Verschiedenartigkeit und Ähnlichkeit zu erzeugen und anschließend zu systematisieren.

(A6) - Ein wichtiger Prozeß in der Elektronischen Musik ist die Gewinnung von sogenannten *Klangobjekten.* Wir erzielen sie durch Transformation der in A1, A4, und A5 gewonnenen Klänge. Dazu ist ein zweites Tonbandgerät erforderlich, um die ursprünglichen Klänge während ihrer Transformation aufzunehmen. Transformationsmöglichkeiten: Geschwindigkeitsänderung (bewirkt Tiefer- oder Höherwerden des Klanges), Rücklauf des Bandes. In einzelnen Fällen kann auch durch vorsichtige manuelle Verlangsamung des Originalbandes ein Glissandieren des Klanges erzielt werden.

(A7) - Bei geeigneten Klangobjekten kann auch eine Bandschleife versucht werden, bei der durch Zusammenkleben des Anfanges und Endes des Bandes Ostinati, Klangsequenzen, etc. erzeugt werden.

Nach den verschiedenen Prozessen der Klanggewinnung sollen im folgenden die wesentlichsten Prinzipien der elektronischen *Formbildung* untersucht werden.

(A8) - Wir verbinden mehrere unserer Klangobjekte durch *Schneiden und Kleben;* da dabei ein plötzlicher Wechsel der Atmosphäre erfolgt, ist es sinnvoll, an den Klebestellen ein dynamisch etwas höher liegendes (lauteres) Klangereignis an ein leiseres zu fügen, da umgekehrt der Wechsel des Klangraumes deutlicher zu hören ist und unnatürlich wirkt (was gelegentlich sogar erwünscht sein kann).

Wichtig ist die Intention, die den aneinandergefügten Klängen zugrundeliegt, - größtmöglicher Kontrast (dies kann zu zum Teil recht originellen Konfrontationen führen, vgl. Dieter Kaufmanns „Etüden für eine Schere" von 1971).

- Ähnlichkeit der Klänge (hier kann uns ein Vergleich der Hörpartituren verschiedener klanglicher Objekte helfen), vielleicht entsteht dabei etwas wie Variationen über einen Klangtyp,
- oder inhaltliche Verwandtschaft (etwa eine Reihe von Klangobjekten, die „Hitze", „Kälte", „Feuchtigkeit", etc. suggerieren).

(A9) - Wir versuchen, *eigenständige Entwicklungen eines Klanges* zu erzeugen. In welche Richtung könnte sich ein Klang entwickeln? Welche Konsequenzen kann ich aus dieser Entwicklung wiederum ableiten?

Diese Entwicklung eines Klanges ist bereits auf einfachen Synthesizern zu realisieren, wir können uns aber auch durch verschiedene Transformationen eines Klangobjektes aushelfen, bzw. durch

Aneinanderkleben zumindest an den Klebestellen sehr ähnlicher Klänge; wichtig ist, daß der Schnitt möglichst nicht bemerkbar ist.

(A10) - Eine reizvolle Aufgabe innerhalb der Elektronik ist die *Überlagerung verschiedener Klangschichten.* Dies kann durch Multi- oder Synchroplay leicht realisiert werden. Entscheidend ist das Resultat, sein Verschmelzungs- oder Trennungsgrad. Da wir ohne *Hall* arbeiten müssen, empfiehlt es sich, Klänge verschiedener Höhenlage zu verwenden, da sich sonst in einer Lage alles zusammenballt und ein undurchsichtiges Grau-in-Grau entsteht. Diese Arbeit ist eine Herausforderung an unser ästhetisches Bewußtsein, da sich hierzu keinerlei allgemeingültige Regeln vermitteln lassen.

(A11) - Sehr viel Fingerspitzengefühl erfordert das *Überblenden zweier Klangbereiche.* Wir arbeiten wieder mit Multiplay, nehmen zuerst die Klangschicht 1 auf und blenden dann langsam aus. Die Aufnahme der zweiten Schicht beginnt in dem Moment, wo die erste Ausblendung beginnt, und zwar, indem die zweite Schicht langsam aufgeblendet wird. Dadurch entsteht zwischen den beiden Klangbereichen ein *Modulationsfeld,* in dem sich der 1. Klang langsam in den 2. verwandelt:

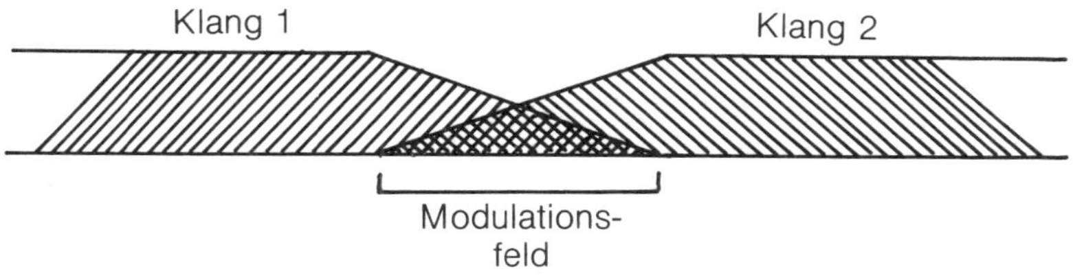

Literatur:

„die reihe", hrsg. von Herbert Eimert und Karlheinz Stockhausen, Heft 1, Wien 1955

Eimert, Herbert: Artikel „Elektronische Musik", in: Musik in Geschichte und Gegenwart, Band 3, 1954, Sp. 1263—1268

Enders, Bernd: „Lexikon Musik-Elektronik", Mainz 1985

Frisius, Rudolf: „Ein unvollendetes Gesamtwerk als mehrdeutige Komposition: »Journal de mes sons« von Pierre Henry", Melos, 46/4, 1984, S. 76—103.

Koegi, Werner: „Was ist elektronische Musik?", Zürich 1967

Ligeti, György: „Auswirkungen der elektronischen Musik auf mein kompositorisches Schaffen", in: Experimentelle Musik, Fritz Winckel (Hrsg.), Berlin 1960, S. 73ff.

Taylor, C.A.: „Musik im Physikunterricht",in: „Musik und Bildung", Heft 10, 1972, S. 466—469.

Wehinger, Rainer: „György-Ligeti-Artikulation, eine Hörpartitur", Mainz, o.J.

Fuhrmann, Roderich: „Karlheinz Stockhausen. Telemusik (1966)", in: Dieter Zimmerschied (Hrsg.), Perspektiven Neuer Musik, Mainz 1974, S. 250—266.

Kapitel XVII

Minimal-Music

Gerhard E. Winkler

Da sich im Bereich dieser elementaren Musik allzuleicht ein Schematismus entwickeln kann, bzw. die Reduktion der ohnehin schon „reduzierten" Musik auf Unterrichtsbeispiele sich einer gefährlichen Simplifizierung annähern könnte, wird in den Aufgabestellungen vor allem der spielerische Aspekt betont, etwa in der von zwei Studenten unabhängig voneinander durchzuführenden Ausarbeitung gradueller Prozesse, die sodann zusammengelegt werden.

§ 1 Historischer Überblick

Wiederholung war seit jeher ein wesentliches musikalisches Phänomen. Gewisse Stile im 20. Jahrhundert benutzten anstelle der suspekt gewordenen Wiederholung die entwickelnde Variation. Unter dem Einfluß jedoch von außereuropäischen Klangformen (Steve Reich: Afrikanische Musik; La Monte Young: Indische Musik) gewann die Wiederholung in der Minimal-Music eine neue Bedeutung und wurde um die Aspekte der Repetition, der graduellen Veränderung und der Pulsation erweitert. Ein erstes Werk dieser Richtung war Terry Rileys "In C" (1964), dem 1965 Steve Reichs "It's Gonna Rain" folgte. Letzterer verwendete zwei Tonbandschleifen (vgl. Kapitel „Elektronische Musik"), die unisono gestartet werden; nach einiger Zeit verschieben sich die beiden an sich identischen Strukturen gegeneinander auf Grund der Gleichlaufschwankungen der beiden Tonbandmaschinen. Durch die relativ leichte Reproduzierbarkeit kompositorischer Modelle ist die Minimal-Music in den 70er Jahren zu einer Modewelle geworden, die auch heute noch in vielen populären Schreibweisen (Jazz-, Filmmusik u.a.) präsent ist. Die geistige Haltung der Minimal-Music aktiviert die Meditation wie die Spiellust gleichermaßen.

Weitere Vertreter sind Phil Glass, Peter Michael Hamel und als „Vorfahren" dieser Richtung John Cage, der sich seinerseits auf Erik Satie (1866—1925!) beruft.

§ 2 Details und Aufgabenstellungen

(A1)

- Erfinde ein rhythmisches Modell, bestehend aus den Werten ♪, ♩, ♩., für die Dauer von 6 Notenwerten, z.B.:

- Erfinde ein 5-töniges melodisches Modell in modaler Tonart, z.B. dorisch (vgl. Kapitel „Modaler Satz - Neue Modalität"), in dem sich kein Ton wiederholt:

- Lege nun rhythmisches und melodisches Modell übereinander. Bei der Ausführung werden die Achtel gezählt, also im folgenden etwa: 1 2 1 1 2 1 2 3 1 1 2

  Wiederhole die beiden Modelle unabhängig voneinander:

- Sobald der Ausgangspunkt wieder erreicht ist, wird ein Wert hinzugefügt, eine Tonhöhe fällt heraus. Dieser Prozeß kann solange fortgesetzt werden, bis nur noch eine Tonhöhe übrig ist.
- Diese Aufgabe kann von zwei Studenten unabhängig voneinander ausgeführt werden, und dann vierhändig am Klavier gespielt (mit Metronom auf Höchstzahl = Achtelwert, sehr trocken, stark akzentuiert) eine reizvolle Überraschung ergeben.

(A2)

- Wir klopfen. Jeder Spieler / jede Spielerin wählt eine Zahl zwischen 2 und 10 (jede(r) eine andere Zahl). Ein Dirigent bzw. Metronom schlägt nun ein durchgehendes Metrum (möglichst schnell), auf das die Zahlen bezogen werden. Durch Klatschen oder Klopfen wird dieser Wert im Metrum wiederholt.

Beispiel: Metrum = ♪
gewählte Zahl: 3
Ergebnisse:

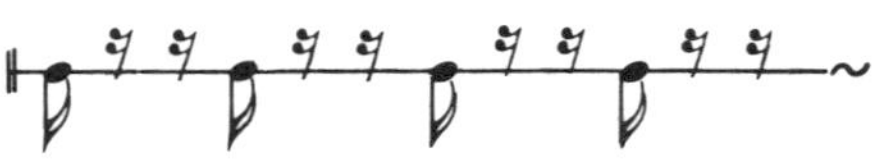

Zwei oder drei Spieler beginnen; sobald alle Schläge auf denselben Punkt zusammenkommen (bzw. falls dies zu lange dauert, auf Zeichen des Dirigenten), beginnen zwei oder drei weitere Spieler, während die anderen weiterspielen.

- Wir ersetzen das Klopfen (Klatschen) durch das Spielen eines beliebigen, allerdings gleichbleibenden, und pro Spieler verschiedenen Instrumentaltones.
- Notiere mehrere solcher metrischer Abläufe, z.B. für die Zahlen 3, 7, 4:

(Die Taktgliederung dient hier nur der optischen Koordination und meint keine Schwerpunkttakte; jeder Ton ist gleich stark)

A3

- Kanon als Ausgangspunkt, Tonhöhen: in ,,C"-Dur, Tempo ♩ = 120; Ausführung: sehr rasch, fließend, 2/4-Takt.
- Wir beginnen mit einem vorgegebenen Modell, z.B.:

- Nach drei Wiederholungen beginnen die Veränderungen, die je Fall entweder / oder entschieden werden können:

nach 3 Wiederholungen: → 1 Ton anhängen *oder* → Pause um 1 Sechzehntel verkürzen

nach 3 Wiederholungen: → 1 weiteren Ton anhängen → 1. Ton fällt weg

nach 3 Wiederholungen: → Pausen um 1 Sechzehntel erweitern → Pausen um 1 Sechzehntel verkürzen

nach 3 Wiederholungen: → vor dem 1. Ton einen neuen Ton einfügen → Pausen pro Wiederholung um 1 Sechzehntel verkürzen

nach 3 Wiederholungen: → pro Wiederholung 1 Ton vorne wegnehmen und hinten einen neuen dazu → pro Wiederholung vorne 1 Ton wegnehmen

nach 3 Wiederholungen: → Pausen um 1 Viertel erweitern → alle Pausen weg, und vorne einen neuen Ton hinzu

ad infinitum wiederholen . . .

- Der Kanon kann zwei- und mehrstimmig durchgeführt werden, wobei jeder Studierende unabhängig von den anderen seine ,,entweder / oder"-Entscheidung durchführt. Die Stimmeinsätze (auf dem Klavier oktavversetzt) erfolgen im Abstand von einer Viertel.

,,Ich bin an *wahrnehmbaren Prozessen* interessiert. Ich möchte den Verlauf des Prozesses in der Musik von Anfang bis Ende hören können. Um intensives und detailliertes Zuhören zu erleichtern, sollte ein musikalischer Prozeß extrem graduell verlaufen." (Steve Reich)

(A4) Nimm ein rhythmisch klar profiliertes, einstimmiges Melodiemodell (Marsch, Tanz, etc.) und ziehe es in einer zweiten Stimme um drei Sechzehntelwerte nach vorne, in einer dritten Stimme um drei Sechzehntelwerte nach hinten; zuerst schriftlich. Beispiel: Anfang von Mozarts ,,Kleiner Nachtmusik" (KV 525):

Die Ausführung erfolgt auf drei Melodieinstrumenten; die phasenverschobenen Stimmen sollen möglichst nicht als Synkopen erlebt werden, sondern als metrisch verschobenes Original (deshalb die Akzente über den Noten, die ein gleichmäßiges, geschärftes Betonen jeder Note suggerieren sollen).

(A5) Zwei Spieler(innen) (möglichst auf gleichen Instrumenten, z.B. zwei Klavieren, zwei Violinen etc.) beginnen unisono mit einem einfachen Wiederholungsmodell (wie in A3, aber möglichst ohne Pausen); nach mehreren Wiederholungen wird ein(e) Spieler(in) allmählich schneller, während der (die) andere das Metrum hält, bzw. langsamer wird. Je unmerklicher die Tempobeschleunigung oder -verlangsamung erfolgt, desto spannender gestaltet sich der Prozeß der Klang-,,Spaltung". Primär geht es bei dieser Übung um das Erlebnis der Phasenverschiebung, das - nach einer längeren Einschwingphase (nicht zu schnell zur Phasenverschiebung übergehen!) - ein körperliches Erlebnis sein kann. Zeit lassen für diese Improvisationsübung, mehrere Versuche sollen eingeplant werden.

Literatur:

v. Blumröder, Christoph: ,,Formel-Komposition-Minimal Music - Neue Einfachheit", in: Neuland, Ansätze zur Musik der Gegenwart 2, 1981/82, S. 183 ff.

Hufschmidt, Wolfgang: ,,Musik als Wiederholung. Anmerkungen zur Periodischen Musik", in: Wilfried Gruhn (Hrsg.), Reflexionen über Musik heute, Mainz 1981, S. 148—168.

Raab, Claus: ,,Musik der Allmählichkeit und des Präsens", in: Wilfried Gruhn, a.a.O., S. 169—184.

Schulze, Brigitte: ,,Im Klang sein. La Monte Young und die indische Musik", Musiktexte, Heft 9, April 1985, S. 40—43.

Stoianova, Ivanka: ,,Die »Neue Einfachheit« in der heutigen Praxis, repetitive Musik, Klangenvironments und Multimedia-Produktionsprozesse", in: Otto Kolleritsch (Hrsg.), Zur ,,Neuen Einfachheit" in der Musik, Studien zur Wertungsforschung, Bd. 14, Wien-Graz 1981, S. 144—166.

Kapitel XVIII

Mikrotöne

Rolf Maedel / Franz Richter Herf / Horst-Peter Hesse

Das Wort *Ton* wird in der Musiktheorie in zweierlei Bedeutung gebraucht: Erstens im Sinne von Einzelton im Gegensatz zum Mehrklang und zweitens im Sinne von Tonschritt. Die zweite Bedeutung ist gemeint, wenn man von Ganzton, Halbton oder Viertelton spricht. Der Begriff *Mikroton* bezieht sich auf die zweite Bedeutung und bezeichnet als Oberbegriff alle Schritte auf der Tonhöhenskala, die kleiner als ein Halbtonschritt sind.

Viele orientalische Musikkulturen benutzen von alters her feinere Tonstufen als diejenigen, die unser traditionelles 12-Halbton-System bietet. Bereits in der Antike wurden Mikrotöne von griechischen Musiktheoretikern im sogenannten enharmonischen Tongeschlecht durch rationale Proportionen ausgedrückt. Im 2. Jahrhundert n. Chr. schrieb Ptolemäus (Ptolemaios) drei Bücher über die antike Praxis und Theorie der Musik; im zweiten zeigte er, daß der Ganzton in zwölf, die Oktave also in 72 Mikrostufen unterteilt werden müsse, um alle praktisch benutzten Tonhöhenstufen zu erreichen.

In der frühmittelalterlichen Musik des Abendlandes wurde das enharmonische Tongeschlecht aus Gründen der in christlichem Sinne umgeprägten antiken Ethos-Lehre zugunsten des diatonischen Genus verdrängt.

Im Zuge der Entwicklung der Mehrstimmigkeit reichte der Vorrat der Tonstufen des mittelalterlichen Hexachordsystems bald nicht mehr aus und wurde durch Setzung von Akzidentien nach und nach erweitert. Diese chromatischen Veränderungen (Chromata) bedeuten keinen Übergang in einen anderen Modus sondern eine Tonfärbung - eine ,,Aufhellung" oder ,,Abdunkelung" -, die der Verstärkung bzw. Abschwächung des melodischen Spannungsverlaufes diente. Die Benutzung systemfremder Töne wurde von vielen Theoretikern zunächst als ,,musica falsa" oder ,,musica ficta" hingestellt. Die Entwicklung ließ sich aber nicht aufhalten, wenn man in polyphoner Musik reine Konsonanzen über oder unter eine vorhandene Stimme setzen wollte.

Zur Zeit der Renaissance besann man sich auf die altgriechischen Tetrachordteilungen und es wurden spitzfindige Systeme entwickelt, um nicht nur reine Quinten sondern auch reine Terzen auf Tasteninstrumenten realisieren zu können. Nicola Vicentino (1555) unterteilte den Ganzton in fünf Mikrotöne von je etwa 40 cent und entwickelte mit seinem ,,Archicembalo" und dem ,,Archiorgano" Instrumente mit 31 Tasten pro Oktave. Auch dieser Versuch bedeutete nur eine Annäherung der idealen Quint- (3:2) und Terzproportion (5:4). Eine absolut genaue Realisierung ist unmöglich, weil Oktaven, Quinten und Terzen nicht exakt ineinander aufgehen, denn ihre Proportionen bauen auf den Primzahlen 2, 3 bzw. 5 auf, deren Produkte und Potenzen nicht zusammentreffen.

Ein Jahrhundert nach Vicentino entwickelte Nikolaus Mercator (1675) ein 53-stufiges System. Dieses übertrifft in einer Hinsicht alle anderen Aufteilungen der Oktave: Seine Stufen umfassen mit großer Genauigkeit sowohl die auf die Quintproportion (3:2) gegründeten Werte der pythagoreischen Skala als auch diejenigen der didymischen, in der die reine große Terz mit der Proportion 5:4 enthalten ist.

Während zwölf übereinandergeschichtete reine Quinten sieben Oktaven um das pythagoreische Komma (23,46 cent) überschreiten, sind 53 Quinten nur um 3,62 cent größer als 31 Oktaven. Setzt man über acht Quinten (im Quintenzirkel c - gis) eine reine Terz, so werden fünf Oktaven nur um das sogenannte Schisma (1,95 cent) überschritten; d.h. auch die reinen Terzen lassen sich mit einer Genauigkeit in das System einpassen, die weit unterhalb der gehörsmäßigen Unterscheidungsfähigkeit liegt (Klangidentität). Das 53-stufige System vereint also Oktaven, Quinten und Terzen wesentlich besser als unser 12-stufiges. Sein Nachteil besteht darin, daß es sehr unhandlich ist.

In der zweiten Hälfte des 19. Jahrhunderts genügte verschiedenen Komponisten die im 12-stufig temperierten System zu realisierende Chromatik nicht mehr; sie verlangten eine feinere Nuancierung und experimentierten mit Vierteltönen. Diese können von Sängern, von Streichern und Bläsern leicht gebildet werden, sie sind dabei aber nicht exakt kontrollierbar. Um auch diese Bedingung zu erfüllen, wurde schon 1864 in Moskau das erste Viertelton-Klavier gebaut, es folgte der Entwurf von Behrens-Senegalden.

Neben dieser einfachen Unterteilung des Halbtons gab es auch Versuche, die Oktave organisch in solche Feinstufen zu unterteilen, die bestimmte Proportionen repräsentieren. Während Carl Eitz bei der Konstruktion seines ,,Eitzschen Harmoniums" wieder das 53-Stufen-System benutzte, entschied sich in unserem Jahrhundert der Holländer Fokker - wie einst Vicentino - für das 31-stufige System.

Mehrere Komponisten schrieben seit Ende des 19. Jahrhunderts Werke unter Verwendung von Mikrotönen und versuchten, die Grenzen der Hör- und Kontrollierbarkeit dieser Feinstufenchromatik auszuloten. Sie gingen dabei unterschiedlich weit. Während der mexikanische Komponist Julián Carillo (1875—1965) Mikrotöne bis herunter zur Größe von 1/16-Ton = 12,5 cent forderte, begnügten sich andere mit Viertel- oder Sechsteltönen, u.a. Charles Ives (1874—1954), Béla Bartók (1881—1945), Alois Hába (1893—1973) und Ivan Wyschnegradsky (1893—1979).

Der Komponist Wyschnegradsky prägte 1916 für die Mikrotöne verwendende Feinstufenmelodik den Begriff ,,Ultrachromatismus". Neben ihm widmeten sich in den 20er Jahren insbesondere Georgij Rimskij-Korssakow, der Enkel des berühmten Komponisten, und Arsenij Avraamov der Erforschung von Mikrointervallen. Ihre Arbeiten mündeten in den 60er Jahren in die Konstruktion des im Moskauer Skrjabin-Museum gezeigten Synthesizers mit 72-stufiger Unterteilung der Oktave durch Evgenij Murzin.

An der Hochschule ,,Mozarteum" in Salzburg wird seit 1970 ein 72-stufiges System - wie bereits Ptolemäus es vorgeschlagen hatte - in Theorie und Praxis auf die Probe gestellt. Die Mitarbeiter des Institutes für musikalische Grundlagenforschung haben sich aus folgenden Gründen für ein 72-stufiges System entschieden:

1. Die Größe der Tonschritte innerhalb des 72-stufigen Systems (16,67 cent) ist so bemessen, daß ein Tonhöhenunterschied bei lang ausgehaltenen Tönen leich erkennbar ist (die Unterschiedsschwelle liegt unter dieser Bedingung zwischen 5 und 8 cent), andererseits bei bewegter Musik nahe an der mittleren Grenze des Unterscheidungsvermögens für Tonhöhen liegt.
2. Die Zahl 72 ist ein Vielfaches von 12. Daher enthält das 72-stufige System die Tonstufen des gleichmäßig temperierten 12-Halbton-Systems und bietet darüber hinaus eine feinere Unterteilung der temperierten Halbtonschritte in jeweils sechs Zwischenstufen.
3. In diesem System werden die wichtigsten Naturtöne (Obertöne, Partialtöne) bis auf ± 3 cent angenähert, womit die Unterscheidungsgrenze für Tonhöhen in bewegter Musik unterschritten wird (Klangidentität).
4. Die Mikrotonstufen sind durch nur drei Zusatzzeichen zur traditionellen Notenschrift notierbar.

Die Pfeile stehen immer über den Noten und gelten, wie die Vorzeichen, für den jeweiligen Takt. Ein Schrägstrich setzt sie wieder außer Kraft. Nachstehend die cent-Werte für die sechs Tonplätze und deren Zurechthörbereiche.

Tonplätze innerhalb eines Halbtones   0   16⅔   33⅓   50   66⅔   83⅓   100 cent

Zurechthörbereiche   91⅔ — 8⅓ — 25 — 41⅔ — 58⅓ — 75 — 91⅔ — 108⅓ cent

Bei Zusammenklängen zeigen geknickte Pfeile an, welche Töne zu erhöhen bzw. zu erniedrigen sind:

10 : 13 : 22

Die Pfeile erschweren die Lesbarkeit des Notenbildes kaum; die Praxis hat gezeigt, daß die Musiker mit den zusätzlichen Zeichen in kürzester Zeit vertraut sind. Mit Ausnahme der Tasteninstrumente sind alle Instrumente in der Lage, Mikrotöne zu spielen; am besten natürlich die Streichinstrumente und von den Blechblasinstrumenten die Posaune. Die Holzblasinstrumente können - teils durch Benutzung bisher nicht verwendeter Griffe, teils durch veränderten Lippendruck - alle geforderten Zwischentöne erreichen. Ein elektronisches Tasteninstrument mit 72 Tönen pro Oktave wurde in Salzburg 1974 gebaut.

Um Mikrotöne in einer mehrstimmigen Komposition sinnvoll zu verwenden, muß die Qualität des Zusammenklanges (Sonanz) bewertet werden, denn eine Musik, die den Zusammenklang nicht berücksichtigt, entspricht nicht dem Wesen der abendländischen Mehrstimmigkeit. Gemäß unserer Gehörsdisposition registrieren wir bei gleichzeitigem Erklingen mehrerer Töne deren Schwingungsverhältnisse, die durch ganzzahlige Proportionen auszudrücken sind. Für die musikalische Praxis im Rahmen des 72-Stufen-Systems sind die Proportionszahlen bis 105 verwendbar, denn die Proportion 105:104 entspricht der kleinsten Stufe des Systems. Der Verschmelzungsgrad eines Zusammenklanges hängt von der Auswahl der Einzeltöne und deren Anordnung ab.

Mit den ersten sechs Tönen der Partialtonreihe können drei konsonante Akkorde gebildet werden: der Durdreiklang (4:5:6) und seine beiden Umkehrungen. Auf diesen ersten sechs Partialtönen - dem Senarium - basiert das traditionelle 12-stufige Tonsystem. In ihm sind auch noch einige höhere Partialtöne enthalten (9., 15., 17. und 19. annähernd). Mit dem 15. Partialton ist es möglich, drei weitere konsonante Akkorde zu bilden: den Molldreiklang (10:12:15) mit seinen beiden Umkehrungen. Mit dem 7. Partialton ließe sich allerdings ein Molldreiklang 6:7:9 bilden, der mit seiner verkleinerten Mollterz (Infraterz = 267 cent) zwar ungewohnt, aber besonders charakteristisch klingt. Nun ist aber im traditionellen Tonsystem der 7. Partialton nicht enthalten, ebenso nicht der 11. und 13. Diese „ekmelischen" Töne sind für die Bildung neuer wohlklingender Akkorde unerläßlich.

In der (theoretisch unendlichen) Reihe der Proportionszahlen sind durch je zwei benachbarte Zahlen Intervalle definiert, die mit dem Anwachsen der Zahlen immer kleiner werden. Neue Akkorde können dadurch gebildet werden, daß aus dem Gesamtvorrat der Proportionszahlen (Reihe der natürlichen Zahlen) durch die Bildung arithmetischer Reihen eine Auswahl getroffen wird. Beispiel: 3, 7, 11, 15, 19, 23, 27 usw.

Die sogenannten unharmonischen (pseudoharmonischen) Teiltöne, die besonders bei Glocken zu beobachten sind, sind gleichfalls in solchen Reihen aufgebaut. Mit solchen, der Natur des Glockenspektrums ähnlichen, mikrotonalen Strukturen können zahlreiche neue, gutklingende Akkorde gebildet werden. Nachstehend als Beispiel die arithmetische Reihe 3 auf 2, also: 2, 5, 8, 11, 14, 17, 20, 23, 26, 29, 32 usw. Zwischen den Proportionszahlen 8 und 32 wird folgende Intervallstruktur gebildet:

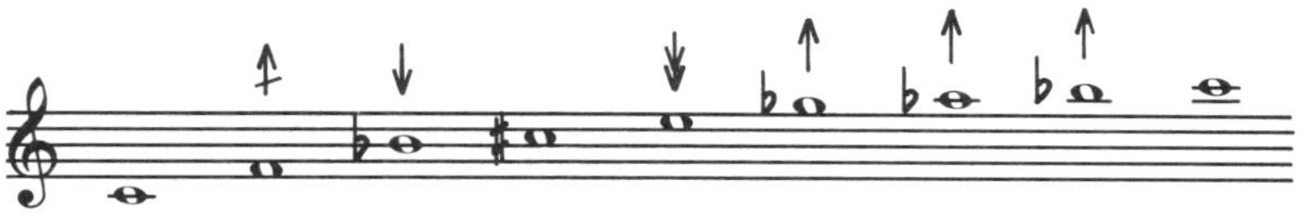

8 11 14 17 20 23 26 29 32

Der Akkord klingt angenehm, auch unter Berücksichtigung des Zurechthörens der Systemtöne auf die Naturtöne der Partialtonreihe.

Versetzt man diese Töne in den Bereich einer Oktave, so erhält man nachstehende achtstufige Tonskala:

Partialton	16	17	20	22	23	26	28	29	32
cent	0	105	386,3	551,3	628,3	840,5	968,8	1029,6	1200

Die Abstände zwischen den Tönen betragen:

cent 105 — 281,3 — 165 — 77 — 212,2 — 128,3 — 60,8 — 170,4

Diese Tonleiter steht in engster Beziehung zur Sonanzreihe, aus der sie gebildet wurde. Dies bedeutet Diatonik. Abweichungen von den Stufen dieser Tonleiter sind nach dem Prinzip der Mikrochromatik zu behandeln. Auch die gleichzeitige Verwendung von zwei oder mehreren Reihen ist möglich und führt zur Bi- bzw. Polytonalität. Wir gewinnen also durch die Einbeziehung der ekmelischen Töne eine große Anzahl neuer, wohlklingender Akkorde. Auf die gleiche Weise werden die Möglichkeiten der Melodik wesentlich bereichert.

Ekmelischer Gesang für Solo-Violine, op. 5

Franz Richter Herf

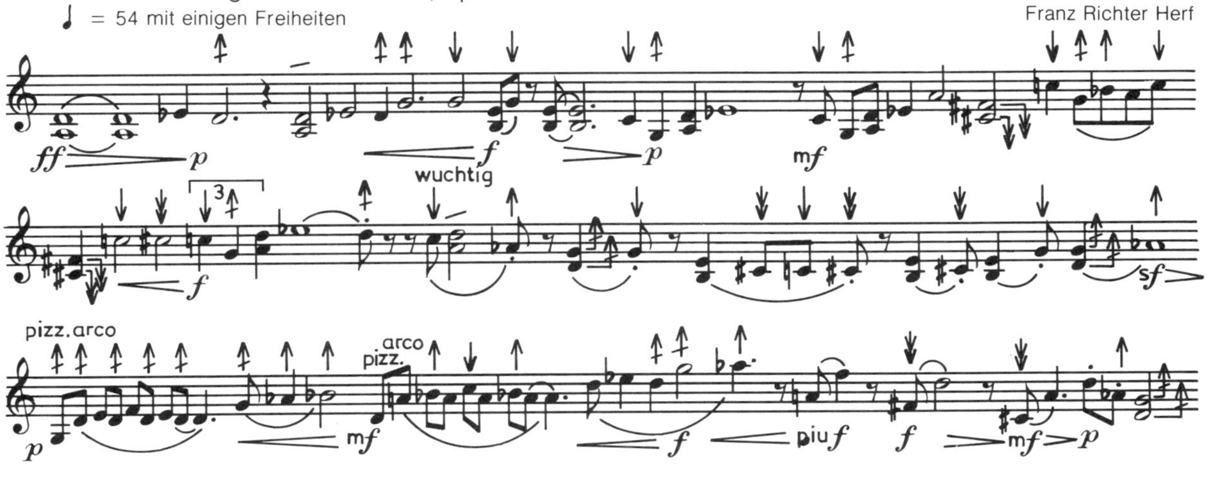

Literatur:

Behrens-Senegalden, G.A.:	,,Die Vierteltöne in der Musik'', Berlin 1892
Eitz, Carl:	,,Das mathematisch-reine Tonsystem'', Leipzig 1891
Fokker, Adriaan Daniel:	,,Les mathématiques et la musique'', Den Haag 1947
Fokker, Adriaan Daniel:	,,Neue Musik mit 31 Tönen'' (= Orpheus-Schriftenreihe, Bd. 5), Düsseldorf 1966
Gieseler, Walter:	,,Komposition im 20. Jahrhundert'', Celle 1975
Husmann, Heinrich:	,,Grundlagen der antiken und orientalischen Musikkultur'', Berlin 1961
Maedel, Rolf & Richter Herf, Franz:	,,Ekmelische Musik, München-Salzburg 1977
Maedel, Rolf:	,,Mikrotöne''. Aufbau - Klangwert - Beziehungen, Innsbruck 1983
Richter Herf, Franz:	Oper ,,Odysseus'' und weitere Kompositionen mit Mikrotönen, erschienen im Musikverlag Edition Helbling, Innsbruck, Schallplatten DIESIS
Richter Herf, Franz (Hg.):	,,Mikrotöne''. Bericht über das internationale Symposium 10.—12. Mai 1985 in Salzburg, Innsbruck 1986
Rippe, Volker:	,,Nicola Vicentino - sein Tonsystem und seine Instrumente'', in: Die Musikforschung 34, 1981, S. 393 ff.
Schneider, Sigrun:	,,Mikrotöne in der Musik des 20. Jahrhunderts'' (= Orpheus-Schriftenreihe, Bd. 15), Bonn - Bad Godesberg 1975

Kapitel XIX

Harmonik und Satzarrangement des Jazz

Kurt Maas

§ 1 Akkorde

1. Grundakkorde

Während man in der traditionellen Harmonik von Dreiklängen (Dur, Moll, vermindert, übermäßig) ausgeht, bezieht sich die Jazzmusik auf die nachfolgenden sechs Grundakkorde:

Zur Schreibweise:

Für die Akkordsymbolik verwenden wir sieben Stammtöne als Großbuchstaben. Es empfiehlt sich generell, das „B" als „Bb" zu schreiben, da die internationale Schreibweise für „H" „B" ist.

C D E F G A B(H)

Mit einem ♯ oder ♭ dahinter können diese Stammtöne erhöht bzw. erniedrigt werden.

z.B.: C♯, D♯, A♭, B♭

Für Moll hat sich weitgehend das kleine „m" als Zusatz durchgesetzt, jedoch findet nach wie vor auch das „—" Verwendung:

Cm oder C—

Die Septakkorde werden zusätzlich mit einer „7" gekennzeichnet; dabei handelt es sich immer um die kleine Sept (Dominant-Septime),

z.B.: A^7, Dm^7

Der verminderte Septakkord (verminderte Septime = große Sexte) hat drei verschiedene Schreibweisen:

deutsch	verm = vermindert	$Cverm^7$
international	dim = diminished	$Cdim^7$
bzw. als	o = Symbol	Co^7 (am häufigsten)

Der Moll-Sept b5 zählt ebenfalls zu den Grundakkorden. Seine häufigste Anwendung ist die II. Stufe in Moll. Zum Symbol des Moll-Septakkords wird b5 (sprich: flat-five) hinzugefügt (z.B.: C♯^{7}b5).

2. Jazzakkorde

Obwohl viele Bereiche der populären Musik mit den Grundakkorden auskommen, ist das charakteristische Merkmal der Jazzharmonik die Erweiterung der Grundakkorde mit Spannungstönen (Tensions). Bei einer solchen Akkord- bzw. Klangerweiterung stehen diese Spannungstöne in einem mehr oder weniger starken dissonanten Spannungsverhältnis zum Grundakkord. Es kommt nicht nur auf die richtige Dosierung an, man muß darüberhinaus auch eine klangliche Vorstellung der Jazzakkorde entwickeln. Man spricht nur dann von Spannungstönen, wenn diese vom Zeitmaß her tragend (gleichberechtigt) gegenüber den anderen Akkordtönen sind.

Die beiden Tonalitätsakkorde Dur und Moll werden zunächst mit der großen Sexte (vgl. „sixte ajoutée") zu vierstimmigen Grundakkorden erweitert.

Dur  Moll

= Durdreiklang + gr. Sexte = Molldreiklang + gr. Sexte

Die 6 hinter dem Akkordsymbol wird oftmals weggelassen, da sie im Jazz selbstverständlich ist.

Die 6 Grundakkorde können mit folgenden Spannungstönen erweitert werden:

Die beiden Tonalitätsakkorde:

Dur  Moll

Die weiterführenden Septakkorde:

Dominant-Sept Moll-Sept Moll-Sept b5 Vermindert-Sept

Zur Schreibweise:

In der Akkordsymbolik verwenden wir Versetzungszeichen (♯ ♭ ♮) für die Darstellung bestimmter Spannungstöne (bisweilen auch mit „+" und „—" dargestellt):

C^{7-13} statt C^{7b13}
D^{7+9} statt $D^{7\sharp 9}$

Grundakkorde sollten in der Symbolschrift immer klar erkennbar sein und die Spannungstöne erst danach folgen. Dennoch ist die nachstehende Schreibweise durchaus üblich:

C^{9} statt $C^{7/9}$
G^{13} statt $G^{7/13}$

Es handelt sich bei einer solchen Schreibweise immer um einen Dominantseptakkord.

Trotz der Erweiterung der Grundakkorde durch Spannungstöne besteht wie in der traditionellen Harmonielehre die Möglichkeit, die Quinte des Dominant-Septakkords tief bzw. hoch zu alterieren:

Andere Schreibweise für $G^{7\sharp 5}$:G^{+7}

Gelegentlich wird auch die Bezeichnung „G^{7}alt" verwendet. Auch hier handelt es sich um einen hoch bzw. tief alterierten Dominant-Septakkord, dessen Bezeichnung von der hierzu gern gespielten alterierten Tonleiter übernommen wurde.

(alterierte Tonleiter auf „G")

„sus 4" innerhalb der Akkordsymbolik heißt Suspension 4, Quarte statt Terz.

Beim Dur- oder Moll-Grundakkord kann die große Sexte auch durch die große None ersetzt werden.

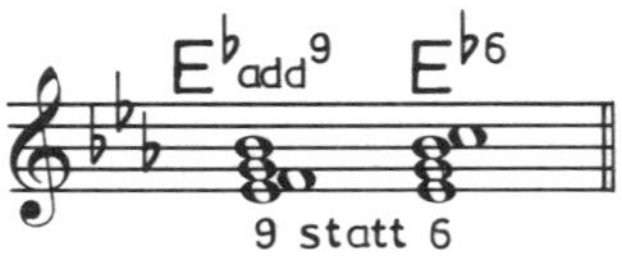

3. Akkordtabellen

Jazzakkorde mit Spannungstönen sind nicht mehr einfach umkehrbar, da die Spannungstöne in tieferer Lage zu dissonant und auch zu dominant werden, und sich dadurch verselbständigen. Deshalb gehen wir hier von der Grundstellung und den drei Umkehrungen der sechs Grundakkorde aus. Die nachfolgenden Tabellen zeigen alle vierstimmigen Akkorde in enger Lage:

A den Grundakkord in der Grundstellung und darunter die jeweiligen Umkehrungen

B Akkorde mit integrierten Spannungstönen

C die Erweiterung der Melodiestimme (Leadstimme) zum darüberliegenden Spannungston

Regel: Jeder eingebrachte Spannungston ersetzt einen darunterliegenden Akkordton.

Dur-Akkordtabelle

In Dur wie in Moll entstehen alle Akkordvarianten durch diverse Kombinationen von

9 statt 1 (None statt Grundton)
bzw. Maj7 statt 6 (große Sept statt Sexte).

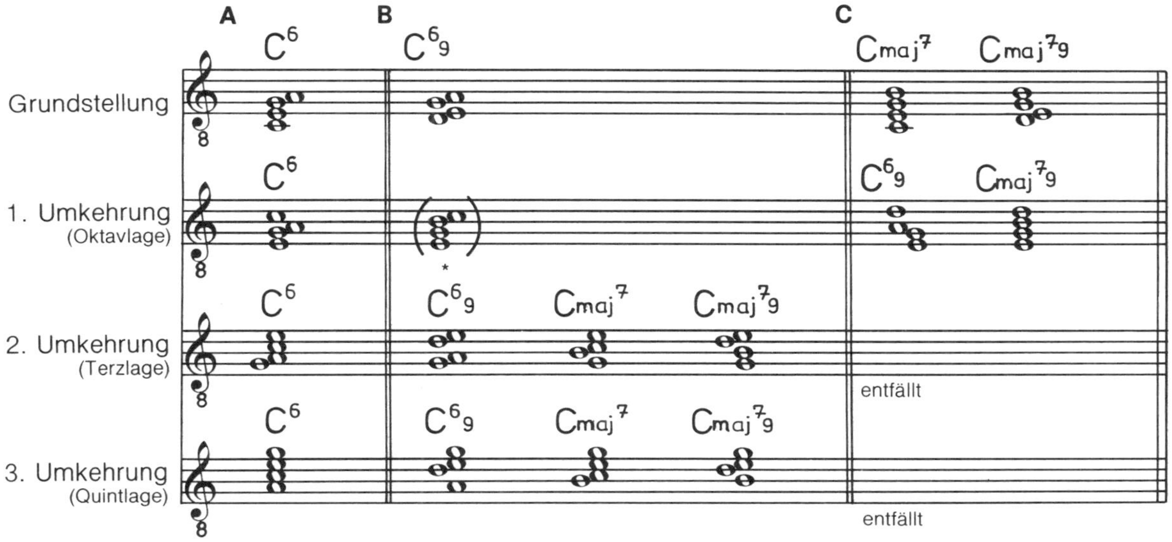

Moll-Akkordtabelle

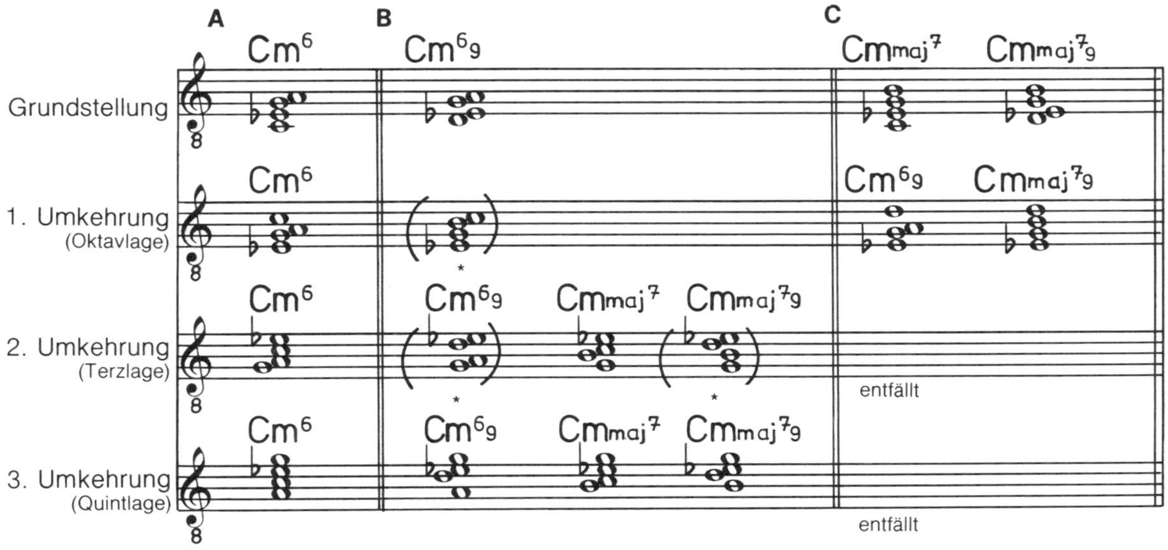

* Aus klanglichen Gründen (zu starke Dissonanz) werden kleine Sekunden in den beiden obersten Stimmen vermieden.

Dominant-Sept-Akkordtabelle

Beim Dominant-Sept wird fast ausschließlich die „9" bzw. „b9" integriert, als Erweiterung der Leadstimme darüberhinaus die „ ♯9" (blue note, siehe Blues) wie auch die „13" bzw. „b13".

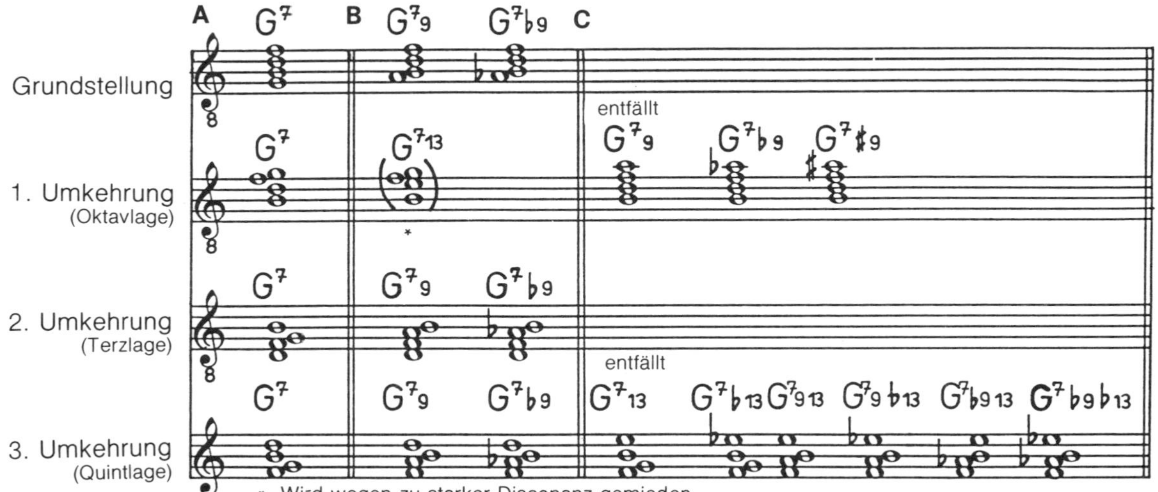

* Wird wegen zu starker Dissonanz gemieden.

Moll-Sept-Akkordtabelle

Beim Moll-Sept wird nur die „9" und als Erweiterung der Leadstimme die „ ♮11" eingesetzt.

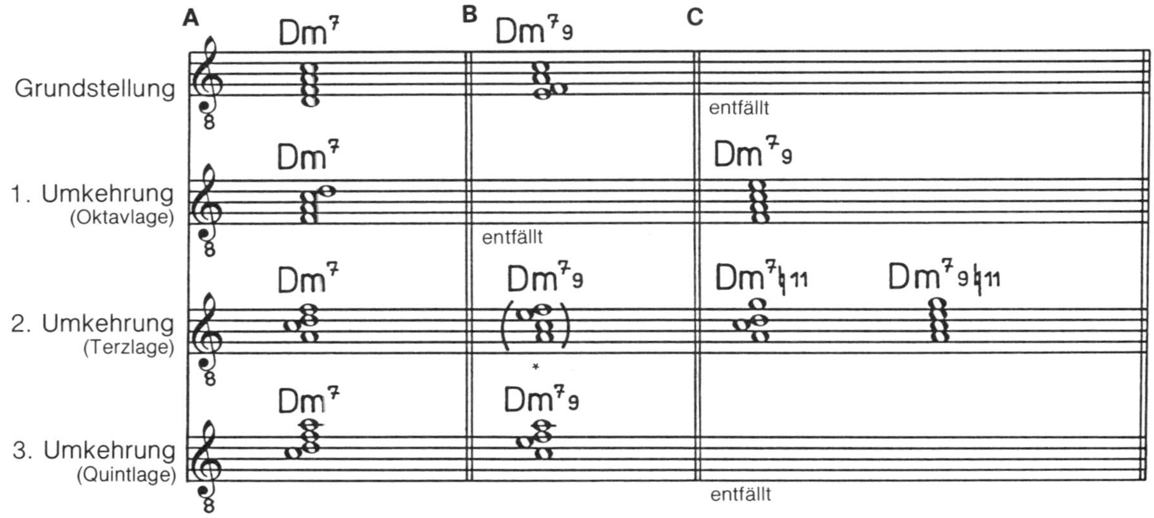

Moll-Septb5-Akkordtabelle

Beim Moll-Septb5 werden die „9" und insbesondere auch die „b9" integriert, als Erweiterung der Leadstimme die „ ♮11" wie auch die „b13".

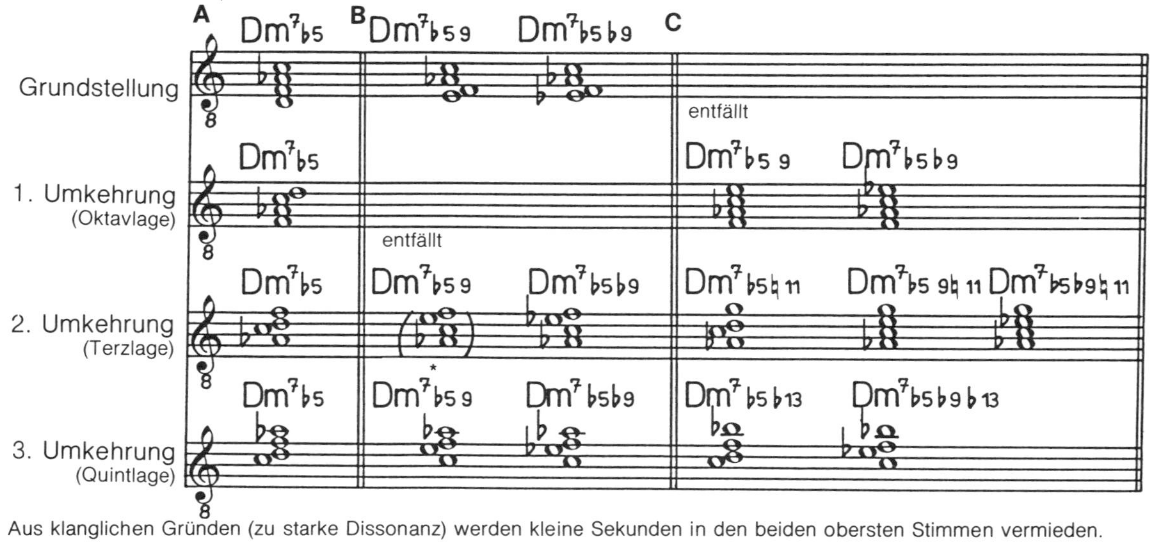

* Aus klanglichen Gründen (zu starke Dissonanz) werden kleine Sekunden in den beiden obersten Stimmen vermieden.

Vermindert-Sept-Akkordtabelle

Beim Vermindert-Sept-Akkord wird wie immer die „9" integriert und als Erweiterung der Leadstimme die „Maj7", die „ ♮11" und die „ ♭13".

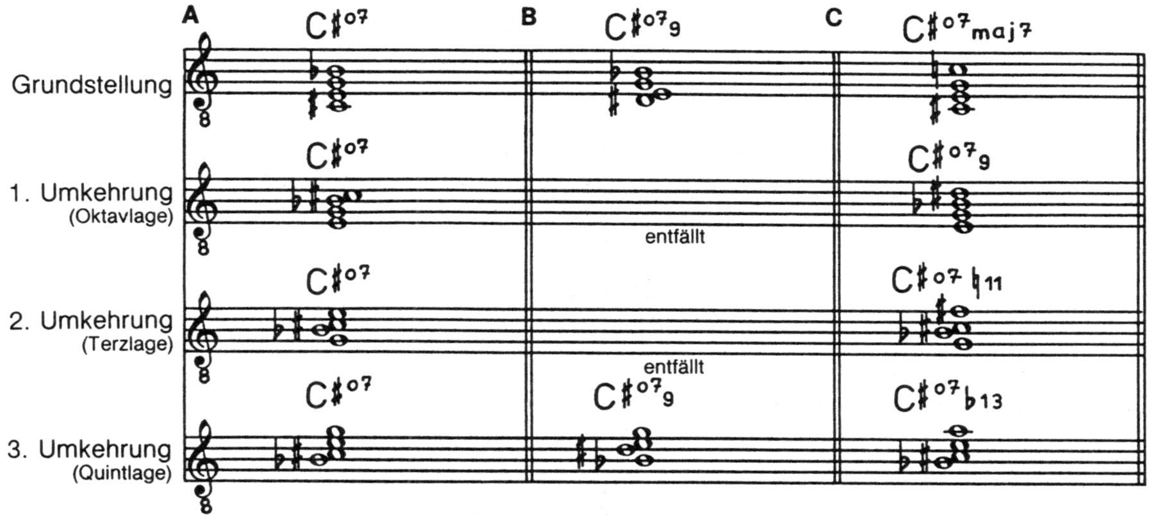

4. Dreistimmige Akkorde

Durch die autonome Baßführung im Jazz - der Baßton wird nicht als Akkordton berücksichtigt - ist eine Reduzierung der vierstimmigen Jazzakkorde auf drei - oder auch zwei Stimmen möglich. Dabei greifen wir wieder auf die vorhergehenden Akkordtabellen zurück.

Bei den dreistimmigen Akkorden kann entweder auf die Quinte oder auf die Oktave (Grundton) verzichtet werden. Aufgrund ihrer - aus der Obertonreihe resultierenden - starken Verschmelzung mit dem Grundton ist die Quinte am ehesten zu entbehren. Da der Bassist die Funktion des Grundtons herausspielt, kann auch der Oktavton statt der Quinte weggelassen werden.

Ergänzend gibt es bei der Tonika als dreistimmigem Schlußakkord noch die Möglichkeit des Quartenaufbaus, bei dem die Terz gänzlich fehlt.

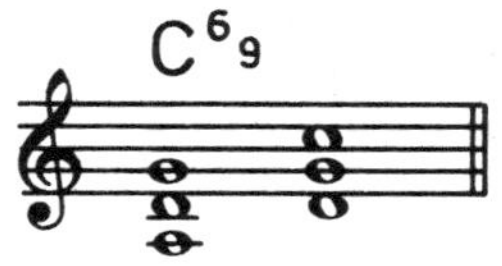

5. Zweistimmige Akkorde

Im traditionellen Bereich bezeichnet man erst einen dreistimmigen Zusammenklang als Akkord, zwei Töne dagegen als ein Intervall. Da der Jazz aber von einer autonomen - d.h. nicht in die Akkorde integrierten - Baßlinie ausgeht, reichen hier bereits zwei Töne zum Akkord aus. Wieder ausgehend von den Akkordtabellen entsteht der zweistimmige Akkord durch Weglassen von Quinte und Oktave.

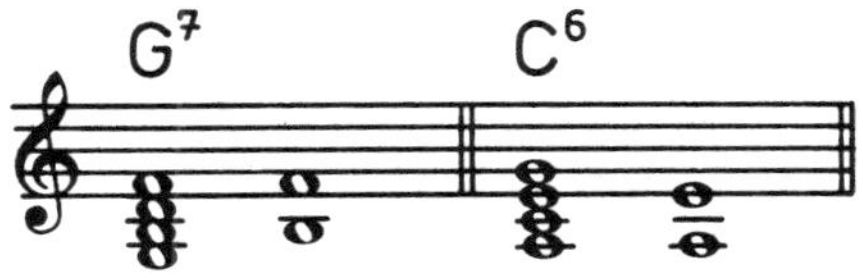

6. Weite Lagen

Bei der engen Lage sind die Akkordtöne innerhalb eines Oktavraumes ohne Oktavverdoppelung untergebracht; in der weiten Lage hingegen liegen die beiden Oberstimmen so weit auseinander, daß noch ein oder zwei Akkordtöne eingefügt werden können, wobei der Akkordton und sein darüberliegender Spannungston als ein Ton anzusehen sind.

drop2:

Die am häufigsten angewandte Form, eine weite Lage zu bilden, ist die sogenannte drop2-Technik; hier wird einfach die zweite Stimme eine Oktave nach unten verlegt.

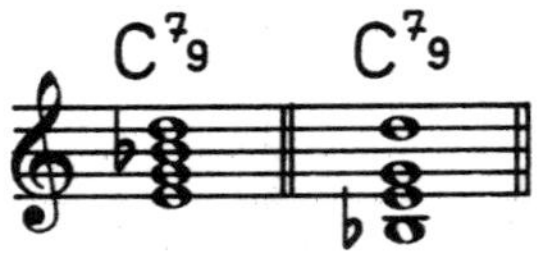

Durch die drop2-Technik eröffnet sich beim Dominant-Septakkord die Möglichkeit, auch die 13 als Spannungston zu integrieren, was in der engen Lage einen zu starken Dissonanzgrad hervorruft. Übrigens entspricht dies auch dem realen Intervallverhältnis (7/13).

Im fünfstimmigen Akkordspiel wird die drop2-Technik meist noch mit dem Grundton im Baß ergänzt.

drop3:

Die drop3-Technik (Versetzen der 3. Stimme eine Oktave tiefer) wird hingegen seltener verwendet; in der weiten Lage bleiben hier die beiden Oberstimmen unverändert. Vorsicht ist jedoch geboten, wenn die 3. Stimme einen Spannungston enthält; hier besteht die Gefahr, daß dieser durch die Oktavversetzung zu dominierend wird und sich dadurch verselbständigt.

drop2 + 4:

Bei diatonischen Akkordfolgen findet man vor allem die drop2 + 4-Technik, die sowohl die 2. als auch die 4. Stimme nach unten versetzt.

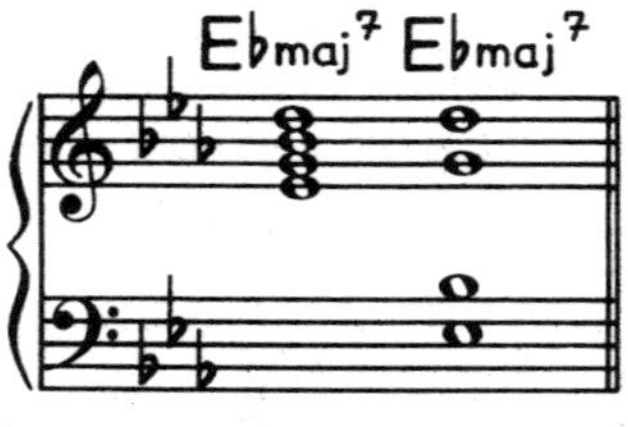

7. Funktionstöne

Durch Weglassen von Quinte und Oktave bleiben bei den weiterführenden Sept-Akkorden nur noch Terz und Septime übrig, die beiden funktionstragenden Töne. Bei den Tonalitätsakkorden (Dur und Moll) reduzieren sich die Akkordtöne auf nur einen Funktionston, die Terz. Funktionstöne können nicht alteriert werden und sind mit der Baßlinie zusammen für die Jazzharmonik essentiell und unverzichtbar.

Die folgenden Aufgaben sollten auf jeden Fall auch am Klavier ausgeführt werden!

(A1) Schreibe die 6 Grundakkorde in allen Tonarten bis zu drei Vorzeichen und bezeichne sie mit dem jeweiligen Akkordsymbol!

(A2) Welche Spannungstöne sind zu folgenden Akkorden möglich:

Dm^{6}	F♯o^{7}	Cm^{7}
A♭^{7}	Gm$^{7/b5}$	E♭^{6}

(A3) Welche Spannungstöne können in folgende Akkorde integriert werden:

- Grundstellung:

D♭^{6}	F^{7}	Hm$^{7/b5}$
Ao^{7}	Em^{6}	Am^{7}

- Oktavlage:

D♭o^{7}	E^{6}	Gm^{7}
Am$^{7/b5}$	Bbm^{6}	F♯^{7}

- Terzlage:

Fm^{7}	A♭^{6}	Ho^{7}
D^{7}	Gm^{6}	Em$^{7/b5}$

- Quintlage:

Am$^{7/b5}$	Co^{7}	E♭m^{7}
G♭^{7}	A♭^{6}	Hm^{6}

(A4) Erweitere bei den unter Aufgabe Nr. 3 entstehenden Akkorden die Leadstimme mit dem jeweiligen Spannungston!

(A5) Schreibe die Akkordtabellen für alle sechs Grundakkorde in A♭!

(A6) Notiere folgende Akkorde dreistimmig:

Em^{7}	A♭^{6}	F♯m$^{7/b5}$
Bb^{7}	A♭o^{7}	Am^{6}

(A7) Notiere folgende Akkorde zweistimmig:

F♯^{6}	Ho^{7}	E♯m$^{7/b5}$
A♭m^{6}	Cm^{7}	F^{7}

(A8) Notiere folgende Akkorde in der drop2-Technik:

Hm^{7}	Do^{7}	Bb^{7}
Am^{6}	E♭^{6}	Cm$^{7/b5}$

(A9) Notiere folgende Akkorde in der drop2 + 4-Technik:

Cm^{7}	Go^{7}	Hm$^{7/b5}$
D♭^{7}	Bb^{6}	Em^{6}

(A10) Notiere fünfstimmig in der drop2-Technik mit Grundton:

G$^{7/9}$	Ho^{7}	D♭$^{6/9}$
Dm^{6}	E♭m$^{7/9}$	Bbm$^{7/b5}$

§ 2 Akkordfolgen

1. Grundlagen der jazzharmonischen Analyse

Allgemeines:

Die Grundlagen der klassischen Harmonielehre können weitgehend übernommen werden. Trotz Erweiterung der Akkorde mit Spannungstönen und Verwendung von Substitutsakkorden bleiben die harmonischen Funktionen erhalten. Grundlage der harmonischen Analyse im Jazz ist die Stufentheorie; sie wird in diesem Buch schwerpunktmäßig durch die Funktionstheorie ergänzt, mit deren Hilfe entferntere harmonische Zusammenhänge dargestellt werden.

Symbole der Stufentheorie:

Basis der Stufentheorie ist die Durtonleiter, auf deren einzelnen Tönen - mit Ausnahme der I. und IV. Stufe - Septakkorde aufgebaut werden, wobei eine Numerierung der einzelnen Stufen mit römischen Zahlen erfolgt. Die Grundakkorde der I. und IV. Stufe sind Durakkorde mit großer Sexte.

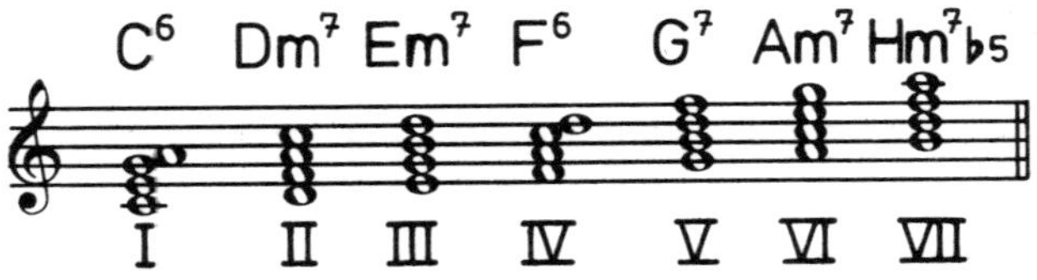

Mit der Stufenbezeichnung wird auch der spezifische Akkordaufbau der jeweiligen Stufe ausgedrückt.

Auf der I. und IV. Stufe steht ein Durakkord mit großer Sexte, auf der II., III. und VI. Stufe ein Mollseptakkord, auf der V. Stufe ein Dominantseptakkord und auf der VII. Stufe ein halbverminderter Septakkord.

Symbole der Funktionstheorie:

Die Funktionstheorie gibt uns die Möglichkeit, bestehende harmonische Bezüge konkret zu benennen; deshalb ist es vorteilhaft, sie in die Analyse miteinzubeziehen.

Die drei Grundfunktionen:

I. Stufe - Tonika (T)
IV. Stufe - Subdominante (S)
V. Stufe - Dominante (D)

Tonikaparallele (Tp)

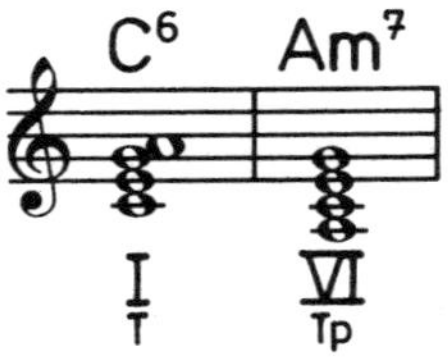

Tonikagegenklang (Tg)

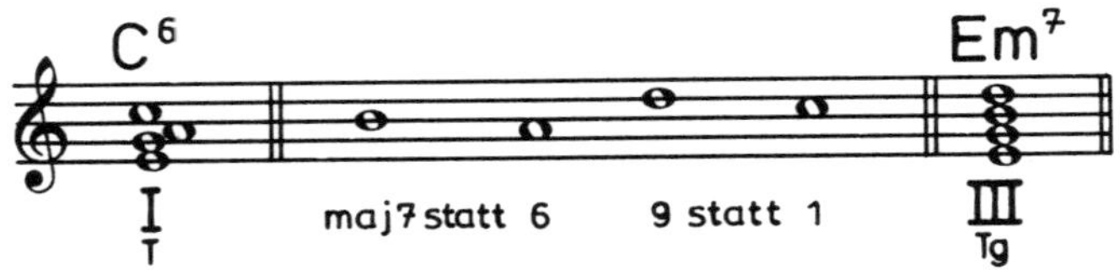

Subdominantparallele (Sp)

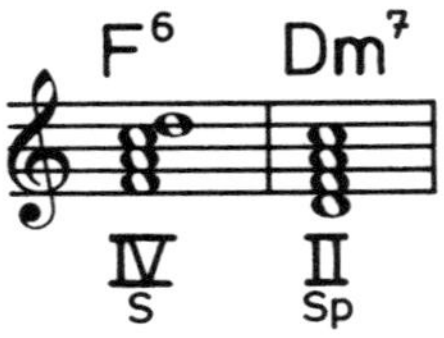

Subdominantgegenklang (Sg)

Der Akkord steht auf der VI. Stufe und hat das gleiche Tonmaterial wie die Tonikaparallele. Seine Funktionszuordnung ergibt sich aus dem harmonischen Zusammenhang.

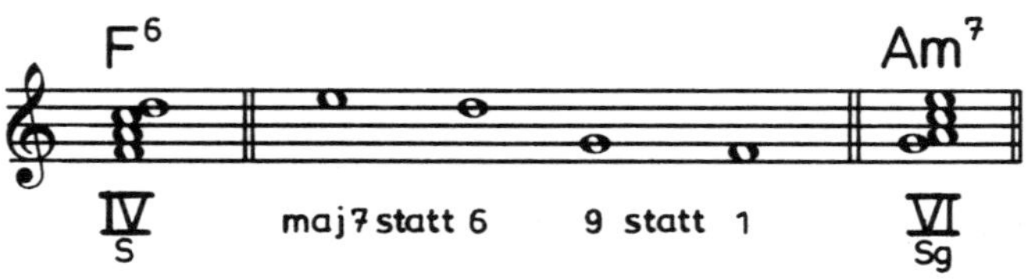

Verkürzter Septnonakkord (Ø9)

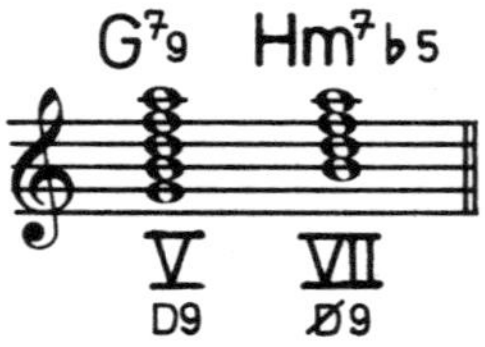

Zusammenfassung der Funktionen:

Darstellung des Durtonalitätsbereiches unter Einbeziehung der Bezeichnungen aus der Stufen- und Funktionstheorie:

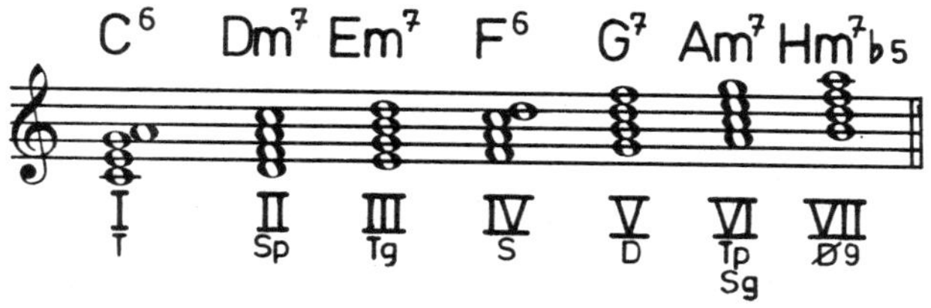

In der Analyse verwenden wir nur Zeichen aus der Stufentheorie. Ergänzungen aus der Funktionstheorie finden in Ausnahmefällen Anwendung, z.B. um schwierige Funktionsbezüge zu klären.

Durtonalitätserweiterung durch die Mollsubdominante (IV—):

Der Durtonalitätsbereich erfährt mit der Mollsubdominante (IV—) eine in der Praxis häufig vorkommende Erweiterung.

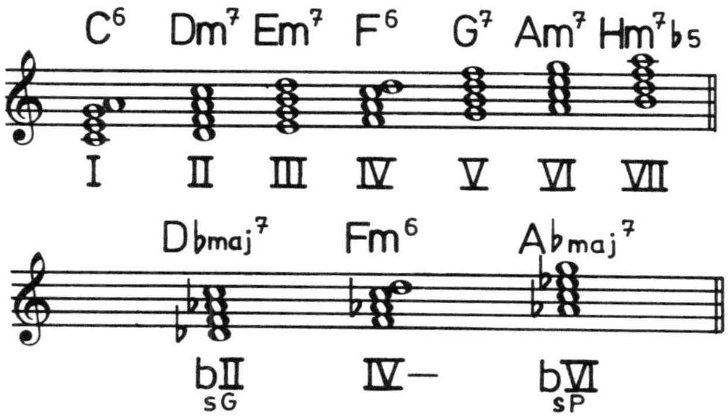

Das „—" hinter der IV steht für Moll. Bei der Mollsubdominantparallele (bVI. Stufe) und bei dem Mollsubdominantgegenklang (bII. Stufe) fügen wir die Zeichen aus der Funktionstheorie hinzu. Das kleine „s" bezeichnet die Mollsubdominante, das große „P" und „G" einen Parallel- bzw. Gegenklang in Dur.

Stimmführungsregeln:

Die strengen traditionellen Stimmführungsregeln (Verbot von Oktav- und Quintparallelen) entfallen aufgrund der Vielstimmigkeit der Akkorde. Die Töne zweier Akkorde werden auf dem kürzest möglichen Weg verbunden, gemeinsame Töne werden beibehalten. Die Tonalitätsakkorde ermöglichen als Zentren im harmonischen Verlauf eine Zäsur in der Stimmführung; die von ihnen ausgehende Schlußwirkung ermöglicht nachfolgend einen freien Stimmeinsatz. Lagenwechsel ist durch Wiederholung eines Akkordes in der Umkehrung möglich.

2. Auflösung bzw. Weiterführung des Dominantseptakkordes

Anmerkung zur Spielpraxis:

Auch Nicht-Pianisten sollten die Akkordfolgen auf dem Klavier üben, um eine klangliche Vorstellung zu bekommen. Die Akkorde sollten immer in der Tenorlage gespielt werden. Die meisten Notenbeispiele sind ohne Baß geschrieben, denn die Baßlinie muß selbständig laufen und die harmonische Funktion - unabhängig vom Akkordaufbau - herausstellen (siehe Baßlinien). Zunächst jedoch ist es ausreichend, nur den Grundton im Baßbereich dazuzuspielen.

Dominantseptakkord (D):

Im Gegensatz zur Tonika, die im harmonischen Gefüge einen Ruhepunkt darstellt, bedarf der Dominantseptakkord (V) aufgrund des enthaltenen Tritonusintervalls einer Auflösung bzw. Weiterführung. Diese erfolgt im allgemeinen durch einen Quintschritt abwärts.

Auflösung in die Tonika:

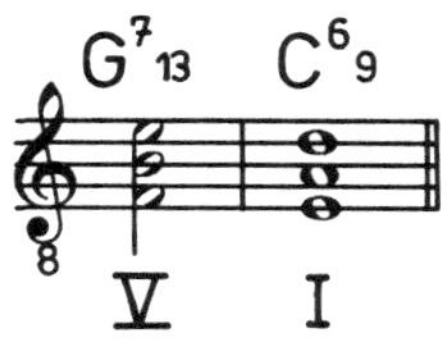

Da in der Stufentheorie der Jazzharmonik der Dominantseptakkord ein Grundakkord ist, muß die Septime nicht gesondert gekennzeichnet werden.

Zwischendominante (ZD):

Die Zwischendominante ist ein Dominantseptakkord, der außerhalb der Tonalität steht. Sie bewegt sich quintabwärts und kann zu jeder beliebigen Stufe der Tonalität führen.

z.B.: Weiterführung in die II. bzw. IV. Stufe

ZD ist das Zeichen für die Zwischendominante. Die Klammer ( ) kennzeichnet Akkorde, die außerhalb der Tonalität stehen; der Pfeil zeigt an, daß die V nicht als Dominante der Tonika, sondern als Dominante der II. bzw. IV. Stufe zu verstehen ist.

Doppeldominante (DD):

Die Doppeldominante ist eine feststehende Form der Zwischendominante, die in die Dominante weitergeführt wird.

Weiterführung in den Dominantseptakkord:

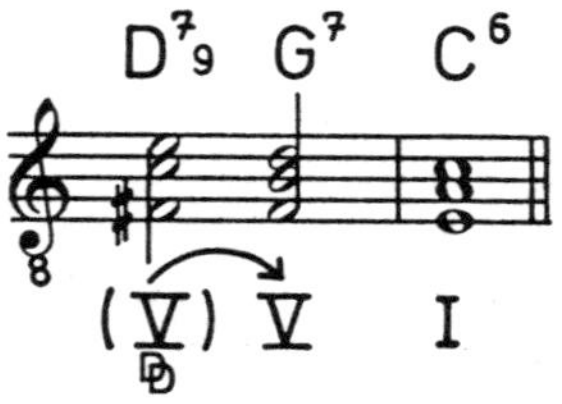

DD ist das Zeichen für Doppeldominante.

Verkürzter Dominantseptakkord (ZD̸, DD̸):

Durch Weglassen des Grundtones entsteht ein verminderter Dreiklang; er wird durch Hinzufügen der verminderten Septime, in Ausnahmefällen auch der kleinen Septime zu einem eigenständigen verminderten Septakkord. Der verkürzte Dominantseptakkord kann stellvertretend für jeden Dominantseptakkord stehen, zumeist jedoch findet er als verkürzte Zwischen- bzw. Doppeldominante Verwendung.

Da die Stufenbezeichnung bei den verkürzten Dominantseptakkorden nicht mehr auf dem Grundton aufbaut (sondern auf der Terz!), ist in der Stufentheorie die Quintbeziehung zum nächsten Akkord nicht mehr erkennbar. Der Pfeil muß deshalb entfallen.

z.B.: Weiterführung des verkürzten Dominantseptakkordes als Zwischendominante zur III. Stufe:

ZD̸ ist die verkürzte Zwischendominante.

DD̸ ist die verkürzte Doppeldominante.

Substitutsdominantseptakkord (subV):

Jeder Dominantseptakkord, egal in welcher Funktion (D, ZD, DD) er steht, hat einen Substitutakkord, der an seine Stelle treten kann. Die funktionstragenden Töne - die des Tritonus - bleiben auch im Substitutsakkord (enharmonisch verwechselt) die selben. Der neue Grundton des Substitutsakkords ist die verminderte Quint des Ausgangsakkordes.

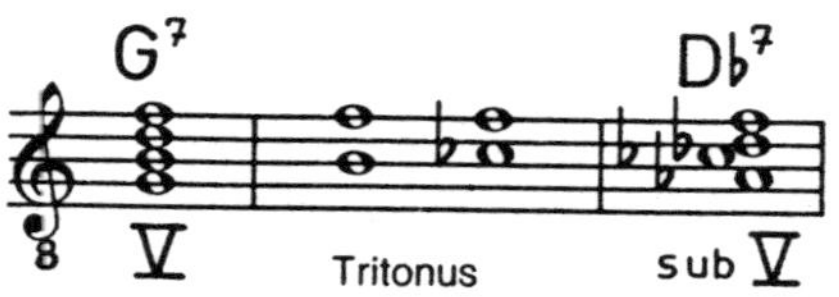

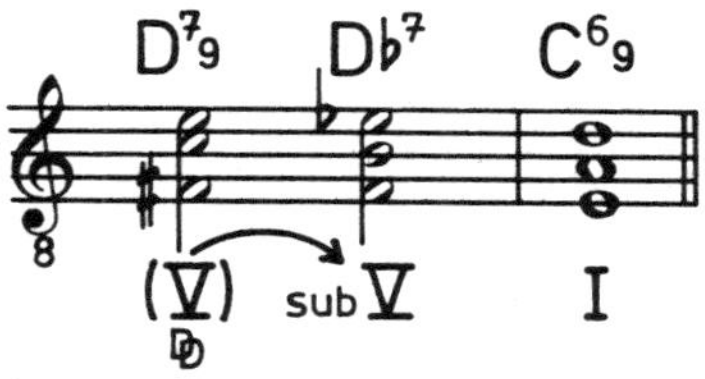

Der Substitutsdominantseptakkord wird nur mit ,,subV" bezeichnet, da er die V. Stufe vertritt. Er darf nicht mit dem Mollsubdominantgegenklang (sG), dem Akkord auf der erniedrigten II. Stufe verwechselt werden.

3. II-V-Folgen

Die IV. Stufe wird zumeist durch die II. Stufe ersetzt. Sie ist als Subdominantparallele (Sp) ein Vertreter der IV. Stufe, in der II-V-Folge jedoch bekommt die II. Stufe starken Vorhaltscharakter (siehe Vorhalt), der sie an die Dominante bindet.

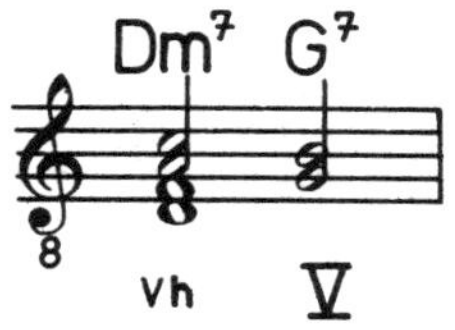

Die II-V-Folge stellt eine Einheit mit klarem Dominantcharakter dar und wird aus diesem Grund mit II__V bezeichnet. Dies erklärt auch die Praxis, nach Belieben vor eine V. Stufe die zugehörige II. Stufe - quasi als selbständigen Vorhaltsakkord - zu setzen.

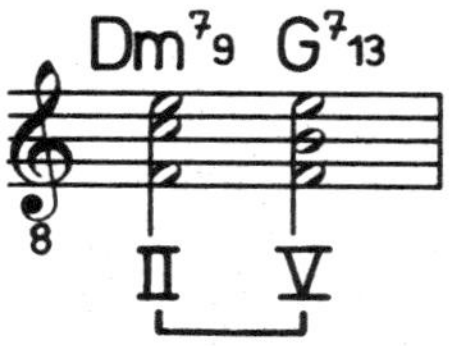

Auf die II. Stufe - als selbständiger Akkord einer II-V-Folge - kann z.B. eine Zwischendominante (ZD) Bezug nehmen.

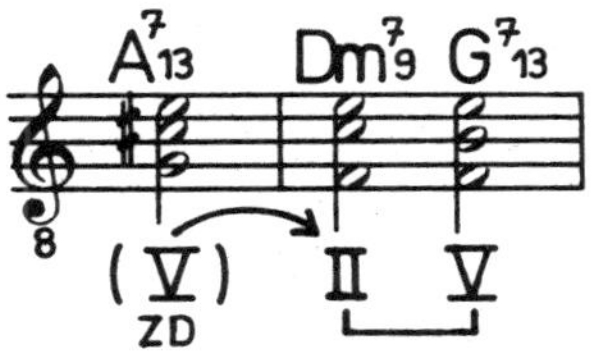

Aufgrund des Vorhaltscharakters der II. Stufe muß sich ein Dominantseptakkord nicht auf die II. Stufe einer II-V-Folge beziehen, sondern kann diese überspringen und direkt die V ansteuern. Dieser Bezug wird zusätzlich mit einem Pfeil gekennzeichnet.

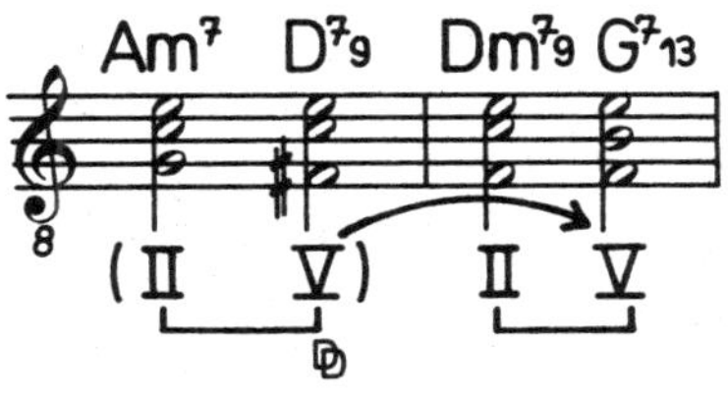

Eine eindeutige Bestimmung der funktionalen Zusammenhänge ist meist erst durch die Einbeziehung der Metrik möglich, d.h. durch die Aufteilung der Takte bzw. der Taktwerte in ,,schwer" und ,,leicht". Mit Hilfe der Metrik entscheiden wir unter anderem, ob eine II. Stufe einen Vorhaltsakkord bildet oder nicht.

Bezogen auf die Metrik (siehe obiges Beispiel) ist der erste Akkord schwer, der zweite leicht; somit kann diese II. Stufe keinen Vorhaltscharakter haben. Im dritten Takt hingegen steht diese II. Stufe auf schwerem Taktteil, so daß es sich hier um eine typische II-V-Folge handelt.

Substitutsakkorde der II-V-Folge:

Auch in der II-V-Folge kann die II mit einer subII ausgetauscht werden. Der neue Grundton ist wiederum die verminderte Quint. Somit ergeben sich insgesamt 4 Möglichkeiten der II-V-Folge:

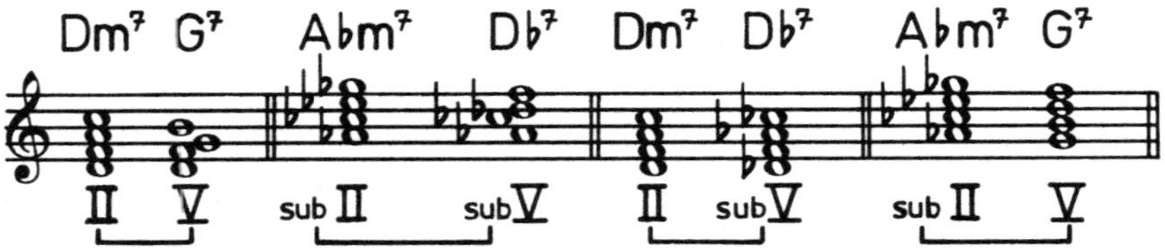

z.B.: subII-V-Folge zur VI. Stufe:

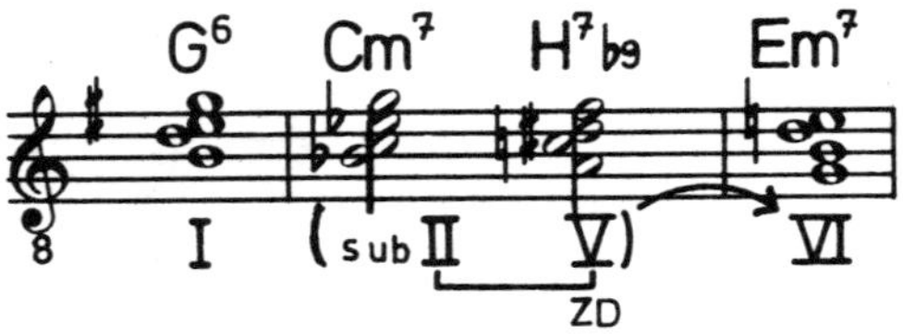

4. Kadenzen

a) Einfache Kadenz:

Aus der traditionellen einfachen Kadenz (I-IV-V-I) wird die IV. durch die II. Stufe (I-II-V-I) ersetzt.

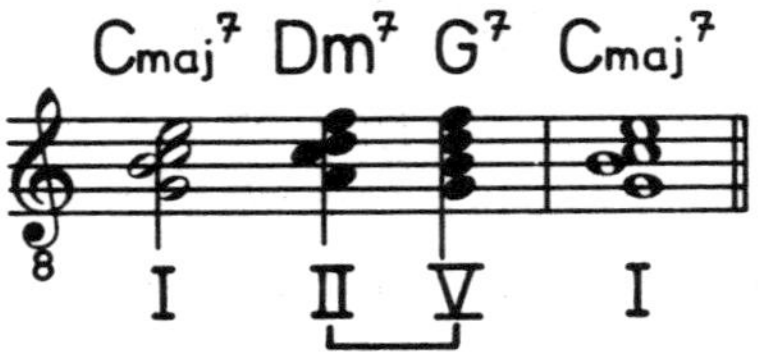

b) Erweiterte Kadenz:

Eine gebräuchliche Form der Kadenzerweiterung ist das Miteinbeziehen weiterer diatonischer Stufen:

c) turnarounds:

Die sogenannten „turnarounds“ sind Akkordfolgen, die sich beliebig oft wiederholen lassen:

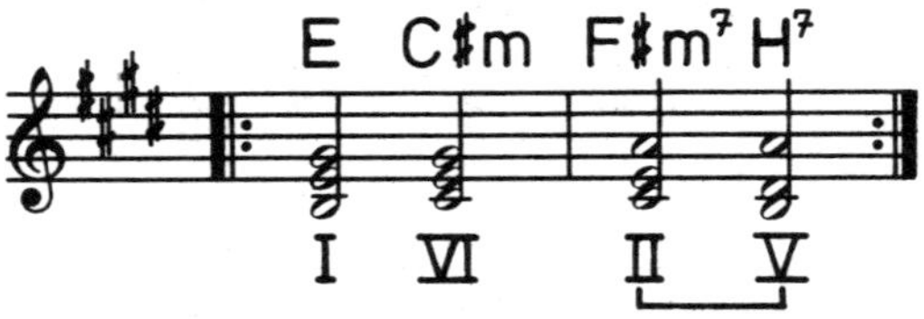

Hierzu gehören auch die nachfolgenden einfachen Kadenzen, die lediglich mit verschiedenen Formen der Zwischendominante zur II. Stufe erweitert werden.

- Zwischendominante zur II. Stufe

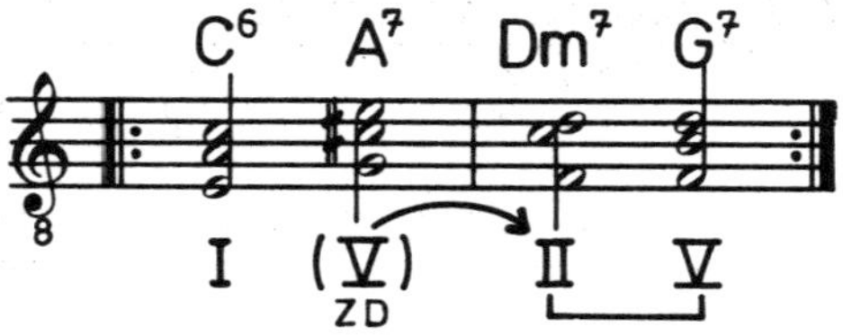

- Zwischendominante als verkürzter Dominantseptakkord

Die Zwischendominante ist ein Dominantseptakkord ohne Grundton, der als verminderter Septakkord (o7) zur erniedrigten None weitergeführt wird.

- Substitutsakkord der Zwischendominante

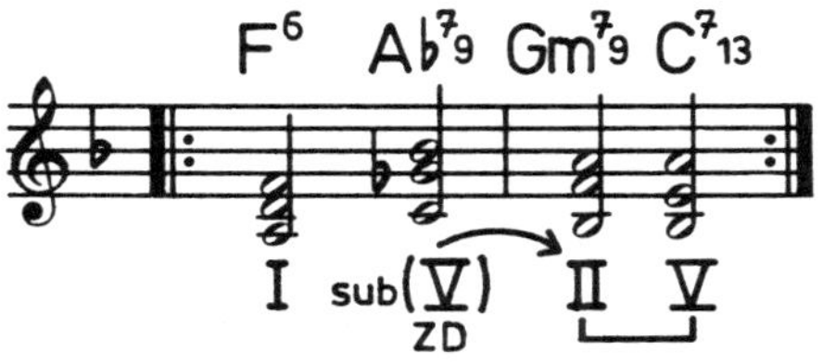

Eine Zwischendominante kann aufgrund des Vorhaltscharakters der II. Stufe diese überspringen und wird so zur Doppeldominante. Damit entstehen analog zu den vorausgegangenen drei weitere Kadenzen.

- Doppeldominante

- Doppeldominante als verkürzter Dominantseptakkord

Der einheitliche Aufbau des verminderten Septakkordes ermöglicht zudem, daß jeder Akkordton auch Grundton sein kann. Der günstigeren Baßlinie wegen findet in dieser Kombination statt F#o7 häufiger Ebo7 Verwendung, ohne daß sich Funktionen bzw. Analyse ändern.

- Substitutsakkord der Doppeldominante

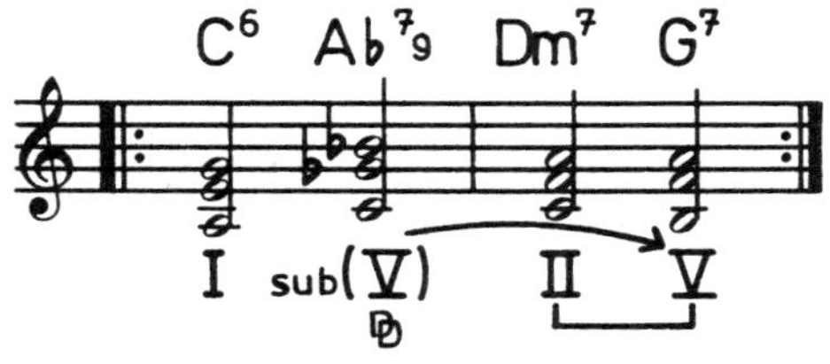

5. Mollharmonik

Die drei Grundfunktionen (t, s, D)

I. Stufe - Tonika (t)
IV. Stufe - Subdominante (s)
V. Stufe - Dominante (D)

Auf der I. und IV. Stufe steht ein Molldreiklang mit hinzugefügter großer Sexte. Der Dominantseptakkord auf der V. Stufe entspricht ganz dem im Durbereich, sowohl vom Aufbau als auch von der Substitutionsmöglichkeit her.

Analog zur Durtonalität existieren zur Tonika und zur Subdominante jeweils die beiden terzverwandten Klänge Parallele (terzaufwärts) und Gegenklang (terzabwärts).

Molltonikaparallele (tP):

Der Akkord steht auf der III. Stufe der äolischen Molltonleiter.

Molltonikagegenklang (tG):

Der Akkord steht auf der VI. Stufe der harmonischen Molltonleiter.

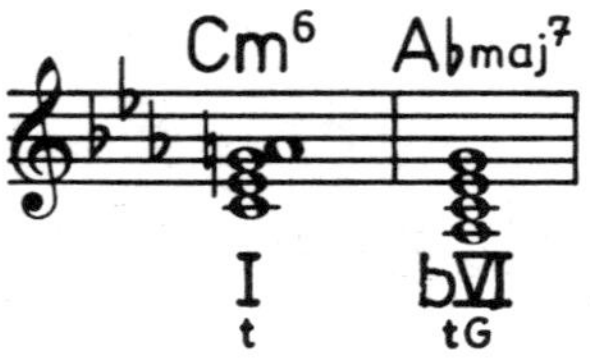

Mollsubdominantparallele (sP):

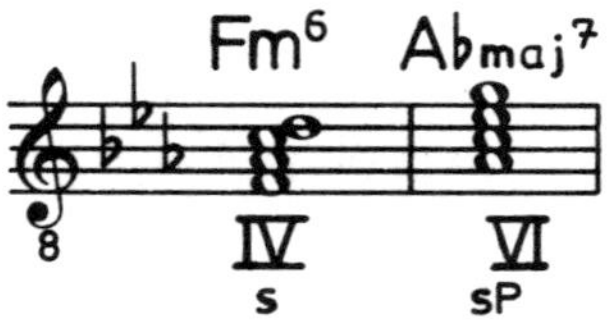

Mollsubdominantgegenklang (sG):

Der Akkord steht auf der erniedrigten II. Stufe.

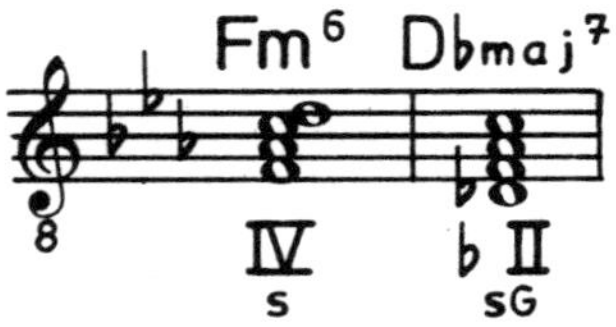

Die *VI. Stufe in Moll*

ist variabel, sie kann aus der reinen oder aus der melodischen Molltonleiter entstehen.

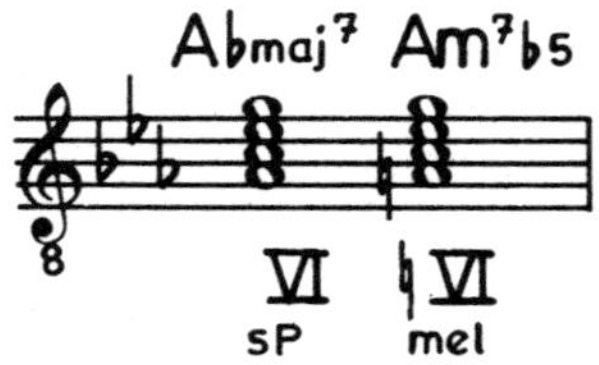

Die VII. Stufe in Moll

ist ein verkürzter Dominantseptakkord (vergleiche Durtonalität) und wird als solcher gekennzeichnet.

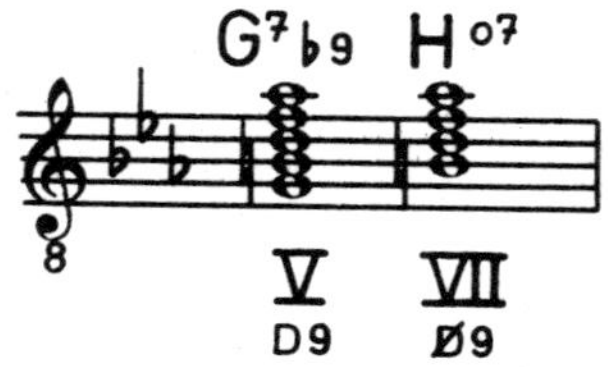

Die II-V-Folge in Moll:

Die II. Stufe in Moll ist der halbverminderte Moll7b5-Akkord (o7).

Sowohl die erniedrigte Quinte der II. Stufe als auch die erniedrigte None des Dominantseptakkordes sind diatonische Töne der Molltonalität. Die große None findet deshalb beim Dominantseptakkord in Moll kaum Verwendung.

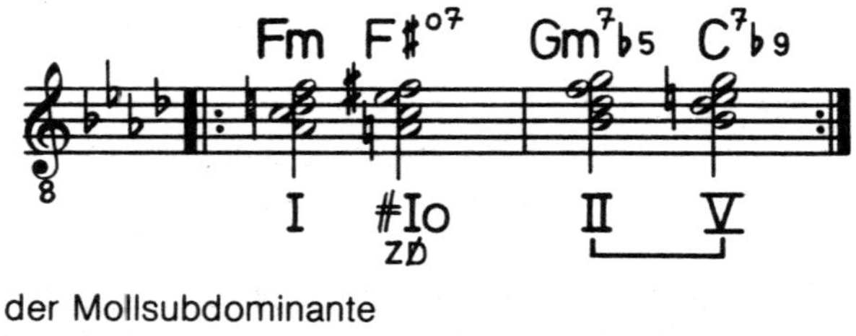

Die Substitutsakkorde der Mollsubdominante

sind der Septakkord der II. Stufe in Moll und der Septakkord der erniedrigten VII. Stufe (äolisch).

- Septakkord der II. Stufe in Moll:
  Alle Töne der Mollsubdominante sind im Substitutsakkord enthalten.

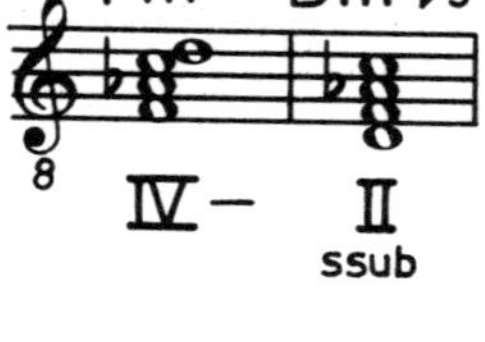

- Septakkord der bVII. Stufe (äolisch):
  Er steht durch die Terzverwandschaft in enger Beziehung zum obengenannten Substitutsakkord. Dieser enthält einen verminderten Dreiklang und ist somit auch ein verkürzter Dominantseptakkord, eben jener der erniedrigten VII. Stufe.

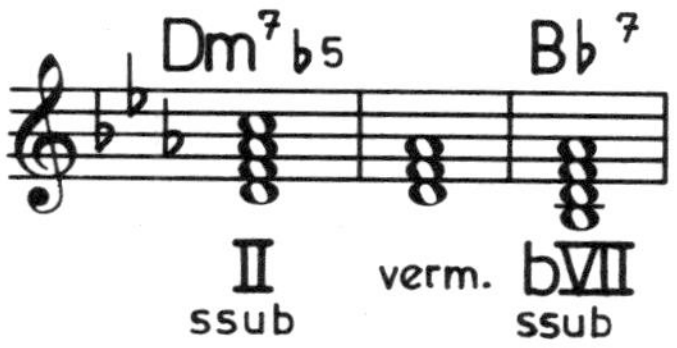

Dur-Moll-Mix:

Da sich die Tonalität Dur und Moll kurzfristig abwechseln können, verwenden wir bei Akkorden außerhalb der vorgegebenen Tonalität

bei einer Durgrundtonalität für Moll (t) als Zeichen
bei einer Mollgrundtonalität für Dur (T) als Zeichen.

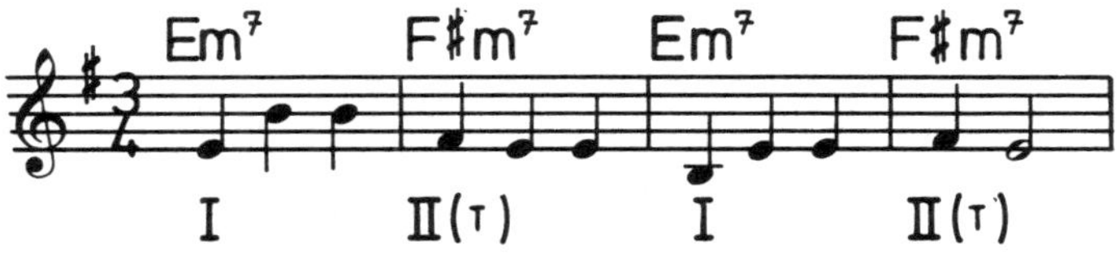

Bei der II-V-Folge in Moll innerhalb einer Durgrundtonalität wird das Zeichen „t" nur einmal inmitten der Klammer gesetzt:

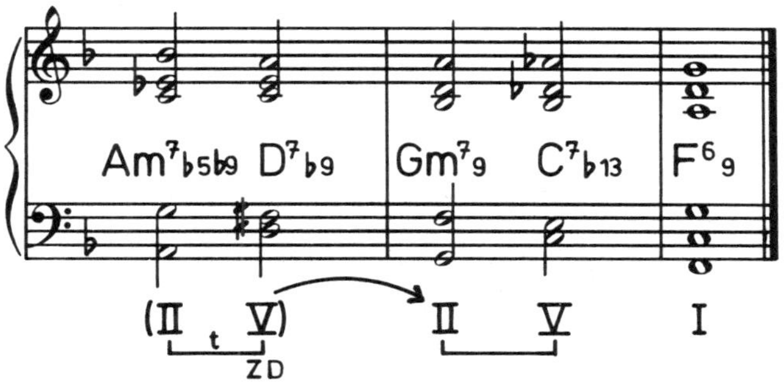

6. Diatonische Akkordfolgen

Die diatonische Akkordfortschreitung entsteht durch den Wechsel von Tonika- und Subdominantakkorden. Akkordfolgen in dieser Art sind nicht so stark funktionsbezogen und wirken daher feiner als dominantische Akkordfortschreitungen.

Nachfolgend eine rein diatonische Akkordfolge:

Beim nachfolgenden Beispiel ist zunächst eine diatonische Akkordfolge gegeben, die dann dominantisch weitergeführt wird:

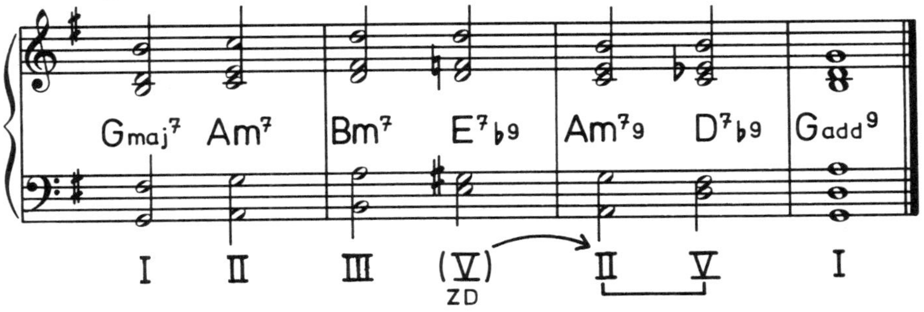

Im nächsten Beispiel sind zwei diatonische Akkordfolgen mit einem Dominantseptakkord verbunden (siehe „Autumn In New York"):

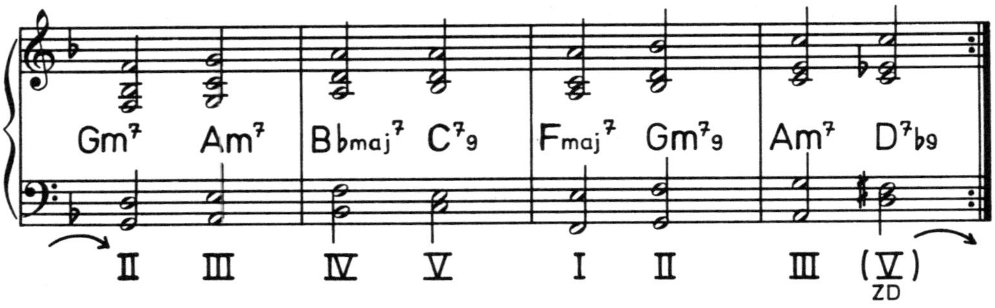

7. Schlußbildungen

Die Frage nach den verschiedenen Schlußbildungen kann nur mit Hilfe der Metrik befriedigend beantwortet werden. Eine echte Schlußwirkung entsteht nur dann, wenn der Tonika (I) rhythmisch-metrische Schlußkraft eigen ist.

a) Der authentische Schluß (V - I): b) Der plagale Schluß (IV - I):

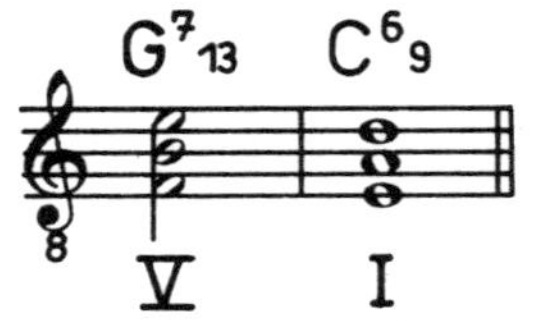

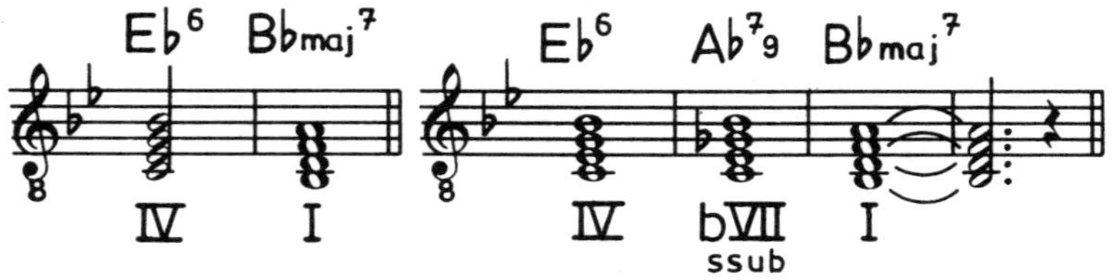

Der plagale Schluß wird gern durch Einbeziehen der Mollsubdominante als auch der Substitutsakkorde erweitert.

c) Der Halbschluß (I - V):

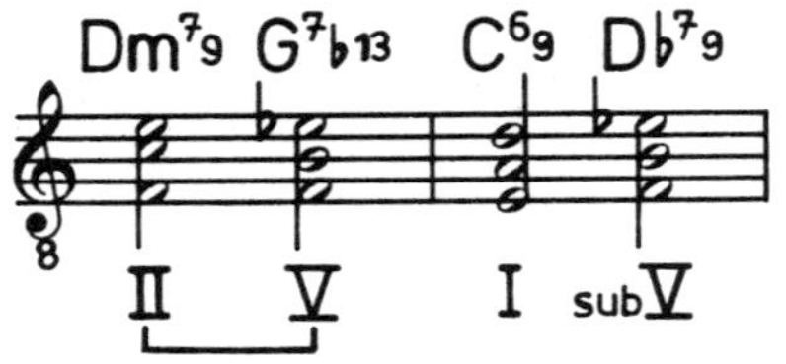

Im Gegensatz zum authentischen und plagalen Schluß ist die Tonika beim Halbschluß instabil, so daß sich der Dominantseptakkord als Schlußakkord durchsetzt.

Statt des Dominantseptakkordes wird auch der Substitutsakkord der Mollsubdominante, der Septakkord der erniedrigten VII. Stufe, verwendet.

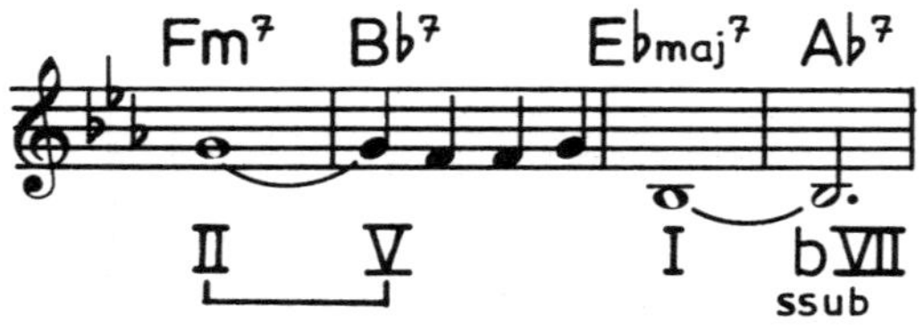

Häufig wird die Tonika durch die IV. bzw. die II. Stufe (auch als II-V-Folge) ersetzt.

Ein Halbschluß ist immer dann gegeben, wenn die Schlußwirkung auf einem Dominantseptakkord stehenbleibt. Seine Bedeutung liegt insbesondere in der metrischen Gliederung der harmonischen Abläufe.

d) Trugschluß:

Dem Trugschluß ist wie auch dem authentischen Schluß rhythmisch-metrische Schlußkraft eigen. Die Auflösung des Dominantseptakkords (der V. Stufe) in die erwartete Tonika wird jedoch durch einen Akkord (nicht nur den der VI. Stufe!) unterbrochen.

Trugschluß zur III. Stufe Trugschluß auf Septakkordsequenz

Beliebt ist auch der Trugschluß in den Mollsubdominantbereich.

a) b)

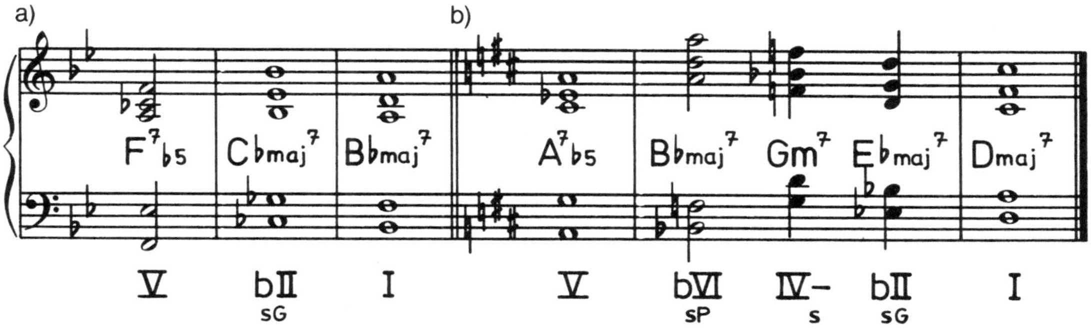

8. Ausweichung

Ein kurzfristiges Verlassen der Ausgangstonika bezeichnet man als Ausweichung. Die kürzeste Form ist die der ZD bzw. D und deren typische II-V-Folgen. Hier wird in der Darstellung auf ein zusätzliches Abstufen verzichtet (siehe vorangegangene Beispiele).

Sind jedoch mehrere bzw. andere Funktionen außerhalb der Tonalität betroffen, so muß die Ausweichung mit Hilfe einer Klammer abgestuft dargestellt und die gegebene Verwandtschaft als Funktionszeichen in einem Kästchen über der Klammer notiert werden:

a) b)

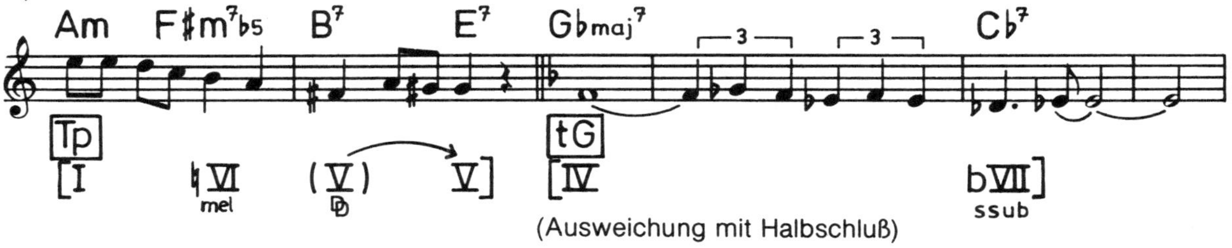

Entsteht die Ausweichung mit Hilfe der Umdeutung, so genügt es, wenn die neue Funktion mit einer Klammer darunter abgestuft dargestellt wird:

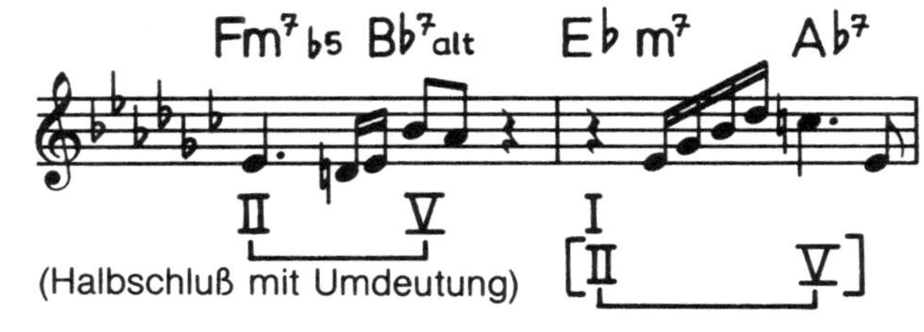

Aus dem nachfolgenden Beispiel können wir sehr gut ersehen, wie beide Formen der Ausweichung - abgesetzt mit Klammer und Funktionsbeziehung als auch eine zusätzliche Ausweichung durch Umdeutung - in einem Stück vorkommen:

Rückung:

Eine weitere Form der Ausweichung ist die harmonische Rückung; beide verbleiben funktionsmäßig kurzfristig in einer anderen Tonart, wobei die Rückung eine Folge von Funktionen sequenzartig auf eine andere Stufe versetzt. Im Gegensatz zur Sequenz ist die Rückung durch eine klare abgeschlossene metrische Gliederung gekennzeichnet; damit ist auch eine Umdeutung nicht mehr gegeben.

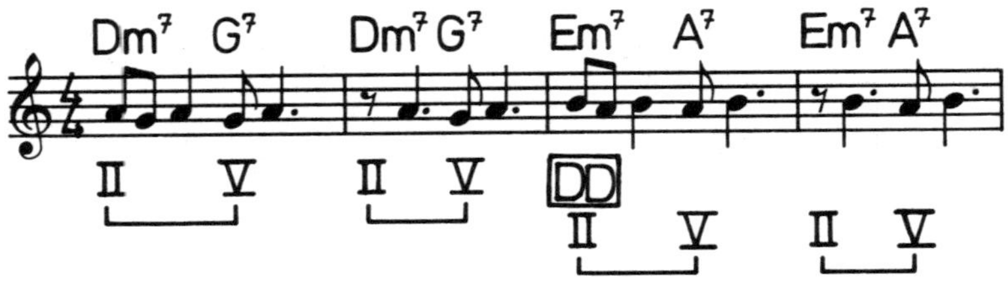

Sequenzen:

Ein typisches Merkmal der Jazzharmonik ist die sequenzartige Verarbeitung von Akkordfolgen. Harmonische Sequenzen beinhalten mindestens zwei Wiederholungen gleicher Akkordfolgen auf unterschiedlichen Tonstufen. Im Unterschied zur Ausweichung als auch zur harmonischen Rückung, die jeweils eine neue Tonalität anstreben, wird hier die Tonalität kurzfristig unterbrochen. Häufig finden hierbei die V-V- und die typische II-V-Folge Verwendung.

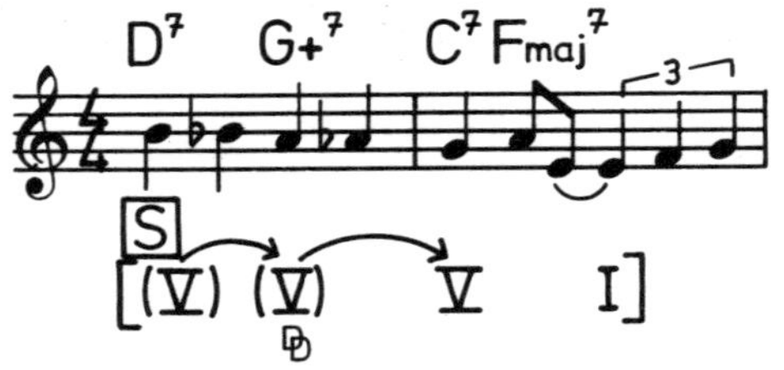

9. Weitere Auflösungen der Zwischen- bzw. Doppeldominanten

Bei der Auflösung einer Zwischendominante kann die Stufe, auf die diese sich bezieht, auch durch eine andere, meist verwandte Funktion vertreten werden. In solchen Fällen steht die Stufe, auf die die Zwischendominante Bezug nimmt, in eckigen Klammern [ ].

Zwischendominante zum Subdominantgegenklang, vertreten durch die Subdominante.

Gleiches gilt für die Doppeldominante:

Doppeldominante zur Dominante, vertreten durch den verkürzten Dominantseptakkord (VII. Stufe).

Ähnliches gilt auch für den Vorhaltsakkord einer II-V-Folge, dessen Auflösung zwar nicht erfolgt, aber doch latent als weiterführende Funktion vorhanden ist. Die fehlende Stufe wird wiederum in Klammern gesetzt.

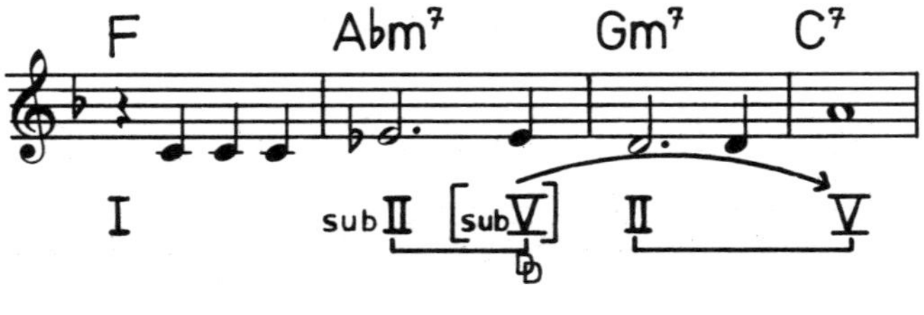

Der Doppeldominantsubstitutsakkord wird von der leitereigenen II. Stufe als Vorhaltsakkord vertreten.

Ferner besteht die Möglichkeit, eine Funktion verzögert aufzulösen. Bei der sogenannten „delayed resolution" wird die erste Auflösung durch die zusätzliche Auflösung einer zweiten Funktion unterbrochen.

Ein Akkord kann umgedeutet werden (auch enharmonisch) und erhält so eine doppelte Funktion. In der Analyse schreibt man beide Funktionen und verbindet diese mit einem „="-Zeichen.

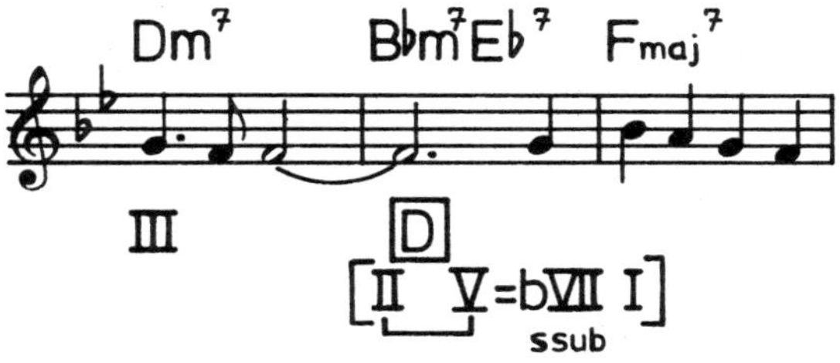

10. Melodisch-harmonische Akkordverbindungen

Musik besteht essentiell aus Melodie, Harmonie und Rhythmus. So entstehen aus der melodisch geführten Verbindung zweier Akkorde harmoniefreie Töne, die wiederum im Zusammenklang Akkorde ergeben können:

Tritt jetzt das Element Rhythmus hinzu und verbreitert diesen Akkord, so wird aus dem harmoniefreien ein harmonietragender Akkord:

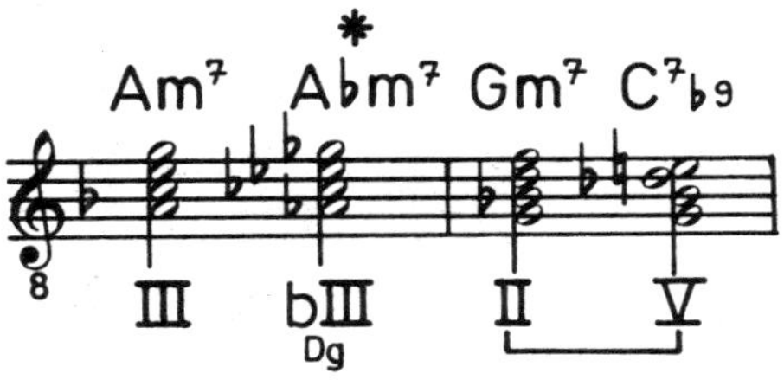

Die so entstandene melodisch-harmonische Verbindung kann je nach Akkordaufbau entweder funktionsfrei bleiben oder voll funktionsfähig werden. Bei einer doppelten Zugehörigkeit ist das Funktionsmäßige stärker zu bewerten und auch in der Analyse darzustellen!

Durchgangsakkorde:

Akkordverbindung von der I. zur II. Stufe:

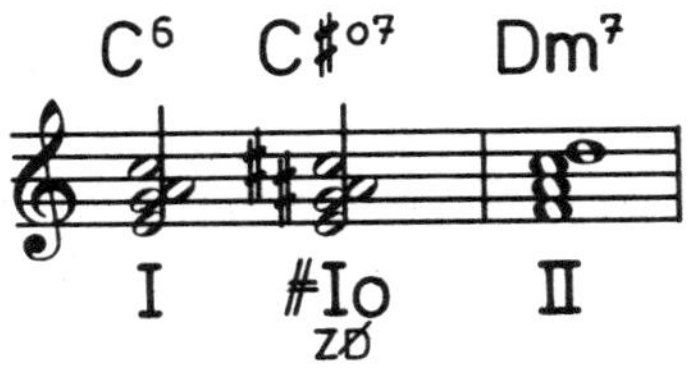

Akkordverbindungen von der II. zur III. Stufe:

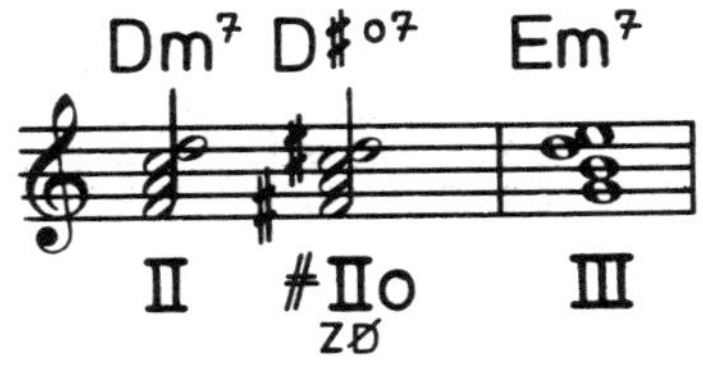

Die verkürzte Zwischendominante (ZD) ist in den beiden vorhergehenden Beispielen voll funktionsfähig, im nachfolgenden Beispiel dagegen bleibt der chromatische Durchgangsakkord funktionslos:

Akkordverbindungen von der IV. zur V. Stufe:

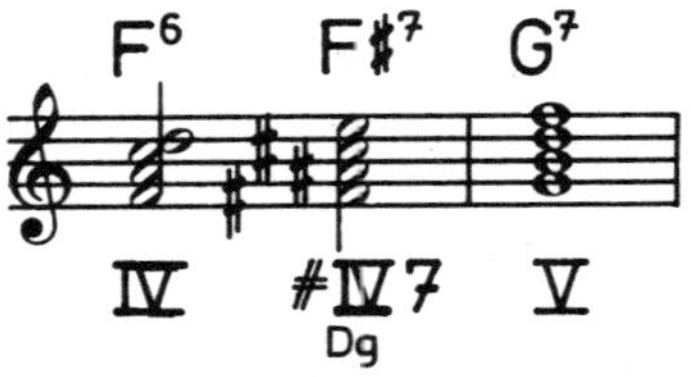

oder

Der klassische Vorhaltsquartsextakkord findet auch in der Jazzmusik Verwendung. Notierung z.B. C/G (d.h. oben Akkordsymbol, unten Baßton):

Oftmals endet jedoch die Weiterführung des Durchgangsakkords mit dem Quartsextakkord.

Akkordverbindungen von der V. zur VI. Stufe:

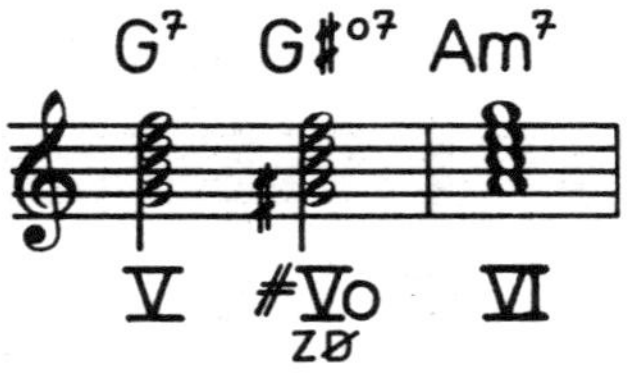

Akkordverbindungen von der VI. zur VII. Stufe:

Die Grenzen von der funktionsbezogenen hin zur chromatischen Harmonielehre sind fließend. Bei einer chromatischen Verrückung des Dominantseptakkordes abwärts ist das Funktionsmäßige stärker und somit auch in der Analyse darzustellen.

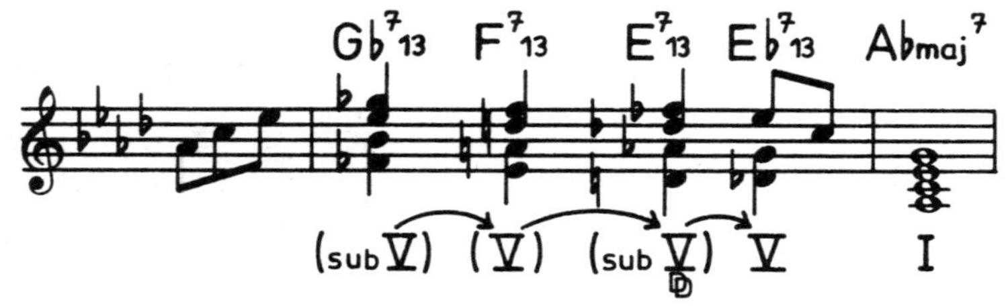

Wechselakkorde:

Der Wechselakkord wird am häufigsten als verminderter Septakkkord mit gleichbleibendem Grundton verwendet.

Auf der I. Stufe:

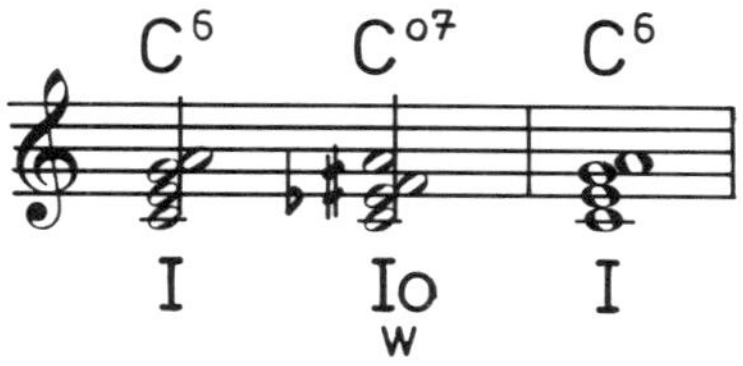

Analog zum chromatischen Durchgangsakkord wird der Wechselakkord durch ,,W" kenntlich gemacht.

Auf der IV. Stufe:

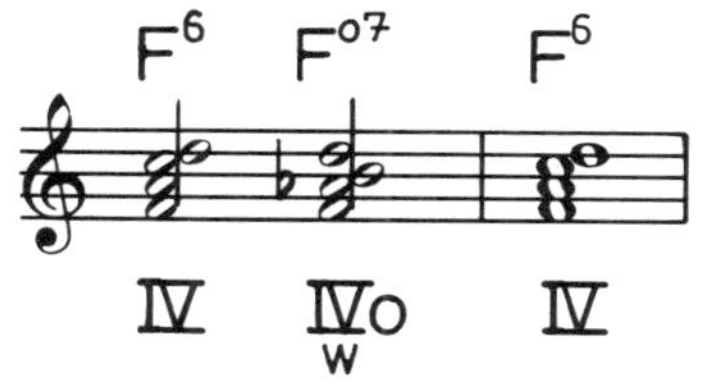

Auf der V. Stufe:

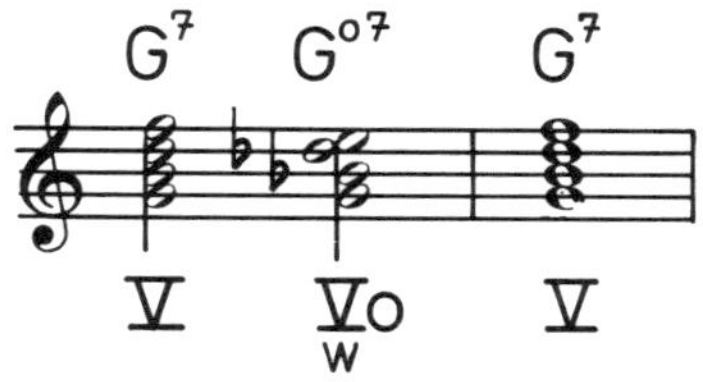

Beim nächsten Beispiel ist der gleichbleibende Ton nicht der Grundton, sondern die 6 von C6 bzw. die 7 von H7:

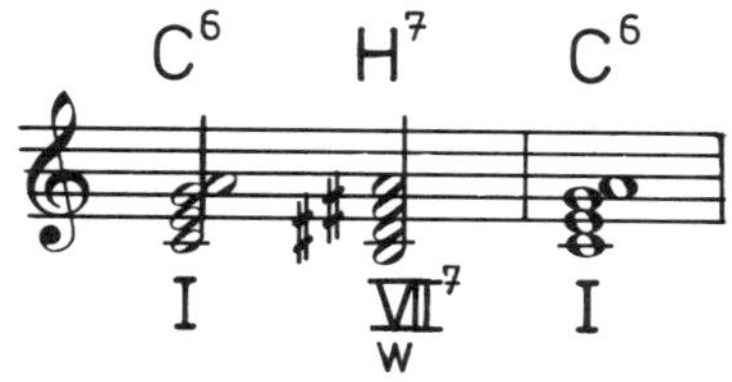

Vorhaltsakkorde:

Der freie Vorhaltsakkord steht auf schwerer Zeit und löst sich auf leichter Zeit auf. Er gehört zu den funktionslosen Akkorden, die mit einem Akkordsymbol versehen oft nur schwer erkennbar sind:

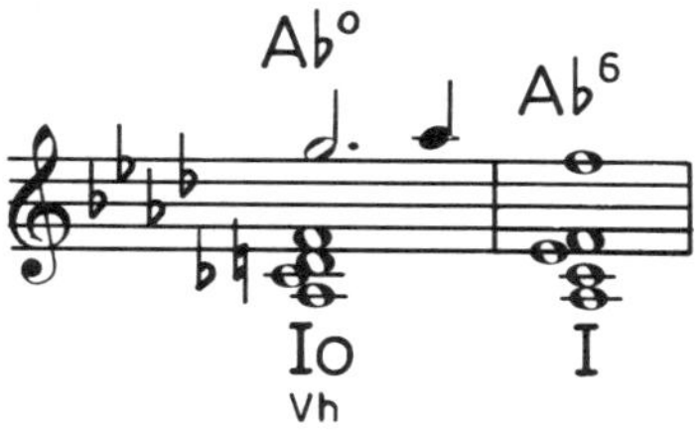

Verminderter als funktionsfreier Vorhaltsakkord

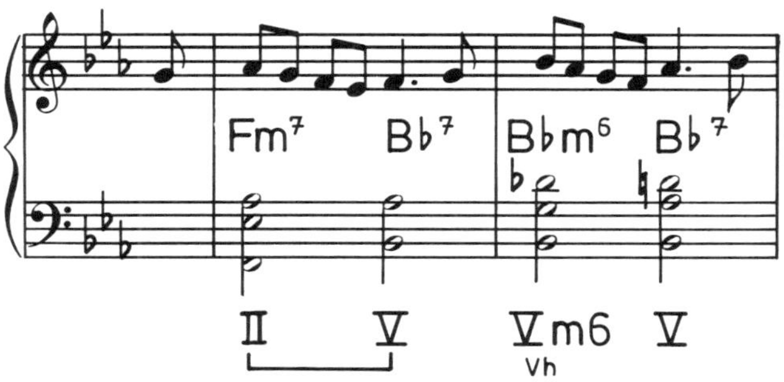

Funktionsfreier Vorhaltsakkord

§ 3 Tragende und harmoniefreie Töne

Um das Tonmaterial greifbarer zu machen, unterscheiden wir zwischen tragenden und harmoniefreien Tönen.

Während im traditionellen Bereich ein tragender Ton immer ein Akkordton ist, gibt es im Jazz folgende Möglichkeiten:

Tragend können Akkordtöne (auch alterierte), Spannungstöne, blue notes (nur im Blues) sein, die aufgrund ihres Zeitmaßes und ihrer metrischen Stellung bedeutend genug sind, um als wesentliche Töne der Melodiebildung einerseits und als tragende Töne der Harmonik andererseits zu bestehen.

Metrisch können tragende Töne auch auf leichtem Taktteil stehen; solange keine stufenweise Hinführung oder Fortschreitung stattfindet, bleibt die Analyse substanziell unverändert:

Auf das obere Beispiel bezogen heißt dies, daß im 1. Takt das „F" auf der 4. Zählzeit zwar auf leichtem Taktteil steht, sich jedoch für die Analyse nichts verändert. Anders im darauffolgenden Takt: Das „D" - wiederum auf der 4. Zählzeit - wird aufgrund der diatonischen Fortschreitung zu einem harmoniefreien Ton (siehe anspringender Nebenton).

Harmoniefreie (akkordfremde) Töne kennt jede traditionelle Harmonielehre. Durch die Gleichstellung von Akkord- und Spannungstönen ergeben sich im Jazz jedoch neue Verwendungsmöglichkeiten.

1. Harmoniefreie Töne

Harmoniefrei sind:

Tabelle:	Symbol:
1. Wechseltöne	(W)
2. anspringende Nebentöne	(_|N)
3. abspringende Nebentöne	(N‾|)
4. Durchgänge	(Dg)
5. Vorhalte	(Vh)
6. Vorausnahmen	(A) (= Antizipation)
7. Freie Töne	(F)

Diese Töne haben aufgrund ihres Zeitmaßes und ihrer metrischen Stellung untergeordnete Bedeutung, sind also unselbständig; sie bilden jedoch die treibende melodische Kraft gegenüber den statischen, funktionstragenden Tönen. Sie stellen deshalb ein wesentliches Element zur Belebung der Melodie dar.

Wechseltöne (W):

Ein Wechselton entsteht durch kurzfristiges Überwechseln eines tragenden Tones zumeist in den unteren oder oberen Nebenton (diatonisch oder chromatisch). Unabhängig von ihrer melodischen Führung stehen alle Wechseltöne auf leichtem Taktteil und haben im Normalfall höchstens den gleichen Zeitwert wie die ihnen vorausgehende harmonietragende Note:

Es gibt auch den freien Wechselton. Er unterscheidet sich nur durch die größere intervallmäßige Entfernung des Nebentones:

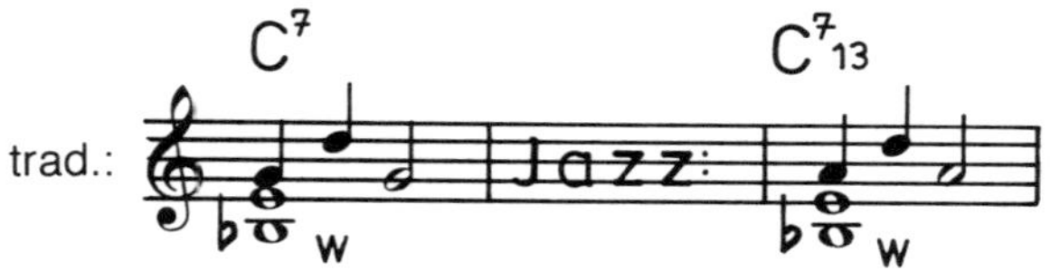

Wechseltöne können verdoppelt, parallel oder in Gegenbewegung geführt oder zu ganzen Wechselakkorden zusammengefaßt werden:

Anspringender Nebenton (_N):

Der anspringende Nebenton steht auf leichtem Taktteil, verläßt sprungweise den tragenden Ton und löst sich stufenweise in den folgenden auf:

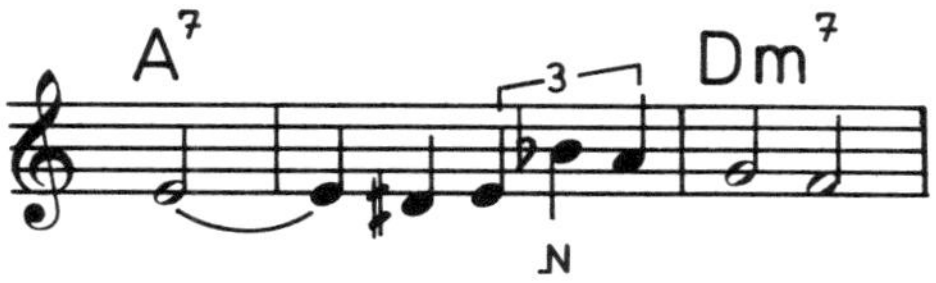

Der anspringende Nebenton wird selten verdoppelt, parallel oder in Gegenbewegung geführt, ganze Nebentonakkorde finden jedoch häufiger Verwendung:

Ein freier anspringender Nebenton setzt ohne vorausgehenden tragenden Ton, also frei ein. Die häufigste Anwendung dürfte hierbei der Auftakt sein:

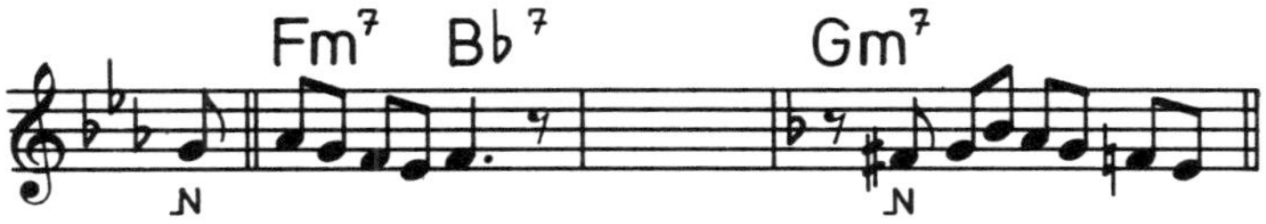

Dies gilt auch für auftaktmäßig wirkende Töne innerhalb einer Phrase:

Abspringender Nebenton (N‾):

Der abspringende Nebenton löst sich auf leichtem Taktteil von einem tragenden Ton stufenweise und springt in den folgenden.

Verdopplungen, Parallel- oder Gegenbewegungsführungen sind hier weniger gebräuchlich; der abspringende Nebenton wird hauptsächlich melodisch verwendet.

Durchgänge (Dg):

Durchgänge verbinden stufenweise - diatonisch oder chromatisch - zwei tragende Töne, ohne das Melodische wie auch das Harmonische wesentlich zu beeinflussen. Sie sind Raumfüller und nicht zuletzt deswegen unbetont, obwohl sie auch auf schwerem Taktteil anzutreffen sind:

Durchgangstöne werden oft verdoppelt, parallel oder in Gegenbewegung geführt. Aus mehreren Durchgangstönen können ganze harmoniefreie Durchgangsakkorde entstehen:

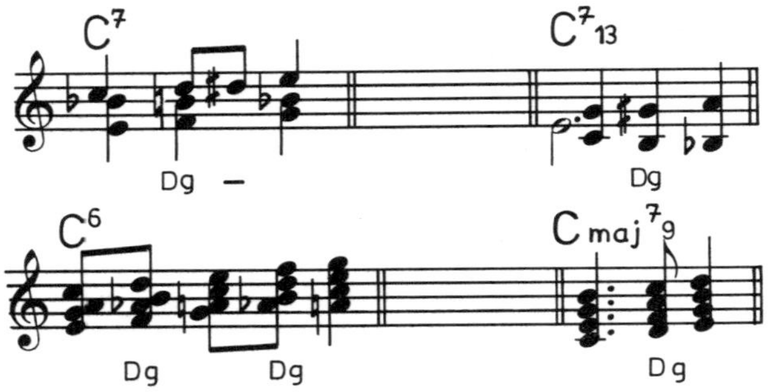

Durch die sprungartige Verbindung zweier tragender Töne entsteht der freie Durchgang:

Vorhalt (Vh):

Der Vorhalt steht im Gegensatz zu den anderen harmoniefreien Tönen auf schwerem Taktteil und löst sich erst verspätet stufenmäßig auf. Das typische Merkmal des Vorhalts ist die ihm eigene Spannung, die einer Auflösung bedarf.

Der Vorhalt kann vorbereitet sein oder frei eintreten:

Der vorbereitete Vorhalt besteht aus konsonanter Vorbereitung, dissonantem Vorhalt und konsonanter Auflösung. Beim freien Vorhalt entfällt die Vorbereitung, so daß der dissonante Vorhalt frei einsetzen kann.

Vorhaltstöne können verdoppelt, parallel oder in Gegenbewegung geführt bzw. zu ganzen Vorhaltsakkorden zusammengefaßt werden:

Der Vorhalt kann vor seiner Auflösung durch beliebig viele andere Töne aufgelockert werden, wenn diese rhythmisch so stehen, daß die auflösende Wirkung erhalten bleibt:

Mehr und mehr fließend verlaufen die Grenzen beim freien unterbrochenen Vorhalt einerseits und dem sogenannten betonten Durchgang andererseits. Zur besseren Unterscheidung sei folgendes angemerkt:

Ein freier Vorhaltston ist gegeben, wenn

a) der Vorhaltston dem Zeitwert nach gewichtiger ist,
b) der Vorhaltston durch einen Sprung erreicht wird,
c) der Vorhaltston gleichzeitig mit einem Harmoniewechsel zusammen trifft.

Der dritte Vorhalt (*) - eigentlich konsonant - erhält Vorhaltscharakter durch die None des $C^{7/9}$-Akkords; das ,,G" wirkt wie eine Quarte, die sich quasi zur Quinte ,,A" auflöst. Ferner könnte man aufgrund der vorausgehenden Vorhalte von einer sogenannten Auffassungsdissonanz sprechen.

Wie sich ein Harmoniewechsel auf die harmoniefreien Töne auswirkt, läßt nachfolgendes Beispiel gut erkennen:

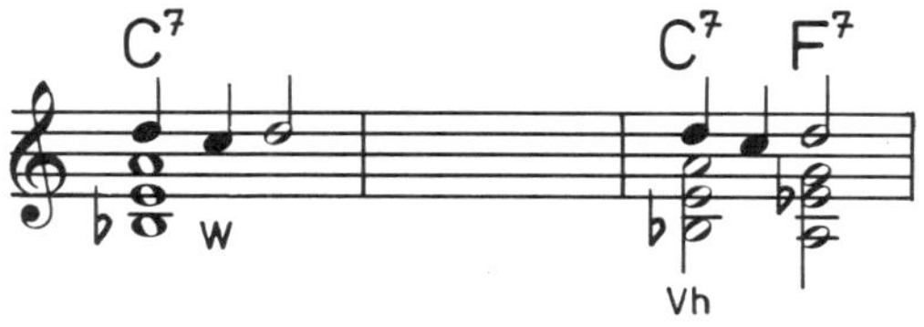

Während es sich beim 1. Beispiel um einen reinen Wechselton handelt, entsteht im 2. Beispiel - durch den Akkordwechsel - ein freier Vorhalt.

Die Vorausnahme (A):

Die Vorausnahme nimmt einen tragenden Melodieton (oder -töne) der folgenden Harmonie vorweg, so daß diese bereits auf leichtem Taktteil der vorhergehenden Harmonie erscheinen.

Somit ist die Vorausnahme im Grunde genommen genau das Gegenteil des Vorhalts. Der Vorhalt hängt über, während die Vorausnahme den kommenden Ton vorwegnimmt:

,,A" steht stellvertretend für Antizipation (= Vorausnahme), da es sich als Zeichen gegenüber dem Vorhalt besser absetzt.

Ferner besteht die Möglichkeit, bei der Vorausnahme irgendeinen Akkordton der kommenden Harmonie anstatt des nachfolgenden Melodietones vorauszunehmen:

Freie Töne (F):

Ein freier Ton ist ein harmoniefreier Ton, der in keinem regulären Verhältnis zur Harmonie steht. Er kann sowohl auf leichtem wie auch auf schwerem Taktteil stehen. Auf leicht wirkt er mehr wie ein abspringender Nebenton, auf schwer mehr vorhaltsmäßig.

§ 4 Rhythmische Vorausnahme (✓)

Die rhythmische Vorausnahme gehört - im Gegensatz zur melodischen - weder zum harmonischen noch zum melodischen Bereich. Sie ist von Natur aus rein rhythmisch und gehört zu den rhythmischen Varianten, die den ,,drive", die rhythmische Spannung in der Jazzmusik unterstützen.

Rhythmische Vorausnahmen sind Betonungsverschiebungen (Synkopen, Off-Beats), d.h. vorweggenommene betonte Zählzeiten. Man erkennt sie daran, daß sie zwar auf unbetontem Taktteil stehen, jedoch auf dem darauffolgenden betonten Taktteil liegenbleiben (Haltebogen, Punktierung) bzw. eine Pause steht:

Hier noch einige rhythmische Beispiele:
Zunächst ist der Originalrhythmus mit Analyse notiert, dahinter steht derselbe Rhythmus aufgelöst nach traditionellem Verständnis, also ohne Vorausnahmen.

36

So lassen sich selbst komplizierte Rhythmen gliedern und verstehen.

Auch für die melodische Analyse ist es unerläßlich, rhythmische Vorausnahmen zu erkennen:

Nach Auflösung der Vorausnahmen kann das Beispiel nun mit den Zeichen der melodischen Analyse ergänzt werden:

Ein weiteres Beispiel:

Aufbereitet für die Analyse:

Im nachfolgenden Beispiel gehen wir genau den entgegengesetzten Weg.

Die folgende Melodie a) wird mit harmoniefreien Tönen b) ausgeschmückt und mit rhythmischen Vorausnahmen erweitert c):

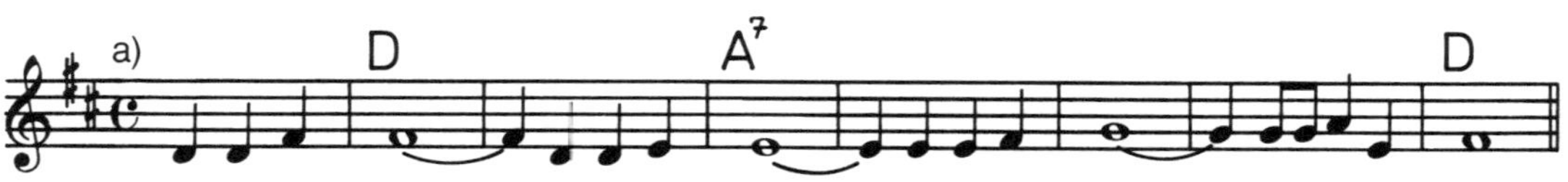

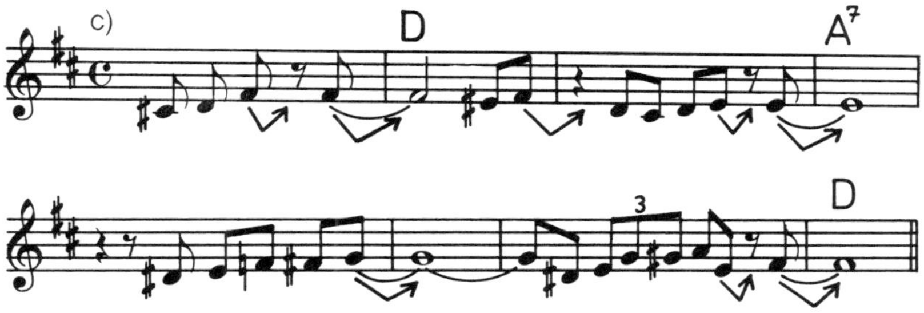

Rhythmische Vorausnahmen sind ein wesentliches Element im Jazz, nicht so sehr für die Analyse als vielmehr für die Praxis.

Praktische rhythmische Beispiele und methodische Hinweise finden sich in „1000 Rhythmus Patterns", erschienen im Kurt Maas Verlag, München.

§ 5 Harmonisationstechniken

Man unterscheidet die sogenannte Blocktechnik und die schwerpunktmäßige Harmonisierung. Während erstere vor allem in rhythmisch betonten Passagen zu finden ist, wird die schwerpunktmäßige Harmonisierung meist in der weiten Lage bei vornehmlich melodisch geführten Stellen (z.B. Balladen) verwendet.

1. Blockharmonisierung der tragenden Töne (enge Lage)

Die vierstimmige Blockharmonisierung ist eine fundamentale Arrangiertechnik von der Klavierstilistik bis hin zum Bigbandarrangement. Jeder Melodieton wird hierbei in der engen Lage harmonisiert, wobei die Baßlinie zunächst noch außer Acht gelassen wird.

Die Blockharmonisierung richtet sich nach der Einteilung in tragende und harmoniefreie Töne.

Akkordtöne:

Die Akkordtöne (auch alterierte) der sechs Grundakkorde werden mit der jeweiligen Umkehrung harmonisiert (siehe Akkordtabellen § 1 / 3).

Spannungstöne:

Wie wir bereits wissen, handelt es sich nur dann um Spannungstöne, wenn diese tragend sind. Spannungstöne werden zunächst wie Grundakkorde harmonisiert; der Spannungston ersetzt den darunterliegenden Akkordton (siehe Akkordtabellen § 1 / 3).

Die Töne des darunterliegenden Akkords können - außer den funktionstragenden Tönen - in derselben Weise durch Spannungstöne bereichert werden. Hier kommt es auf die richtige Mischung und Dosierung an (siehe Akkordtabellen).

Die Harmonisierung eines Dominantseptakkordes kann in einer spannungsgeladenen Umgebung zu konsonant erscheinen. Für diesen Fall gibt es zwei weitere Möglichkeiten der Harmonisierung:

Der verkürzte Dominantseptakkord wird in der Regel mit der erniedrigten None zum vierstimmigen Akkord erweitert. Es entsteht somit ein zweiter Tritonus, der bei der Harmonisierung statt dem üblichen Tritonus verwendet wird. Zusätzlich kann dieser Akkord mit der 13 anstelle der Quinte bereichert werden.

Bei der unmittelbaren Auflösung eines Dominantseptakkordes in die Tonika ist die b9 als Spannungston sehr beliebt.

2. Blockharmonisierung der harmoniefreien Töne

Sie haben aufgrund ihres Zeitmaßes und ihrer Stellung innerhalb des Taktes keine tragende Funktion. Harmoniefreie Töne können verdoppelt, verdreifacht, vervierfacht, also auch zu harmoniefreien Akkorden zusammengefaßt werden. Da diese harmonisch funktionslos sind, sollten sie nicht als Akkordsymbol erscheinen.

Aus dieser Grundkenntnis heraus entstehen eine Vielzahl von Arrangiertechniken, die sonst nicht funktionieren würden. Ein guter Arrangeur kennt diese Techniken und versteht, damit musikalisch richtig umzugehen. Wichtigstes Fundament ist und bleibt eine richtige Analyse von tragenden und harmoniefreien Tönen.

Verzichtet man auf diese Techniken, so müssen alle Töne als Nichtakkordtöne harmonisiert werden, d.h. jeder Nichtakkordton ersetzt einen darunterliegenden Akkordton. Eine melodische Stimmführung in den einzelnen Stimmen ist dann jedoch nicht mehr gewährleistet:

Die folgenden harmoniefreien Techniken der Harmonisierung beziehen sich auf alle Arten von harmoniefreien Tönen (Durchgang, Wechselton, Vorhalt usw.):

a) diatonische Approachtechnik
b) verminderte Approachtechnik
c) chromatische Approachtechnik
d) doppelt chromatische Approachtechnik
e) harmonische Approachtechnik
f) delayed-resolution-Technik
g) vorhaltsmäßige Approachtechnik
h) lineare Approachtechnik.

Diatonische, verminderte, harmonische, chromatische und doppelt chromatische Approachtechnik sowie die delayed-resolution-Technik versetzen immer ganze Akkorde, während bei vorhaltsmäßiger und linearer Approachtechnik die einzelnen Stimmen freier geführt werden.

Bezogen auf die Melodieführung läßt sich die Verwendung der Approachtechniken in zwei Gruppen aufteilen, und zwar in die diatonische und die chromatische Fortschreitung. Zur diatonischen Fortschreitung gehören die diatonische und die verminderte Approachtechnik, zur chromatischen die chromatische und die doppelt chromatische Approachtechnik.

Die delayed-resolution-Technik stellt eine Kombination beider Gruppen dar. Die lineare Führung der vorhaltsmäßigen und der linearen Approachtechnik ist frei und findet in beider Hinsicht Verwendung.

a) Diatonische Approachtechnik:

Für die Anwendung dieser Technik muß der zu harmonisierende Ton aus der diatonischen Tonleiter stammen, die dem gegebenen tragenden Akkord bzw. dem jeweiligen tonalen Zentrum zugrundeliegt. Hierbei wird der gleiche Akkordaufbau parallel zur Melodieführung diatonisch versetzt.

b) Verminderte Approachtechnik:

Die verminderte Approachtechnik wird am häufigsten auf der zweiten, der vierten und der siebten Stufe der diatonischen Tonleiter sowie auf der erniedrigten sechsten Stufe verwendet.

c) Chromatische Approachtechnik:

Generell kann jeder harmoniefreie Halbtonschritt mit dieser Technik verarbeitet werden. Beim diatonischen Halbtonschritt entsteht so eine sogenannte Scheinchromatik, die v.a. bei der sequenzmäßigen Führung Anwendung findet.

Zunächst wird der tragende Ton harmonisiert; dann erst wird der entstehende Akkord entsprechend der melodischen Linie chromatisch versetzt.

d) Doppelt chromatische Approachtechnik:

Dieselbe chromatische Technik wie oben findet Anwendung auch bei zwei aufeinanderfolgenden Halbtonschritten in gleicher Richtung, die beide vom Zeitmaß und von der metrischen Stellung her harmoniefrei sein müssen. Wieder geht die Harmonisierung vom tragenden Ton aus, der dann doppelt chromatisch angegangen wird.

e) Harmonische Approachtechnik:

Ein harmoniefreier Ton kann mit einem funktionsmäßig weitergeführten Akkord, der aber nicht tragend ist, harmonisiert werden.

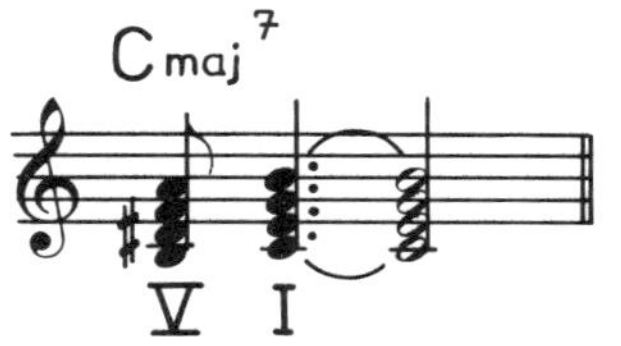

f) Delayed-resolution-Technik:

Wie die doppelt chromatische ist auch die delayed-resolution-Technik keine eigenständige Technik, sondern vielmehr eine Kombination bereits angesprochener Harmonisationstechniken. Auch hier handelt es sich um zwei harmoniefreie Töne, die harmonisierungstechnisch so behandelt werden, als würden sich beide unmittelbar in denselben tragenden Ton auflösen.

Alle bisher erarbeiteten Techniken (diatonische, verminderte und chromatische, harmonische Approachtechnik) lassen sich kombinieren.

g) Vorhaltsmäßige Approachtechnik:

Im Gegensatz zu den bisher besprochenen Techniken der akkordmäßigen Versetzung dominiert bei den folgenden Harmonisationstechniken die lineare Führung. Hierbei gebührt dem Vorhalt noch eine besondere Beachtung, da er sich trotz vieler neuer Approachtechniken standhaft weigert, sich verdrängen zu lassen. Es mag wohl an seiner starken Natur liegen, daß die Akkord-Approachtechnik zumeist schwächer klingt, besonders dann, wenn er als freier Vorhalt einfach verdoppelt wird.

Typische Vertreter des doppelten Vorhalts sind die Kombinationen

9 - 1 maj^7 - 6	maj^7 - 6 9 - 1

bei den beiden Tonalitätsakkorden (Dur + Moll)

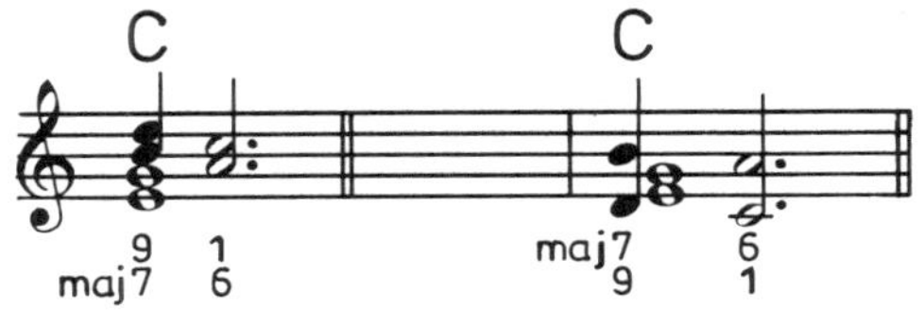

bzw. bei den Septakkorden

h) Lineare Approachtechnik:

Auch in der Blocktechnik kann jede Stimme frei und autonom geführt werden. Die so entstehenden Akkorde resultieren aus der selbständigen Bewegung der Einzelstimmen.

3. Fünfstimmige Blockharmonisierung

In der Blocktechnik geschieht die Erweiterung zur Fünfstimmigkeit durch Melodieverdoppelung in der unteren Oktave (Shearing-Stil).

Bei figurierten melodischen Linien im Blocksatz wird diese Melodieverdoppelung gerne mit der drop2-Technik kombiniert.

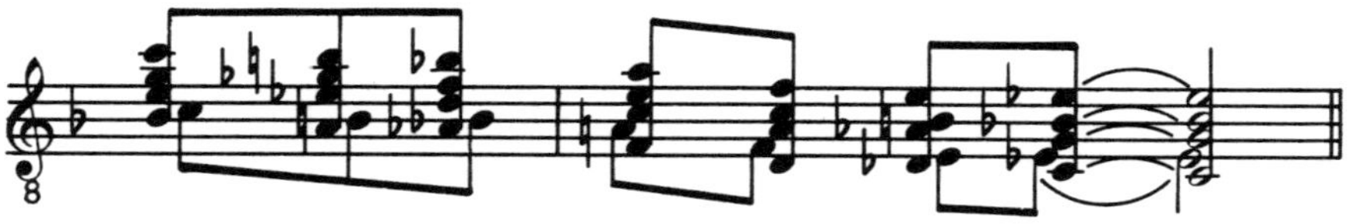

4. Schwerpunktmäßige Harmonisierung

Die weite Lage wird am häufigsten zur schwerpunktmäßigen Harmonisierung verwendet, bei der nicht mehr jeder einzelne Melodieton harmonisiert wird (im Gegensatz zur Blocktechnik).

Offene Lagen schaffen oftmals Freiraum für Spannungstöne.

Dieser Freiraum kann mit harmoniefreien Tönen als Linien (Durchgänge, freie Vorhalte etc.) ausgefüllt werden, so daß trotz der akkordmäßigen Anlage die Linie wieder mehr im Vordergrund steht.

Die akkordmäßige Struktur

wird melodisch linear verarbeitet.

Melodische Vorgabe eines Themas:

Dazu das Arrangement von George Shearing:

„I' am in the mood for love" (Jimmy McHugh/Dorothy Fields)

§ 6 Blues

Blues ist Ausdruck. Er ist Gefühl, nicht das „romantische", sondern das natürliche, ehrliche. Der Blues hat sich stets selbst erneuert und ist so in allen Bereichen vom Jazz bis hin zur kommerziellen Musik lebendig geblieben. Es ist sicher nicht die musiktheoretische Seite, die den Blues so interessant macht, sondern sein unverwechselbares „blues feeling".

Das wichtigste Blueselement sind die "blue notes"; aufbauend auf dem Ton „C" sind dies:

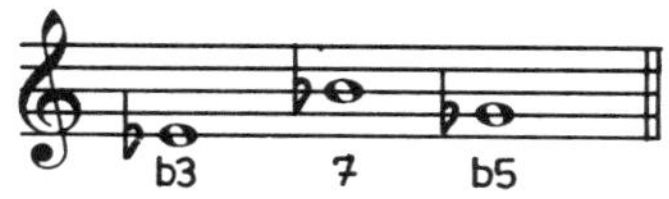

Sie finden melodisch wie auch harmonisch Verwendung.

1. Bluesmelodik:

blue notes:

Im Melodischen können blue notes als tragende Töne

oder harmoniefrei eingesetzt werden. Je nach Anwendung werden dann die blue notes zu harmoniefreien Tönen (Wechselton, anspringender Nebenton usw.) umgewandelt.

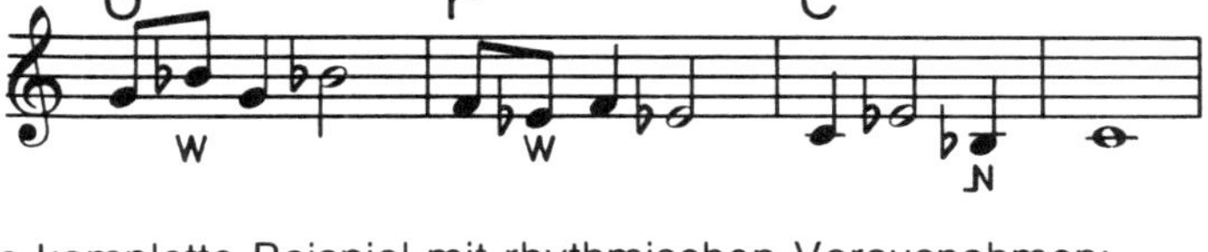

Nachfolgend das komplette Beispiel mit rhythmischen Vorausnahmen:

Blues scales:

Blues scales existieren nicht in so klarer Form wie unsere traditionellen Tonleitern. Sie setzen sich aus verschiedenen Tonleitern mit integrierten blue notes zusammen.

Von den elementaren Tonleitern wird gerne die pentatonische Tonleiter, auf der blue note b3 aufbauend verwendet:

erweiterte Pentatonik:

Diverse Kombinationen aus diesem Tonmaterial sind möglich:

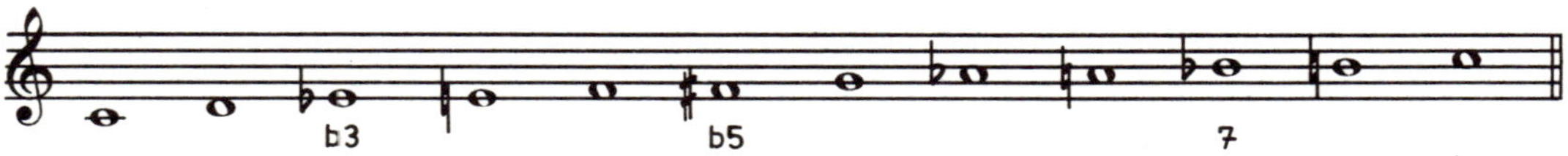

2. Bluesharmonik:

Bluestonleitern bilden nicht die Grundlage für die Bluesakkorde. Die in die Akkorde integrierten blue notes sind tragende Töne; sie haben keine harmonische Funktion, aber erst sie geben den Akkorden das typische Bluesfeeling. Z.B. ist auf einer Tonika die b7 nicht als Dominantsept und ebensowenig die b3 als Mollterz zu verstehen.

blue notes als tragende Töne erfahren drei unterschiedliche Formen der Harmonisierung:

a) Die blue note b3 wird wie ein Spannungston behandelt, d.h. der darunter liegende Akkordton wird übersprungen. Die Verwendung der Terz und der blue notes b3 und b7 in einem Akkord ist typisch für die Bluesharmonisierung. Die dreistimmige Harmonisierung ohne Quinte ist sehr beliebt.

b) Die blue note b5 wird in der Blockharmonisierung als alterierter Ton behandelt, d.h es wird kein Akkordton übersprungen.

c) Die blue note b7 wird wie ein normaler Akkordton vewendet und im Akkordsymbol dargestellt. Der Tritonus ist bereits ausreichend.

3. Bluesform

Die klassische Bluesform besteht aus zwölf Takten, die durch ihr harmonisches Schema wie folgt gegliedert sind:

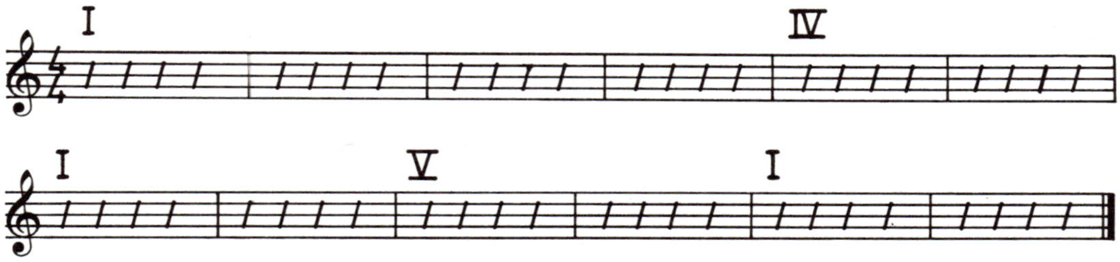

Es gibt eine Vielfalt von Harmonisierungen dieser zwölf Takte:

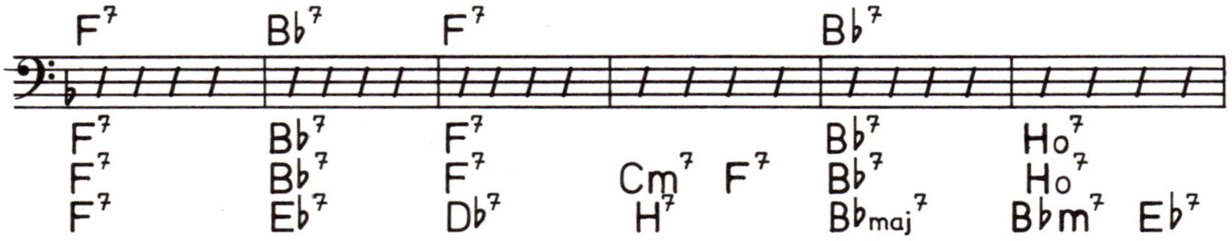

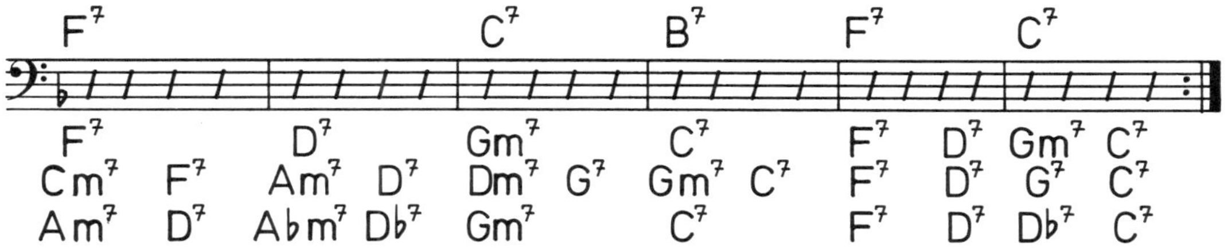

Die Erweiterung der Bluesform - meist auf 16 Takte - entsteht u.a. durch Wiederholung bestimmter Takte. Beispielsweise werden gern die V. und IV. Stufe vor der letzten Tonika dreimal gespielt (z.B. Water Melon Man), oder man ersetzt an der gleichen Stelle die V. und IV. Stufe durch Sequenzen (z.B. Thad Jones, Big Dipper).

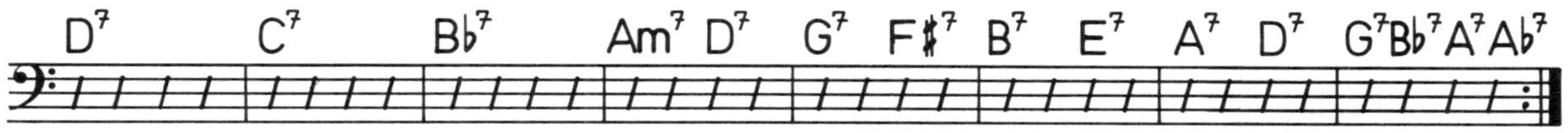

§ 7 Baßlinien

Wie schon wiederholt angesprochen, läuft die Baßlinie immer autonom. Bezogen auf die Akkorde liefert sie als zweitwichtigste Stimme das Fundament zur Melodie. Wichtigste Aufgabe der Baßlinie ist es deshalb, die harmonischen Funktionen klar herauszuspielen. Ist der Baß nicht besetzt, so muß die Baßlinie auf jeden Fall von anderen Stimmen übernommen werden.

Wir unterscheiden:

1. Wechselbaß
2. Walking bass line
3. Figurenbaß
4. Melodische Bässe

1. Wechselbaß:

Wechselbässe finden in den verschiedensten Stilrichtungen Verwendung. Wie der Name sagt, besteht der Baß in erster Linie aus der Wechselbeziehung zwischen Grundton und Quinte. Wichtig ist hierbei, unmittelbar mit einem Sprung in die neue Funktion einzutreten.

schlecht

besser

Darüberhinaus finden diatonische Durchgänge zur Verbindung von Funktionen Anwendung.

2. Walking bass line:

Wichtigster Schritt bei allen Baßlinien ist im allgemeinen immer der Eintritt in eine neue Harmonie. Die Linie lebt von der diatonischen Fortschreitung. Spannungstöne finden überhaupt keine Verwendung.

Folgende Anmerkungen sollen bei der Gestaltung einer funktionstauglichen Baßlinie helfen.

Da der Grundton zwangsläufig der wichtigste Ton ist, muß er als neue Funktion klar erkennbar sein. Am überzeugendsten ist dies der Fall, wenn er durch einen Sprung erreicht wird.

Wenn die Linienführung einen diatonischen Eintritt in den Grundton verlangt, sollte dieser mit Sprung beantwortet werden.

Ergibt sich aus der Linienführung bei Eintritt in die neue Funktion die Quinte, so sollte diese unmittelbar mit dem Grundton beantwortet werden.

Die Terz sollte nur dann verwendet werden, wenn sie von der Linie her zwingend ist.

Ist die Funktion einmal klar gegeben, wird die Baßlinie immer freier, je länger eine Harmonie bestehen bleibt.

3. Figurenbässe:

Ein Figurenbaß ist immer dann gegeben, wenn die Art der Baßführung typisch für den jeweiligen Stil ist (z.B. Boogie, Honky-Tonk). Man sollte solche Figuren in anderen Baßlinien unbedingt vermeiden.

4. Melodische Bässe:

Es gibt kaum ein Instrument, das sich im letzten Jahrzehnt von der Spieltechnik her so gewandelt hat, wie der Baß. Da sich der E-Baß immer mehr durchgesetzt hat, sind die Linien figurenreicher und melodischer geworden, ohne jedoch ihre fundamentale Aufgabe zu verlassen. Typische Beispiele finden sich in der Rock- und Popmusik.

Sachwortregister

Hinweis: Das Sachwortregister wurde nach alphabetischer Ordnung der Substantive erstellt. Fachausdrücke mit Adjektiven, z.B. symmetrischer Akkord, finden sich unter: Akkord, symmetrisch.

Kurzbiographien der Autoren:

ANDERGASSEN, Günther, geb. 1930 in Margreid / Bozen. Studium der Philosophie, Romanistik, Anglistik, Kunstgeschichte, Musikwissenschaft an der Universität Innsbruck, Promotion und Kompositionsstudium bei Cesar Bresgen am Salzburger Mozarteum.

Kompositionen: Chor-Orchesterwerke, Kammermusik, Lieder, geistliche und weltliche Chorwerke a cappella und instrumental begleitete Werke für Orgel.

Leiter des Seminars für Instrumentalpädagogik und einer Kompositionsklasse am Innsbrucker Konservatorium.

Lehrbeauftragter für Kontrapunkt und Musik des 20. Jhs. am musikwissenschaftlichen Institut der Universität Innsbruck.

HESSE, Horst-Peter, geb. 1935 in Hamburg. Musikstudium (Chorleitung, Tonsatz) am Hamburger Konservatorium, Studium der Musikwissenschaft, Psychologie, Phonetik, Philosophie, Pädagogik an der Universität Hamburg, Promotion, Habilitation.

Musikwissenschaftler an den Universitäten Göttingen und Hamburg. Seit 1985 Professor am Mozarteum in Salzburg.

Arbeitsschwerpunkte: Theorie der Musik, Musikpsychologie, Musikalische Grundlagenforschung.

KRETSCHMER, Reinhard, geb. 1953 in Olpe / Westf.. Studium an der Folkwang-Hochschule für Musik in Essen im Hauptfach Klavier, Staatsexamen mit „Auszeichnung". Danach Kompositionsstudium bei Jürg Baur und Tonsatzstudium im Rahmen des Seminars für Musikerziehung an der Musikhochschule Köln. Diplom in Komposition und Staatsexamen in Tonsatz.

Schon während des Studiums umfangreiche Lehrtätigkeit in den Fächern Klavier und Musiktheorie. Von 1982 bis 1987 hauptamtlicher Dozent für Tonsatz an der Hochschule für Musik in München. Seit Mai 1987 Professor für Tonsatz an der Musikhochschule Köln.

MAAS, Kurt, geb. 1942. Studium am Berkeley College of Music (USA). Dozent am Richard-Strauss-Konservatorium München und an der Hochschule für Musik in München (für Jazzrhythmik und -phrasierung , Improvisation und Arrangement), Leiter der Bigband Münchener Musikstudenten, Komponist und Arrangeur von Film- und Theatermusiken.

Publikation: „1000 Rhythmus Patterns", München 1985 (Kurt-Maas-Verlag).

MAEDEL, Rolf, geb. 1917 in Berlin. Studium am „Klindworth-Scharwenka-Konservatorium" und an der Staatl. Hochschule für Musik in Berlin. Musiklehrerdiplom für Klavier und Chorleitung. Während des Krieges - 1941 - Studienurlaub am Mozarteum, Salzburg: Klavier- und Dirigentendiplom. Seit 1947 Lehrer am Mozarteum (Assistent von B. Paumgartner), Leiter des „Opernstudio" bis 1965, dann Theorielehrer. Seit 1960 Professor, 1975 oH.Prof. Tourneen als Dirigent und Pianist in Europa. Seit 1970 zusammen mit Richter Herf Forschungsarbeiten im „Institut für musikalische Grundlagen" über Mikrotöne.

U.a. Kammermusik- und Liedkompositionen, Sinfonie, Kantate, etc.

Publikationen: U.a. „Das transzendentale Tonsystem" (Musikverlag Katzbichler, 1975), „Mikrotöne" (Helbling, 1983)

MEISTER, Hubert, geb. 1938, verbrachte seine Schulzeit bei den Regensburger Domspatzen und studierte dann Philosophie (Lic. phil.), Theologie (Lic. theol.) und Musik (Komposition und Orgel). Nach Abschluß der Meisterklasse in beiden Fächern weitere Studien in Rom bei F. Germani. Promotion in Musikwissenschaft. Stipendiat der Studienstiftung des deutschen Volkes und des DAAD. Professor für Musikgeschichte und Musiktheorie an der Musikhochschule München. Außerdem unterrichtet er Orgel an der Fachakademie für kath. Kirchenmusik, Regensburg. Sein besonderes Interesse gilt Fragen der barocken Ästhetik und Musizierpraxis sowie der Quellenkritik.

Veröffentlichungen zu musiktheoretischen Fragen, Kompositionen, Schallplatteneinspielungen mit Orgelwerken von J.S. Bach, sowie Reger und Reubke. Orgelkonzerte, Rundfunkaufnahmen, Interpretationskurse und Seminare über Rhetorik im Barock u.a. in Deutschland, Spanien, Japan, Mexico.

NEUMANN, Friedrich, geb. 1915 in Salzburg. Kompositionsstudium bei Frischenschlager und J.N. David. Musikwissenschaft bei Federhofer, Graz.

Kompositionen u.a. Konzert für Streichorchester, Klaviersonaten, Streichquartette, 2 Symphonien. Musiktheorie: Synthetische Harmonielehre, Leipzig 1951; Die Zeitgestalt, Wien 1959; Die Tonverwandtschaften, Wien 1973; Musikalische Syntax und Form im Liederzyklus ,,Die schöne Müllerin" von Franz Schubert, Tutzing 1978; Lehrtätigkeit seit 1945 am Mozarteum in Salzburg, seit 1966 in Wien, lebt als Emeritus seit 1986 in Salzburg.

REVERS, Peter, geb. 1954 in Würzburg. Studierte 1973—1980 in Salzburg Musikwissenschaft bei Gerhard Croll und Psychologie bei Kurt Eckel sowie an der Musikhochschule Mozarteum Komposition bei Gerhard Wimberger. 1980 Dr. phil. Salzburg. 1981 künstlerisches Diplom. 1981—85 Assistent am Institut für Musikgeschichte der Musikhochschule Wien. 1985 / 86 Gastprofessur für ,,Historische und kritische Musiktheorie" an der Musikhochschule Graz.

RICHTER HERF, Franz, geb. 1920 in Wien. Studierte an der Wiener Musikakademie und am Salzburger Mozarteum bei Johann Nepomuk David und Egon Kornauth. Daneben Privatunterricht bei Clemens Krauss. Seit 1974 ist er Professor für Tonsatz und war von 1979—1983 Rektor der Hochschule Mozarteum. In seinen Kompositionen aus den Jahren 1950—1970 kündigt sich bereits eine Erweiterung der Tonalität an. Die Forschung auf dem Gebiete der Mikrotöne führte schließlich zur ,,Ekmelischen Musik", einer neuen Kompositionstechnik und Aufführungspraxis, bei der die Oktave in 72 Tönen unterteilt wird. Die nach 1970 entstandenen Werke stehen in diesem feinstufigen Tonsystem.

SALMEN, Walter, geb. 1926 in Paderborn. Vorstand des Instituts für Musikwissenschaft an der Universität Innsbruck. Er studierte Orgel, Tonsatz (W. Petersen, W. Fortner) und Musikwissenschaft in Heidelberg und promovierte 1949 an der Universität Münster. Er war als Dozent und o. Universitätsprofessor an den Universitäten Saarbrücken und Kiel sowie als visiting professor an mehreren Universitäten in den USA tätig.

Er publizierte 28 Bücher sowie etwa 300 Fachartikel, u.a. ,,Der Spielmann im Mittelalter" (1983), ,,Musiker im Porträt" (5 Bände, 1982—84), ,,Haus- und Kammermusik" (2/1983), ,,Musik auf dem Podium. Eine Kulturgeschichte des Konzerts." (1988)

SCHNEIDER, Norbert Jürgen, geb. 1950. Studierte Musik, Musikwissenschaft, Germanistik, Linguistik in Freiburg i.Br. (Promotion Dr. phil.). Tätigkeiten als Organist und Dirigent, Rockmusiker, Musikschriftsteller (Arbeiten über Musiktheorie, Schumann, Beethoven, Hindemith, Neue Musik und Filmmusik), Mitarbeiter im Bereich Rockmusik beim F.A. Brockhaus-Verlag. 1975—1980 Lehrbeauftragter für Musiktheorie an der Staatlichen Hochschule für Musik Freiburg, 1978 / 79 an der Universität Freiburg. Seit 1979 Lehrer an der Hochschule für Musik, München (Professur für Musiktheorie), seit 1982 auch Dozent für Filmmusik an der Hochschule für Fernsehen und Film München. Komponist von Orgelwerken, Kammermusikwerken, Opern und Orchesterstücken. Schrieb Musik zu über 40 Filmen.

WINKLER, Gerhard E., geb. 1959 in Salzburg. Humanistisches Gymnasium, daneben Kompositionsstudium an der Hochschule Mozarteum bei Helmut Eder (Diplom 1980). Musikwissenschaftsstudium an der Universität Salzburg (Abschluß 1986 mit einer Dissertation über Krzysztof Penderecki). Zeitweilig freier Mitarbeiter des ORF und Lehrer für Musiktheorie am Salzburger Musikschulwerk. Polenaufenthalt 1985, Förderungspreis für Musik des Bundesministeriums für Unterricht und Kunst 1985. Lebt derzeit in Salzburg.

Werke für Orchester (u.a. ,,Symphonie Nr. 1, »Alexandersschlacht«"), Kammermusik (u.a. ,,AL-KIMIYA" für Streichquartett, Klavierquintett), Gesangskompositionen (u.a. ,,Luther-Kantate" für 11 Solostimmen und Orgel) und Solowerke (,,Mesokosmos I" für Klavier, ,,Monophonien" für div. Soloinstrumente).